博物馆研究书系
Series of Museum Research

# 实物、人类学习与博物馆学

[周婧景 著]

复旦大学出版社

# 目 录
## CONTENTS

序　言 / 陆建松　1

绪　论　从博物馆学理论谈人类实物学习的日常化模式 / 1

## 第一部分　立论之基:实物学习的转向与考辨

**第一章　实物学习的需求与转向** / 34
  第一节　"物质转向"原因溯源 / 35
  第二节　转向加剧"两大改变" / 42

**第二章　习以为常并非理所当然:符号学习能代替实物学习吗?** / 64
  第一节　信息特点:显性信息与隐性信息 / 65
  第二节　载体属性:能承载信息与仅用作载体 / 68
  第三节　实现手段:双项任务与单项任务 / 70

**第三章　人类实物学习的优劣之辨** / 76
  第一节　实物学习的优势 / 76
  第二节　实物学习的局限 / 80

## 第二部分　认识论：实物学习的要素与构成

### 第四章　实物媒介化的客体——实物 / 85
第一节　实物构成及差异化阐释需求 / 85
第二节　实物作为媒介的信息及其分层 / 88
第三节　开放学科边界，交叉渗透认识实物 / 92

### 第五章　实物媒介化的主体——受众 / 95
第一节　价值取向转变之"痛" / 96
第二节　受众的碎片化构成与动态化发展 / 102
第三节　学习过程的自由选择 / 118
第四节　受众认知的底层机制 / 129

### 第六章　实物媒介化的中介——阐释 / 164
第一节　"阐释"的辨析及其理论依据 / 165
第二节　实物阐释的类型归属 / 175
第三节　阐释的目标："视域融合" / 178
第四节　实物阐释和博物馆阐释的差异 / 188
第五节　博物馆阐释及其对实物阐释的启示 / 200

## 第三部分　方法论：博物馆学对日常实物学习模式的启发与构建

### 第七章　博物馆功能泛化带来实物学习的日常化与规模化 / 292
第一节　社会教育的苏醒和家庭教育的回归 / 293
第二节　博物馆泛化引起实物学习的规模化 / 300

**第八章　博物馆学理论在构建实物学习新模式上的贡献 / 302**
　　第一节　从普通物到作为学习媒介的物："博物馆化"过程及
　　　　　　启示 / 303
　　第二节　与符号学习并行的实物学习新模式:博物馆物的阐释
　　　　　　类型及启示 / 309
　　第三节　讨论与思考 / 318

# 第四部分　本体论:被低估的博物馆学远比你想象的重要

**第九章　人"痴迷"实物的内在根源 / 324**
　　第一节　表层因素:人类的经验式收藏与"痴迷"行为 / 327
　　第二节　深层因素:被大脑系统唤起的"兴趣" / 336

**第十章　再思实物与人类学习 / 348**
　　第一节　对象与厘清:物拥有完整的生命史,并非只有与人交叉或
　　　　　　共时的部分 / 348
　　第二节　误区与突破:人类的实物学习与大脑的潜能开发 / 354

**第十一章　博物馆学——一门探究实物学习的独特科学 / 382**
　　第一节　实物学习的双重困境:"语言的囚牢"与"学科的
　　　　　　廓清" / 383
　　第二节　博物馆专业化发展与第二重困境的破解 / 387
　　第三节　博物馆学范式构建:基于实物传播信息的四阶段
　　　　　　模型 / 393

**第十二章　回望百余年的博物馆学:探索与超越 / 452**
　　第一节　重新出发:对博物馆定义的再理解 / 453
　　第二节　博物馆学:在回望中超越、在探索中前行 / 460

# 图 目
## CONTENTS

图 1　学习者学习可能发生的场所 / 62

图 2　河北博物院的长信宫灯 / 66

图 3　中国国家博物馆的《梦溪笔谈》/ 68

图 4　博物馆阐释的信息通道模型 / 72

图 5　实物媒介用以传播信息的阐释系统 / 72

图 6　斯图尔特·霍尔的编码解码理论模型 / 74

图 7　上海天文馆"家园"展区的"宇宙大年历"多媒体显示屏 / 86

图 8　上海犹太难民纪念馆"避难生活"展区的"贝蒂的婚纱" / 86

图 9　丹佛消防博物馆中的费尼 86H 蒸汽消防车 / 88

图 10　湖南省博物馆中"马王堆"一号墓 T 型帛画 / 88

图 11　旧金山亚洲艺术博物馆的清朝乾隆官窑的灵芝型笔舔 / 89

图 12　2019 年金沙遗址博物馆临展"中山国展"中的铜扁壶 / 90

图 13　新加坡国立博物馆"见证战争：纪念 1942 年"中"朝阳下的爱情"展品组合 / 94

图 14　希金斯在利物浦博物馆进行的最早的观众行为研究 / 104

图 15　吉尔曼提出加剧"博物馆疲劳"的观众行为 / 105

图 16　史密森尼国家自然历史博物馆中的"困难重重"展览装置（从入口方向看）/ 114

图 17　"种族：我们是如此不同吗？"是由美国人类学协会与明尼苏达科学博物馆合作策划的巡展 / 115

图 18　明尼苏达科学博物馆"打喷嚏是什么?"展项 / 135

图 19　1980 年"世界新闻摄影奖"获奖作品《手——乌干达旱灾的恶果》 / 149

图 20　火山熔岩中心:火山监控的实时数据屏幕以及大幅冰岛动态地图 / 156

图 21　火山熔岩中心:火山长廊 / 157

图 22　火山熔岩中心:地幔柱 / 157

图 23　扫描大脑,"你的大脑"展览中必须看和必须做的事 / 160

图 24　富兰克林研究所的"你的大脑"展览上,观众有机会亲身体验神经通路 / 160

图 25　美国 9·11 国家纪念博物馆展厅第一层(F1)、第二层(F2)平面图 / 161

图 26　可口可乐博物馆和"尝一尝它"(Taste It)/品尝区(Taste Room)展区 / 162

图 27　人正常站立平视时,视角、视线、视域和视平线的关系 / 179

图 28　美国埃利斯岛移民博物馆中的动画展示,由普通人参与并构成美国国旗 / 182

图 29　台湾博物馆的"昆虫与植物的爱恋变奏曲"展中的第三单元"素食主义者"借助日常生活的"用餐"场景,帮助观众理解昆虫的饮食习惯和行为 / 184

图 30　台湾博物馆的"昆虫与植物的爱恋变奏曲"展中的第五单元"昆虫媒人婆",以第一视角体验昆虫在不同的植物间穿梭并成为"媒人婆"的历程 / 184

图 31　美国的大屠杀纪念馆基本陈列——大屠杀主题展 / 186

图 32　世界宗教博物馆序厅中的水幕墙和朝圣步道 / 187

图 33　英国的威尔士技术探索中心活动教具 / 194

图 34　成都地铁站 7 号线金沙博物馆站的古蜀生活壁画 / 194

图 35　EPSON TeamLab 无界美术馆(上海)展项 / 196

图 36　上海迪士尼乐园中"加勒比海盗:沉落宝藏之战"的定向式空间规划 / 197

图 37 菲尔德博物馆以斯坦利·菲尔德大厅为中央核心区域的放射状空间规划 / 198
图 38 新加坡科学与艺术博物馆中的"未来世界：艺术遇见科学"展中的市镇主题展区 / 198
图 39 旧金山探索宫中的"涡流"（Vortex）展项 / 199
图 40 苏州博物馆吴王夫差剑金属书签 / 203
图 41 探秘荷叶效应的实验工具 / 205
图 42 无畏号海空暨太空博物馆"海洋中的城市：无畏号航空母舰"展 / 207
图 43 "中国造歼-6歼击机"的说明文字 / 208
图 44 新加坡集邮馆和该馆中"眼见为实"展区"听和看"的展项上的操作性说明文字 / 210
图 45 上海龙华烈士纪念馆微信智能"蓝牙导览"使用说明的标识牌 / 212
图 46 丹佛市自然科学博物馆"史前史之旅"（Prehistoric Journey）展 / 216
图 47 纽约科学馆独立展柜中人类、黑猩猩、海豚、狗、乌鸦的大脑构成一个展品组合 / 217
图 48 丹佛市自然科学博物馆"史前史之旅"（Prehistoric Journey）展序厅中的一组化石展品组合 / 217
图 49 "青岛史话（一）"展区的"秦皇汉武巡疆"单元中"秦始皇登临琅琊并立刻石"的语境化展示 / 219
图 50 日本大阪历史博物馆的难波宫宫殿复原展区 / 219
图 51 曼哈顿儿童博物馆"大脑"（Brain）展项用大脑模型构建展品阐释的特殊语境 / 220
图 52 菲什本罗马宫博物馆遗址地层剖面模型 / 222
图 53 铜绿山古铜矿遗址博物馆遗址剖面模型 / 222
图 54 上海天文馆"家园"展区按照地月大小等比缩小的月球 / 222
图 55 曼哈顿儿童博物馆的"每天健身"展区中被放大的心脏和动静脉模型 / 223

图 56　加州科学中心"消化餐厅"（Digestion Diner）展项中一位成年男性内脏剖面模型 / 223

图 57　日本琵琶湖博物馆中四个图文版模型系列化地展示日本岛国的形成过程 / 224

图 58　日本大阪国立民族学博物馆步入展区前的视频观看隔间 / 225

图 59　上海犹太难民纪念馆的"逃亡上海"展区"从萨克森豪森到上海"展项 / 226

图 60　富兰克林研究所（Franklin Institution）"生命改变地球"（Life Changes Earth）展项 / 227

图 61　英国自然历史博物馆塑化动物标本展（Animals Inside Out）中的骆驼标本和鲨鱼标本，内部主体构造一览无余 / 229

图 62　美国国立自然历史博物馆（National Museum of Natural History）"很好奇"（Q? rius）展区 / 229

图 63　新加坡科技馆"身体看不见了"（Head on Platter）展项 / 230

图 64　富兰克林研究所的颜色化学（The Chemistry of Color）展项 / 231

图 65　富兰克林研究所的光合作用（Photosynthesis）展项 / 231

图 66　湖南省博物馆"闲来弄风雅"展览中的"品茶论道"展区 / 232

图 67　青岛啤酒博物馆B馆中的发酵池展区循环播放着一段全息投影 / 233

图 68　洛杉矶自然历史博物馆霸王龙大腿骨（T. Rex Thigh Bones）展项 / 235

图 69　台湾海洋生物博物馆中"触摸池"展区 / 235

图 70　加州科学中心的触摸池（Touch Tank），观众正在排队体验 / 236

图 71　美国国家气象研究中心"触摸一朵云"（Touch A Cloud）互动展项 / 237

图 72　富兰克林研究所中"低冲击手术"（Lower Impact Surgery）展项 / 237

图 73 匹兹堡儿童博物馆"交通卡"（Metro）和"出租车"（Art Envelope）展项，鼓励儿童进行模拟操作（simulation operation）／ 238

图 74 美国克利夫兰美术馆的 Gallery One 中的雕塑互动屏幕（Scuplture Lens）／ 238

图 75 上海电影博物馆"影史长河"展区中"译制经典"单元 ／ 239

图 76 美国新闻博物馆中的"做一名电视记者"（Be a TV Reporter）展项 ／ 240

图 77 美国新闻博物馆中的"做一名电视记者"（Be a TV Reporter）展项（观众扮演）／ 241

图 78 美国垫脚石博物馆"想想这些场景"（Think About the Scenarios）展项 ／ 243

图 79 美国垫脚石博物馆"社交"（Social）展项 ／ 244

图 80 匹兹堡儿童博物馆与弗雷德·罗杰斯图画美术馆合作策划的儿童互动展中"好安静的蟋蟀"单元 ／ 248

图 81 台湾海洋生物博物馆"台湾水域馆"展区 ／ 248

图 82 美国科罗拉多州历史中心"目的地科罗拉多州"（Destination Colorado）展区 ／ 249

图 83 休斯敦儿童博物馆的"KIDTROPOLIS"展区 ／ 250

图 84 曼哈顿儿童博物馆"与朵拉和迪亚哥的冒险之旅"（Adventures with Dora & Diego）展中的"迪亚哥世界"（Diego's World）区域 ／ 251

图 85 美国 9·11 国家纪念博物馆"历史展"（Historical Exhibition）导览图 ／ 252

图 86 日本琵琶湖博物馆中"粟津贝塚遗址"情景再现 ／ 253

图 87 上海博物馆"遗我双鲤鱼——上海博物馆馆藏明代吴门书画家书札"精品展和《沈周致祝允明札》／ 254

图 88 哈佛自然历史博物馆的比较动物学博物馆中针对"鸟窝"（The Bird Nest）题材的体验设计 ／ 255

图 89 上海玻璃博物馆"热力剧场" ／ 258

图 90 上海龙华烈士纪念馆的龙华二十四烈士多媒体雕塑剧场 ／ 259

图 91　上海龙华烈士纪念馆在龙华烈士纪念地上演的《那年桃花》话剧 / 260

图 92　亚特兰大历史中心"自由的代价"(Price of Freedom)沉浸式现场体验 / 261

图 93　亚特兰大历史中心"为你的权利而战"(Fight for Your Rights)校园导览 / 261

图 94　波士顿儿童博物馆科学游乐场(Science Playgrond)展区"泡泡"(Bubbles)展项 / 268

图 95　匹兹堡儿童博物馆的"磁路块"(Magnetic Circuit Bolcks)展项 / 268

图 96　1965 年版全国通用粮票 / 272

图 97　1968 年上海市三月份和四月份居民定量粮票 / 273

图 98　广东省博物馆"千年海丝 文明广州——海上丝绸之路文化展"进入地铁站 / 276

图 99　广东省博物馆"文物动物园——儿童专题"展览进入商场 / 277

图 100　上海市浦东世纪汇广场举办"复苏-幸会！苏博"主题特展 / 278

图 101　上海颇具人气的杭帮菜餐厅——桂满陇 / 279

图 102　策划阐释性展览的八要素模型 / 283

图 103　物品关系五角图 / 306

图 104　上海犹太难民纪念馆的首件藏品：约瑟夫·罗斯巴赫的玩具独轮车 / 311

图 105　新加坡集邮博物馆"信封和信件"单元，为信封制作和演变设计的图文版 / 313

图 106　加拿大多伦多皇家安大略博物馆的 Teck 系列展厅"地球的宝藏"中，针对矿物的仓储型展示 / 316

图 107　朋克风格的服饰 / 334

图 108　28 个情感词汇的多维量表 / 341

图 109　心流体验三通道模型 / 345

图 110　心流体验四通道模型 / 345

图111 心流体验八通道模型 / 345

图112 契克森米哈赖心流体验模型 / 346

图113 广东省博物馆"一眼千万年——世界琥珀艺术展"中"虫珀标本墙" / 368

图114 美国洛杉矶的失恋博物馆中"一颗星的光谱"(Spectrum of A Star)展品 / 376

图115 台湾博物馆"昆虫与植物的爱恋变奏曲"展,"最佳拍档"单元中的"大彗星兰"展项 / 379

图116 研究实物(人工制品)的弗莱明模型(1974年) / 410

图117 研究实物(人工制品)的皮尔斯模型(1986年) / 411

图118 杜威理论中博物馆学习的过程 / 437

图119 乔治·海因为博物馆提出的教育理论及其类型 / 444

图120 约翰·福尔克和琳恩·迪尔金提出的博物馆"情境学习模型" / 446

# 表 目
## CONTENTS

表 1　展览根据陈列模式的分类 / 52
表 2　博物馆藏品规划的内容构成 / 402
表 3　《意义2.0：藏品重要性评估指南》中藏品的基础研究步骤 / 407
表 4　埃利奥特等的物质文化研究模型中的问题类型
　　　（Question Categories） / 409
表 5　约翰·福尔克和琳恩·迪尔金提出的博物馆"情境学习模型"
　　　/ 446
表 6　国际范围内各重要组织对博物馆定义的界定 / 456

# 序 言
## PREFACE

陆建松

当前学习型社会驱使人的成长性需求不断攀升,高新技术的应用使生活加速虚拟化,理性的逻辑思维让位于感性的视觉呈现,在这一背景下探究基于实物的学习,分析其产生的深层根源并寻求将其实现的有效对策,进而构建人类基于实物的学习模式,将具备重要的现实意义和广泛前景。

而博物馆说到底是人类依托实物进行学习的典型媒介,亦是为数不多的能与观众直接沟通的机构,所以本书引入并借鉴了博物馆学基于实物学习的理论与方法,在实物研究、受众研究、阐释研究的基础上尝试构建起"物人对话"的"实物学习模式",并使之常态化地与"符号学习模式"实现良性共存。

与此同时,近十多年来对物质文化的重视和转向,已成为了国际人文学术研究一个富有思想冲击力的新议题。不过,以往的物质文化多从马克思主义、新马克思主义、法兰克福学派、语言结构主义、符号学和文化消费研究等视角探讨物自身与物之间、物与人之间的关系,对实物在当下语境中的活化利用问题关注得并不够。因此,深入探究"博物馆学"对构建与符号并行的实物学习新模式的作用,将在物的活化利用方面产生突破性的意义。因此,本书的研究内容不仅对博物馆学学科建设具有重要意义,而且其实践意义也不容小觑。

首先,理论价值主要表现为:当前基于实物学习的平台,已突破了博物馆的空间局限,在机场、商场等任何被认为合适的空间出现,成为值得重点关注的学习媒介。而此书在探究实物学习的需求、与符号学习的差异、优劣势及构成要素的基础上,将客体-物的研究、主体-人的研究、沟通物与人的中介-阐释研究,关联成一个互相作用的整体,并以博物馆学、物质文化研究、学习科学等理论为依托,构建起了人类基于实物学习的理论模式与学科范式,可为博物馆学和学习科学的专业化、本土化研究提供新的理论资源和思维动力。

其次,实践价值则表现为:不同于传统的符号学习,实物学习既是直观的,又是感性的;既是跨学科的,又是可参与的;既是实物的,又是现象还原的。有助于让各类受众,尤其是儿童和受教育程度不高的群体,获得感官刺激、认知提升、情感体验,以促成他们的潜能开发和意义构建,进而提升生活品质。实物在交流系统中所处的位置、所揭示的分层信息、所采用的阐释方式,都是可以被选择和组织的,所以通过有效地构建用以交流的学习模式,有助于物人对话的成功和学习目的的达成。当前是一个超节奏社会和终身学习时代,视觉传播呈现出前所未有的时代特征,相较于书籍等精细的符号学习,借助实物进行粗放学习,将有助于满足当下民众休闲学习、短时学习和自由学习等方面的需求,进而促进人的全面发展和内在完善。

众所周知,博物馆收藏、保存着珍贵的物化记忆和学习载体,能依托实物及其所载信息为民众打造出三维形象系统,以呈现一个有别于现实世界的第二客观世界。其作为展示中华文明的立体百科全书,有助于传承传统优秀文化,以构筑民族共有的精神家园。同时,博物馆不仅是记忆和学习机构,还发展成为反思机构和有回应能力的机构。博物馆学的意义也不仅限于机构本身,因为不难发现,当前博物馆正在尝试打破颇具仪式感的门槛,不断降低自身的神圣性,走进了各类公共空间,由此产生了规模可观的类博物馆现象。社会生活也开始出现博物馆化现象。

这些都意味着博物馆学这一鼓励受众依托实物开展学习的媒介及其衍生出的学习科学,已彰显出异于其他学科的独特且重要的价值。博物馆机构本身显然已无法承载实物媒介外溢的巨大潜能。博物馆的媒介价值以及博物馆学的学科价值,不言而喻被低估了。周婧景老师由此提出博物馆学从根本上而言，就是探讨人类基于实物学习的科学。而我个人认为这部原创性的理论探索具有特别突出的价值，能够给予博物馆研究者、从业者、博物馆爱好者，甚至普通受众启蒙并引发深思。下面，让我们跟随周婧景老师一起去讨论这一问题，即实物、人类学习和博物馆学的关系问题，尝试进行理性思辨并做出一些具备前瞻意义的学术回答。

（序言作者为复旦大学文物与博物馆学系教授、系主任，全国文物与博物馆学专业学位研究生教育指导委员会秘书长）

# ◀ 绪 论 ▶

## 从博物馆学理论谈人类实物学习的日常化模式

> 亲眼在博物馆看到实物,身边尽是与你有着同样体验的人们,这完全是一种让人陶醉的经历。即便是职业历史学家这样乏味的人群也不得不承认手握历史素材时的兴奋感,尽管他们中的大多数平日里根本不研究物……也许,直到世界末日,物品依然重要。(史蒂芬·康恩)①

> 要了解人是什么以及他们可能成为什么样,就必须了解人与物之间发生了什么,珍惜什么以及为什么要珍惜。(米哈里·契克森米哈赖等)②

## 一、研究缘起与问题意识

我们每天都会与大量的物发生关联,早起时点亮的一盏灯,出行时扫码骑走的共享单车,休闲时捧起的一本书,以及生活中如影随形的智能手机……这些物比从前任一时期都复杂而多样。除了具备实用性之外,即便是平凡无奇的物也会激起人类最深处的焦虑感和需求欲,我们以为我们正在按照自身的需求挑选和使用物,但更确切地说,我们是在

---

① [美]史蒂芬·康恩:《博物馆与美国的智识生活,1876—1926》,王宇田译,上海三联书店2012年版,第281页。

② M. Csikszentmihalyi, E. Rochberg-Halton, *The Meaning of Things: Domestic Symbols and the Self*, Cambridge University Press, 1981, p.1; Steven Conn, *Do Museums Still Need Objects?*, University of Pennsylvania Press, 2010, p.2.

借助物了解个人、表现自我,在更广阔的层面翱翔于文化天空。① 因此,人类学、社会历史学、艺术史等人文社会学科很早就对物的研究投入极大热情并注入理论滋养,作为客体的物同样也是哲学领域的核心命题和研究对象。但直到近十余年,对物质文化的重视以及沿此逐渐展开的物质文化转向,才成为国际人文学术研究一个富有思想冲击力的新议题。

首先,语言和文字是我们日常学习中最为常用的符号系统,其产生是人类的一大创举和文明标志。尽管如此,不可遗忘我们生活着的世界不只有抽象的符号,还有感性的质料,而后者是能被感觉直接经验到的,且先于任何符号出现在我们活生生的经验中。不能因为创建出一套表征世界的符号,就对世界本身视而不见。其次,技术时代生活的普遍电子化,正使我们的周遭加速虚拟化,区块链、元宇宙、ChatGPT 等闻所未闻的概念突然闯入我们生活并蔚然成势,而我们置身的现实世界却一如既往地由琳琅满目的有形物质所形构。最后,当前还是一个超快节奏的信息化社会和倡导"学而不已,阖棺乃止"的终身学习时代,除了依靠书籍等精细的符号学习外,一种借助实物的"粗放"学习似乎正适逢其时。可见,除了"通过能被识别的符号"进行学习外,人类还可以拥有一套自成一格的学习方式,即"借助能被感知的实物"。该方式犹如一道冲破当时代学习困境的亮光,成为一个值得深入探究的重要理论和实践问题。

社会学家欧文·戈夫曼(Erving Goffman)曾在拟剧理论(Social Dramatic Theory)中将人际交往的互动隐喻为"戏剧",每个人会在社会这座大舞台中像演员一样搭台唱戏。通常"人们会在'前台'呈现乔装打扮后的自我,而在'后台'暂时脱下面具,告别角色扮演,适当放松自己"②。鉴于此,在正式展开讨论前,我想把这本书的成书历程前台化地展现给你们,希望你们能看到其褪去表演外衣后的真实,从中获得某些

---

① [澳]伊恩·伍德沃德:《理解物质文化》,张进、张同德译,甘肃教育出版社 2018 年版,第 1 页。
② [美]欧文·戈夫曼:《日常生活中的自我呈现》,冯钢译,北京大学出版社 2008 年版,第 98 页。

特定的意义。如今回想起来,伏案撰写这本书的时候,我默默将朋友圈关闭,开启了一段物我两忘的历程,常常身感艰辛,却心怀悸动。期待当你翻开它时,能将目光和思绪在某一页中定格,为我自己答疑的同时也为你解惑,能有助拆掉思维的藩篱,培养思考的态度。在我看来,书是凝聚了人类思想的生命体,所以希望当我站在人生旅途的路边驻足凝望时,这本书之于我的灵魂并非陌生人,它不只有冰冷的文字,更有跃动的思想和流淌的情感,是我学术生命的构成,也是延续。

"不被改变就是对世界最大的改变",年少时我钟爱这句话,但只有在步入充满艰辛的成人世界后,才能深刻体会到"知易行难"的深长意味。作为研究者,我不想受"市场假象"诱惑而趋炎附势,而想书写一本源自内心真意的书,尝试站在现有研究的基石上,探讨博物馆学科之于人类社会发展的应有贡献。为此,这些年来我一直在准备,所以本书的成书既可被视为一种无心插柳的偶然,也可被看作一种水到渠成的必然。2019年深秋的一个日落时分,我正与张健明教授闲聊,突然对话戛然而止,他转而向我发问:"我对博物馆是外行,那么你倒是和我说说看,博物馆里头最宝贵的资源是什么?它对人类社会的存在价值又是什么?"张老师的突然发问虽然让我有点猝不及防,但事实上这样的思考我从未停止过。稍作停顿后,我答道:"博物馆里最宝贵的资源是博物馆物,存在价值这个命题太大,我个人认为博物馆学这门学科给我们带来的最大启示,可能是能够为民众在日常生活中,构建起一套与符号学习并驾齐驱的实物学习模式。或许这一模式的强化和构建能引发一场人类社会知识复兴和精神丰盈的变革。"张老师听罢,直言:"很好,虽然我不是博物馆学的,但是我听懂了,那么你为什么不系统地把它写成书呢?"是啊,细细想来,尽管近年来,我的研究兴趣主要是基于观众研究的博物馆阐释和传播(涉及教育和展览),但也是时候尝试对十余年的研究积累尝试一次质的蜕变,以实现两大突破:从内部的机构视角转向外部的公众视角,从具象的业务现实转向抽象的业务本质,探索博物馆之外的研究(studies outside museums),以重思"博物馆学为何存在"的价值表达及归正。博物馆学"理应从机构自治的合理性中抽身出来,培养一种基于理论和人文关怀的目的感"①。所谓"新故相推,日生不滞",面对当前博物馆热、博物馆学冷的冰火两重天,作为新兴的小众学科,博物馆学究竟能为业界发展和社会进步贡献些什么?这需要切实的探寻和客观的正名。在热情和责任面前,任何思考都不会被辜负。"实物、人类学习和博物馆学"的关系问题,就这样应运而生了。

我们知道,语言文字提供的是一套抽象的符号表征,其将能指与所指分开,在场的东西和缺席的东西分离,传递信息时需要依赖规则、经验和想象进行复原和填充。因此无论语言文字多么惟妙惟肖和绘声绘色,相较于真实可及的质感物品和具象世界,它们始终隔着一层无法直接经验的"纱",犹如雾里看花。20世纪七八十年代,随着媒介环境翻天覆地的变化,长期遭到冷遇的物的研究在多个学科强势回归,实物学习借此机会脱颖而出并日益受到欢迎。它不同于传统的符号学习,既是直观的又是感性的,既是跨学科的又是可参与的,既能展示物品又可将现象还原,通常会让受众获得感官刺激、认知提升或"触物生情、睹物思人"的情感体验,最终建构出个性化的意义。②尽管如此,长期以来,我们的教育却重"文"轻"物",面对实物时存在"美盲"和"物盲",也缺乏"阅读"实物的能力训练,虽然我们可能读懂各国语言,但却读不懂表征各国自然人文的雕塑、青铜、陶瓷、绘画、标本,甚至生活常物。如多数人都能识读"芝麻开花节节高"七个字,也能理解其意,但是真正目睹过芝麻树、明白何为节节高的人却很有限,这样的形象化认知是匮乏的。在这一背景下,探究人类基于实物的学习,分析其产生的深层根源,并寻求其实现的有效对策,将具备重要的现实意义和广泛前景。

福楼拜曾说,人的一生中,最光辉的一天并非功成名就那天,而是从悲叹与绝望中产生对人生的挑战,以勇敢迈向意志的那天。尽管选题的意外落地以及提笔著书的决定,严格意义上说无法与"功成名就"等同,但对这本书的生命史而言却是至关重要的。依稀记得那天,窗外

---

① 尹凯:《目的感:从〈新博物馆学〉一书重思博物馆价值》,《博物院》2018年第4期,第55页。
② 周婧景:《博物馆现象的内在逻辑及其研究价值初探——从〈博物馆策展〉一书谈起》,《博物馆管理》2020年第2期。

丹桂吐纳清香,而我的心情却五味杂陈,其中既有"众里寻他千百度"的雀跃,又面临着如何从博物馆学视域出发去挑战人类实物学习这一宏大命题的忐忑,该怎样通过破圈、跨界和重构,才能开辟一个理性思辨的对话空间,催生出更多的实践探索和思想的多角碰撞,这令我焦虑。诚然,当我被抛入时空坐标时,携带着自身的认知地平线,作为一名高校的研究者,我始终清醒地告诫自己专业所长看似是我的优势,实则也是我的局限。不过,从积极意义上看,它同样给予了我探索未知的好奇与冲动,当然还有起点。实物学习是博物馆的永恒命题,围绕该议题,博物馆学能提供独特而新颖的视域,但是它必然要面临源自两大领域的艰巨挑战:物质文化领域和学习科学领域,后者甚至囊括学习科学的生物学基础——脑科学。我们知道,近十多年来,对物质文化研究的重视和转向,使物质文化研究成为一个机遇和挑战并存的新议题,马克思主义、新马克思主义、法兰克福学派、语言结构主义、符号学和文化消费研究等不同学科流派从各自的视角出发,去探讨物自身、物之间、物与人的关系,旨在复原物质客体及主体所赋予其的旧有意义。博物馆学,不过是开展物质文化研究众多学科中的小众。博物馆是人类依托实物学习的典型媒介,也是为数不多的能与观众直接沟通的媒介,但就物质文化研究本身而言,它既具备跨学科性,又表现出领域的相对独立性[①],是文物、消费、商品、常物等理论话语交织在一起的学术空间,不但拥有极强的包容性与和开放性,还正在向纵深领域拓展。因此,要为博物馆学在物质文化研究的整体框架中准确定位,并恰如其分地发挥作用,谈何容易。同时,如果要探究"实物、人类学习与博物馆学"的关系问题,除了要走进物质文化领域外,最大的难点实则在人自身,需要叩问并寻找人"痴迷"实物的内在根源,并弄清楚人体验物的认知逻辑,此时学习科学就会成为我们无法回避的领域。今天的学习犹如骑自行车,必须一直脚踩踏板才不至于倒下。而学习科学是一门关于人如何学习的前沿科学,由生物科学、认知科学和教育科学交叉而成。之所以称它为一门科学,是因为其建立在实证依据的基础之上,而非专家的意见、口号

---

[①] 韩启群:《物质文化研究——当代西方文化研究的"物质转向"》,《江苏社会科学》2015年第3期。

或引文上①,并且它能将认知神经科学、情感神经科学和基因科学等最新成果运用到学习研究中,为心智、脑和教育之间搭建起桥梁,推动教育的重大变革。②

因此,本书关于"实物、人类学习与博物馆学"的关系探究,大体会涉及三个维度:一是从认识论上弄清楚自 21 世纪的第二个十年以来,物质性研究被激活的过程,即"实物学习"是如何在本质需求和现实需求的双重驱动下,冲破当时代学习的困境成为值得讨论的重要理论和实践问题的;二是从方法论上探寻突破困境的解决之道,鉴于博物馆是人类依托实物进行学习的典型媒介,故引入博物馆学,并在其启发下,将普通实物变成媒介物,尝试构建人类实物学习的日常化模式,使之与符号学习模式并肩前行;三是从本体论上回望博物馆学百年发展的社会史,提出博物馆学视阈下的实物学习范式。是否构建范式并不重要,重要的是希望通过本书的探究,能使"实物、人类学习与博物馆学"关系问题变得清晰起来。当前博物馆的形态日趋包容,边界逐步模糊,类博物馆现象逐步突破博物馆门槛,进入公共空间。但在我看来,这并非意味着博物馆学科地位被撼动,甚至被颠覆,相反,它可以促使博物馆学不再囿于机构羁绊,而在更本质的层面上获得重新被审视的机会,博物馆学终将走出博物馆,以实现涅槃新生。这一独特的学术空间将为博物馆学在困境中突围和超越提供契机并指明方向,引领我们走向通往实物学习新世界的大门,并打开人类实物学习这一人文教育的新未来。然而,对于这些事实的发现并非如此地天经地义,在困扰中的突围与前行成为写作本书的最大动力。

## 二、研究问题

本书的研究问题是博物馆视域下的实物学习对日常学习模式的启发及构建。

---

① [美]理查德·E. 梅耶:《应用学习科学:心理学大师给教师的建议》,盛群力、丁旭、钟丽佳译,中国轻工业出版社 2016 年版,第 18 页。
② 李怀龙、韩建华主编:《现代教育技术》,安徽师范大学出版社 2016 年版,第 53 页。

## 三、研究对象

本书以博物馆学及相关理论为依托,围绕人类以实物为媒介的学习展开研究。

## 四、实物、媒介、学习:关于概念的界定和讨论

实物、媒介和学习是本书中最为关键的三个概念,实物是基础,媒介是手段,而学习才是目的。在上述三个概念中,最具复杂性和广延性的是"实物"和"学习"两大概念。

首先,实物无疑是博物馆中最具体和最基础的部分。如果以现在的眼光去重新观看西方博物馆的发展史,我们会发现,公共博物馆发轫于近代早期欧洲的皇家收藏和猎奇者储物柜里的陈列品。[①] 因此可以这么认为,收藏实物催生出博物馆,而实物及其利用则构成博物馆的本质特征与独特文化。20世纪以来,随着收藏观念和收藏动机的嬗变,博物馆的收藏视域不断拓展,藏品类型日渐丰化。[②] 很多时候,收藏认识论的更新主要是为了更好地适应新型的展览方式,以便不断吸引新观众并留下旧观众,但时至今日,博物馆不再被认定为只是展示实物的场所,大肆收藏实物精品也不再是博物馆的主流倡导,而今它更关注如何更好地用实物服务公众欣赏、学习和社会发展。可见,廓清实物概念的最大难点在于,它始终充满了伸缩性和流变性,不过从某种意义上讲,这也是一种难以回避的积极困难。同时,跨学科视角的引入也使针对"实物"概念的综合表述颇费周折,因为其辐射了博物馆学、传播学、人类学、伦理学、符号学和分析哲学等众多学科。如果立足认知传统,需要关注实物的属性分析,而如果立足现象学传统,则需要从生存论展

---

① Steven Conn, *Do Museums Still Need Objects?*, University of Pennsylvania Press, 2010, p.2.
② 严建强:《论收藏视域拓展对博物馆文化及展览的影响》,载严建强:《缪斯之声:博物馆展览理论探索》,浙江大学出版社2020年版,第14—18页。

开,可见对此概念的界定,需要平衡不同学科和不同立场。犹豫再三,笔者决定不再纠结于各学科视角下的异质性考察,转而去探寻实物中最稳定的要素并为其划清界限。

其次,虽然实物概念具备包容性和模糊性,定义起来困难重重,但当我们对学习概念进行辨析时就会发现,除了上述困难外,定义学习概念还会遭遇另一重困难,即无法辨明学习的真身,因为人类对学习本身充满"误解"。通常意义上,学习被认为是僵化的、分科的,只发生在学校,但事实并非如此。学习会在多重环境中发生,涵盖日常生活中的任何合适环境,并伴随个体的整个生命历程。然而颇为遗憾的是,我们对学习概念的刻板印象是:学习就是"知识灌输""枯燥乏味""规范""约束"等的代名词,一旦有人提到学习,便会感到头疼且心生畏惧。但同时,我们却对宇宙大爆炸、恐龙灭绝、高山大海和烹饪养生等内容兴味盎然。实际上,学习会给个体带来更多的东西,它是一种探索未知的乐趣、投入和激动,这种情绪能生产出强有力的动机机制。毋庸置喙,历史或社会习俗的约定俗成,使人们对学习概念的理解充斥着偏见,只有在逻辑或哲学构成上站在现有概念的对立面,才有可能帮助大家扫除该偏见。所以要把学习概念从集体迷失中解救出来,是本书面临的一大难题。

(一) 实物

实物,在英文世界里可用 objects(物品)、material(材料)、things(用品)、stuff(东西)、matter(物质)、artifacts(人工制品)、goods(货物)、commodities(商品)、actant(行动元)[①]等不同词汇加以表达,选择不同词汇意味着不同的视角。本书所要探讨的是作为学习对象的实物,当实物作为学习对象时,它除了保留原来的全部属性外,还被添加了一种新的属性——成为学习发生的媒介,我们需要借助这种媒介透物见人、见精神,甚至见到一个社会。因为它们是"行动与意识的融合"

---

① "行动元"这一术语由科学-技术社会学最近的研究方法发展而来,指的是在社会层面上具有"行动"能力的人类或非人类实体。引自[澳]伊恩·伍德沃德:《理解物质文化》,张进、张同德译,甘肃教育出版社 2018 年版,第 17 页。

(a merging of action and awareness)①的产物,为我们展现出了理性与激情之间的张力。

教育是博物馆的首要功能,而实物是博物馆教育功能发挥的依据,因此,博物馆学视角下的实物概念具有典型意义。传统意义上,博物馆收藏的实物主要指"文物",多为"可移动文物"。但随着博物馆社会文化责任和影响社会问题的能力逐步增强,但凡在历史长河或日常生活中占有一席之地的记忆载体均被列入博物馆的藏品序列,仅收纳人类及其环境的"见证物",已无法发挥其广泛意义上的教育功能。为了借助实物更好地认知过往的自然、社会和文明(因为远去的世界已成沧海桑田),以及更好地认知当下的现生世界,克服社会精细分工导致隔行如隔山的理解困境,实物的收藏经历了"从珍贵古董到普通的创造物及相关自然物;从可移动物到不可移动物;从物质文化遗产到非物质文化遗产;从历史物品到当代物品甚至活体;从实物藏品到数字藏品"的拓展历程。因为本书中实物学习指向的目标与博物馆几经嬗变后的收藏动机如出一辙,所以参考博物馆的实物收藏及其拓展范围,我们将日常学习中的实物分成人工物和自然物两类。其中,人工物还可再细分为"文化遗存、当代物品"和"装置、造型、媒体"两种。

### (二) 媒介

媒介(media)并非难以捕捉的抽象意涵。当实物充当媒介时,我们需要明白"实物的意义并不存在于过去,而是属于现在,因为对于实物的意义和重要性的解读是一种当代活动"②,需要以当前社会生活三大基本领域——经济、政治和文化为前提,通过媒介化把它带入现在,重新书写到现在的脸上。可以这么认为,媒介是保证能在两个世界之间进行交流的一种措施。为了避免忽视交流背后的生成机制,我认为不

---

① Brenda Danet, Tamar Katriel, "No two alike: Play and aesthetics in collecting", in Susan M. Pearce (ed.), *Interpreting Objects and Collection*, Routledge, 1994, p. 222; Mihály Csíkszentmihályi, *Beyond Boredom and Anxiety: Experiencing Flow in Work and Play*, Jossey-Bass, 2000.

② Christopher Tilley, "Interpreting material culture", in Susan M. Pearce (ed.), *Interpreting Objects and Collection*, Routledge, 1994, p. 74.

妨从两方面对此概念加以辨析。

一是坚持传统的语义分析。汉语"媒介"中的"媒"是指"婚姻介绍人,负责谋和婚姻",后引申为"中介"①;"介"表示"处于两者之间"②,含义古今变化不大。而"媒介"一词,最早见于《旧唐书·张行成传》:"观古今用人,必因媒介"③,指的是"使双方发生关系的人或事物"④。英语中的"media"一词大致出现在19世纪末及20世纪初,意指"事物之间发生关系的介质或工具"⑤。后来该词被学者引入传播学,成为一种专业术语。传播学视域下的"媒介",本义为"in the middle"(在中间)或"go between"(在两者之间),是指"插入传播过程中,用以扩大并延伸信息传递的工具"⑥。它通常囊括两重含义:一是传递信息的渠道、中介物、工具或技术手段;二是采集、加工制作和传播信息的社会组织。本书所探讨的"媒介"显然属于前者。不过,实物是拥有自身特定意义的物质语言,诞生之初便连接着生产和消费,而这些都是一种语境化的社会行为,需要沿着特定的时间坐标轴进行定位,由此成为社会实践的象征媒介以存储特定的社会信息,从而帮我们揭示社会实践的框架。

二是创建新的学术分析语境,因为在定义媒介时,我们易于看到的是媒介,所以会陷入就媒介谈媒介的技术论怪圈。我认为更需要强调的是信息交换的中介化过程以及中介化过程中呈现的媒体逻辑⑦,这便是"媒介化"(mediazation)。"媒介化"的概念肇兴于欧美,可追溯至20世纪70年代。英国社会学家约翰·汤普森(John B. Thompson)在《传媒与现代性:传媒的社会理论》(*The Media and Modernity: A Social Theory of the Media*)一书中使用"文化的泛媒介化"

---

① 傅永和、李玲璞、向光忠主编:《汉字演变文化源流(下)》,广东教育出版社2012年版,第1508—1509页。
② 周鸿铎主编:《应用传播学引论》,中国纺织出版社2005年版,第44页。
③ 傅永和、李玲璞、向光忠主编:《汉字演变文化源流(下)》,广东教育出版社2012年版,第1508—1509页。
④ 吕尚彬、朱彬主编:《基础传播学》,中国农业出版社2003年版,第174页。
⑤ 常庆编:《大众媒介论》,齐鲁书社2012年版,第19页。
⑥ [美]威尔伯·施拉姆、威廉·波特:《传播学概论》,陈亮、李启、周立方译,新华出版社1984年版,第144页。
⑦ 孟伟等:《理解新媒体》,中国广播电视出版社2018年版,第5页。

(mediazation of culture)①来表达媒介对现代社会诸多方面的调节,认为以媒介为载体或机构的文化与信息传播是现代性的一种普遍特征。②20世纪晚期,西方国家步入后工业时代,社会运作似乎已离不开媒介的深度参与。此时,相关研究人才辈出、群星璀璨,期间学习英国文学的马歇尔·麦克卢汉(Marshall Mcluhan)闯入了传播学并把传播学搅得天翻地覆,指出"媒介即是人的延伸",理解媒介就是理解当代社会,成为传播学绕不开的理论源泉和环境媒介学派的开山始祖。自2008年起,"媒介化"概念进入欧洲社会学和传播学的研究视域,出现游戏媒介化、宗教媒介化和政治媒介化等的学术表达。弗里德里希·克罗茨(Friedrich Krotz)认为媒介化的定义往往受到时间和文化背景的限制,并且是一个持续性过程,甚至将其视作与个体化、全球化并列的"元进程"(meta-process)③。可见,当我们要在书中探讨媒介时,不能只是讨论渠道、中介物、工具或技术手段,更需要讨论它们所连接的两方是谁,以及两者之间的互动逻辑。一般来说,媒介天生会把作为信息发送者的实物与作为信息接收者的受众联结在一起,但在联结双方的同时,也会不断重构两者之间的关系,我们以为我们创造出了实物媒介,事实上实物媒介也正塑造着新的我们。

(三) 学习

弄明白"学习"(learning)一词并不容易,因为长期以来该词都颇具争议。朗·霍莫斯(Len Holmes)认为学习已是一个"受污染"的概念。④ 弗朗索瓦·雅各布(François Jacob)曾将人比作一台学习的机器。但吊诡的是,即便是成绩优异的学生在结束学业一段时间后,真正

---

① John B. Thompson, *The Media and Modernity: A Social Theory of the Media*, Stanford University Press, 1995, p.46.
② 孟伟等:《理解新媒体》,中国广播电视出版社2018年版,第5页。
③ [丹]施蒂格·夏瓦:《文化与社会的媒介化》,刘君、李鑫、漆俊邑译,复旦大学出版社2018年版,第16页。
④ Len Holmes, "Is 'learning' a contaminated concept? Draft working paper prepared for 'Learning and Practice'", one-day conference of the Learning and Critique Network, Manchester, 8th November 2000, www.re-skill.org.uk/papers/contaminated.htm(2005-10-12), accessed 2021-06-01.

能记住的知识实际上也寥寥无几。一项针对法国高中理科毕业生的评估显示,中学毕业一年后,80%的学生描述不出太阳在天空的运行轨迹,100%的学生画不出一张大概的欧洲地图,80%的人无法说清器官之间的联系。① 同时,"吾生有涯而知无涯",面对生命有限而知识无限,弗里德利希·冯·哈耶克(Friedrich von Hayek)曾感叹道:"我们必须运用的有关各种情势的知识(the knowledge of the circumstances),从来就不是以一种集中的且整合的形式存在的,而仅仅是作为所有彼此独立的个人所掌握的不完全的而且还常常是相互矛盾的分散知识而存在的。"②因此,为了让学习的概念轮廓变得清晰并避免落入以偏概全的思维陷阱,我们需要认识到其中暗含的三方面前提:学校的教并不等同于"学";成绩好也并不等同于"学会";不知与知之的关系是在"学"上是有限度的。本书在正式为学习界定概念前,希望读者能首先将此三大前提内化为一种常识,不再模板化地为学习贴上充满误解的标签。至于如何理解学习一词,这是我们千百年来一直在思考和追寻的问题,然而采用科学方法对"学习"展开研究,则是近一百多年的事。

事实上,我们对"学习"概念的理解,经历了一个逐步深入和完善的过程。20世纪七八十年代前,学习还一直被认为是一个不太复杂的过程,只发生在大脑特定区域,其变化可被预测,变化由简单的因果关系决定。③ 这是一种对"学习"传统意义上的认识,学习成为一种线性和可预测的知识积累。④ 19世纪初,一套与西方工业社会相匹配的学校制度初步成型,学习被"无可救药"地与学校捆绑在一起,而更让人忧心的是,学校倡导的教育范式与这种传统意义上的学习保持同步。学习成为"知识""学术"等的代名词,教师将知识传递给学生,强调认知性而非

---

① [法]安德烈·焦尔当:《学习的本质》,杭零译,华东师范大学出版社2015年版,第1—2页。
② [英]弗里德里希·冯·哈耶克:《个人主义与经济秩序》,邓正来编译,复旦大学出版社2012年版,第86—87页。
③ John H. Falk, "Free-choice environmental learning: Framing the discussion", *Environmental Education Research*, 2005, 11(3).
④ Jeremy Roschelle, "Learning in interactive environments: Prior knowledge and new experience", in John H. Falk, Lynn D. Dierking (eds.), *Public Institution for Personal Learning*, American Association of Museums, 1995, pp. 37-54.

经验性的方法,看重的是学生的智识而非身体参与。① 这种现代学校教育的背后渗透的是工业化时代的意识形态,而在行政管理上则采取工厂企业模式的组织体制,数十名同年龄段的孩子在标准化的教室里被"批量加工"。这种一味强调工具价值的非人化培养,使学生没有办法参与到学习的决策中,由父母或社会来确定孩子的专业选择甚至兴趣爱好,导致他们并不知道学习的意义何在,只知道遵照学校规定的知识门类,履行各年龄段的学习安排。这种教育不仅抹杀了被教育者的独特个性,使他们远离真实世界,也使他们好奇心受到极度压抑,创造力和好奇心随之消退。显然,这与我们有教无类、因材施教的教育理想背道而驰。而该现象的生成逻辑与劳动异化如出一辙,笔者将其称为"学习异化"。在学校出现的一百多年岁月中,学校自始至终都没能让学生爱上学习,还打破了民众对于学习曾有过的美好期待,而学校的首要目标恰恰应该是引导学生爱上学习。正因如此大概在六七十年前,也就是20世纪60年代,世界教育领域出现了一个革命性转折。这个转折是从美国开始的,被称为"非学校化运动",现代学校教育开始遭遇前所未有的非议和挑战。所以,我们迫切需要为"学习"概念正名。

对学习的传统认知以及与之匹配的现代学校教育,在很长一段时间内把持着我们对学习的全部理解,但是认知与神经科学的研究成果对这种理解进行了根本性的瓦解。研究表明,学习过程并非线性的,它的发生不仅涉及大脑的多个区域,还深受大脑以外的身体和环境影响,并且不太容易预测,变化是多种因素作用的结果。同时,由于每一个体的神经系统各不相同,所以即便是相同的刺激,造成的反应也将千差万别。② 由此可见,学习不仅与发生的环境密切相关,而且高度个性化,应当坚持以学习者为中心的学习。③ 这些特征决定了人一生的学习行为

---

① Eilean Hooper-Greenhill, *Museums and Education: Purpose, Pedagogy, Performance*, Routledge, 2007, p.3.
② John H. Falk, "Free-choice environmental learning: Framing the discussion", *Environmental Education Research*, 2005, 11(3).
③ Eilean Hooper-Greenhill, *Museums and Education: Purpose, Pedagogy, Performance*, Routledge, 2007, p.3.

会在各个地方持续发生,每个人也会选择差异化的方式。其基本可归为三大来源:学校、工作场所和自由选择学习机构。① 尽管这三大来源对人的终身学习都至关重要,但相较而言,自由选择学习机构最为轻松,也最强调主体性,无论是频繁还是偶尔、深刻还是浅显的学习都被允许。同时,研究显示,在校学习(从幼儿园到研究生)只占到我们生涯中的3%~5%,人们会在校外学习中花费更多的时间。② 欣赏一件陶器、学会唱一首歌、看一部好电影、游览一处名胜等都是学习,校外学习的价值和潜力无可辩驳,不应被低估甚至忽视。

当前有关"学习"的定义众说纷纭、见仁见智,我个人认为应当首推的是约翰·福尔克(John H. Falk)等人所作出的定义。1986年,他创立了美国创新学习研究所并担任所长,此后曾入选美国博物馆联盟(American Alliance of Museums,简称AAM)百年荣誉榜"博物馆界最具影响力的100人"(1906—2006年)。自由选择学习是约翰·福尔克终其一生的研究重点。他和林恩·迪尔金(Lynn D. Dierking)认为,学习是指"人们通过一个持续的过程,将过去的经历和现在关联起来,将现在发生之事与过去之事关联起来……学习是个人与其社会、文化和物质环境之间的对话。它是一种情境驱动的努力,为了在世界上生存和发展而创造意义"③。同时诸多研究者已发现,当人类身处受支持的环境中时,当他们从事有意义的活动时,当他们从焦虑、恐惧和消极的心态中解脱出来,当个人可以选择和控制自己的学习,以及当任务的挑战满足个人技能时,人们的学习积极性通常很高。④

综上,本书中所指的学习并非"被学习的是事实和知识,过程高度集中、有目的性和严谨性的行为"⑤,而是指"以学习者为中心,重视经验

---

① Lynn D. Dierking, "Lessons without limit: How free-choice learning is transforming science and technology education", *História*, *Ciências*, *Saúde-Manguinhos*, 2005, 5.

② Chi-Chang Liu, John H. Falk, "Serious fun: Viewing hobbyist activities through a learning lens", *International Journal of Science Education*, Part B, 2014, 4(4).

③ John H. Falk, Lynn D. Dierking, *Learning from Museums: Visitor Experiences and the Making of Meaning*, AltaMira Press, 2000, p. 136.

④ John H. Falk, "An identity-centered approach to understanding museum learning", *Curator: The Museum Journal*, 2006, 49(2).

⑤ Eilean Hooper-Greenhill, *Museums and Education: Purpose*, *Pedagogy*, *Performance*, Routledge, 2007, p. 3.

性和建构性,提倡身体、认知和情感的参与,实现自我获得激励、情感获得满足和个人获得回报的行为"[①]。因此,此书中的学习是拥有内在驱动机制的,参与过程也是充满快乐或具备价值的。

## 五、实物学习:研究传承及其启示

以上,笔者分别就实物、媒介和学习的概念进行了界定和讨论,试图跳脱出单一学科的视角,同时清扫先入为主的成见,并且避免对要素关系的静态化处理,针对上述三个概念的考辨取得了一定进展。接下来,笔者将把研究视角转向本书所涉问题的学术史考察,并对其加以述评。毋庸置疑,本书聚焦的对象是"人类以实物作为媒介的学习",但是笔者并不准备只着眼于本研究领域所生成的一些有价值的思考,而准备转向更为广阔的学术语境,将问题延伸向"人类对于实物的理解和利用",并从纵向演进的不同阶段和横向呈现的内容分析双重视角,深挖该问题的研究脉络及其形塑过程。而"人类以实物为媒介的学习"只是近年来诸此问题经"杂交"后所派生的分支问题,该新问题本质上指向的是"人类对实物的活化利用",所以仅谈"人类以实物为媒介的学习"问题已不足够。然而需要意识到的是,在回溯学术史时,不能只看到"使事情所以然"的成因,还需要弄清楚"使人知其然"的缘由。因此,笔者将整合目前所接触到的相关学科的文献材料,全景扫描式地勾勒出学者们就"人类对于实物的理解和利用"问题的研究轨迹,并试图洞察其背后的生成理路,然后将"人类以实物为媒介的学习"问题置于这一研究的坐标系中进行追踪,通过彼此之间的互动获得较为完整的轮廓意识,苛察自身存在的同时,再思研究的空间与意义。

虽然自 2010 年前后,当代文化研究开始系统地论述"物质性转向"

---

① John H. Falk, "An identity-centered approach to understanding museum learning", *Curator: The Museum Journal*, 2006, 49(2).

(materialism turn)或"物质转向"(material turn)①,但对实物的相关研究其实可追溯至约公元前4世纪柏拉图、亚里士多德的观点与主张,他们为有关"物"的思想发展奠定了基调。此后的研究主要涉及"物及物性"和"物人关系"两方面,由于前者是实物学习开展的基础,而后者的关系表现之一是实物学习,所以需要对这两方面的成果都加以爬梳。

纵观相关文献,研究具备两大特点。

第一,从研究分期上看,"人类对于实物的理解和利用"研究大致经历了"基础层面的认知—理论层面的发展—专业层面的转向"三个阶段。

(1) 研究初期,多从基础层面探讨"物为何重要"。早期研究始于19世纪七八十年代,研究视野相对狭隘,学者主要来自人类学、社会历史学和艺术史三大领域,作为"他者"的物成为考古学家和博物馆学者的关注对象,前者热衷于物质材料分析,后者则专注于文献佐证和文物展示,以解释"物为何重要"。研究方法多为历史考古研究,但这些研究因其背后所隐藏的价值等级排序,以及物从原初时空和文化背景被抽离而遭到质疑。

(2) 研究中期,深化至"物性"研究,开始从理论层面讨论"物有何意义"。现代经济史无前例地催生了大量物品及其增值现象。1975年前后,一个新兴研究领域——物质文化研究(Material Culture Studies)应运而生。② 因为其研究对象是流通中的实物,所以相关研究与本书休戚相关。首先在研究内容上,至20世纪八九十年代,物质文化研究不再只是考古学和博物馆学的"自留地",开始受到各学科的重视并发展成为其"新垦地",呈现百花齐放之样态。③ 美国、加拿大分别成立"物质文

---

① Tony Bennett, Patrick Joyce (eds.), *Material Powers: Cultural Studies, History and the Material Turn*, Routledge, 2010, p. 5.
② 韩启群:《物质文化研究——当代西方文化研究的"物质转向"》,《江苏社会科学》2015年第3期;Ian Woodward, *Understanding Material Culture*, Sage Publications, 2007, pp. 4-14, 55, 57, 81, 113.
③ 韩启群:《物质文化研究——当代西方文化研究的"物质转向"》,《江苏社会科学》2015年第3期。

化研究中心",两国和英国相继召开物质文化研讨会并出版论文集。研究不再局限于针对某一物的考古,而开始重视物的社会意义、物人关系等深层议题,并与该时期的商品和消费行为交汇。其次研究方法不一而足,主要包括形式结构主义、符号阐释学、民族志、访谈法和观察法等。①

(3) 近期研究,21 世纪的第一个十年间,因文化研究的"物质性/物质转向"②,围绕实物的研究成果激增③。不同学科试图从专业层面提出核心概念,并在后现代语境下构建理论框架,物性、物的社会生命、物的社会公众、物人关系成为研究重点,研究对象也更为精细,技术人工制品、礼物等被纳入其中。这一时期的研究呈现两大进展:一是跨学科的消费研究趋热,二是后结构主义和阐释学理论兴起。④

第二,从研究内容上看,呈现以博物馆学、哲学、人类学、社会学、心理学、文化研究、传播学为主的多学科深入发展与交叉渗透的特点。

(1) 在博物馆学视野下,以弗朗兹·博厄斯(Franz Boas)⑤、苏珊·皮尔斯(Susan M. Pearce)⑥、兹宾内克·斯坦斯基(Zbyněk Z. Stránský)⑦、彼得·冯·门施(Peter van Mensch)⑧、蒂莫西·阿姆布罗斯(Timothy Ambrose)⑨、苏东海⑩、严建强⑪、周婧景⑫等为代表的学者

---

① [澳]伊恩·伍德沃德:《理解物质文化》,张进、张同德译,甘肃教育出版社 2018 年版,第 30 页。
② Tony Bennett, Patrick Joyce (eds.), *Material Powers: Cultural Studies, History and the Material Turn*, Routledge, 2010, p. 5.
③ Babette Bärbel Tischleder, *The Literary Life of Things: Case Studies in American Fiction*, Campus Verlag, 2014, p. 17.
④ [澳]伊恩·伍德沃德:《理解物质文化》,张进、张同德译,甘肃教育出版社 2018 年版,第 5 页。
⑤ Ira Jacknis, "Franz Boas and exhibits: On the limitations of the museum method of anthropology", in George W. Stocking, Jr. (ed.), *Object and Other: Essays on Museums and Material Culture*, University of Wisconsin Press, 1985.
⑥ Susan M. Pearce (ed.), *Interpreting Objects and Collection*, Routledge, 1994.
⑦ Zbyněk Z. Stránsk, "Museology as a Science", *Museologia*, 1980, 11(15).
⑧ Peter van Mensch, *Towards a Methodology of Museology*, University of Zagreb, Faculty of Philosophy, 1992.
⑨ [英]蒂莫西·阿姆布罗斯、克里斯平·佩恩:《博物馆基础》,郭卉译,译林出版社 2016 年版,第 187—188 页。
⑩ 苏东海:《博物馆论》,《中国博物馆》2005 年第 1 期;苏东海:《文物与历史》,《中国文物报》2006 年 2 月 10 日第 5 版。
⑪ 严建强:《博物馆与实物》,《中国博物馆》1999 年第 2 期。
⑫ 周婧景:《博物馆以"物"为载体的信息传播:局限、困境与对策》,《东南文化》2021 年第 2 期。

或从物质要素的视角讨论实物的概念突破、价值意义、存在形式和陈列布展,或从阐释的视角探究实物的信息分层、传播方式,并由物人关系着手,论述以物为载体的信息传播,以实现活化利用。

(2) 在哲学视野下,以亚里士多德(Aristotle)①、伊曼努尔·康德(Immanuel Kant)②、埃德蒙德·胡塞尔(Edmund Husserl)③、马丁·海德格尔(Martin Heidegger)④、唐·伊德(Don Ihde)⑤、彼得·克罗斯(Peter A. Kroes)⑥、安东尼奥·梅杰斯(Anthonie W. M. Meijers)⑦等为代表的学者基于先验哲学传统、经验哲学、现象学和后现象学等路径,从物性解释的视角研究如何认识物,包含物的地位、物的本原、物的功能、人的认知边界、物人关系等,该视角贯穿西方思想的全过程,构成西方形而上学的思想史。

(3) 在人类学视野下,以皮埃尔·布迪厄(Pierre Bourdieu)⑧、阿尔君·阿帕杜莱(Arjun Appadurai)⑨、丹尼尔·米勒(Daniel Miller)⑩、阿

---

① [美]克里斯托弗·希尔兹:《亚里士多德》,余友辉译,华夏出版社2015年版,第28页。

② [德]康德:《康德的批判哲学》,唐译编译,吉林出版集团有限责任公司2013年版,第146—149页。

③ 倪梁康:《现象学及其效应:胡塞尔与当代德国哲学》,生活·读书·新知三联书店2005年版,第129—138页。

④ [德]马丁·海德格尔:《存在与时间》,陈嘉映、王庆节译,商务印书馆2015年版,第48页;[德]彼得·特拉夫尼:《海德格尔导论》,张振华、杨小刚译,同济大学出版社2012年版,第1—11页。

⑤ Don Ihde, *Consequence of Phenomenology*, State University of New York Press, 1986;[美]唐·伊德:《让事物"说话":后现象学与技术科学》,韩连庆译,北京大学出版社2008年版。

⑥ Maarten Franssen, Peter Kroes, Thomas A. C. Reydon, et al. (eds.), *Artefact Kinds: Ontology and the Human-Made World*, Springer, 2014.

⑦ Wybo Houkes, Anthonie Meijers, "The ontology of artefacts: The hard problem", *Studies in History and Philosophy of Science*, 2006, 37(1), Part A; Christian F. R. Illies, Anthonie Meijers, "Artefacts, agency and action schemes", in Peter Kroes, Peter-Paul Verbeek (eds.), *The Moral Status of Technical Artefacts*, Springer, 2014.

⑧ Pierre Bourdieu, Richard Nice (trans.), *Distinction: A Social Critique of the Judgement of Taste*, Harvard University Press, 1984.

⑨ Arjun Appadurai (ed.), "Introduction: Commodities and the politics of value", in Arjun Appadurai (ed.), *The Social Life of Things: Commodities in Cultural Perspective*, Cambridge University Press, 1986, pp. 3-63.

⑩ Daniel Miller, *Material Culture and Mass Consumption*, Basil Blackwell, 1987; Daniel Miller (ed.), *Materiality*, Duke University Press, 2005.

尔弗雷德·盖尔（Alfred Gell）①、布鲁诺·拉图尔（Bruno Latour）②等为代表的学者主要从物人关系的视角讨论物在社会中的作用及能动性，指出人通过获得和使用物使自身客体化，物反过来又制造着人，物的社会能动性是人类学视角下的核心观点。

（4）在社会学视野下，以让·鲍德里亚（Jean Baudrillard）③、欧文·戈夫曼④、卡尔·马克思（Karl Marx）⑤、格奥尔格·齐美尔（Georg Simmel）⑥、阿尔君·阿帕杜莱⑦、詹姆斯·凯瑞厄（James W. Carey）⑧、迈克·费瑟斯通（Mike Featherstone）⑨、斯科特·拉什（Scott Lash）⑩和约翰·厄里（John Urry）⑪为代表的学者从物的社会行为视角探讨特定类型消费的实际效用、身份塑造、反身性、表现力和趣味性问题，以及受高度商品化影响，消费的审美性和符号化问题。

---

① Alfred Gell, *Art and Agency: An Anthropological Theory*, Clarendon Press, 1998.
② Anders Blok, Torben Elgaard Jensen, *Bruno Latour: Hybrid Thoughts in a Hybrid World*, Routledge, 2011；［法］布鲁诺·拉图尔等：《现代性的视觉政体：视觉现代性读本》，汪瑞译、唐宏峰主编，河南大学出版社 2018 年版；［法］布鲁诺·拉图尔：《自然的政治：如何把科学带入民主》，麦永雄译，河南大学出版社 2016 年版；［法］布鲁诺·拉图尔：《科学在行动：怎样在社会中跟随科学家和工程师》，刘文旋、郑开译，东方出版社 2005 年版；［法］布鲁诺·拉图尔、史蒂夫·伍尔加：《科学在行动：怎样在社会中跟随科学家和工程师》，刁小英、张伯霖译，东方出版社 2004 年版。
③ Jean Baudrillard, *Le Système des objets*, Gallimard, 1968; Jean Baudrillard, *The Mirror of Production*, Telos Press, 1975; Jean Baudrillard, *For a Critique of the Political Economy of the Sign*, Telos Press, 1981；［法］让·鲍德里亚：《物体系》，林志明译，上海人民出版社 2019 年版；［法］让·鲍德里亚：《消费社会：神话与结构》，刘成富、全志钢译，南京大学出版社 2014 年版。
④ Erving Goffman, *The Presentation of Self in Everyday Life*, Anchor, 1959.
⑤ ［德］卡尔·马克思：《资本论（全三册）》，郭大力、王亚南译，上海三联书店 2009 年版。
⑥ George Simmel, *The Philosophy of Money*, Routledge and Kegan Paul, 1978.
⑦ Arjun Appadurai (ed.), *The Social Life of Things: Commodities in Cultural Perspective*, Cambridge University Press, 1988.
⑧ James W. Carey, *Communication as Culture: Essays on Media and Society*, Routledge, 2008.
⑨ Mike Featherstone, *Consumer Culture and Postmodernism*, 2nd ed., Sage Publications, 2007.
⑩ Scott Lash, Celia Lury, *Global Culture Industry: The Mediation of Things*, Polity Press, 2007.
⑪ John Urry, *Consuming Places*, Routledge, 1995; John Urry, *Sociology Beyond Societies*, Routledge, 2000.

(5) 在心理学视野下,以威廉·皮埃兹(William Pietz)①、罗素·贝尔克(Russell Belk)②、西奥多·阿多诺(Theodre Adorno)③、米哈里·契克森米哈赖(Mihály Csíkszentmihályi)④等为代表的学者从实证主义的视角研究消费问题及物人关系的本质和意义,力图制定出科学的衡量标准和考察方法来理解消费者行为,或借助心理学研究方法探究物和人的亲密关系,如拜物、怎样从心理动力上帮助调节自我认同和创造意义。

(6) 在文化研究视野下,以西恩·赫迪斯(Sean Hides)⑤、伊恩·伍

---

① William Pietz, "The problem of the Fetish I", *RES: Anthropology and Aesthetics*, 1985, 9; William Pietz, "The problem of the Fetish II: The origin of the Fetish", *RES: Anthropology and Aesthetics*, 1987, 13; William Pietz, "The problem of the Fetish IIIa: Bosman's Guinea and the Enlightenment Theory of Fetishism", *RES: Anthropology and Aesthetics*, 1988, 16.

② Russell Belk, "A modest proposal for creating verisimilitude in consumer-information processing models, and some suggestions for establishing a discipline to study consumer behavior", in A. Fuat Firat, Nikhilesh Dholakia and Richard Bagozzi (eds.), *Philosophical and Radical Thought in Marketing*, Lexington Books, 1987, pp. 72-361; Russell Belk, "The history and development of the Consumer Behavior Odyssey", in Russell Belk (ed.), *Highways and Buyways: Naturalistic Research from the Consumer Behavior Odyssey*, Association for Consumer Research, 1990; Russell Belk, John Sherry, and Melanie Wallendorf, "A naturalistic inquiry into buyer and seller behavior at a swap meet", *Journal of Consumer Research*, 1988, 14 (4); Russell W. Belk, Melanie Wallendorf and John F. Sherry, Jr., "The sacred and profane in consumer behavior: Theodicy on the Odyssey", *Journal of Consumer Research*, 1989, 16 (1); Russell Belk, Melanie Wallendorf, John Sherry, et al., "Collecting in a consumer culture", in Russell Belk (ed.), *Highways and Buyways: Naturalistic Research from the Consumer Behaviour Odyssey*, Association of Consumer Research, 1990.

③ Max Horkheimer, Theodor W. Adorno, Gunzelin Schmid Noerr (eds.), Edmund Jephcott (trans.), *Dialectic of Enlightenment: Philosophical Fragments*, Stanford University Press, 2002.

④ Mihály Csíkszentmihályi, *Flow: The Psychology of Optimal Experience*, Harper and Row, 1990; Mihály Csíkszentmihályi, *Creativity: Flow and the Psychology of Discovery and Invention*, Harper Perennial, 1996; Mihály Csíkszentmihályi, *Finding Flow: The Psychology of Engagement With Everyday Life*, Basic Books, 1998; Mihály Csíkszentmihályi, *Flow and the Foundations of Positive Psychology: The Collected Works of Mihály Csíkszentmihályi*, Springer, 2014; Mihály Csíkszentmihályi, *Applications of Flow in Human Development and Education: The Collected Works of Mihály Csíkszentmihályi*, Springer, 2014.

⑤ Sean Hides, "The genealogy of material culture and cultural identity", in Susan M. Pearce, *Experiencing Material Culture in the Western World*, Leicester University Press, 1997.

德沃德(Ian Woodward)①、阿瑟·阿萨·伯格(Arthur Asa Berger)②等为代表的学者从关注文化的视角强调物人关系研究的重要性,推动实物向身份、自我和物人关系等纵深方向发展,并试图构建理论方法,廓清与其他理论话语的界限和联系。

(7)在传播学视野下,以马歇尔·麦克卢汉③、钱德拉·穆克吉(Chandra Mukerji)④、格雷厄姆·默多克(Graham Murdock)⑤、弗里德里希·基特勒(Fredirch Kittler)⑥、哈罗德·英尼斯(Harold Innis)⑦、雷吉斯·德布雷(Régis Debray)⑧、玛丽安·范登布门(Marianne van den Boomen)⑨、伯纳德·赫佐根拉斯(Bernd Herzogenrath)⑩等为代表的学者从以物为媒介的视角论述传播主体、传播介质、传播形态、传播意旨和媒介环境等,是对精神与物质二元对立传播观念进行反思,使"媒介"的物性得以重新显现。

综上,目前的研究已取得五方面重要成果:从辩证唯物主义和历史唯物主义来看待物;以物为中心的基础研究;以物为中心的心理分析;侧重感官与物的关系;聚焦物与人的其他关系。但存在尚待拓展的空间:①现有研究较多泛泛地分析物自身、物之间、物与人之间的关系,但

---

① Ian Woodward, *Understanding Material Culture*, Sage Publications, 2007;[澳]伊恩·伍德沃德:《理解物质文化》,张进、张同德译,甘肃教育出版社2018年版。
② Arthur Asa Berger, *Media and Communication Research Methods: An Introduction to Qualitative and Quantitative*, Sage Publications, Inc., 2000.
③ Marshall McLuhan, *Understanding Media: The Extensions of Man*, Signet Books, 1964;[加]马歇尔·麦克卢汉:《理解媒介:论人的延伸(55周年增订本)》,何道宽译,译林出版社2019年版。
④ Chandra Mukerji, *From Graven Images: Patterns of Modern Materialism*, Columbia University Press, 1983.
⑤ David Deacon, Graham Murdock, Michael Pickering, et al., *Researching Communications*, Bloomsbury Academic, 1999.
⑥ Fredirch A. Kittler, Michael Metteer, *Discourse Networks, 1800/1900*, Stanford University Press, 1992; Fredirch A. Kittler, *Gramophone, Film, Typewriter*, Stanford University Press, 1999.
⑦ Harold A. Innis, *The Bias of Communication*, University of Toronto Press, 1999.
⑧ Régis Debray, *Cours de médiologie Générale*, Gallimard, 1991; Régis Debray, *Vie et mort de l'image: Une histoire du regard en Occident*, Gallimard/Folio, 1992.
⑨ Marianne van den Boomen, et al. (eds.), *Digital Material: Tracing New Media in Everyday Life and Technology*, Amsterdam University Press, 2009.
⑩ Bernd Herzogenrath (ed.), *Film as Philosophy*, University of Minnesota Press, 2017.

如何通过对物的阐释来重构物人关系,深入探究该媒介学习功能并使之常态化的研究基本上付之阙如。②不同理论在提供某一独特视角的同时,不可避免地存在着解释上的盲点。由于博物馆学是上述学科领域中唯一因物的收藏、研究和展示而产生的,提供的是一种基于实物的真实体验,所以在构建物人关系以促成有效学习方面,已具备相对系统的理论基础和较为丰富的实践经验。因此,本书尝试引入和借鉴博物馆学,并综合相关理论视角,将实物学习这一命题置于该背景下进行整体研究,以深入探讨博物馆视域下的实物学习对日常学习新模式的启发及构建问题,进而揭示博物馆学在多元化学科体系中潜藏的独特价值。

## 六、研究框架与章节安排

通过绪论的标题"从博物馆学理论谈人类实物学习的日常化模式"可以发现,我想探讨的是如何通过博物馆学及相关启示,为人类构建一种潜在的,但始终未被强化的实物学习日常化模式。这项研究的困难在于:一是实物学习在推动人的类本质不断充实、丰富和完善,以实现其全面发展的功能上并非显而易见;二是博物馆学作为主要的理论基础,本身尚处于潜滋暗长中,因此实物学习与博物馆学之间的关系充满着不确定性和动态性,且需要更深入的探寻;三是即便如此,我们引入博物馆学的目的却不温和,而是颇具颠覆意义的,希望借此打破长期以来符号学习一统天下的模式,提出符号、实物学习比肩同行的二元模式。由此可见,构建日常生活中实物学习的模式必然会遭遇诸多困难。然而,物质性转向的趋势和博物馆学的受训背景,让我意识到实物、人类学习与博物馆学之间确定性和明证性的关系,发现博物馆学拥有重建物与人关系的能力,并且这种能力正在逐步增强。"事物只有在重视它的社会才能作为对象存在。"①基于此,本书将通过立论之基、认识论、方法论和本体论四部分来讨论实物学习的"转向与考辨""要素与构成"

---

① Bill Brown, "Thing theory", in Bill Brown (ed.), *Things*, University of Chicago Press, 2004, pp. 4-5.

"模式与构建",以及博物馆学的"范式与探索"。无论如何,虽然目前博物馆学的理论方法只初具雏形,但在构建人类实物学习的模式中将发挥无可比拟的作用,并且在有效满足社会的同时,也意外地成就了自己,让我们得窥被低估的博物馆学远比想象得重要,为博物馆学在突围中超越开辟发展契机。

在"立论之基:实物学习的转向与考辨"部分,我想回答的是为何要将看似普通实则已经释放潜能的"实物学习"对象化并推至风口浪尖。西方自柏拉图以来"重精神、轻物质"的倾向,以及形而上学认识论的终结和哲学认识论的"语言学转向",导致我们存在这样一个误解,那就是实物学习是一种非常晚进的"发明",但实际上,它并不是一种发明而是被重新发现。到了20世纪初,由胡塞尔(Edmund Husserd)[①]首创、尔后扩展至欧陆和世界哲学领域的现象学,更是直接主张"回到物本身",与此前以康德为代表的古典唯心主义彻底决裂。实物学习其实一直存在,与符号学习同属于人类间接学习的行为,只不过相较于符号学习,它还未得到构建和强化。那么问题来了,为何实物学习会在当代呈现出无可比拟的迫切性,也就是说实物媒介为什么会脱颖而出并成为现象级景象。实际上这种转向受制于外部变化和内部需求,并且该转向又加剧了这两者的变化。随之浮现的新问题是,这种外部变化与内部需求能否通过传统的符号学习加以调试和满足,也就是说符号学习能否取代实物学习?然而习以为常并非理所当然,如果说符号学习不能代替实物学习,那么需要论证的是实物学习相较于符号学习有何特征,又拥有什么样的优劣势?诸此问题都将贯穿在第一部分,并逐一获得探析,以便为第二至第四部分中对认识论、方法论和本体论的深入探究奠基扎根。

在"认识论:实物学习的要素与构成"部分,由于已明确了实物学习命题的迫切性和可行性,我转而想关注的是实物学习这一命题本身。严格说来,我们对该命题的要素构成及发生机制的认识至今仍模糊不清。当我们将物当作学习媒介时,某种程度上,它已脱离实际的社会关系范畴,这种超然使我们可以利用物来创造一个由感知连接的私人世

---

① 倪梁康选编:《胡塞尔选集(上下)》,上海三联书店1997年版。

界,但这也会令它变得毫无生气。所以,我们需要再造一种社会关系,让物与受众之间的鸿沟被弥合,且不会以牺牲双方为代价。鉴于此,我们需要从认识论上廓清实物学习的结构要素及其发生机制,即不再单纯地将实物学习视为一种行为过程或结果,而是将其看作"实物、受众、阐释"三要素彼此关联的互动网络,因为物并非普通的物,而是处在交流系统中的物。然而颇为遗憾的是,在实物媒介化最为集中之地——博物馆,长期以来把实物学习等同于实物教育,热衷于一味呈现物的视觉之美,或一厢情愿地输出大量与实物相关的知识,但对受众的兴趣和需求、行为和心理、获益及程度等方面漠然视之,导致博物馆在观众参与和建构意义上的意识和能力均不足。

实物作为实物学习中的客体要素,是再现事实的信息片段。当前我们生活的世界是一个非线性发展的复杂世界,若想通过一套简易逻辑进行认识和解释充满困难,但是,我们除了依靠可识别的符号之外,还可重返生活世界,借助能被感知的实物进行学习。但实物构成本身类型多样,纯审美的物、纯实用的物、审美和实用兼具的物,在充当认识和解释世界的媒介时具备不同的阐释需求。同时,实物不仅类型各异,信息层次也很丰富。所以在对物载信息进行分层时,涉及的材料和方法纷繁,研究者既要有丰厚学养,又要有实践经验;既要有人文社科背景,又要有自然学科背景,可见综合全面地认识实物需要突破学科局限。不过,在以实物为媒介传递信息时,并不需要将全部信息一应俱全地呈现,否则接收者将不堪重负,因此为避免信息过载,应根据阐释视角和目的有意义地取舍。

受众是实物学习中的主体要素。美国 20 世纪声望最高的社会学家之一丹尼尔·贝尔(Daniel Bell)曾对大众文化及其滋养土壤——大众社会,做过如下分析:

> 交通和通信革命促成了人与人之间更加密切的交往,以一些新方式把人们连接了起来;劳动分工使人们更加相互依赖;某一方面的社会变动影响到所有其他方面;尽管这种相互依赖日益强化,但是个体之间却变得日益疏远起来。家和地方社区古老而原始的团体纽带已经被摧毁;自古以来形成的地方观念信仰受到了质疑;没有什么统一的价值观

念能取代它的位置。最重要的是,有教养精英的批评标准再也塑造不了世人的意见和趣味。①

可见,人类社会在迈向工业化、城市化及现代化的通途时,传统关系正在逐步消解,社会被原子化的同时,人与人的关系也变得疏离。单纯的内在律令构成的行为驱动力的时代被充满差异性的时代所代替。②这一背景下大众媒介开始发挥重要作用,塑造出一种导向性经验,大众就在这种集体经验中趋同并被归类。英国博物馆学家尼克·梅里曼曾说,长远来看,博物馆其实是一种大众媒介。因为博物馆的观众由多代各类观众构成,而实物学习与此如出一辙,所以博物馆中受众的内涵、特征及认知方式,将对日常化实物学习具备很强的借鉴意义。无论是博物馆还是日常生活中的实物学习,受众都并非相对纯粹的单一构成,他们带着各自的入门故事及独特经验,在心理和行为上呈现出差异性和碎片化。同时学习过程也不受控,强调以学习者为中心的自我建构,赋予了他们自由选择的权利。其间,需求和兴趣成为观众学习的唯一驱动力,而非外部强加的权威及制度。面对多元、动态、无法控制的各类受众,我们不仅要寻找受众在人口学和行为学上的相似表现,还要借助脑科学和认知科学,探究受众在认知上共通的底层机制。

阐释是实物学习中的中介要素,也是构建主客体积极关系的关键因素。由于实物是非表征的,如何才能将"物的语言"变成"人的语言",从陌生的世界进入熟悉的世界,都离不开阐释。但在很长一段时间内,我们只是将传播实物所载信息视为博物馆工作的全部,而忽视了受众基于信息传播的实际获益。事实上,最大限度地让观众理解物载信息才是博物馆业务的重点,而这一点却长期遭遇忽视,但其重要性与日俱增,因此需要将阐释——这一旨在提升"信息传播中观众获益"的新要素,引入实物学习的整体关系营造中。不管我们是否意识到,在实践中博物馆已开始应用阐释了。在我看来,要弄明白这一要素不能局限在

---

① [美]丹尼尔·贝尔:《意识形态的终结:50年代政治观念衰微之考察》,张国清译,中国社会科学出版社2013年版,第4页。
② 周志强:《阐释中国的方式:媒介裂变时代的文化景观》,中国电影出版社2013年版,第5页。

博物馆学的"洞穴"之下,因为其来源于哲学、传播学、发展和认知心理学等多个学科。鉴于此,首先要以历史的眼光重新梳理阐释这一术语,了解其从哲学领域进入文博领域的发展进路,从中寻找与实物学习最直接相关的理论依据。其次通过类型学研究,将阐释区分为独断的阐释和探究的阐释,分类的标准在于权威性。显而易见,服务于实物学习的阐释属于探究的阐释,目标是实现视域融合。最后,反思博物馆领域与日常领域的实物阐释之间的异同。它们的阐释对象都拥有非表征性,所以均为探究的阐释,价值都在于呈现社会积极的价值导向。但两者又不尽相同,博物馆阐释是实物阐释的高级阶段,前者强调整体的精,后者强调个体的博;前者的阐释多关注客体、技术与空间,而后者的空间可忽略不计。通过对博物馆阐释在原则设定、要素构成等方面的深入分析,可为实物阐释提供有意义的启示,使实物学习不再止步于低层次的感知觉,而促使认知和情感在更高层次上的时空相遇。

为此,在借鉴博物馆学等相关学科构建实物学习模式时,从一开始就要全面考察实物学习行为背后所隐藏的结构和关系,不仅要强化对客体-实物、主体-受众、中介-阐释的研究,还要将其融为一个有机整体,从系统的角度展开讨论。

在"方法论:博物馆学对日常实物学习模式的启发与构建"部分,我将从认识论层面转向方法论层面,想要探究的是博物馆学与日常实物学习之间的深刻渊源,以便借鉴博物馆学构建实物学习的日常化模式。因此,这部分成为本书中进行问题破局并承上启下的关键内容。在我们所生活的世界,长期忽视了实物所蕴含的在前文字时代就具有的丰富生命力,不能把现在当作全部的历史。实际上实物拥有深刻而古老的力量,有助于整合视觉与非视觉资源,成为沟通悠远岁月里被遗忘经验的纽带。我将从两方面探幽寻微:

其一,论述博物馆泛化带来的实物学习的日常化与规模化。以实物为媒介进行学习,使人与物之间部分被遮蔽的关系得以重新显现,同时亦可发现作为学习对象的物竟如此丰裕,博物馆就是其中的集大成者。当前,博物馆呈现一票难求的热潮和"博物馆发展外化"的类博物馆现象,导致博物馆的边界日趋模糊,由此助推实物学习的日常化和规模化。

其二,探讨博物馆学理论在构建实物学习新模式上的贡献。我在对实物学习进行学术回顾时,发现研究者主要来自教育领域,或活跃在博物馆领域[①]。教育领域的学习多发生在受控的中介环境中,而博物馆领域则有所不同,通常是在不受控的中介环境中提供受众入口以促使他们构建自己的知识,学习条件和学习方式与学校的正规教育差异极大,并且已从教育舞台的边缘悄然走向了中心。鉴于此,我主张将博物馆学的实物学习推及日常生活,使日常生活中但凡具备教育意义的普通物都能经由媒介化,成为我们鲜活生动的学习对象,使学习变得轻松有趣并贯彻一生。为此,需要借鉴当代博物馆学的理论基石——"博物馆化"和影响当代博物馆转型的要素——"阐释"来构建人类实物学习的日常化模式:先将普通物变成学习媒介物,尔后依托学习媒介物设计出"审美型、情境型、过程型、仓储型"四种实物学习模式,并促使这些模式与符号学习模式良性共存。由此,长期以来符号一统天下的局面将被打破,而实物学习的价值也得以被重新发现并激活,伴生的结果是一种新的主客体关系获得构建,器官和肢体的功能在学习中得到延伸,学习的空间也从封闭的空间过渡至广袤的天地。

本书的最后一部分是"本体论:被低估的博物馆学远比你想象得重要",是整本书的高潮部分。实际上,如果行文至第三部分便戛然而止也不为过,因为粗略看来第四部分大有"画蛇添足"的无用之感,但细究后,你会发现实际上这部分才是本书的灵魂所在,有时无用即为大用,"世界的意义从来都在世界之外"。希望通过本部分的撰写让你触摸到渗透于文字中的思想,它看似使整个研究形成了闭环,但对我而言却是拥有开放性和无限可能性的新起点。因此,我将从四个方面着以笔墨。

一是古往今来不同地域的人们为何"痴迷"实物及其收藏?对物的"痴迷"本是建立在价值判断基础上的复杂行为,物既反映了它们与某一社会的特定关系,也是某一个人或群体心理和行为共同作用的结果,所以要理解物及其吸引力,必须超越物理信息而看到其内部潜在的事

---

① Patrick J. Boylan,"ICOM at fifty", *Museum International*,1996,48(3).

实信息。鉴于此,我主张从表层和深层两方面来探寻人"痴迷"实物的内在根源,前者从个人收藏行为的心理学基础(纪念、恋物、完成感、经济诉求)和平民观看的集体记忆塑造两方面展开,而后者则从"使心理和身体生机勃勃"的神奇情绪——兴趣进行讨论。

二是对实物与人类学习的关系进行再思考。物被创造时的物理环境已不复存在,呈现的只是历史和社会重构的结果。通过探索物与其交织的关系网络,我们希望进入物背后的生命历程。为此,应尝试克服思维的惰性和定式以及视野的局限,跳出人类的自我设定,将视角从人类翻转至物,从对象本身和潜能开发两个角度重新审视实物与人类学习的关系:首先论述尽管人类只关注实物与我们交叉的部分,但实际上实物拥有完整的生命史;其次探讨实物之于人类学习的重大意义,打破以人为中心的传统人文主义,发现物质文化中的秩序及奥妙。

三是从本质上追寻博物馆学研究的内核。这一章首先在前一章的基础上省思实物学习可能面临的双重困境——"语言囚牢"与"学科廓清",前者是指由于对语言这套符号指代系统的过于强调,给学习设定了限度,一定程度上造成"重文轻物"的物盲和美盲,该困境在上一章中已基本被解决,所以本章的重点是克服后者。其次,面对全球范围内呈现的博物馆专业化趋势,世界各地提出"学科廓清"的三种应对之策。我较为认同第二种,即博物馆学是一门可与其他学科并置的独立学科,但反对其内向型的本位视角,主张从外向型的社会视角出发,基于元博物馆学的思路提出博物馆学是一门探索实物的独特科学。最后,虽然本书倡导博物馆学是一门独立学科,但该学科目前还没有成型的学科范式,仅属于"前科学"阶段,所以亟待为其构建一套共有的范式。归根结底,博物馆学聚焦的是"物载信息如何有效重构并加以传播"的问题,据此,我提出物载信息传播的四阶段模型,将要素和过程以特定结构和序列构成相互关联的整体,以形成博物馆学的科学共同体,物载信息通过全方位编码成为观众能理解的信息共享体。由此,希望能推动尚处在蛰伏期的博物馆学渐入佳境,为我们提供重塑有关学习智慧的全新思维框架。

四是回望百余年的博物馆学并尝试突围与超越。其一,在回望博物馆学的百年社会史之前,通过对博物馆定义的再理解,实现重新出发。其二,通过"溯流穷源"实物学习的核心价值,"反躬自问"博物馆学自我束缚的局限,以及"化茧成蝶"的突围前行,从中我们可以窥见:博物馆正尝试打破颇具仪式感的门槛,不断降低自身的神圣性,走进了各类公共空间,由此产生规模可观的类博物馆现象。同时,社会生活的博物馆化,意味着博物馆已无法承载实物媒介外溢的巨大潜能,可见博物馆的媒介价值显而易见地被低估了。显然,它已突破机构边界,成为一种文化现象,融入了大千世界,但这并不代表博物馆学科会被撼动,相反它获得的是一种破茧成蝶般的新生。博物馆学既不是博物馆工作手册,也不是与藏品相关的主题科学,长期以来我们误以为"博物馆技术学"(=博物馆实践)就能支撑起博物馆全部工作,但发现该学科的实际价值远不止于此。博物馆说到底是一种人类依托实物进行学习的媒介,同时也是一种为数不多的能与观众直接沟通的媒介,本不该受机构空间及资源的束缚,因为它探讨的是"以实物为媒介的学习科学",强调的是服务变化着的社会和全人类[1]。所以,相较于以往的物质文化研究,它们多旨在复原物质客体及主体所赋予其的旧有意义,却忽略了物在当下语境中的活化利用问题。而博物馆学旨在研究与符号并行的人类日常学习新模式,因此有助于实现物活化利用研究上的重大突破。这一独特的学术空间为该学科在探索中突围和超越提供了难能可贵的契机,能帮助我们开启人类学习阅读物和理解物的人文教育新形式。

综上,本书聚焦于研究问题,从"基于认识论的实物学习、基于方法论的模式构建、基于本体论的学科重塑"三个层面由表及里逐步推进,以期贯彻从现象世界向自在世界深化的哲理逻辑。绪论部分的篇幅远超出我的设想,是时候该结束了。我从研究的缘起、对象、问题、概念、传承、框架六方面向你们交代了本研究的"生命历程"及其基本设想,希望能借此帮助你们快速进入我所构筑的"实物与人类学习"的世界,共同来思考博物馆学视域下的实物学习对日常学习模式的启发及构建问题。

---

[1] Patrick J. Boylan, "ICOM at fifty", *Museum International*, 1996, 48(3).

# 第一部分

## 立论之基:实物学习的转向与考辨

所有的知识形式都有一个前提,即人类在语言之中,我们不能超越语言和符号来理解一个未经中介或未被再现的世界。形象地说,我们总是生活在语言囚牢(prison of language)里。(马歇尔·麦克卢汉)①

物,规模不等,大小不一,从离散之物如铅笔、钥匙、硬币或汤勺,到错综复杂、盘根错节之物如飞机、机动车辆、大型购物中心或计算机,不一而足……虽说现代社会科学研究肇始以来,诸多学科领域早已对物、物的用途及意义展开了研究,但相对来说,也只是在最近一段时间里,"物质文化研究"领域才明确进入人们的探索领域。(伊恩·伍德沃德)②

---

① [加]马歇尔·麦克卢汉:《理解媒介:论人的延伸(55周年增订本)》,何道宽译,译林出版社2019年版,第10页。
② [澳]伊恩·伍德沃德:《理解物质文化》,张进、张同德译,甘肃教育出版社2018年版,第3页。

人类社会离不开媒介,始终与媒介纠缠在一起,有人使用媒介,有人开发媒介,还有人投资媒介。十年之前,我们对于媒介的革命力量,几乎视而不见、听而不闻。① 但是倏忽间却发现,生活在媒介环境中的我们,正在被不断出现的新媒介所异化,并开始为这种经历深深困扰。② 如使用手机、平板和电脑的现代人正无法自拔地被这些媒介所捆绑,虽然方便了信息的获取和交流,但在拉近我们空间距离的同时却推远了心灵距离,人与人面对面坐着却时刻放不下手机,所谓"近在咫尺却远在天边"。"低头一族"俨然已成为现代生活中一道独特的风景。同时,无处不在的媒介造成了对私人空间的僭越,使得私人领域和公共领域的边界模糊。其实早在20世纪60年代,传播学奠基人马歇尔·麦克卢汉已先知先觉地重新界定了媒介,并投身于媒介心理影响和社会后果的研究,进而提出振聋发聩且超越时代的一些卓见。

我们知道,史前时代人类主要以感知为中介,尔后发展出语言。大约在6 000—1万年前③,语言转化为文字。随着15世纪印刷术的发明,信息开始以前所未有的规模在社会中广泛传播,与此同时,文字的普及导致强烈的视觉偏向。可见,尽管文字的诞生推动人类社会由野蛮时代步入文明时代,但同时也造成语言和其他感知的分离。基于此,20世纪七八十年代起,长期遭遇忽视的物的研究开始在各个学科领域东山再起。首先集中在人类学、历史学和艺术史三大领域,至八九十年代后,开始辐射至社会学、心理学和文化研究等领域。随着物质文化研究中心的创立,以"物质物化研究"为主题的研讨会相继召开,物质文化研究由此赢得了一定的学术空间,成为跨学科且又相对独立的研究领域。

这一背景下,实物学习的需求与价值被重新发现,由此实物媒介脱

---

① [加]马歇尔·麦克卢汉:《理解媒介:论人的延伸(55周年增订本)》,何道宽译,译林出版社2019年版,第586页。
② 同上书,第16页。
③ 刘伶等主编:《语言学概要》,北京师范大学出版社1983年版,第234页。

颖而出,成为备受大众热议的对象。本部分首先从认识论出发,围绕"实物学习的转向和辨析",从"时代转向、与符号学习的差异、优势局限"三方面,透过表层现象深入地探究实物媒介化的内在动因、相较于符号学习的本质差异,以及实现实物媒介化的根本困境。

# 第一章
## 实物学习的需求与转向

在物质文化"复兴"之前,"语言转向"或"认为语言建构现实"的思想在学术界已蔚然成风,成为后现代主义的社会主导话语之一。① 然而事实上,我们很早就开始研究物及物对人的影响,同时物也是西方哲学的重要命题与研究对象。有学者认为,人们之所以对物的积极意义视若罔闻,很大程度上与一些西方传统哲学思想的负面影响有关,如主张物的占有关系导致社会不公,商品使得现代人丧失审美能力等。② 直至20世纪七八十年代,物质文化研究才成为学术界一个专门的研究领域,并呈"卷土重来"和快速发展之势,被西方学者誉为人文社科领域的"物质转向"。南丹麦大学教授伊恩·伍德沃德在其著作《理解物质文化》(*Understanding Material Culture*)中提出:"物质文化就是物,强调要在文化之中研究物。"③托马斯·施莱勒斯(Thomas Schlereth)则认为物不应只包括人造物品,还应包括自然物品,而有些自然物品也体现着人类的行为模式。④ 毋庸置喙,这些认识和判断与博物馆学对于物内涵的界定不谋而合,而物乃是博物馆学研究的现实旨归。因此,当"实物"成为人文社科领域炙手可热的话题时,博物馆这一收藏、保护、研究和利用实物的专门机构也锋芒初现且备受关注。在这一背景下,借鉴博物馆学基于实物学习的重要

---

① 唐建南:《物质生态批评——生态批评的物质转向》,《当代外国文学》2016年第2期。
② [澳]伊恩·伍德沃德:《理解物质文化》,张进、张同德译,甘肃教育出版社2018年版。
③ 同上。
④ Thomas Schlereth, "Material Culture Studies in America, 1876-1976", in Thomas Schlereth (ed.), *Material Culture Studies in America*, AltaMira Press, 1982, pp. 2-3.

理论与方法,全面探讨实物媒介,进而构建基于实物的学习模式,呈现出前所未有的现实意义与发展前景。

## 第一节 "物质转向"原因溯源

自步入21世纪第二个十年以来,物质性、身体感和后人类等概念成为热点词汇,物质性研究由此被激活。然而令人费解的是,缘何一度遭到"冷遇"的物质文化研究,会在20世纪七八十年代"重整旗鼓",其背后的原因究竟是什么?为此笔者将尝试从内部的本质需求和外部的时代需求两方面加以考察。

### 一、本质需求:"由教到学"观念转向下对"学习"的倡导

从"教育"(education)到"学习"(learning)的范式转变,首先出现在20世纪60年代的美国,发轫于美国的正规教育领域。尔后,受到多元文化、女性主义、生态学、批评理论、后现代理论等流派的思想碰撞[1],正规教育领域"由教到学"的哲学转向逐步波及非正规、非正式教育领域。吊诡的是,这场转变虽然始于正规教育的自我省思,但其产生的影响却是颠覆性的。因为研究表明,学习是一种终身活动,正如前文所言,人们会在校外花费大量时间学习,而在校学习的时间通常仅占其中的3%~5%。[2] 可见学习并非只发生在正规教育机构,而是发生在许多场所,是一个复杂的生物学过程。[3] 同时,人类一开始并没有学校,直至17世纪中叶后,伴随工业革命,现代学校教育制度才应运而生。尽管其在普及教育上立下赫赫之功,但这种教育某种程度上渗透着工业化时

---

[1] Melinda M. Mayer, "A postmodern puzzle: Rewriting the place of the visitor in the art museum education", *Studies in Art Education*, 2005, 46(4).

[2] Chi-Chang Liu, John H. Falk, "Serious fun: Viewing hobbyist activities through a learning lens", *International Journal of Science Education*, Part B, 2014, 4(4).

[3] John H. Falk, "An identity-centered approach to understanding museum learning", *Curator*, 2006, 49(2).

代的意识形态和标准化做法。所以至20世纪60年代,由于其不适应社会发展而开始招致一些学者的"非议"。代表人物有唐纳德·舍恩(Donald A. Schon)、罗伯特·赫钦斯(Robert Hutchins)和伊万·伊利奇(Ivan Illich)等。

1963年任职于麻省理工学院的舍恩,出版了《超越稳定状态:变化社会中的私立与公立学习》(Beyond the Stable State: Public and Private Learning in A Changing Society)一书,指出机构始终处在不可预知的变化之中,只有继续学习才能适应多变的社会,并影响变化的性质与方向。虽然这本书没有明确提出学习型社会,但却在思想上掀起了一场疾风劲雨,呼吁要发明、发展"学习型机构"。[①]"学习型社会"一词的真正诞生可追溯至1953年,出现在芝加哥大学年轻的校长、美国著名教育家赫钦斯的《民主社会中的教育冲突》(The Conflict in Education in A Democratic Society)一书中。15年后,他又出版另一部著作《学习型社会》(The Learning Society),在该书中赫钦斯首次对"学习型社会"内涵做出明确界定,即"不仅是对所有成人男女随时提供的成人教育,而且是以学习和完善人本身为目的,为此建立相应的社会制度并成功实现学习、自我实现和人的发展之间价值转化的社会"[②]。无独有偶,1974年,瑞典人托尔斯顿·胡森(Torsten Husen)也推出了一本专著,同样取名《学习型社会》,书中反对社会特权,主张民主教育,并预判21世纪教育将终身持续,无固定的出入口。[③] 可见,两位学者几乎在同一时期围绕同一主题各自展开思考,积极面向未来寻找治世良方。

1970年,伊利奇将论文集结成册后,出版了《去学校化社会》(Deschooling Society)一书,该书的问世在国际社会引发轩然大波,掀起了"非学校运动"(去学校化运动)。在书中,他直言不讳地提出:"现代学校不仅阻碍了真正的教育,而且培养出无能力、无个性的个体,还

---

① Donald A. Schön, "Beyond the stable state: Public and private learning in a changing society", *Political Science*, 1973.
② 谷小燕:《世界教育蓝图与中国教育发展研究》,山西教育出版社2018年版,第65页。
③ Torsten Husen, *The Learning Society*, Methuen, 1974, p.238.

导致社会的两极分化和新的不平等。所以,应当将学校连同课程学校及其观念一起废除。"①虽然这些判断多少带有非此即彼的认知曲解,但却"无情地"扯下了学校垄断教育的一块遮羞布。

除了受到舍恩、赫钦斯、胡森和伊利奇等先锋思想家的学术影响外,一些组织发行的出版物和召开的会议也发挥了举足轻重的作用。随着朗格朗和富尔在20世纪70年代先后出版《终身教育导论》(*An Introduction to Lifelong Education*)和《学会生存——教育世界的今天与明天》(*Learning to Be: The World of Education Today and Tomorrow*),"终身学习"理念由此产生。学术界有关终身学习概念在表述上并未达成一致,联合国教科文组织、欧洲委员会和欧洲终身学习促进会都曾先后对此概念进行过界定。目前最具权威性和共识度的定义主要来自欧洲终身学习促进会,其在1994年召开的首届"世界终身学习大会"上被采纳,指出"终身学习是通过一个不断的支持过程来发挥人类的潜能,它激励并使人们有权利去获得他们终身所需要的全部知识、价值、技能与理解,并在任何任务、情况和环境中有信心、有创造性和愉快地应用它们"②。

总体而言,"教育"从来不等同于"学校教育",尽管19世纪初形成的现代教育制度在匹配当时工业社会所需、提供系统而实用的教育上功不可没,但时至今日已暴露出一些难以克服的瓶颈,如合作学习、实物开发、项目探究和建构主义等,然而这些恰恰是面向未来培养人才及提升其学习能力的关键。"由教到学"的观念转向,学习型社会、终身学习等概念的创建告诉我们,与其在单一且碎片化的学校改革中大费周章,不如重新审视当时代的教育目标和当下的教育资源,重组结构、改变道路,创建学习型社会,倡导终身学习。实物,无疑成为达成这一夙愿的重要而新颖的媒介。

---

① 朱永新:《未来学校:重新定义教育》,中信出版社2019年版,第12—13页。
② 吴遵民、[日]末本诚、小林文人:《现代终身学习论:通向"学习社会"的桥梁与基础》,上海教育出版社2008年版,第32—33页。

## 二、时代需求：数字化、快节奏学习和学术领域的变革

### (一) 反数字化"殖民"

互联网始于20世纪60年代,至80年代基本成型,最初的开发是为了在军方遭到核攻击时可用于彼此联络。但首创者一定未曾料想到,今天互联网已进入并改变我们的生活日常。当前正处在比以往农业革命、工业革命更加剧烈的变动之中,信息革命的浪潮汹涌而至并席卷全球。这场革命在推动全球一体化的同时,也裹挟着人们步入非物质时代。时至今日,数字化已渗透至我们生活、生产等各个领域与各大空间,它们固然具备迅速便捷、消除差异、拓展知识、避免物质占有及突破时空等优点,但也在不经意间造成数字化"殖民"现象。当我们的精神世界摆脱冗余的物质,从物质束缚中解脱出来时,却同时走进了一座数字迷宫。面对周遭生活的加速虚拟化,我们似乎越发留恋那些具备质感的实物及其所构筑的世界。正如马西莫·莱昂内(Massimo Leone)所言:"生活不再需要肉体和空间,我们就像世界各地不断流动的数字流量,在这里或在那里,以图标、声音或朋友的面貌出现:这就是我们这个时代的乌托邦,一个并非完全缺乏神秘生命冲动的乌托邦,一个'想要远离'的数字乌托邦。"①同时,记忆的"电子化"反而造成了我们对记忆的痴迷及时间性危机,"在一个令人困惑且经常威胁的异质性、非同时性和信息过载的世界中邀请一些锚定空间"②,实物为我们提供了一种"摆脱健忘症"的机会。可见,媒介与人类的关系是相互构造的,我们在创造新媒介的同时,它们也创造了我们。③ 换言之,技术发展和反物质倾向造成了时空本该具有的意义被抹杀,世界被无实体的事物

---

① [意]马西莫·莱昂内:《论无意味:后物质时代的意义削减》,陆正兰、李俊欣、黄蓝译,四川大学出版社2019年版,第91页。
② John Urry, "How societies remember the past", The Sociological Review, 1995, 43(1).
③ [加]马歇尔·麦克卢汉:《理解媒介:论人的延伸(55周年增订本)》,何道宽译,译林出版社2019年版,第8页。

联结和重构。而物质转向的出现可在一定程度上修复我们,推动人们通过眼、耳、口、鼻等感觉器官感知这个活色生香的世界,借助大脑、身体和环境三者交互,去观察、经验、辨别/比较和行动。

(二) 快节奏学习盛行

快节奏是当前社会最显著的特征,不自觉地塑造出我们碎片化的思维习惯和生活方式。数千年来的农耕社会,人们日出而作、日落而息,循序而动,悠然自得。但18世纪肇始于英国的工业革命彻底打破了人们的传统生活模式,如19世纪末电灯的发明,在延长并丰富人们夜生活的同时,也满足了昼夜无休的增值需求。标准化、流水化和高效化的生产机制将人们抛进一个高强度和快节奏的工业时代。计算机的问世标志着信息时代的开启,与以往的传统信息不同,网络社会的信息内容呈现分散化、快捷化和浅薄化的特点。所以"在信息时代,有价值的不是信息,而是注意力"[①]。媒介传播成功与否,很大程度上取决于受众注意力的停留长短。此时,内容成为竞争的重中之重。人们不再期待百科全书式的海量信息,因为这些通过网络即能轻易获取,而是期待有别于网络所捕获的差异化信息。在这一背景下,以博物馆为代表,依托实物所传递的真实而唯一的信息,成功地吸引了广大受众,因为物载信息不同于图书、报纸、网络等普通信息,其附着在原载体上,能让受众在短时间内通过观察、操作与体验进行粗放学习。可见,在快节奏盛行的当下,理性的逻辑思维开始让位于感性的视觉呈现,以形象而非符号为中心的文化形态和学习模式正在崛起。

(三) 范式转换之需

在20世纪的人文社会科学领域,恐怕很难找到一位像托马斯·库恩(Thomas Kuhn)这样的学者,他正在影响并将继续影响成千上万的人。1962年托马斯·库恩由于出版《科学革命的结构》(*The Structure of Scientific Revolution*,2012年第4版问世)声名鹊起,在该书中,他

---

① Herbert A. Simon, "Designing organizations for an information-rich world", *Computers, Communications, and the Public Interest*, 1971, 72: 37.

首次提出"范式"概念。随着此概念的引入、推广和运用,这一术语开始从科学哲学领域拓展至众多学科领域。

所谓范式是指"由一些具有普遍性的理论假设和定律以及它们的应用方法构成,而这些理论假设、定律和应用方法都为某个特定的科学共同体的成员所接受"①,如牛顿力学、经典电磁学。通常来说,当某一范式被提出后,科学家们会不断加以完善,而在这一过程中,它将会遭遇困境、发现反例,直到某个时候,当这些问题超出可控范围,那么一个全新范式便得以诞生,而抱残守缺的旧范式将被舍弃。事实上,一种范式背后隐藏的是一种独特的思考模式,正是这种思考模式构筑出了崭新的理论体系。

当人文社科领域出现"物质转向"的范式转换时,某种程度上也意味着 20 世纪初所倡导的"语言转向"已暴露问题,在解释机制上出现纰漏。有学者将其称为"语言囚牢"(prison of language)②,是指人们往往难以超越语言等符号系统,试图去理解一个我们未经体验或未曾再现的世界。正如路德维希·维特根斯坦(Ludwig Josef Johann Wittgenstein)所言:"对无法言说之物,应保持沉默。"(Where of one can not speak, there of one must be silent.)③可见符号系统在此发挥的中介作用极其微弱。同时,任何符号系统都会存在这样一个问题,即能指与所指的分离、在场和缺席的分离。④ 然而实物及其构筑的现实世界却截然不同,实物是具备长、宽、高的三维空间物质实体,能够被感官所感知,而实物所具备的广延性、真实性和物质性,通常能有效避免上述符号系统所存在的先天性缺陷,但同时也不可避免地带着自身的局限。

---

① [英]A. F. 查尔默斯:《科学究竟是什么》,鲁旭东译,商务印书馆 2018 年版,第 101 页。
② [加]马歇尔·麦克卢汉:《理解媒介:论人的延伸(55 周年增订本)》,何道宽译,译林出版社 2019 年版,第 10 页。
③ [英]维特根斯坦:《维特根斯坦说逻辑与语言》,华中科技大学出版社 2017 年版,第 116—117 页。
④ [加]马歇尔·麦克卢汉:《理解媒介:论人的延伸(55 周年增订本)》,何道宽译,译林出版社 2019 年版,第 10 页。

### (四) 避免实证支配

20世纪爆发的两次世界大战使人们开始明白,尽管我们的物质需求得到空前满足,但我们所预期的幸福生活并未如约而至。逻辑实证主义的科学经验论某种程度上将外部世界视作我们可驾驭的客体,导致现代性观念的自我膨胀,而我们津津乐道的现代技术也成了异化世界与征服他人的工具。因此,有必要重新反思一下观念和数字所构筑的科学世界。

自然科学犹如理性之花,诞生于16、17世纪。至17、18世纪,它取代宗教成为世俗世界的思想中心。19世纪,自然科学大放异彩并获得独尊地位。到了19世纪中期,以自然科学来统一经验的企图昭然若揭,唯科学主义(Scientism)形成,亦称"科学主义"。该词最早见诸于《新英语词典》(*New English Dictionary*),是指"科学家的表达习惯和模式"[①]。1941—1944年,哈耶克在长篇论文中对"唯科学主义"做出解释,即"对学科的方法和语言的奴性十足的模仿"[②],这一充满贬义的解释,亦代表其立场。唯科学主义相信科学是万能的,对实证理性表现出狂热崇拜,试图用机械还原论将万物的本质从多样的现象中抽离出来,似乎任何复杂的现象都能简化为可以被实证的要素,从而使得活生生的现实世界变成抽象、冰冷的数字和观念的堆砌。过分服膺科学的结果是人类情感体验的迷失。在追求世界确定性的同时,也牺牲了世界的多元性。正如胡塞尔所言:"实证科学将科学的理念还原为纯粹事实,而在这一过程中,科学也丧失了其对生活的意义。"

为了走出这场危机,避免受到逻辑实证主义的绝对支配,我们要认识到,除了由实证理性所支配的科学世界外,还存在由情感体验所主导的人文世界,两者并非形同陌路,而是互相交融,科学不仅由人文推动,还需要人文反思。无论是科学世界还是人文世界,它们都源自生活世界。生活世界就是我们置身其中的世界,能为我们提供直接的感觉

---

[①] [英]弗里德里希·A. 哈耶克:《科学的反革命:理性滥用之研究》,译林出版社2003年版,第6页。

[②] 同上。

经验。人在这个世界中从事物理、生理和创造活动,认识和改造世界的同时,也在认识和改造自身。科学属于认识和改造世界的创造活动,我们主张尊重科学,但反对唯科学主义。现代人过于沉溺于科学,有时反而遗忘生活世界,所以物质转向或许是医治现时代病症的一剂"良药",其倡导的是回到生活世界,以避免阻碍多元且丰富的文化发展态势,且阶段性影响人性全面完善的可能。①

## 第二节　转向加剧"两大改变"

在内部的本质需求和外部的时代需求双重驱动下,我们迎来了人类实物学习的时代转向。而这一转向同时又加剧两大改变:一是实物媒介的脱颖而出,二是从教到学的范围扩展。以下将逐一进行论述。

### 一、改变之一:实物媒介崛起

根据物质载体的不同,我们通常将媒介分为实物媒介、符号媒介和人体媒介三种。② 实物媒介是指由于包含某种物化信息而发挥信息传递作用的载体。③ 如果想要将实物变成媒介,需要避免两大思维陷阱:一是当我们把普通物从现实语境中抽离出来变成学习对象时,该物品除了保留其原来全部属性外,还被增添了一种新的属性,即媒介属性。此时,为了更好地发挥它们的学习功能,不主张将物品孤立出来,仅仅作为受众被动观察和欣赏的对象。相反,我们需要为其重构语境,使它们能与受众进行有效的沟通和对话。二是我们对于实物的再语境化,很大程度上源自物品生命片段中与人类交叠的部分,而很难将物品的整体生命历程考虑在内。譬如一个竹制书架,在成为书架前,竹子已作

---

① 金梦兰:《科学的经验与经验的科学:作为知识基础的经验概念的重构》,四川人民出版社 2018 年版,第 292 页。
② 刘伏海、吴家庆编著:《传播理论与技巧》,湖南师范大学出版社 1994 年版,第 123 页。
③ 李兵编著:《现代公共关系管理》,云南大学出版社 2016 年版,第 132 页。

为材料存在。而当书架受损无法正常使用时,它也并不会因此消失匿迹。换言之,在竹料被制作成书架和书架腐烂后,实物还会经历其他的生命片段,如同书架成品被使用的生命阶段一样。所以,当我们为物品重构语境时,如果能够翻转视角,打破自身的认知地平线,那么很可能不仅可以透物见人,还可以为观众提供一面镜子,让他们借此走进作为"他者"的自然世界。

近几十年来在内外部需求的推动下,实物媒介在媒介格局中获得竞争优势,开始占有一席之地,由此成为现代人理想而潜在的学习对象。而实物媒介的崛起,除了受到内外部需求的影响外,还与一项重要事业的转型和发展密切相关,那就是博物馆。第二次世界大战后,国内外博物馆事业步入快车道,在理念和实践上均获得突破,这主要体现在三方面:实物的拓展、阶段的演进和阐释的创新。那么导致这些变化发生的原因究竟是什么?是博物馆性、博物馆化及其相互关系的变迁。绚烂多姿的博物馆文化一定程度上推动了实物媒介受到瞩目,博物馆也因此成为现代社会重要的学习场所。

(一) 实物的拓展

收藏是博物馆之母,但博物馆收藏的实物,无论内涵,还是外延,都一直处于拓展之中。正是这种拓展为实物的活化利用创造了条件,促使其在当前媒介的竞争中占得先机。

实际上,人类的收藏行为由来已久,最早可追溯至史前尼安德特人收集的物品小碎片。古希腊罗马时期,人们会收藏绘画、雕塑和动物标本等。同时,亚洲、非洲和美洲地区的先民们也会在宫殿或神庙里收藏和展示艺术品等。随着古罗马千年帝国的分崩离析,基督教文明在西方占据统治地位,收藏在整个中世纪继续获得长足发展。除了教堂里的雕塑等艺术品,基督教更热衷于收藏圣物和遗物等。直至文艺复兴时期,收藏开始脱离宗教世界而步入世俗社会。收藏者出于个人对世界的好奇和想象,通常会收藏具备审美或历史价值的昂贵或珍奇物品,如古金币、浮雕宝石、胃石、独角鲸的獠牙等。为了陈列这些奇珍异物,15—16世纪(主要是16世纪)出现"珍奇柜"(cabinet of curiosities,也译作珍奇室），它们成为王公、神职人员、贵族和富商等的文化附属品。这些早期收藏带着浓重的个人色彩①，动机不一而足，包括投资、彰显社会地位、追求与鉴赏知识、渴求名垂青史，当然也可能出于赌徒般的恋物癖。②

17世纪末，近代意义上的公共博物馆诞生，收藏不再仅限于个人对"他者"的好奇和想象，而受到"科学化"趋势的影响，博物馆由此转变成公共知识的权威。当时的知识分子致力于探索宇宙和人类的基本自然法则，希望博物馆能够收藏人类的科学产品、自然标本和艺术品。③ 在这一背景下，收藏特殊类型藏品的博物馆应运而生。工业革命和国际博览会的遗珍催生出一批工业与科学主题的博物馆。这类馆主要收藏的是与技术和物理科学有关的藏品④，意味着藏品由外部征集之物发展为内部人造之物，即为呈现某一科学原理或现象而专门制作的媒体、装置和设施设备。20世纪30年代，受到国际博览会的影响，一些科学博物馆开始演变成科学中心。20世纪60年代，苏美霸权竞争的升级以及美国对科学教育的高度重视，促进了科学中心的兴建和繁盛。显然，这类博物馆的藏品属性已经发生质变，它们展示的多为非物质的原理或现象，而非拥有表层和内在信息的实物，但依然被纳入博物馆大家庭中。另一个与众不同的家庭成员是诞生于1899年的儿童博物馆，至今已经遍布19个国家，数量超过460家，其中绝大多数位于美国。⑤ 这类馆通常拥有很少或没有藏品，即便有，也可能只收藏生活用品甚至活体动物。如果说艺术博物馆仍然需要实物，那么儿童、科学技术、活态历史博物馆等则不太需要，它们更需要教育展品。因此，这些博物馆的诞生无疑向世人宣告，哪怕没有传统意义上的实物藏品，它们仍然可以被称为博物馆。创建并非源于文物、标本、艺术品等收藏，更多时候是想传达某些理念，这些馆显然与由藏品塑造业务的传统博物馆截然不同。

---

① ［美］休·吉诺韦斯、玛丽·安妮·安德烈编：《博物馆起源：早期博物馆史和博物馆理念读本》，路旦俊译，译林出版社2014年版，第9页。
② 同上。
③ 同上书，第7页。
④ 同上书，第92页。
⑤ 美国儿童博物馆协会网页，"About ACM", https://www.childrensmuseums.org/about/about-acm, accessed 2021-06-10。

它们通常充满生机活力,为观众所喜爱①,同时可有效缓解这样一个难题——高历史价值、高艺术价值的藏品数量正日渐匮乏。

第二次世界大战后,随着博物馆经历了从藏品至上向观众中心的理念变革,其社会文化责任和影响社会问题的能力逐步增强。为了承载本地社会记忆,区域博物馆出现;主题性收藏催生了专题性博物馆;不可移动物进入人类收藏视域后,出现了一批基于不可移动遗产的博物馆,如露天博物馆、自然遗迹博物馆;非物质文化遗产被纳入收藏序列后,以非物质文化为主体的博物馆横空出世。早在19世纪70年代末,布鲁克林博物馆(Brooklyn Museum)馆长邓肯·卡梅隆(Duncan Carmeron)已提出要重建博物馆的角色,打造对话、实验和辩论的论坛。② 值得一提的是,20世纪七八十年代,新博物馆学及与之伴随的其他名称,如后现代博物馆学、批判博物馆学、社会博物馆学等对博物馆学产生深远影响,它们主要关注的是社区发展,客观上推动了各种博物馆社会实验的发展,如生态博物馆(ecomuseum)、社区博物馆(community museum)、邻里博物馆(neighborhood museum)和无墙博物馆("sans muls" museum)、身份博物馆(identity museum)、博物馆之家(casas del museo)等。博物馆不仅是审美与学习机构,还是民主机构、反思机构、问题解决机构。

通过追根溯源,不难得见,在不同历史时期,被收藏之物迥乎不同,并且它们在性质、类型、功能等方面不断嬗变,经历"从珍贵物到普通物;从可移动物到不可移动物;从物质文化遗产到非物质文化遗产;从物质遗存到当代物甚至活体;从实物藏品到数字藏品"的发展历程。展览主题也由宏大走向小微,由单一走向多元,由精英走向平民。那么,我们不禁想进一步追问,当我们在辨别、选择和收藏实物时,背后左右我们的判断依据究竟是什么?表面上看,这取决于物品的价值本身,但实际却取决于人类对于物品价值的判断,在博物馆领域被称为"博物馆

---

① 宋向光:《博物馆藏品概念的思考》,《中国博物馆》1996年第2期,第17页。
② Duncan Cameron, "The museum, a temple or the forum", in Gail Anderson (ed.), *Reinventing the Museum: Historical and Contemporary Perspectives on the Paradigm Shift*, AltaMira Press, 2004.

性"(museality/muséalité)。无论我们是否意识到,这种价值判断始终存在,成为古往今来收藏行为嬗变的内在动因。

(二) 阶段的演进

伴随着不同历史时期"博物馆性"的改变,博物馆在实物的利用方式上也呈现出阶段性差异。这种旨在显现"博物馆性"而不断求新求变的努力,使博物馆不至于画地为牢、止步不前。所以时至今日,博物馆时代不仅没有落幕,反而彰显出与日俱增的巨大活力。它们已不是"存放老物品的大仓库",也不再"高高在上""拒人于千里之外""门庭冷落车马稀"。曾几何时,博物馆已悄然褪去老旧的外衣,学会放低身段,悄悄地华丽转身,因为若没有观众迎门、了无生机,就意味着被忘却,没有活路,也没有未来。①

众所周知,大约在三百年前,公共博物馆诞生于欧洲老牌国家,而在我国它却仅有一百多年的历史,且其爆发式增长主要是在21世纪的第一个20年。② 从1905年首家博物馆出现到2000年的1 397座③,我国整整花费了95年,而从1 397座到2022年底的6 565座,却只花费了二十多年。根据实物利用方式的不同,我们大致可将博物馆的发展划分为三个阶段。

第一阶段是实物的展示阶段。时间是15—16世纪,主体在16世纪,属于珍奇柜时代或"前科学"时代。作为现代博物馆收藏的前身——"珍奇柜",它的首创者是意大利那不勒斯的药剂师、博物学家费兰特·伊普拉多(Ferrante Imperato)。这一时代的最大特征是收藏流行于欧洲上流社会,库房和展厅合二为一。藏品多为各类奇珍异宝,并无统一的分类标准,主要用来满足个人的欣赏、把玩和炫耀之需。

第二阶段是实物相关知识的揭示阶段。时间大约在17—20世纪。受"科学化"思想驱动,博物馆热衷于输出不容置疑的事实和"真理"。

---

① 周婧景:《博物馆儿童教育:儿童展览与教育项目的双重视角》,浙江大学出版社2017年版,第1页。
② 周婧景:《对博物馆"以观众为中心"观念的再理解》,《中国博物馆》2021年第1期。
③ 安来顺:《世界博物馆领域的重要力量》,《人民日报》2014年10月5日第8版。

这首先表现在新功能的孵化上。17世纪前,博物馆通常只有收藏功能,但随着近代科学的勃兴,博物馆的研究功能被孕育出来。以克雷地安·德·梅歇尔(Chrétien de Mechel)、迈克尔·伯恩哈德·瓦伦蒂尼(Valentini Michael Bernhard)、卡斯帕·弗里德里希·奈克(Casper Friedrich Neickel)为代表的学者从藏品分类的视角分别梳理某馆,如贝尔维埃特美术馆或欧洲多馆的收藏目录。大约至19世纪,新的教育功能被添加。其次表现在服务科学的收藏上。公共博物馆创建伊始(17—18世纪),科学家与珍奇柜之间仍保持着千丝万缕的联系,如科学实验创始人弗朗西斯·培根(Francis Bacon)极力推崇珍奇柜的普及,因为他们可从这些"柜子"中获取信息并发展出知识。收藏者通过全面收集有关世界的信息,扩大了博物馆的收藏范围,自己也可能由此成为博闻强记的专家。再者表现在展藏空间的分离上。19世纪60年代早期,大英博物馆动物学部门负责人约翰·爱德华·格雷(John Edward Gray)率先区分出研究人员与社会大众在兴趣点上的差异,但颇为遗憾的是,该观点并未被英国主流社会所接受。直到1859年,美国哈佛大学的路易斯·阿加西斯(Louis Agassiz)博士筹建了比较动物学博物馆,并在60年代欣然接受了格雷的这一观点,据此提出二元配置法。所谓二元配置法是指根据展示或研究目的的不同,将藏品分为公众藏品(public collection)、储备藏品(reserve collection)两类。至此,博物馆结束了"藏展混一"时代,展厅从库房中被独立出来,博物馆依托展览履行教育功能。

　　第三阶段是实物之于人的意义建构阶段,肇始于20世纪中期。正如斯蒂芬·威尔(Stephen E. Weil)所言:"1950年代左右,博物馆和社会的关系有了180度转变,尊卑关系完全逆转,变成社会大众高高在上于博物馆,而博物馆由主人降为仆人的角色。"[①]在这一角色重置的过程中,我们逐渐意识到,博物馆的物只是传播的基础,而观众才是服务的核心,因为作为交流系统的博物馆,一端连着物,另一端还连着人。这一观点最早的发现者是传播学巨匠马歇尔·麦克卢汉和他的同事,他

---

① [美]史蒂芬·威尔:《博物馆重要的事》,张誉腾译,台北五观艺术管理有限公司2015年版,第30页。

们在 1967 年一场博物馆研讨会上指出,博物馆需要打造一个信息交流体系。第二年,邓肯·卡梅隆《观点:作为交流体系的博物馆及其对博物馆教育的启示》(A viewpoint: The museum as a communications system and implications for museum education)一文发表,认为博物馆信息交流体系是构建在物之上的,存在一个发送者和接收者。① 由此,本阶段博物馆讨论的焦点便是"人如何利用物"此一体两面的问题。虽然有关物的事实和知识依然举足轻重,但如今的博物馆不应再优先考虑它们,而应首先考虑的是如何由物去驱动人,即"通过物及其所载信息来激发观众的想法和情感"②。但我们需要明确的是,博物馆独一无二的资源始终是实物及其物载信息。随着世界各地博物馆数量的攀升,博物馆在媒介生态中频繁亮相,它们主动走近公众,以各种形式"出圈",相关研究也日渐趋热。艾琳·胡珀-格林希尔(Eilean Hooper-Greenhill)将这一时代定义为"后博物馆"(Post-Museum)时代,主张明确身份、创新自我,以彰显差异。因此,诞生或成长于该时代的博物馆不仅需要扎实精细的研究,还需要深入浅出的阐释,从而为观众搭建促成对话的桥梁,使其理解实物,获得有意义的体验,进而受到启蒙。

(三) 阐释的创新

正如上文所述,博物馆在利用实物的方式上不断更新迭代,然而这只是表层现象,反映的深层问题是博物馆性及博物馆化的与时俱进。如果说 20 世纪上半期,世界是在炮火纷飞的战争中度过的,那么 20 世纪中后期,情况则有所改观,世界政局稳定、经济空前发展、科技进步加速、民族解放运动风起云涌。随着东欧剧变,国际政治格局改变,全球化进程加快,后现代主义、后殖民主义、女性主义等思潮交织在一起。在这一背景下,博物馆内部和外部受到多重力量的冲击,促使博物馆站在了传统和变革的十字路口。同时,战后博物馆数量的激增导致政府

---

① Duncan Cameron, "A viewpoint: The museum as a communications system and implications for museum education", *Curator*, 1968, 11(1).
② Polly McKenna-Cress, Janet Kamien, *Creating Exhibitions: Collaboration in the Planning, Development, and Design of Innovative Experiences*, John Wiley and Sons, Inc., 2013, p.70.

资助严重缩水。20 世纪 60 年代,美国开启了"博物馆热潮"(museum boom),平均 3.3 天就诞生一座新博物馆。① 而加拿大的公共博物馆也是在 1960—1970 年间从 250 家增加到 750 家,到 1980 年则增至 1 400 多家,增幅分别为 2 倍和 4.6 倍。② 基于此,博物馆不能再安常守故而必须超越窠臼,根据社会所需进行适时调整,以蜕变成为当代博物馆的模样,即作为非营利组织或第三部门,追求社会价值的最大化,以满足最大多数观众的多元需求。

我们需要明白的是,当前博物馆工作的核心目标是促成"物与人的对话",正如威廉·亨利·弗罗尔(William Henry Flowers)所言:"实物价值的实现,不是依靠存放于博物馆,而是基于教育目的去被展示和使用。"③这里涉及三方面的问题:一是对"物"的研究,二是对"人"的研究,三是对"对话",即传播技术的研究。在许多场合,我们将自己明白的东西表达出来,但受众未必明白。④ 这表明科学研究和科学普及并非同一回事,如果说前者的目的是让自己能够明白的话,那么后者的目的则是将自己的明白转化为观众的明白,而这通常需要恰当的传播技术。⑤ 只有同时做好这三方面的工作,我们才能获得理想的传播效应。⑥ 换言之,博物馆之所以能实现三个阶段的持续推进,与上述三方面的工作改进息息相关。表现得最为显著的是在第三方面,即传播技术上。传播技术的阐释创新,原本只是为了弥补实物难以"不言自明"的媒介缺陷,但却在无意间促成了物载信息的活化利用。总体而言,博物馆阐释能力的提升大致体现在五方面:内容结构的策划、实物展品的减少、辅助展品的出现、说明文字的添加和教育活动的拓展。

---

① Jane R. Glaser,"Museum studies in the United States: Coming a long way for a long time",*Museum International*,1987,39(4).
② Martin Segger,"Canada: Great distances require distance training",*Museum International*,1987,39(4).
③ [美]史蒂芬·康恩:《博物馆是否还需要实物?》,傅翼译,《中国博物馆》2013 年第 2 期.
④ 周婧景、严建强:《阐释系统:一种强化博物馆展览传播效应的新探索》,《东南文化》2016 年第 2 期.
⑤ 同上.
⑥ 同上.

1. 内容结构的策划

早期私人收藏的另类文化性质与珍品收藏休戚相关,呈现的多是一种没有内在秩序的物品聚合,如 15 世纪以前的珍品收藏。此后出现了以增加藏品为目的的收藏室,物品聚合开始有了内在秩序,先是 16 世纪的"神创世界",后是 17 世纪的"自然历史"。① 此时博物馆展览的目的从起初带有巫术性质的满足个人需求,转向带有研究性质的满足社会需求。从文艺复兴到 19 世纪末期,随着知识范式的转变,理性的组织方式——"分类"出现。18 世纪的林奈分类法推动博物馆展示步入类型学(Typology)领域。② 1727 年,博物馆学奠基之作《博物馆实务》(Museographia)的问世,为博物馆如何组织和摆放展品提供了图解指南。③ 早期的收藏家根据合理的顺序将展品精心置于柜子或架子上,以便对其进行归类和分组,从而说明这些物品在日趋复杂的世界中所扮演的角色。④ 无论是无序堆积还是有序分类,从 15 世纪到 19 世纪末 20 世纪初,博物馆仍主要被视作展示实物的场所,这种重物情结带来两大结果:一是博物馆收藏结构单一,易于忽视与博物馆定位相契合的特色馆藏,而一味追求国宝级"精品";二是藏品阐释不充分,因为实物虽为人类历史的创造物,但非历史本身,单一的实物陈列无法再现历史的真实。

这种情况的改观某种程度上得益于后来进化论的引入。19 世纪末,亨利·里弗斯(Henry Pitt Rivers)将达尔文进化论引至博物馆界。⑤ 首先来看自然历史博物馆,由于吸纳达尔文进化论思想,欧美博物馆逐步实现从自然史到人类学、从类型学到发展序列的内容及形式

---

① Martin Prosler, "Museum and Globalization" in Sharon Macdonald and Gordon Fyfe, eds., Theorizing Museums, Blackwell, 1996.
② 尹凯:《变迁之道:试论博物馆历史与功能——兼论〈博物馆变迁:博物馆历史与功能读本〉》,《东南文化》2015 年第 3 期。
③ [美]休·吉诺韦斯、玛丽·安妮·安德烈编:《博物馆起源:早期博物馆史和博物馆理念读本》,路旦俊译,译林出版社 2014 年版,第 61 页。
④ Stephen T. Asma, Stuffed Animals and Pickled Heads: The Culture and Evolution of Natural History Museums, Oxford University Press, 2001.
⑤ 尹凯:《变迁之道:试论博物馆历史与功能——兼论〈博物馆变迁:博物馆历史与功能读本〉》,《东南文化》2015 年第 3 期。

变迁。① 如早期的美国自然历史博物馆(American Museum of Natural Historiy)和菲尔德博物馆(Field Museum)分别致力于生物多样性和文化多样性、文化变迁议题。② 其次来看历史博物馆,该类型的博物馆源自18世纪的自然历史博物馆,起初多采用分类收藏,直到19世纪中期才开始按照时间逻辑重新布展。1856年日耳曼博物馆在新购置的修道院内设计了六间"原型房间"(original rooms),32年后一批"原型房间"陆续被创建,使得观众可以在"流动"的德国史中徜徉。20世纪、21世纪之交,瑞士国家博物馆和巴伐利亚博物馆也竞相效仿,先后设置了62间"原型房间"和76间"时代展厅和房间"(period galleries and rooms)。最后来看科学博物馆,它们未采取较为清晰的进化论结构,而是将重点放在数学、物理、化学、地质等技术主题上,这种分科处理的方式将科学肢解为互不相干的若干部分,使科学生活距离日常生活越来越远。

可见,19、20世纪博物馆内容结构的组织由类型学走向时间序列,到了21世纪,按照时间序列的内容结构大行其道,同时其阐释程度不断提升,但类型学依然存在。随着理念先行博物馆的诞生,出现主题型博物馆,它们的内容结构既有按照不同类型主题的拼凑,也有遵循时间逻辑的安排。为此,玛格丽特·霍尔(Margaret Hall)直接将博物馆展示的策略分为分类学法和主题法两种,同时将主题法进一步分成线型主题和拼凑型主题。③ 无论如何,博物馆的内容策划越来越强调将失去的语境还原,把自然世界和人类社会重新相融,以尽量减少历史记忆的信息流失。《博物馆展览手册》(Manual of Museum Exhibitions)一书根据陈列模式的差异将博物馆展览分为审美型(aesthetic style)、情境型(contextual style)、过程型(process style)和仓储型(visible storage style)四种,又将其中的过程型细分为现场展示和参与讨论两种(见

---

① 尹凯:《变迁之道:试论博物馆历史与功能——兼论〈博物馆变迁:博物馆历史与功能读本〉》,《东南文化》2015年第3期。
② [美]爱德华·P.亚历山大、玛丽·亚历山大:《博物馆变迁:博物馆历史与功能读本》,陈双双译,陈建明主编,译林出版社2014年版,第81页。
③ [美]玛格丽特·霍尔:《展览论——博物馆展览的21个问题》,北京燕山出版社2007年版,第25—28页。

表1)。① 不难发现在这一分类中情境型直接被独立出来,其他三种则或强调时间或强调类型,同时也可窥见博物馆展览已不满足于静态呈现,还渴望展示过程的新思路。虽然这种类型划分未必适用于整体内容的组织,但至少对局部内容的策划,尤其是本书实物学习模式的构建将产生方向性启示。

**表 1　展览根据陈列模式的分类**

| 展览类型 | | 理解模式 | 常见于<br>(包括但不限于) | 特点 |
|---|---|---|---|---|
| 审美型 | | 沉思 | 艺术博物馆 | 个人的<br>对具体作品的感知 |
| 情境型或主题型 | | 理解 | 历史、考古、人类学博物馆 | 关联的<br>对情境中的或与属于某一主题的器物进行感知 |
| 仓储型 | 探索<br>如在开放库房中 | 发现 | 自然科学类博物馆 | 探索按照类别分组的标本 |
| 过程型 | 动态阐释;<br>多媒体 | 互动 | 科学中心 | 对刺激的动觉反应 |
| | 与本地人或其他正在参观的观众进行讨论 | 参与 | 关注特色文化群体的博物馆以及其他拥有人类学藏品的博物馆 | 认知与情感<br>参与意义生成 |

\* 表格资料源自 Barry Lord, Maria Piacente, *Manual of Museum Exhibitions*, 2nd ed., Rowman and Littlefield Publishers, 2014, p. 48。

2. 实物展品的减少

毋庸置疑,当前博物馆对藏品的利用,数量上已远远少于 20 世纪初。尽管未有研究者精确计算过减少的数量,但从有迹可考的照片和导览图等历史档案中,很容易觉察到这种现象。② 以往的自然历史类博

---

① Barry Lord, Maria Piacente, *Manual of Museum Exhibitions*, 2nd ed., Rowman and Littlefield Publishers, 2014, p. 48.
② Steven Conn. *Do Museums Still Need Objects?*, University of Pennsylvania Press, 2010, p. 3.

物馆热衷于将藏品置于琳琅满目的玻璃柜中①,而今其展厅内的展品数量已急剧减少,取而代之的是媒体、设备或造型。相较于其他类型的博物馆,自然历史类博物馆在数量上无可比拟,因此在所有类型中这类馆的展出比例最低,尤其是在大学或科研机构,展出比例约为2%。② 以菲尔德博物馆为例,其藏品总量已超过3 000万件,但仅有约1‰用以展出。艺术博物馆曾经满墙都是艺术品,美其名曰"沙龙"风格,但时至今日仅剩下水平悬挂的几幅作品。③ 通常它的基本陈列中展出的展品约占5%。④ 历史类博物馆展出的比例相对较高,但也基本徘徊在15%左右。⑤

　　博物馆展品数量之所以减少,受制于主、客观两方面因素。主观因素在于20世纪中后期受到物人关系转向的影响,我们不再一味强调展览规模和展品数量,而更重视藏品本身的利用情况。只有那些能用以揭示传播目的的典型展品,才会被选择进入博物馆的展示序列,其他不相干或关联度不高的展品则会被直接过滤。此时"少即是多",博物馆可在更大的空间内,用更少的实物讲好故事。而其余的藏品则可被保存在库房内,留给专门需要欣赏和使用它们的人⑥,如文物研究者。从表面上看,藏品的地位显著下降,但事实恰恰相反,我们对藏品的认识和利用反而深化了,因为我们已不再只看重藏品本身的量化积累和物理信息,而是希望通过再语境化赋予藏品被理解的可能。而客观因素在于随着博物馆数量激增,超级收藏的时代一去不返,后来筹建的博物馆必然面临珍贵藏品日渐不足的困境,此在前文已有所提及。在主、客观双重因素作用下,呈现的结果是一致的:其一,针对传统的藏品先行

---

　　① [美]史蒂芬·康恩:《博物馆是否还需要实物?》,傅翼译,《中国博物馆》2013年第2期。
　　② Barry Lord, Maria Piacente, *Manual of Museum Exhibitions*, 2nd ed., Rowman and Littlefield Publishers, 2014, p.198.
　　③ [美]史蒂芬·康恩:《博物馆是否还需要实物?》,傅翼译,《中国博物馆》2013年第2期。
　　④ Barry Lord, Maria Piacente, *Manual of Museum Exhibitions*, 2nd ed., Rowman and Littlefield Publishers, 2014, p.198.
　　⑤ Ibid.
　　⑥ [美]史蒂芬·康恩:《博物馆是否还需要实物?》,傅翼译,《中国博物馆》2013年第2期。

博物馆,需要解决的问题是如何从堆积如山的藏品中发现其中的相关性,以提炼扎根于实物、富有特色的主题,并构建框架和故事线;其二,针对新型的理念先行博物馆,需要解决的是如何获取具有代表性的实物,以有效地揭示预先设定的展览理念,同时在有效利用有限数量的物的基础上,结合图文、模型、全景画、情景再现和视频等多种展览要素,生动形象地阐释展览的主题及内容。

3. 辅助展品的出现

留存至今的实物展品尽管是真实信息的片段再现,却带着不均质性和偶然性。尤其是在历史早期,这些物残缺不全,所包含的信息也七零八落,给展览阐释中拼接完整主题造成困难。为了弥补整体证据链缺失的信息困境,以及突破物的隐性信息无法自行言说的难题,辅助展品应运而生。虽然一开始,此类展品便面临真实性和科学性的拷问,它们的推广使用也只是缓解阐释时信息不足的无奈之举,但却无意间给传播方式的创新和表达媒介的选择带来无限的可能和包容,成了当前活化博物馆的一种绝佳手段。

20世纪前,博物馆想当然地以为只要给观众提供琳琅满目的实物,就能让他们通过视觉体验变得博闻强识。但自20世纪中叶起,仅仅依靠展品就能清晰传递信息的观点和做法开始遭到质疑。① 在自然历史博物馆,英国的威廉·布洛克(William Bullock)将实物标本引入展厅。美国的查尔斯·威尔森·皮尔(Charles Willson Peale)将鸟兽等躯体掏空后填充材料,在费城博物馆(Philadelphia Museum,后世多称为皮尔博物馆,Peale's American Museum)予以展示。② 美国的卡尔·阿克利(Carl Ethan Akeley)是现代动物标本剥制之父,他曾就职于沃德自然科学所(Ward's Natural Science Establishment),后来被聘任为菲尔德博物馆的首席标本剥制师。紧接着,史密森尼国家自然历史博物馆(Smithsonian National Museum of Natural History)也开始收藏和展示动物标本。在"仿真模型"进入博物馆的同时,展品被添加背景,为观

---

① [美]史蒂芬·康恩:《博物馆是否还需要实物?》,傅翼译,《中国博物馆》2013年第2期。
② [美]休·吉诺韦斯、玛丽·安妮·安德烈编:《博物馆起源:早期博物馆史和博物馆理念读本》,路旦俊译,译林出版社2014年版,第61页。

众营造出沉浸于自然之中的现场感。1930 年,纽约的美国自然历史博物馆(American Museum of Natural History)首个展示哺乳动物栖息地实景的南亚厅对外开放。① 在艺术博物馆,1870 年美国大都会艺术博物馆(Metroplitan Museum of Art)展出了 1792 年英国青年画家罗伯特·巴克尔(Robert Barker)在伦敦首创的一幅全景画,其描绘的是在朴茨茅斯和怀特岛之间停泊的英国海军舰队,此后全景画在欧美社会风行一时。② 20 世纪末,维多利亚和阿尔伯特博物馆(Victoria and Albert Museum)按照主题重新进行布展,一改此前按照时间和类型进行组织的思路。以"英国展厅"为例,为了让观众更深入地理解展品,博物馆为其提供了视频、音频等辅助展品。③

整体而言,20 世纪 80 年代在博物馆设计中发展出辅助展品(又称展示装置)的概念,包括全景画、半景画、壁画、油画、模型、沙盘、雕塑、景箱、蜡像、情景再现、视音频、动画、互动装置等,它们均被纳入博物馆展示要素,成为展示系统的有机组成部分。随着辅助展品的粉墨登场和推陈出新,首先孤立和个别的展品彼此被关联,其次信息传播不再流于物的表面,大大增进了对其内涵的理解,最后还拓宽观众感官学习的物理边界,俨然成为博物馆传播物载信息的重要手段。但无论如何,制作辅助展品始终需要坚守真实性、科学性原则,并避免滥用。贝切尔(M. Belcher)认为:"只有展览能提供一种对真实、可信物品的可控接触。"④ 这是博物馆区别于其他媒介的核心特征。

4. 说明文字的添加

说明文字的出现可追溯至欧洲早期的博物馆或珍奇柜,主要采取图像配套说明牌的物品呈现方式,说明牌在其中发挥识别功能,用来

---

① 吴国盛:《美国自然博物馆:电影〈博物馆奇妙夜〉的取景地就在这里》,https://www.sohu.com/a/470936346_121118995(2021 年 6 月 7 日),最后浏览日期:2021 年 7 月 16 日。
② [美]休·吉诺韦斯、玛丽·安妮·安德烈编:《博物馆起源:早期博物馆史和博物馆理念读本》,路旦俊译,译林出版社 2014 年版,第 123 页。
③ 同上书,第 125 页。
④ [英]帕特里克·博伊兰主编:《经营博物馆》,国际博协中国国家委员会、中国博物馆学会译,译林出版社 2010 年版,第 136 页;[美]休·吉诺韦斯、玛丽·安妮·安德烈编:《博物馆起源:早期博物馆史和博物馆理念读本》,路旦俊译,译林出版社 2014 年版,第 123 页。

揭示物品的年代、名称等基本信息。[①] 而真正具备阐释功能的说明牌大致诞生于17世纪,拥有"分类物品、论述物品,甚至赋予物品意义的功能……直至18世纪,法国卢浮宫正式采用系统的展示说明"[②]。至19世纪末20世纪初,为帮助观众更好地理解展品负载的信息,一部分博物馆开始为展品添加阐释标签、示意图和图表等。但无论如何,在20世纪中期以前,博物馆通常被视为一所知识的殿堂,更多采用的是单向教化模式,说明文字成为策展者一展学养的平台,而观众多数为外行或初学者,往往会在庞大和深奥的信息压迫下选择放弃。正如前文所言,20世纪中后期由"藏品首位"到"观众至上"的观念转向,使得以藏品的增长、照料和研究为要务的博物馆形态,逐渐被眼光向外、以教育社会大众为要务的新博物馆形态所取代。随着改革开放的深入,这些观念及其实践被传至国内,开始颠动时局。在博物馆教育问题上,传统的倡导教化式的知识输出模式遭到批判,开始向参与式的自我构建模式转变,这种转变使博物馆重新开始思考作为教育手段之一的说明文字在展览中应承担的角色,于是主张从观众立场出发,提供信、达、雅兼具的说明文字,以阐释物品、引导观看和激发情感。

实际上,自说明文字诞生以来,博物馆界就围绕是否需要说明文字,以及怎么撰写说明文字展开了针锋相对的讨论。历史上,曾有人将说明文字视为"必要的不幸"[③],也有人曾抱怨科学博物馆说明文字过多,他们并非为看书而来。[④] 20世纪80年代,我国学者曾提出争取消灭说明文字,但40年过去了,说明文字非但没有消失,反而在教育成为首要功能后显得越发重要了。乔治·海因(George E. Hein)等引用佩尔特在1984年的一项调查结论,表明"给动物展增添文字说明牌、图片

---

[①] Ross Parry, Mayra Ortiz-Williams, Andrew Sawyer, "How shall we label our exhibit today", *Museums and the Web*, 2007.

[②] 郭巧蓁:《丹佛美术馆成人观众对展示说明阅读适切性与参观记忆之研究》,台南艺术大学博物馆学与古物维护研究所2011年版,第30页。

[③] 严建强:《从展示评估出发:专家判断与观众判断的双重实现》,载严建强:《缪斯之声:博物馆展览理论探索》,浙江大学出版社2020年版,第208页。

[④] 同上书,第263页。

和声音后,观众参观时间和所得知识均增加一倍"。①

事实上,说明文字一直以来都是"博物馆学实践的一个重要话题"。②它如同"话语简洁的小信使"③,既可揭示展览阐释的背景,又是物载信息的传递符号,还能通过不同语态成为情感激发的因子。同时,我们自小接受符号表征学习,会不自觉地受展览中语词符号吸引,出现诸如"资料定向"等现象。为此,贝弗利·瑟雷尔(Beverly Serrell)于1996年和2015年先后推出《展览标签:一种阐释手段》(*Exhibit Labels: An Interpretive Approach*)一书的第一版和第二版。2008年以来,美国博物馆联盟设立"展览标签写作卓越奖"(Excellence in Exhibition Label Writing Competition),旨在"支持高质量的标签撰写,并鼓励专业人士创作出他们的最佳作品"④。十余年来,获奖作品的累积及其提供的获奖理由勾勒出实践观念演变的脉络,也为标签撰写者提供了可参考的范本。随着博物馆实物利用方式的几经变革,博物馆人发现简单的非阐释性说明文字已难以较好地吸引观众。为此,说明文字撰写者正致力于使用最少的核心文字,既聚焦真实空间中的真实物品,又立足服务不受限的各类观众,旨在为其架起一种动态对话且参与感强的桥梁。⑤综上,虽然说明文字的诞生及其成功撰写无法挽救一个糟糕的展览,但却能予以缓解,同时又是优秀展览必不可缺的要素。

---

① 美国博物馆协会主编:《博物馆教育与学习》,路旦俊译,外文出版社2014年版。该书由《卓越与平等》《博物馆:学习的地方》两本书合并而成,合称《博物馆教育与学习》,这部分内容引自[美]乔治·E. 海因、玛丽·亚力山大:《博物馆:学习的地方》,路旦俊译,外文出版社2014年版,第50页。

② David Wallis:《博物馆展览说明牌展现新意义》,湖南省博物馆译,https://news.artron.net/20150528/n745292.html(2015年5月28日),最后浏览日期:2021年8月1日。

③ David Wallis:《博物馆展览说明牌展现新意义》,湖南省博物馆译,https://news.artron.net/20150528/n745292.html(2015年5月28日),最后浏览日期:2021年8月1日。此为作者对原著中内容的一种概括,原著相关内容引自Beverly Serrell, *Exhibit Labels: An Interpretive Approach*, 2nd ed., Rowman and Littlefield, 2015, pp. 1-3.

④ 2008年以来,美国博物馆联盟历年推出的"展览标签写作卓越奖"由美国博物馆联盟的典藏研究员委员会(Curators Committee)、教育委员会(Education Committee)、全国博物馆展览协会(National Association for Museum Exhibition)和华盛顿大学博物馆学系(Museology Graduate Program)共同设立。参见美国博物馆联盟官方网站,https://www.aam-us.org/programs/awards-competitions/excellence-in-exhibition-label-writing-competition(2019年3月1日),最后浏览日期:2021年8月14日。

⑤ Adrian George, *The Curator's Handbook*, Thames and Hudson Ltd., 2015, p. 21.

## 5. 教育活动的拓展

至20世纪二三十年代,博物馆依托实物策划的展览已无法在信息传播中一夫当关,越来越多的博物馆开始推出教育活动。[①] 爱德华·亚历山大(Edward P. Alexander)等在《博物馆变迁:博物馆历史与功能读本》(Museum in Motion: An Introduction to the History and Functions of Museum)中写道:"今日走进世界任何一家中等城镇的博物馆,你都会发现里面形形色色的教育活动,如一批学生参观团坐在展厅地板上倾听员工的讲解;音乐家们正在另一个房间里为晚上的表演进行排练;博物馆员工被分配前往其他社区组织,筹备在馆内外召开科普培训班。"[②] 首先在艺术博物馆,1838年对外开放的英国国家美术馆,每周两天向学生团队开放,期间学生可临摹绘画,但每次必须控制在50人以内。[③] 1939年,美国辛辛那提艺术中心在新馆中辟有"非博物馆",专门为5—12岁的儿童开发适宜的教育活动。亨利·沃森·肯特(Henry Watson Kent)在博物馆教育活动的早期实践方面功勋卓著。1905年,他被任命为大都会艺术博物馆助理秘书,后晋升教育主管,亨利·沃森·肯特积极组织学校团队参观、出版刊物、举办讲座、策划面向学校的巡展和开发针对残障儿童的活动等。[④] 1906年,美国波士顿美术博物馆设立讲解员,此举为世界首创。1918年,波士顿地区多家学校因取暖所用的煤匮乏而被迫停课,但该市的博物馆却取而代之,为青少年开发各类讲座。[⑤] 其次在自然历史博物馆,1786年费城博物馆开馆,为来馆观众提供导览手册,组织讲座和魔术灯笼秀等。1820年,此馆的教育活动"古希腊人先生"还邀请了意大利乐队入馆演奏。[⑥] 1884年,路易斯·阿加西斯的学生艾尔伯特·史密斯·彼克莫(Albert

---

[①] [美]史蒂芬·康恩:《博物馆是否还需要实物?》,傅翼译,《中国博物馆》2013年第2期。
[②] [美]休·吉诺韦斯、玛丽·安妮·安德烈编:《博物馆起源:早期博物馆史和博物馆理念读本》,路旦俊译,译林出版社2014年版,第12—13页。
[③] 同上书,第38页。
[④] Calvin Tomkins, *Merchants and Masterpieces: The Story of the Metropolitan Museum of Art*, Dutton, 1973.
[⑤] 段勇:《当代美国博物馆》,科学出版社2003年版,第98页。
[⑥] [美]爱德华·P. 亚历山大、玛丽·亚历山大:《博物馆变迁:博物馆历史与功能读本》,陈双双译,陈建明主编,译林出版社2014年版,第70页。

Smith Bickmore)担任美国自然历史博物馆公共教育部门的 curator①，专门为学校教师开发出自然历史课程。② 1997 年菲尔德博物馆"文化理解与变迁中心"的"都市研究计划"招聘大学生担任实习生。③ 最后在历史博物馆，1876 年美国独立百年庆典之际，全美已拥有 78 个历史学会，其中约占 50% 的学会创建有博物馆，它们通常会组织教育和文化活动。④ 1891 年，在斯堪森露天博物馆，教育活动成为其标配。该馆导览员身着古代服饰进行讲解，民间舞蹈家踏着悠扬的舞步，工匠艺人现场制作玻璃等手工艺品。⑤ 1908 年，美国宾夕法尼亚博物馆是全球范围内率先举办博物馆培训课程的博物馆。⑥ 20 世纪 80 年代，史密森尼博物院旗下的国立美国历史博物馆面向残障、弱势等各类群体开发出精细化的教育活动。可见，无论是艺术博物馆还是自然历史博物馆，抑或是历史博物馆，都在结合展览业务的基础上，推出了与之配套的教育活动，并在类型、方法和场所上不断"开疆拓宇"。

那么为何教育活动会在博物馆中广受推崇，并且重要性日益提升？这主要得益于博物馆的社会化，其中美国最具典型性。首先，18 世纪的工业革命给西欧社会带来了高度发达的城市文明⑦，教育作为博物馆的第三职能，其孕育也是工业革命的产物之一。⑧ 同时世界博览会的举办也发挥了推波助澜的重要作用。1851 年，第一届世界工业博览会（又称伦敦万国工业博览会）召开，三家博物馆因这场会议的收益而被创立，艺品博物馆（现更名为维多利亚与阿尔伯特博物馆）便是其中之一，该

---

① 中文中并没有与"curator"相对应的词汇。"Curator"于 20 世纪 90 年代初由台湾的陆蓉之译为"策展人"，这一概念最初由艺术界引入大陆，而后在博物馆界也使用起来。博物馆学界对"curator"的翻译各有观点，包括策展人、研究馆员/研究员、业务主管/管理人、主任研究员、管理主任、负责人、馆长、学艺员等。但目前博物馆学界对"策展人"这一译法仍有相当争议。所以本书中"curator"都使用英文，不予翻译。
② [美]爱德华·P. 亚历山大、玛丽·亚历山大：《博物馆变迁：博物馆历史与功能读本》，陈双双译，陈建明主编，译林出版社 2014 年版，第 76 页。
③ 同上。
④ 同上书，第 126—127 页。
⑤ 同上书，第 129 页。
⑥ 段勇：《当代美国博物馆》，科学出版社 2003 年版，第 97 页。
⑦ [英]道恩·格鲁克：《不列颠博物院——精心建筑设计的个案研究》，企业丛书，1972 年，第 91 页。
⑧ 杨玲、潘守永主编：《当代西方博物馆发展态势研究》，学苑出版社 2005 年版，第 9 页。

馆首位馆长亨利·科尔(Henry Cole)也是博览会的组织者之一,他宣称博物馆应当成为每个人的教室,为工人阶级服务。因为当时英国社会产生了严重的阶级分化,人们希望借助急速拓展的博物馆公共空间,促使无产阶级和资产阶级汇集一堂,借助柔性文化弥合两者之间日益鲜明的阶级矛盾。同一时期相关研究趋热,各类出版物纷纷倡导将博物馆建成教育民众之所。其次,与欧洲博物馆不同,美国博物馆从一开始就携带着较强的人民性色彩。首家公共博物馆是诞生在1773年的查尔斯顿博物馆(The Charleston Museum),但其兴起基本是在19世纪末20世纪初。19世纪末担任史密森尼博物院副院长的乔治·布朗·古德(George Brown Goode),在博物馆协会上发表了有关"博物馆的各种关系和责任"的真知灼见,指出"一座用途广泛而且享有一定声誉的博物馆必须在教育或研究领域富有创新"。① 弗朗索瓦·梅海斯(François Mairesse)将他誉为第一位现代博物馆学家,因为博物馆教育功能在他那里已被发现。另一位思想泰斗约翰·科顿·达纳(John Cotton Dana)曾经担任纽瓦克图书馆(Newark Public library)馆长、美国图书馆协会主席,尔后任职于纽瓦克博物馆(Newark Museum),他极为重视公民利益与公众关系,认为"一座好的博物馆不仅能吸引观众、提供娱乐,还能激发观众的兴趣,诱导他们提出问题——从而让他们获取知识。为了实现这些目的,一座博物馆可以使用简单、普通和廉价的展品"②。这些思想火花在其后半个世纪里逐步形成燎原之势。同时,兴起于19世纪末的博物馆现代化运动在20世纪20年代攀至顶峰,使得社会各界逐渐接受博物馆是一个社会教育机构。③ 到了21世纪初,88%的美国博物馆提供"K-12"(即从幼儿到少年)教育活动,70%的博物馆在过去5年间增加面向学校师生的服务,典型的博物馆每年提供学生的辅导服务时间是100—223小时。④ 可见,美国博物馆

---

① [美]爱德华·P.亚历山大、玛丽·亚历山大:《博物馆变迁:博物馆历史与功能读本》,陈双双译,陈建明主编,译林出版社2014年版,第116页。
② 同上书,第338—339页。
③ 杨玲、潘守永主编:《当代西方博物馆发展态势研究》,学苑出版社2005年版,第10页。
④ 段勇:《当代美国博物馆》,科学出版社2003年版,第99页。

将教育置于首位,且教育活动呈现常态化趋势,已然成为教育生态系统中的重要组成部分。

博物馆教育地位的日益攀升,促使其转变成以教育为首的社会教育机构。当前,教育活动呈现势如破竹之势,每天与观众接触的教育专家突然荣宠万千。随着教育活动的不断分众化和精细化,它们不仅为博物馆的可持续发展聚集人气,还为深入有效地阐释实物提供了源源不断的生命力与创造力。

## 二、改变之二:由教到学的扩展

正如前文所言,"教育"到"学习"的范式转变,主要发轫于美国的正规教育领域,指向的是教育领域中的科学课程。然而,到 20 世纪 80 年代,由于受到社会上两股热潮的推动,该正规教育领域"由教到学"的哲学转向,开始波及博物馆领域等非正规、非正式教育领域。一是以美国哈佛大学心理学教授杰罗姆·布鲁纳(Jerome S. Bruner)等为代表的结构主义教育(Structuralism Education)学者所掀起的课程改革运动,倡导把结构主义引入课程,强调采取发现法,让学生成为自主学习者;二是以约翰·杜威(John Dewey)为代表的进步教育运动,主张以学生为中心,重视他们的兴趣,提倡活动教育法,即从体验中学习。20 世纪 80 年代后,这种"由教到学"的哲学转向,逐渐对世界各国的博物馆教育产生深刻影响,英、法等国纷纷紧随美国之后,开始转向探究观众经验上的"学",以及立足参观经验的意义建构。[1]

除了社会层面认识论的改变外,从个体层面来看,"学习"往往发生在多重环境中,并伴随每一个体的整个生命历程。这一点前文已有简单涉猎。事实上,很多时候学习并非发生在学校环境,而是出现在任何合适的日常环境(且主要是校外环境)中。[2] 因此,以杰拉德·利伯曼

---

[1] Elliott Kai-Kee, "Professional organizations and the professionalizing of practice", *Journal of Museum Education*, 2012(2).

[2] John H. Falk, "Free-choice environmental learning: Framing the discussion", *Environmental Education Research*, 2005, 11(3).

(Gerald Lieberman)、斯蒂芬·比特古德(Stephen Bitgood)、芭芭拉·罗格夫(Barbara Rogoff)等为代表的学者开始关注环境教育,探讨的核心问题是人作为一种生物如何适应物理世界,而环境教育成为推动他们实现社会学习的一种重要手段,但其较难融入以分科为重点、较为僵化的学校教育。① 在这一背景下,博物馆领域以约翰·福尔克为代表的学者在探讨环境教育的基础上,创建出一个全新概念"自由选择学习"(free-choice environmental learning),随着系列成果的相继发表,此概念开始在国际传播且影响甚大,尤其是在博物馆科学教育领域。

总体而言,贯穿人一生的学习行为通常会以不同方式、在各个地方持续发生(见图1),基本可归为三大来源:学校、工作场所和自由选择学习机构。② 三大来源对于人的终身学习都至关重要,但相较而言,自由

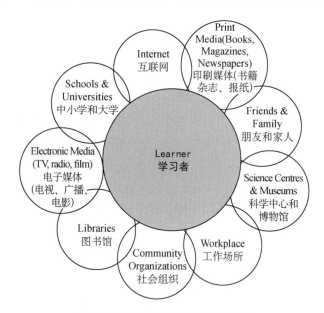

**图1 学习者学习可能发生的场所**

\* 图片引自 Lynn D. Dierking, "Lessons without limit: How free-choice learning is transforming science and technology education", *História, Ciências, Saúde-Manguinhos*, 2005, p.5。

---

① John H. Falk, "Free-choice environmental learning: Framing the discussion", *Environmental Education Research*, 2005, 11(3).

② Lynn D. Dierking, "Lessons without limit: How free-choice learning is transforming science and technology education", *História, Ciências, Saúde-Manguinhos*, 2005, p.5.

选择学习机构最为轻松,也最强调主体性,无论是频繁还是偶尔的学习,无论深刻还是浅显的学习都被允许。福尔克指出自由选择学习是校外学习中最常出现的学习类型。① 由于学习者在该类来源中有可能探索感兴趣的任何主题,所以通常能有效满足人们个性化的成长需求。然而长期以来,这类学习的价值或潜能却一直被忽视或低估。

无论如何,世界范围内的教育正在悄然经历一场变革:从教育到学习,从少数到多数,从单一学科知识到综合性知识,从绝对知识到相对知识,从死记硬背到有反思地学习。② 变革的中心不是学校这样的传统机构,而是由兴趣和需求驱动的自由学习机构。③ 新教育实验的发起人朱永新指出,未来学校将被学习中心所取代,教育从形式到内容都将发生深刻变化。④ 毋庸置疑,博物馆是未来学习中心的重要构成,但如何在博物馆环境中开展最好的学习,目前我们依然没有清晰的解答。然而无论如何,围绕博物馆学习已诞生了一批丰厚的学术成果,如《学在博物馆》(*Learning in Museum*,1998年)、《自由选择科学教育:我们如何在校外学习科学》(*Free-Choice Science Education: How We Learn Science Outside of School*,2001年)、《无限的经验:自由选择的学习如何改变教育》(*Lessons without Limit: How Free-Choice Learning is Transforming Education*,2010年)、《博物馆重复参观体验》(*The Museum Experience Revisited*,2018年)等著作。1986年创建于美国马里兰州的学习创新研究所(Institute for Learning Innovation)更是直接聚焦自由选择学习议题,所以在博物馆学习的理论与方法上已硕果累累。我们要做的是冲破迷雾,继续踏实前行以照亮前路。

---

① John H. Falk (ed.), *Free-Choice Science Education: How We Learn Science Outside of School*, Teachers College Press, 2001, p. 6.
② Peter Jarvis, John Holford, Colin Griffin, *The Theory and Practice of Learning*, 2nd ed., Kogan Page, 2003, pp. 1-2.
③ Lynn D. Dierking, "Lessons without limit: How free-choice learning is transforming science and technology education", *História, Ciências, Saúde-Manguinhos*, 2005, 5.
④ 原碧霞:《朱永新谈未来教育:文凭不再重要》,http://www.banyuetan.org/jy/detail/20191029/1000200033136041572333717724688693_1.html(2019年10月29日),最后浏览日期:2021年7月5日。

# ◀ 第二章 ▶

## 习以为常并非理所当然：符号学习能代替实物学习吗？

我们现在认识到，物质文化和符号记录是在不同的历史背景和社会活动中产生的，代表着独立的证据和线索。① 事实上，我们对于实物的关注和探究由来已久。实物是西方哲学的核心议题，始于柏拉图早期思想所提及的现象世界。经过由"认知"传统向"现象学生存论"传统的转变②，在20世纪的很多时候，研究者们并不重视对于实物的本体研究，而只信任对于实物的文本描述。直到20世纪七八十年代，社会宏大叙事遭到后殖民与后结构主义的批评，物质文化与视觉文化研究在理论上被重新梳理，学术界和实务界才重新发现博物馆及其实物媒介的真正价值。③

与此同时，我们每人每天都在使用符号系统，会说很多话，阅读很多文字，但可能未曾思考过符号的本质和功能。语言是最早的符号系统，而文字则是记录语言的书写符号，使我们避免口耳相授，以拓展传播时空，改变文明演进方向。时至今日，语词符号已成为我们与外部沟通的主要媒介，但正因如此，也极易陷入"世俗化迷思"，即缺乏这方面的意识又不去注意，从而造成更深的偏见及无知。我们似乎已很难发

---

① Patricia Galloway, "Material culture and text: Exploring the spaces within and between", in Martin Hall, Stephen W. Silliman (eds.), *Historical Archaeology*, Blackwell Publishing, 2006, p.43.
② 杨庆峰：《有用与无用：事物意义的逻辑基础》，《南京社会科学》2009年第4期。
③ [英]迈克尔·罗兰：《历史、物质性与遗产：十四个人类学讲座》，北京联合出版社2016年版，第128页。

现基于符号的学习有什么不妥,大家都在借助符号进行学习,难道我们还需要其他的学习媒介吗?事实上,语词符号的能指与所指是分开的,提供的是经抽象和概括后的符号,其促使意义与实物本身分开,使我们在认识和理解世界时,依赖的主要是不在场的东西,所以从这个意义上说,符号媒介并不反映现实,而是把我们带离现实。

习以为常有时并不等同于理所当然,因此是时候对长期以来"符号学习"一统天下的现象进行审思明辨了。保罗·康纳顿(Paul Connerton)在《社会如何记忆》(*How Societies Remember*)[①]一书中将集体记忆分为两种:刻写的(inscribed)和体化的(incorporated)。那么,我们是否能以活生生、被经验的"体化"方式展开学习,让实物这一物化载体成为我们能动学习的对象?如果答案是肯定的,那么在探讨如何有效使用该方式前,我们需要首先明确相较于符号学习,实物学习究竟有何特殊性。为此,我们将从信息特点、载体属性和实现手段三方面对实物学习和符号学习展开比较研究。

## 第一节 信息特点:显性信息与隐性信息

### 一、实物及其所载信息多为显性信息

实物是指具有三维和广延属性的物品,是必然看得见、摸得着的东西。[②] 苏东海提出平面文物从理论上说也是占有三维空间的,只因为其厚度太小而不计而已。[③] 在博物馆学领域,我们之所以选用"实物"一词,而不是"标本""文物""艺术品"等词,是因为该词实际已涵盖了以上所有。它既包括长时段社会变迁中的实物,也包括当前共时段中为我们所拥有的实物。真实性是这类物品的重要特点,它是事实的片段,代表事实的再现,人们可将该实物与某一著名的人物或事件相关联,可能

---

① Paul Connerton, *How Societies Remember*, Cambridge University Press, 1989.
② 严建强:《缪斯之声:博物馆展览理论探索》,浙江大学出版社 2020 年版,第 73 页。
③ 苏东海:《博物馆物论》,《中国博物馆》2005 年第 1 期。

是某位帝王、某场战争或某次盛会。当我们以科学、系统的方法将实物纳入博物馆的收藏序列时,它们便成为表征事实的媒介。博物馆也可以使用复制品或其他替代物,但它们在博物馆中仅处于辅助地位。与此同时,博物馆里还存在揭示原理或现象的媒体、造型和装置,卡梅隆称其为"动态验证",如根据月亮、地球和太阳三者关系制成的模型。该模型事实上也是"实物",因为它揭示了三大天体之间的公、自转规律及其背后的引力场。综上,我们可以将"实物"概括为见证事实的物品。

**图 2　河北博物院的长信宫灯**
　\* 图片由河北博物院提供。

由于这类物品承载的信息参差多态,所以需要对其特点加以分析和归纳。一般来说,此类物品的最大特点是信息通常附着在原载体上,真实而唯一,或真实而本质,但多为显性信息。以馆藏于河北博物院的长信宫灯(见图 2)为例。该灯被誉为"中华第一灯",于 1968 年出土于河北满城县中山靖王刘胜之妻窦绾墓。尽管我们无法轻易获取这件展品的内蕴信息:"此灯原为西汉阳信侯刘揭所有,景帝时刘揭被削爵,此灯与其他家产一道被朝廷没收,归窦太后居所长信宫使用,其后又被窦太后送给远亲窦绾"①,但对这件集美观与实用一体的青铜灯具的表层信息却一目了然。首先,我们通过自主观察不难发现,这座灯由头部、右臂、身体、灯罩、灯盘和灯座六部分组成,通体采用鎏金工艺。整座灯的造型是一位宫女正跪坐持灯,表情恬淡安详,而灯内中空。其次,借助触觉隐喻我们还可感知,该灯有 30 多斤重,六部分似可拆卸,为调节光亮照度和方向,灯罩还可左右开合。可见,通过打造易于为观众五感(视觉、听觉、味觉、嗅觉、触觉)所感知的平台,他们便能轻松获取附着在物品之上的显性信息。无论如何,具象感知是认知的第一步,它为抽象思维奠定了转喻的基础。《感官体验的多样性》

---

　① 斗南主编:《国学知识全知道》,北京联合出版公司 2018 年版,第 478 页;吕章申主编:《秦汉文明》,北京时代华文书局 2017 年版,第 139 页。

(*The Varieties of Sensory Experience*)、《感官博物馆学导论》(*Introduction to Sensory Museology*)等论著的相继问世,也证明以显性信息为基础的感官学习迫在眉睫,且意义重大。

## 二、符号及其所载信息多为隐性信息

与实物不同,符号包括数字、文字、图像、标志、手势等①,但是以文字、语言等语词符号为主。它代表一种替代关系,用来传递信息,而这种替代关系是人为的,约定俗成且带有任意性。② 因此,不同的社会对符号概念会有不同的界定。而在同一社会里人们彼此之所以能有效沟通,也正是因为他们拥有共同认可的符号系统。任何由私人编写、指向个人内在经验的符号都是不可用的,因为符号必须建立在一套公共规则之上。所谓"日用而不知",符号会"理所当然"地被我们忽视。首先,语词符号和我们的世界、思想是同构的,所以可用以描绘世界、改造世界和表达思想。其次,语词符号与生俱来携带着某些局限。如它是有边界的,我们只能用其描述能指的世界,同时还有一些是不可被言说的,如维特根斯坦所说的伦理、宗教和美学。再比如用语词符号记录的历史文献,由于它们专为某些特定阶层而创造,所以往往会按照该阶层所希望的记忆方式进行记录,记录的多为贵族阶层钟鼎宴飨的精致生活和丰富文雅的精神世界,因此难以呈现平民世界的绚丽多彩。

在厘清符号的基本内涵后,我们需要对符号所携信息及其特点加以分析和归纳。如果说实物所载信息是"可见之物",那么符号所携信息则是"不可见之物"。其中的语词符号属于第二信号系统,涉及语音、词汇和语法,是一种实际事物的抽象和表征。因此,这类符号信息的最大特点是在尊重知识产权的前提下,可以被多次复制和使用,并可以在各类载体上呈现,多为隐性信息。以现存于中国国家博物馆的《梦溪笔谈》(见图 3)为例。该文献是北宋政治家兼科学家沈括的鸿篇巨著,被誉为"中国科技史上的坐标"。它涵盖了天文、历法、气象、数学等 17 个

---
① 蔡文辉、李绍嵘:《社会学概要》,北京联合出版公司 2017 年版,第 28 页。
② 林煌天主编:《中国翻译词典》,湖北教育出版社 1997 年版,第 216 页。

门类,囊括异说奇闻、街谈巷议、诗文掌故等自然和人文话题,属于一本综合性笔记体著作,但是目前除了少数专业人士阅读和使用外,多数情况下其被束之高阁、无人问津。主要原因在于文献多为隐性信息,且因年代久远而识读困难,即在字体、用法、标号、阅读方向上与我们当代的纸质媒介迥异,导致普通受众在阅读时通常会遭遇习惯、技术和能力等障碍,无法轻松易读、充分理解,使得传统文化中鲜为人知的记忆部分成为"死"资源,难以发挥根脉作用。可见,基于符号的学习对使用者提出了较高要求。不同于处在交流系统中的实物,实物的显性信息是可视化的且较易理解,而符号往往受制于时空和地域影响。如我国文字除了汉字外,还有满、蒙、回、藏和苗诸文字,各有特殊的结构和写法。① 只有熟悉符号制订和使用的规则及其表征,并将它置于特定语境下,符号的内涵才能被有效释读。

图3　中国国家博物馆的《梦溪笔谈》
（黄彦文摄）

## 第二节　载体属性:能承载信息与仅用作载体

### 一、实物的信息和载体合二为一

当实物媒介化后,本质上可被视为一种物化信息。此时,实物的信息和载体合二为一,信息不仅附着在载体的表层,还深藏在其内部。即便承载信息的载体上隐匿着通过语言的社会世界和个人观察不能理解的东西②,它的表层信息依然千差万别且丰富多样。

---

① 葛绥成:《中国地理概况》,中华书局1951年版,第206页。
② [英]迈克尔·罗兰:《历史、物质性与遗产:十四个人类学讲座》,北京联合出版社2016年版,第46—47页。

首先,实物载体具备较高的审美品质。众多物品之所以被收藏,主要在于其载体的稀缺性与观赏性,人们希望通过一睹其芳容来愉悦眼睛并陶冶性情。其次,实物载体拥有丰富的本体信息。这些信息可谓参差百态,表现为材质、形制、纹饰、功能等方面所呈现的信息多种多样。如曾侯乙墓出土的青铜编钟、辽西热河生物群中发现的"中华龙鸟"、达·芬奇笔下的蒙娜丽莎,它们的质料和形式等信息各异,相去甚远。

正是在这一认知背景下,史密森尼博物院的乔治·布朗·古德提出根据搜集到的实物之差异,将博物馆分成六类:艺术博物馆、历史博物馆、人类学博物馆、自然历史博物馆、科学博物馆、工业博物馆[①],分别代表六大知识门类[②]。由于承载信息的实物载体,其本体信息独特且多样,所以较易吸引观众眼球,同时相较于符号,驻足观察并自主学习的时间通常更长。

## 二、符号的信息和载体并非合二为一

符号不同于实物,本为传播而生。在未实现媒介化之前,实物很多时候并不具备传播功能。一般来说,当用符号作为媒介时,载体和信息并非合二为一,而是可以分割的。

符号通常具备快捷、低成本和跨时空等传播优势,但我们知道,优劣势并非绝对,有时可以互相转化。符号之所以能快速、低成本和跨时空传播,主要得益于它具备一套统一的规则,而正是这套规则才使得符号能被转录在各种载体上以实现高效复制。起初,这种做法并不普遍,因为复制主要依靠手抄,所以规模通常不大,只留下一些凤毛麟角的手稿。但是印刷术的发明和推广却为符号信息的高效复制推波助澜,进而引发了一场媒介革命。北宋庆历年间,平民出身的科学家毕昇在雕版印刷术的基础上发明了活字印刷术。400年后,西方人完善

---

① [美]爱德华·P.亚历山大:《博物馆大师:他们的博物馆和他们的影响》,陈双双译,译林出版社2020年版,第254—255页。
② [美]史蒂芬·康恩:《博物馆是否还需要实物?》,傅翼译,《中国博物馆》2013年第2期。

并继承了该技术,1450 年,德国人古登堡创制并使用了铅活字印刷机。这一技术随后被传播至意大利、瑞士、捷克、法国等国。纸质文献开始以流水线的方式被印刷,在促使广阔区域内语言统一的同时,也使得记录符号的纸张媒介变得不再昂贵。

无论如何,符号信息的传播载体主要为纸张,尽管由于材质不同,纸质会略有差异,但呈现同质化特点,因为纸张在外观、形式和功能等方面较为趋近。如春秋时期老子的《道德经》、北魏晚期郦道元的《水经注》和民国时期鲁迅的《阿 Q 正传》,尽管它们用符号所书写的社会民俗与自然风景千姿百态,同时吐纳着东方文明的独特芬芳,但这些内容都指向符号信息的内容,而非符号信息的载体,其载体本身并不携带信息,信息是可以独立于载体之外的。微信、微博、APP 等电子媒体的出现,虽然能使页面的基调、色彩和排版变得异彩纷呈,但这些载体也仅为载体,信息主要通过语词符号予以表达。

鉴于此,相较于实物媒介的载体所携信息的丰富性,符号媒介的载体更多是承载信息的容器,只有载体上记录的信息才是独特、生动且富有生命力的。我们需要利用观众认知系统中的"隐喻"和"转喻"机制,即"相似性"和"相关性",去捕获观众的注意,借助这些信息激发观众情感,唤起记忆,触动想象,并鼓励他们从事探索。①

## 第三节 实现手段:双项任务与单项任务

信息传播,又称信息交流,是指借助某种载体,通过一定的信息通道,将信息从信源跨越时空,传送到信息接受体的过程。② 关于该议题的研究最早可追溯至古希腊的亚里士多德③,目前相关研究已辐射至传播学、情报学、教育学、社会学、心理学等不同学科。1949 年,两位信息

---

① [美]史蒂芬·威尔:《博物馆重要的事》,张誉腾译,台北五观艺术管理有限公司 2015 年版,第 30 页。
② 宋余庆、罗永刚编:《信息科学导论》,东南大学出版社 2001 年版,第 33—34 页。
③ 张有录主编:《现代信息科学》,甘肃民族出版社 2001 年版。

论学者克劳德·艾尔伍德·申农(Claude Elwood Shannon)和瓦伦·韦弗(Warren Weaver)创建了最早的信息论传播模式"申农-韦弗模式"。① 作为媒介的实物和符号都处在某一信息交流的系统中。正如前文所述,马歇尔·麦克卢汉和他的同事哈利·帕克(Harley Parker)在1967年率先指出当前博物馆的设计是线性的,但世界正在变得非线性,博物馆须打造一个信息交流系统,但遗憾的是,多数与会者并未听懂他们的观点。一年后,邓肯·卡梅隆发表《观点:作为交流体系的博物馆及其对博物馆教育的启示》一文(第一章已提及),内容相较于麦克卢汉通俗易懂,卡梅隆指出,博物馆的物不是一般的物,信息交流体系是构建在物之上的,存在一个发送者和接收者。② 但若想实现这种交流,实物学习所采用的手段与符号学习并非完全一致。实物学习需要借助"阐释"来帮助学习者理解其间的意义,所以实施起来难度更大。

## 一、实物学习的双项任务

实物作为自然变迁与人类活动的创造物,内嵌其中的是人的能动性,虽然人们制造了物,但通过占有和迷恋行为,物也在制造着人。③ 所以,实物是一种独创的文化,拥有实用、审美和文化价值,通过它们可以更好地理解社会结构和更大的系统问题。然而遗憾的是实物实际上是"可见之物"和"不可见之道"的复合体,我们除了能观察和感知它们丰富多样的表层信息外,往往对蕴藏在实物中的深层意义不得而知。未接受过专门训练的学习者是难以自行解读的④,所以需要向他们做出说明和解释,以物质化的方式呈现"不可见之道",唯有如此,才能真正发挥实物传播信息的功能。譬如当学习者在观察三星堆二号祭祀坑出土的青铜神树时,他所能看到的只是这棵树的外观,包括树、鸟和果实的造型,青

---

① 辛万鹏等编:《高校信息素质教育基础教程》,兰州大学出版社2006年版,第22页。
② Duncan Cameron, "A viewpoint: The museum as a communications system and implications for museum education", *Curator*, 1968, 11(1).
③ [英]迈克尔·罗兰:《历史、物质性与遗产:十四个人类学讲座》,北京联合出版社2016年版,第3页。
④ 严建强:《作为公共媒体的博物馆——博物馆观众认知特征及传播策略初探》,载严强:《缪斯之声:博物馆展览理论探索》,浙江大学出版社2020年版,第100页。

铜的材质,看起来颇高的树株。至于这棵东方神树象征什么样的文化寓意,携带什么样的信仰观念,如果没有经过充分阐释,学习者往往不得而知。因此,不同于符号学习,实物学习承担着"阐释和传播"的双重任务。

博物馆学者严建强将博物馆信息传播过程比作通信过程,并指出存在两个通信过程(见图4):第一个过程为信息通道Ⅰ,即博物馆研究专家通过科学研究探索隐藏在实物中的意义,并成功获得其间的信息;第二个过程为信息通道Ⅱ,博物馆传播专家通过重新编码,将研究成果科普化,变成观众能够理解的信息,这个过程就是阐释。①

**图4 博物馆阐释的信息通道模型**

\* 图片引自严建强:《作为公共媒体的博物馆——博物馆观众认知特征及传播策略初探》,载严建强:《缪斯之声:博物馆展览理论探索》,浙江大学出版社2020年版,第100页。

尽管该模型揭示了博物馆的核心任务,即通过阐释实现知识公共化,但关于如何有效地阐释仍主要停留在馆方视角下,尽管观众获益已成为其追求的目标。需要强调的是,物化信息的阐释实际上关联着物、人和技术,依赖的是一个阐释系统,即研究专家将物的研究成果和人的研究成果转移至传播专家,传播专家在"理性到感性、符号到视觉"的指导原则下,对这些基础资料和其他资料加以妥善"编码",尔后通过特定空间的经营,实现"编码"的视觉转化,为受众最后"解码"创造条件(见图5)。我们需要明白,如果想构建这样

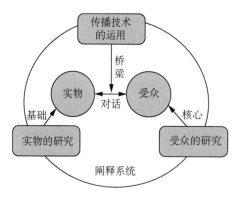

**图5 实物媒介用以传播信息的阐释系统**
(笔者制)

---

① 严建强:《作为公共媒体的博物馆——博物馆观众认知特征及传播策略初探》,载严建强:《缪斯之声:博物馆展览理论探索》,浙江大学出版社2020年版,第100页。

的阐释系统,必须寻求专业的合作,仅依靠某位传播专家是不太可能的。因为针对实物的阐释,涉及学术、视觉、空间、审美、认知、情感等诸多要素,所以需要整合或寻找资源,在弥补不足的同时,发展自身优势。想要实现"实物对于受众富有意义"这一当代阐释的目标并不容易,亟须我们在创新性和自由灵活的环境中,与专业人士一起创造性地开展合作。

## 二、基于符号学习的单项任务

语词符号是社会生活中最普遍的表达工具,在日常交流中占据特殊地位。但以纸媒、声媒、影媒等符号为媒介的学习与实物学习不同,通常过程中只需要承担"传播"这一单向任务,而非"阐释和传播"的双重任务。究其原因,在于语言和文字是常规语词符号,绝大多数人自小就学习识字和阅读,拥有一套由概念和符码构成的表征系统,所以并不会存在难以逾越的理解障碍。

当撰写者使用一套读者熟谙的符号系统,按照已获共识的规则进行编码时,[①]由于读者的"先有"储备及训练,令他们往往能自行解码,而无须"阐释"这一中介环节,便能获悉注入其中的文化意涵。当代英国文化研究学者斯图尔特·霍尔(Stuart Hall)的编码解码理论便对这一信息加工的过程进行了深刻论述,指出该过程主要包括编码、解码两大环节(见图6)。显然,这一理论与传统美国式的"发送者—信息—接收者"思路不同,强调的是传播过程中的意义转换和转换过程中的理解与误解[②]。

编码是指组织想对他人所说的话,由承载意义的符码组成。撰写者会把他们的思想内嵌至意义和价值的整体结构之中,而接收到编码的人必须进行解码,接收者会在个人框架背景下进行解码。[③] 解码是指

---

[①] 严建强:《缪斯之声:博物馆展览理论探索》,浙江大学出版社2020年版,第100页。
[②] 中国妇女研究会办公室编:《中国妇女研究会年会论文集 2017—2018年》,中国妇女出版社2020年版,第175页。
[③] [加]佩里·诺德曼、梅维丝·雷默:《儿童文学的乐趣》,陈中美译,少年儿童出版社2008年版,第398—399页。

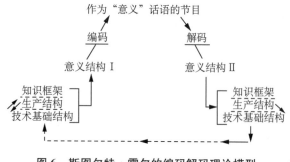

**图6　斯图尔特·霍尔的编码解码理论模型**

\* 图片引自张斌、蒋宁平主编：《电视研究读本》，上海交通大学出版社2014年版，第111页。

传播对象将接收到的符码进行阐释和理解，读取其意义的活动，为编码的逆向变换。在信息来源到信息接收者的渠道中，编码和解码是确定环节，但事实上这两个环节是相对独立的。[①] 以莫言的长篇小说《蛙》为例，该书由4封长信和一部9幕话剧构成，讲述了从事妇产科工作五十余年的乡村女医生姑姑的一生，她一面采用新法接生婴儿，一面执行计划生育政策，反映了计划生育政策在我国推行的艰难历程。当读者从文献收藏机构借到这本书时，不需要员工对书中的内容进行转译，读者独自阅读就能理解语词传达的内容，馆员无须介入这一学习过程，也不用承担任何阐释工作。

然而不可否认的是，尽管所有基于符号的学习都需要经过编码和解码环节，但是撰写者的意义结构与读者的意义结构并不能构成"直接的同一性"，因为编码和解码的符码是不完全对称的。[②] 通常，这种不对称程度取决于编码者和解码者之间位置的不对称程度，以及符码的非同一性程度。也就是说，信息来源和信息接收者的不对称性，将会造成撰写者编码被误解或曲解，这也恰恰说明语词符号在解码上的相对独立性，而非编码的绝对性。所幸的是，读者在进行符号学习时，并非被动阅读的接收器，而是有自己的阅读偏好，并且主动地把自己的认知范

---

① 张斌、蒋宁平主编：《电视研究读本》，上海交通大学出版社2014年版，第110页。
② 同上书，第111页。

畴加入世界之中,因此造成"一千个读者眼中有一千个哈姆雷特"[①]。我们必须正视读者会主动地运用自己的认知法则的事实,所以认知表面上依赖于符号,但实际上依赖于我们的认知。

---

① 仲呈祥主编:《中国电视文艺发展史》,中国电影出版社2014年版,第146页。

## 第三章
## 人类实物学习的优劣之辨

《资治通鉴》中有一段颇为精辟的论述:"治性之道,必审己之所有余而强其所不足,盖聪明疏通者戒于太察,寡闻少见者戒于壅蔽,勇猛刚强者戒于太暴,仁爱温良者戒于无断,湛静安舒者戒于后时,广心浩大者戒于遗忘。"①旨在告诫我们万事万物各有长短,正如"梅须逊雪三分白,雪却输梅一段香",关键是要发掘优势,认清局限,在优、劣势中找准定位,进而补己之短,并培育优势。

### 第一节 实物学习的优势

我们知道,实物学习具备得天独厚的优势。概括起来主要包括五方面:形象真实、易于感知、便于互动、连接情感、短时获益。

在第二章中,我们已经围绕实物形象真实、易于感知的外在优势展开过讨论。正如苏东海所言"博物馆改革运动中对博物馆的一切反思都不是针对博物馆物本身,而是针对物的运用。如果没有物,博物馆就无法与别的机构相区别,博物馆就异化、消失了。"②可见,要探究实物学习的优势,必须重新回到物本身。除了"真实形象、易于感知"的外在优势外,实物学习至少还拥有三大参与优势:便于互动、连接情感、短时获益。

---

① 司马光:《资治通鉴》,中国和平出版社2004年版,第300页。
② 苏东海:《博物馆沉思》,文物出版社2006年版,第38页。

一是便于互动。"互动"(interactive)在社会学意义上是指行为主体借助一定的手段,与他人(或环境)相互作用、影响的过程。① 此定义强调互动是个人的自我对象化现象。与他人、环境的互动通常能促进自我认知的深化,并且所有互动都需要依靠工具或手段。由于实物是一种能为五感直接感知的物质实体,可提供深度观察、动手操作、通感体验,以促使信息深层加工,进而生成个人意义。该优势正在并将呈现广泛前景,因此实物成为互动中理想的工具和手段。值得注意的是,"互动"不同于"动手"(hands on),动手多指向按按钮、翻翻板等重复性动作,而互动除了倡导肢体参与外,更强调大脑参与,是知觉系统和行动机制的外延。1964 年,波士顿儿童博物馆(Boston Children's Museum)在馆长迈克尔·斯波克(Michael Spock)的带领下策划了一场实验型展览——"里面是什么"(What's inside)。② 这场展览成为"互动"取代"动手"的标志性案例。仿真实物被从中间切开,包括抽水马桶、8 毫米电影放映机、烤面包电炉等,孩子们不仅能从外部观察这些物品,还能进入它们内部触摸和体验。这种互动展示具备象征意义,引发了一场观念革命——首个以观众为中心的动手展览模式开始在世界各地开枝展叶。1934 年 1 月 1 日富兰克林研究所(Franklin Institute)新馆开放,自称为"科学仙境(Wonderland of Science)",不再使用"请勿触摸"(Do not touch)的警句,成为美国首批鼓励身体交互的博物馆之一。该馆先后在 1990 年、2003 年和 2012 年进行扩张,为观众的互动体验打造了更为优越的硬件条件。不难发现,互动最初主要面向儿童,诞生在科学和技术类博物馆。但随着实物优势的被发现,"参与"这一创新性实践以锐不可当之势开始步入各类博物馆,致力于服务所有人群。研究发现,采取包括触感在内的参与策略,而非仅观察的视觉策略能促进学习。

二是连接情感。情感(emotion)也译作情绪,在心理学范畴内指人对客观事物是否符合自身需要而产生的态度体验,以人的需要和愿望

---

① 兰维:《试论当代中国博物馆的互动式发展策略》,《岭南文史》2014 年第 4 期。
② 杨玲、潘守永主编:《当代西方博物馆发展态势研究》,学苑出版社 2005 年版,第 113 页。

为中介。① 它通常会受到外部刺激或内部想法的诱发。情感的产生首先受到个人背景因素影响。保罗·马赞蒂（Paolo Mazzanti）在《情感、学习和文化遗产》（*Emotions, Learning and Cultural Heritage*，2007年）一书中指出，情感与个人身体的生理功能休戚相关。② 珍妮弗·盖兹比（Jenniefer Gadsby）在《关于博物馆中情感价值的研究》（*The Effects of Encouraging Emotional Value in Museum Experiences*，2011年）中提出影响观众参观情感的六因素，包括学习、人际、在地、参与、偏好等。③ 吉纳维芙·阿莱利斯（Genevieve Alelis）在《展示情感：捕捉游客对博物馆艺术品的情感反应》（*Exhibiting Emotions: Capturing Visitors' Emotional Responses to Museum Artefacts*，2013年）中表示衡量博物馆中观众情感的因素共有五种，涵盖对过去的态度、过去现在的关联、学习机会、新体验和个人历史。④

除了个人背景因素外，情感激发还与展览环境因素相关。丹尼尔·施密特（Daniel Schmitt）在《从意义赋予到意义构建：刺激唤醒法与博物馆观众的情景体验》（2018年）一文中运用刺激唤醒法和情绪地图法对观众在博物馆的情感体验进行测试。⑤ 坎迪斯·博伊德（Candice P. Boyd）在《情感和当代博物馆》（*Emotion and the Contemporary Museum*，2020年）一书中开发出评估博物馆观众情感的新方法。⑥ 由保罗·马赞蒂主编的《情感和博物馆学习》（*Emotion and Learning in Museums*，2021年）创造性地提出情感触发效应（trigger-

---

① 王黎华主编：《新编心理学教程》，上海交通大学出版社2018年版，第151页。
② Paolo Mazzanti, "Emotion and learning in museum", *Emotion inside/out museums*, 2021, (02).
③ Jenniefer Gadsby, "The effect of encouraging emotional value in museum experiences", *Museological Review*, 2011(15).
④ Genevieve A., Ania B., Chee S. A., "Exhibiting emotion: capturing visitors' emotional responses to museum artefacts", in Aaron Marcus (eds), *Design, User Experience, and Usability: User Experience in Novel Technological Environments*, 2013, pp. 429-438.
⑤ 丹尼尔·施密特、米歇尔·拉布：《从意义赋予到意义构建：刺激唤醒法与博物馆观众的情景体验》，陈莉译，《东南文化》2020年第1期。
⑥ Candice P. Boyd, *Emotion and the Contemporary Museum Development of a Geographically-Informed Approach to Visitor Evaluation*, Springer Nature Singapore Pte Ltd, 2020, pp. 1-7.

emotions effect),并给出展览激发观众不同情感的案例及良方。① 由于实物具体可感、熟悉亲切,能托物赋形,所以在个人和环境的双重因素下,易于与多类主体发生互动,进而形成多元化的情感意义。我们会用"睹物思人""触景生情"等词汇生动地对此加以描绘。

三是短时获益。实物学习不同于抽象的符号学习,主张通过看、听、触等方式与实物互动,因而具备情境性、亲历性和交互性特征,可让观众获得感官刺激、身心参与和更大满足,这种直观且真实的体验有助于我们短时获益。康斯坦斯·克拉森(Constance Classen)也指出博物馆物拥有值得探索的"感官生命"②。阅读一篇《夜观昆虫》的文章与参与一次夜探昆虫的体验,所获的认知效果迥乎不同。夜幕低垂、星斗满天,当我们潜在水洼边、石缝中,或躲在草丛里、树干旁时,看到悄悄爬行在竹叶上的竹节虫,听到此起彼伏的虫鸣声响彻在清冷的月夜中——这种任人无限遨游的夜间体验,有助于我们将获得的一手信息,通过感官整合和感官渗透,在短时间内进行信息的处理和内化。无论如何,实物所携的表层信息是未经筛选、加工的,而符号所记录的信息,难免带有创作者的传播意愿而不够全面。所以实物学习能使我们在短时内接触的信息更加客观、粗放而鲜活。

同时,由于人类拥有眼、耳、鼻、舌、身等感觉器官,赋予了我们形态不同的专门感受器,有助于我们捕捉并接收形式各异的信息。因此,实物学习不仅适用于学前儿童,对学龄儿童和成人学习者一样意义隽永。研究表明,多感官信息加工主要包括两类:一类是多感觉信息的整合。两个感觉通道的神经环路汇集至同一个下游目标节点上,进而使它们各自的神经电信号分别贡献于下游节点的神经活动,以形成一个新的合并的感知。另一类则是跨感觉模态的调节。一个模态的感觉输入通过改变第二个模态通路的工作状态来调节该感觉通路的信息加工。比

---

① Paolo Mazzanti, *Emotion and learning in Museum*, NEMO—The Network of European Museum Organisations, 2021.
② Classen, C., "Museum manners: The sensory life of the early museum", *Journal of Social History*, 2007, 40(4).

如当我们通过触摸感知实物形状后,能用视觉加以辨认。① 可见,实物学习之所能让我们在短期内获得认识和情感的提升,主要得益于人类在通感学习中所具备的感官整合或感官渗透特点。纽约一位 70 多岁的盲人拥有过的一段经历或许可以给予我们一些解答:"我依然记得童年在美国自然历史博物馆亲手用尺子测量鲸鱼模型的体验,该巨型动物的尺寸深深烙印在我的记忆中。"②

## 第二节 实物学习的局限

除了上述五大优势外,实物学习实际上也存在与生俱来的局限。揭示并认知其局限是成功学习的前提。以实物作为媒介开展学习的局限具体如下。

局限之一是物载信息除了表层的显性信息外,还包含多层隐性信息,这些隐性信息通常并非不言自明和不证自明。当实物离开原先的文化语境和情景语境③,如果后续未经研究者和策展人的双重编码,且学习者在解码时又缺乏"先有"储备,那么往往只能接收到表层的显性信息,其他层次的隐性信息则可能被自动过滤,这无疑是对实物利用的一种极大浪费。中央电视台百集纪录片《如果国宝会说话》就善于将实物的隐性信息显性化,把劣势变为最大优势,这也是该纪录片广受称道的原因之一。此外,当物品的显性信息较为常见时,若非有意强化,即便是显性信息,也易于被学习者忽视或误读。

尽管意识到物载的隐性信息无法不言自明和不证自明,但我们解读起来依旧困难重重。一方面,造成这些困难的原因是对实物所载信息的事实判断较易,但价值判断却难。这些实物之所以被收藏,本是人

---

① 中国科学院神经科学研究所编:《大脑的奥秘》,上海科学技术出版社 2017 年版,第 83 页。

② Jan Mark, *The Museum Book: A Guide to Strange and Wonderful Collections*, Candlewick, 2007.

③ 鲁苓主编:《视野融合:跨文化语境中的阐释与对话》,社会科学文献出版社 2004 年版,第 181 页。

类的一种选择行为，其幕后推手是当时代的社会背景及其形塑的价值观。但随着原生环境的灰飞烟灭，收藏者当时的选择依据已消逝在历史洪流中。正如雷恩·梅兰达（Lynn Maranda）所言，事物（thing）是一种广义的客观存在，而实物（object）则是一个完整含义体系中的客观物品，相较于事物，实物是人类定向性应用的结果。① 因此，需要反过来破译当时人的收藏动机，从而实现价值判断的信息再现，以重构支离破碎的自然与社会图景。

另一方面，除了横向呈现的信息外，实物在世代的颠沛流离中，还被叠加了时过境迁的流转信息，这些新信息使实物被赋予新的意义，对这类信息的解读也极其不易。苏珊·皮尔斯以参加滑铁卢战争的军官的夹克为例，指出如果仅仅客观描述"这是一件红色的夹克，有几枚肩章……"是远远不够的，人们想看到的是某种情绪，而非一块布料，它象征着取得胜利的英国人和理想化的法国革命者。但随着时间的推移，事件的亲历者辞世，滑铁卢相关电影和小说诞生，此时话语发生改变，人们依然记得这场战役，然而它却是由学习者通过想象力重构的，并且达成了一种新的共识，构建出一种新的符号。实物，无论是自然物还是人工物，无论是因为表层信息还是内蕴价值被收藏，它们在入藏并被加以利用时，都曾经历过时代更迭的洗礼，生命被延续的同时也焕发出新的意义。苏东海指出："观众不会止于对文物感性材料的了解，因为这只是了解文物意义的开始。"②我们只有将信息层层剥开并予以传达，才能不负一代代投身其中的创造者、收藏者、守护者和研究者，不负物本身跌宕起伏的生命历程。

局限之二是遗留下来的实物即使信息被逐层析出并加以编码，仍无法还原真实的历史，只不过是真实信息的片段再现，并非事实本身。我们知道，实物被保留至今受很多偶然因素支配，尤其是在早期，这些残缺不全的实物难以与动态的历史进程构成严格意义上的匹配关系，给研究者拼接完整历史造成困难。为此，除了要不断优化博物馆学、考古学、地质学等理论和方法，以提炼物证中留存的各层信息外，还要借

---

① 苏东海：《博物馆物论》，《中国博物馆》2005年第1期。
② 同上。

助文献、其他物质或非物质等各类记忆载体,将它们进行整合,再完成二次编码,最终转化成空间意义的视觉表达。同时,为了突破实物的隐性信息无法自行言说、完整证据链缺失的信息困境,辅助展品由此诞生。

# 第二部分

## 认识论:实物学习的要素与构成

大多数人认为自己的认知能力是天生的,而且不可能无限发展,因此,试图去学习"人们是怎么学习的"会有点奇怪,甚至显得很自负。然而,"关于知识的知识",也就是一些人用带点学究味的语气所说的"元认知",仍然是学习行为的组成部分。当元认知活动不能自动或内隐地完成时,学习者就无法学习。这一维度极为重要和特殊,因此,我们希望把它和学习的其他元素区分开来,进行深入剖析。比如,当学习者的思维结构较为单薄或存在错位时,他只会接收孤立的信息,像一条条没有戴项圈的狗。信息堆满了的脑袋,他被淹没在信息中。学习者的思维结构越坚实,他越能掌握其学习的领域。(安德烈·焦尔当)[1]

---

[1] [法]安德烈·焦尔当:《学习的本质》,杭零译,华东师范大学出版社2015年版,第109、98页。

本书的第一部分讨论了物质文化转向和复兴的背景下,"以实物为媒介"的时代需求、实物学习相较于符号学习的特性和优劣势等方面的问题,为后续深入地探讨奠定立论之基。在这一部分中,我们想进一步追问,如何才能实现实物与受众的"对话",并使之成功?为此需要将以实物为媒介的信息传播视作一个整体,探究该整体共有的构成要素及其结构特性。鉴于此,这一部分将从认识论层面进行深化,以寻绎实物媒介化的要素及其结构,并阐明做出这些判断的逻辑内核及其思维边界。所谓认识论,指的是人类如何逐步获得关于其周边世界的知识的理论①,就是探索人类知识的可能性②。因此,基于认识论之诉求,我们将通过对实物媒介化的过程分析,抽象出实物、受众、阐释三大要素,并梳理这些要素的关系,进而将三者融为一体。希望借助对实物媒介化"构成要素"及其"基本结构"的抽象演绎,建立起我们对其的认知框架,最终推动实物从无法开口说话的物化信息,转化为交流系统中易于理解的重构信息。同时,在其他两大要素中体现出受众要素的导向,促成了由实物至上向受众中心的彻底转向。这是推动实物媒介化,进而获得学习成功的一种新的探索。对不同的人而言,实物学习可能是一种乐趣、热情,也可能是一种冒险、承认,既能完善个人发展,也能丰富社会存在。总之,任何方式的学习都能使我们不再停留在习惯之地,不断更新与超越自我,这种变化的力量已成为时代的关键和生活的根本。

---

① [美]米歇尔·刘易斯·伯克、艾伦·布里曼、廖福挺主编:《社会科学研究方法百科全书》第1卷,沈崇麟、赵锋、高勇主译,重庆大学出版社2017年版,第382页。
② [日]小川仁志:《完全解读哲学用语事典》,郑晓兰译,华中科技大学出版社2016年版,第150页。

# ◀第四章▶

## 实物媒介化的客体——实物

在实物媒介化的过程中,实物无可争议地成为第一要素和必备资源,因此在三大要素中发挥基础作用。正如前文所述,当前充当媒介的实物,由于内涵和外延不断拓展,导致其定义和范围正日趋模糊。譬如为了发挥博物馆广泛意义上的教育功能,仅将人类及其环境的"见证物"(实物)①置于博物馆场域内已不足够,所以 2007 年国际博物馆协会维也纳会议正式将典藏对象拓展为"人类及人类环境的物质及非物质遗产",从而为实物媒介化的客体增添了全新内涵。可见,作为反映现实世界的一种媒介,信息重塑者赋予了实物与时代同频共振的崭新功能,以等待学习者观察、探索和体验。为了更好地认识作为客体的实物,掌握该要素发挥新功能的需求和条件,本章将围绕实物构成及差异化阐释需求,实物作为媒介的信息及其分层,如何综合、全面地认识实物三方面展开论述。

## 第一节 实物构成及差异化阐释需求

作为信息载体的实物,包括人工物和自然物两类。在实物媒介最为集中的博物馆里,文化遗存、当代物品等实物展品,以及装置、造型和

---

① 1974 年国际博物馆协会哥本哈根会议在界定博物馆定义时,将典藏对象规定为人类及人类环境的见证物。藏品告别稀世珍宝时代,只要是人类社会的创造物和相关的自然物皆被纳入典藏范围。

媒体等辅助展品都属于人工物,它们通常会被赋予某一功能;而自然遗存则属于自然力的产物,即便经由人工干预,往往也不会被赋予特定功能。其中,人工物又可被分为两类:第一类是装置、造型和媒体,一般专为特定展览展示而创造。2021年,上海天文馆新馆对外开放,在第一部分"宇宙"板块,有一个占据一面墙的"宇宙大年历"多媒体显示屏(见图7)。该屏是为了本展专门制作,将宇宙的138亿年历史浓缩为1年,然后分割成12部分,直观地向观众展示每一时段曾发生的重要事件,并且每1/12的小块显示屏还可进行滚动展示,从中可窥见地球上的生命是在最后数小时才粉墨登场的。第二类是文化遗存和当代物品,它们的情况与第一类有所不同。2020年改陈后的上海犹太难民纪念馆重新开馆,整个展览被分成"逃亡上海""避难生活""同舟共济""战后离别""特殊情谊"和"共享未来"六个部分。其中,"避难生活"部分展示了一件独具一格的展品——"贝蒂的婚纱"(见图8)。这套婚纱诞生于第二次世界大战时的上海,婚纱的主人是当时避难于上海的犹太难民贝蒂。她在避难期间结识了俄国救生员奥利格,两个月后两人便在上海领证结婚。于是,婆婆亲手为贝蒂缝制了婚纱,采用的面料是法国绸缎并缀有蕾丝,其上绣有百合花图案,意寓百年好合。这套别致的手工婚纱后来还陪伴贝蒂的两个女儿步入婚姻殿堂。显然,婚纱并非为本展览而专门制作,它拥有作为婚礼服饰的实用功能。但当这件婚纱从现实生活中退场,被犹太难民纪念馆收藏,实现了博物馆化,婚纱已不是原来

图7　上海天文馆"家园"展区的"宇宙大年历"多媒体显示屏(笔者摄)

图8　上海犹太难民纪念馆"避难生活"展区的"贝蒂的婚纱"(笔者摄)

的婚纱,而被赋予了一种新功能,即见证这段历史的媒介,承载着犹太难民避难上海的鲜活记忆。

同时,根据创造目的的不同,我们还可将文化遗存和当代物品区分成三类:纯审美的实物、纯实用的实物、审美和实用兼具的实物,三类物具备不同的阐释需求。纯审美的实物,如雕塑、绘画,是一种图像语言,本为观看而创作。艺术家通过艺术创作过程将自身观念可视化,且艺术品所指向的物往往是我们熟悉的。如当我们目睹印象派画家莫奈的《池塘·睡莲》时,即便没有艺术史受训背景的普通人也可以看到波光粼粼的水面上,自然漂浮着的睡莲正朵朵绽放,画面内容一目了然,可让人获得视觉愉悦与美的熏陶。因此,纯审美的物本身拥有传播能力,某种程度上它的形式即内容。学习者借助视觉观察,便可获得它最具价值的物载信息。但近年来,为帮助学习者更好地读懂纯审美的物,弥补观众艺术史知识的缺失,艺术博物馆开始学习传统博物馆,使用具备阐释功用的说明文字和传播手段。

而纯实用的实物、审美和实用兼具的实物通常并非为观看而生,形式也不等同于内容。因此,这类物品是沉默的,所承载的记忆和信息都深藏在物质之中。① 博物馆化的结果是它们由私人空间步入公共领域,使用背景和性质均发生改变,如不进行阐释,缺乏相关知识背景的普通学习者是看不懂的。如美国丹佛消防博物馆(Denver Fire Department Museum)中的费尼86H蒸汽消防车(Feny 86H Steam Fire Engine)(见图9),该消防车是从纽约市消防博物馆借来的一件展品,属于纯实用的实物。1890—1912年,丹佛消防局曾从5个不同的制造商那里购买了27辆蒸汽消防车。借助口述史和早期的新闻报道可获知,当这些蒸汽消防车退役后,被丹佛消防局出售给了花房、公墓等机构作为灌溉水泵。但遗憾的是,目前在这些机构中,退役后的消防车已难觅踪迹。显而易见,这类实物之所以被收藏并非因为其较高的审美品质,而主要在于它们作为救火工具,是消防队的标配,再现用生命守护城市的消防人员之职业变迁。再如湖南省博物馆中的T字形旌幡类帛画(见

---

① 严建强在题为"博物馆策展:特征与方法"的讲座中提及。

图 10),该画属于审美和实用兼具的实物。该帛画本是墓主人丧葬的私人用品,却不曾料想两千多年后成为公共观瞻对象。画上绘有两千年前古人对天界、人间和地下最富幻想的图案,实际可能是用作引导灵魂的工具——招魂幡。① 面对这类实物,审美只是前提,因为其表层的图像语言并非最具价值的部分,需要博物馆在传播目的指向下,为学习者重构理解物的特定语境,使其所蕴含的内在意义被揭示出来。

图 9 丹佛消防博物馆中的费尼 86H 蒸汽消防车(笔者摄)

图 10 湖南省博物馆中"马王堆"一号墓 T 型帛画(笔者摄)

## 第二节 实物作为媒介的信息及其分层

我们知道实物所携的信息层次丰富,并且不同类型的实物信息各具特色。毋庸置疑,出于阐释目的和视角的差异,信息的揭示和呈现并不需要面面俱到,相反为了避免信息过载,还必须立足阐释目的和视角

---

① 孙心一:《我国古代绘画艺术的珍宝——长沙马王堆一号汉墓帛画简介》,《史学月刊》1981 年第 3 期。

进行有意义地取舍。以美国旧金山亚洲艺术博物馆（Asian Art Museum of San Francisco）清乾隆官窑的灵芝型笔舔（见图11）为例。从时间信息看，它诞生于清乾隆年间（1736—1795年）。从制造信息来看，这件笔舔由江西景德镇官窑制造，至清代这类文房用具在工艺上可谓登峰造极。从造型信息看，它近似一株木耳状的灵芝。从纹饰信息看，它的釉面呈现裂纹。从功能意义看，我国古代文房用具分工精细、清雅别致，笔舔是其中的重要成员，它的作用在于理顺笔毫或验墨浓淡。从文化信息看，灵芝自古以来就备受帝王贵胄的喜爱，不仅象征吉祥如意，还意味着富贵长寿……由此可见，实物包含的信息不一而足，似乎用之不竭。弄清楚实物究竟可能携带了哪些信息是有的放矢地对信息进行筛选的重要前提。为此，我们需要克服视角的单一和现象的繁复，预先对实物所承载的可能信息进行归纳和提取，从中抽象出较为一致的信息分层。

**图11　旧金山亚洲艺术博物馆的清朝乾隆官窑的灵芝型笔舔**（笔者摄）

正是基于这样的考虑，先后有一批学者曾围绕实物展开过信息分层的相关研究。他们不仅主张要将物化信息的研究成果转化为语言和思想领域的表达,还主张在研究中积极探索物化信息的信息分层,为富有成效地阐释奠定坚实基础,从而推动实物媒介功能的最大发挥。相较于实物,语词符号系统由"能指"和"所指"构成,能指是指它们能够指称某种意义的成分,而所指则表示符号指示的意义内容。① 由此可见,语词符号系统的意义在于符号之间的关系系统而非符号本身,孤立地看待符号并没有意义。② 所以如果要掌握一套符号系统则需要明确特定文化和历史背景下符号系统所表征的意义。③ 然而,实物却复杂得多。首先针对实物,尤其是作为物质遗存的实物,我们要明白,尽管它们来自过去,但是其与现在和未来的关系却需要得到足够重视。每个社会和文化都以"过去"和"现在"的传承来建构自身,但支撑它的"过去"却不能不放在全世界正在共同经历的"现在"来看。④ 因此,将物质遗存与现在和未来进行关联,有时是不自觉的但却是必须的。克里斯托弗·迪利(Christopher Tilley)由此指出:"实物所传递的东西与符号是完全不同的……考古学家与其说是研究过去的文物,不如说是将文物信息写进现在,建构对现在和未来有意义的话语。"⑤ 以 2019 年金沙遗址博物馆临时展览"中山国展"中的铜扁壶(见图12)为例,这是一件出土于中山王厝墓中的扁壶,共有 4 件,其中该壶为 1 对 2 件。在对这件扁壶展开研究时,

图 12　2019 年金沙遗址博物馆临展"中山国展"中的铜扁壶(笔者摄)

---

① Ferdinand de Saussure, Wade Baskin (trans.), *Course in General Linguistics*, McGraw-Hill,1959.

② [美]维克多·泰勒、查尔斯·温奎斯特编:《后现代主义百科全书》,章燕、李自修译,吉林人民出版社 2007 年版,第 446—447 页。

③ [美]宣伟伯:《传媒信息与人:传学概论》,余也鲁译,中国展望出版社 1985 年版,第 68 页。

④ 徐贲:《通往尊严的公共生活》,中央编译出版社 2016 年版,第 346 页。

⑤ Christopher Tilley, "Interpreting material culture", in Susan M. Pearce (ed.), *Interpreting Objects and Collection*, Routledge, 1994, pp. 67-75.

研究者惊喜地发现壶内盛有浅翡翠色的液体,通过化验证实该液体是酒。这酒距今已有2 300余年,可谓迄今为止最古老的酒。借由文献,我们得到了进一步证实,因为在《魏都赋》中出现"醇酎中山,沉湎千日"的明确记载。酒是我们日常生活中极为熟悉的饮品,而曙光初现的原始文明,多数已不为人所知,但当我们获悉先民同样对酒情有独钟时,陌生感与距离感转瞬即逝,一幅中山人以酒为伴的生活图景在我们眼前徐徐铺开。为了深化观众的真实体验,展览中还专门根据出土的实物酒的颜色调制出"中山酒"样品,以吸引观众驻足并俯身鉴赏。

其次针对不同类型的实物,我们需要明白它们的信息构成是与语词符号大相径庭的。同时实物缄默无言、拥有"惰性",所以它们的信息需要被人类及其语言激活和启动,价值也并非它们的固有属性,是主体对客体做出的判断。①

那么,如何在研究实物的基础上对所获信息进行分层?一批学者曾就该问题展开过讨论。彼得·门施将信息分为四层:自然物质信息(或物的结构性特征)、功能信息(或意义特征)、与其他事物的关联信息(或联系性特征)、记录性信息。② 蒂莫西·阿姆布罗斯和克里斯平·佩恩(Crispin Paine)则将其分成三层:内在信息,即通过检查和分析物品的物理特性了解到的相关信息;外在信息,即从其他资源了解到的物品相关信息;被赋予的特殊信息或含义,即物品对不同的人曾具有的含义和现有的特殊含义。③ 不难发现,上述两种观点基本停留在现象层面,但其论述的视角仍给笔者带来一些启发。对笔者产生更为深刻影响的是亚里士多德在探讨事物产生、变化和发展的原因时提出的"四因说":质料因,构成事物最初的"基质";形式因,事物特定的形式或原型;动力因,事物变化或停止的来源;目的因,做一件事的"缘故"。④ 这一观点趋近本质且概括性强,稍显遗憾的是未明确指出纵向逻辑上的流转信息,

---

① Arjun Appadurai, "Commodities and the politics of value", in Susan M. Pearce (ed.), *Interpreting Objects and Collection*, Routledge, 1994, pp.76-91.
② 王宏钧:《中国博物馆学基础(修订本)》,上海古籍出版社2001年版,第136页。
③ [英]蒂莫西·阿姆布罗斯、克里斯平·佩恩:《博物馆基础》,郭卉译,译林出版社2016年版,第187—188页。
④ 北京大学哲学系外国哲学史教研室编译:《西方哲学原著选读(上)》,商务印书馆1981年版,第133页。

不过足以启迪笔者对 2016 年提出的信息分层进行修正。2016 年,笔者与严建强曾指出,物包含三层信息:本体信息,外观、制作和功能等;衍生信息,意义和精神等;流转信息,使用者和收藏者变更,或退出使用、进入收藏领域后被赋予的新信息。① 受"四因说"启发,笔者现将"物"所包含的三层信息发展为:本体信息,物的质料、形式和功能信息;衍生信息,制作物的动力和目的信息;流转信息,新的动力和目的信息,以及由此产生的新本体信息。②

## 第三节　开放学科边界,交叉渗透认识实物

对物载信息进行分层时,涉及材料丰富,方法多样,研究者不仅要拥有深厚学养,还要具备丰富经验;不仅需要社会科学背景,还需要人文学科及自然科学背景。因此,该项工作对人员构成的多元化及其跨学科特性提出了较高的要求。如美国下东区移民博物馆(The Low East Side Tenement Museum)在进行材料收集和整理时,除关注 319 件实物之外,还重视档案、照片和口述史,其中档案包括死亡证明和其他文档,它们可用以揭示租户的身份和生活线索;而照片是由果园街 97 号和邻近居民提供的生活实景照;口述史则来自本地居民的一手口头资料。考古学家、历史学家和文物修复专家还针对三类实物——第一是地下室和旱厕等发现的生活必需品;第二是墙上已经磨损的壁纸、泥墙等装饰物样品;第三是散落在楼梯等处的享乐类消费品——展开研究,并揭示其内涵信息。以墙体装饰物为例,博物馆邀请了纸张保护专家斯奈德(R. F. Snyder)通过样品分析判断出样品归属哪个产品系列,寻找房东或租客如何装饰房屋的证据,从中推断出当时移民租客的生活水准。③ 可

---

　　① 周婧景、严建强:《阐释系统:一种强化博物馆展览传播效应的新探索》,《东南文化》2016 年第 2 期。
　　② 周婧景:《博物馆以"物"为载体的信息传播:局限、困境与对策》,《东南文化》2021 年第 2 期。
　　③ 周婧景:《叙事心理学:博物馆展览阐释的心理中介——以美国下东区移民公寓博物馆为例》,《博物馆季刊》2017 年第 1 期。

见,为避免单纯围绕实物进行类型学、器物发展史的研究,我们需要动用所有可能的记忆材料,包括文献、关联的可移动物、不可移动物和非物质遗产,以探究人类及其生存环境的发展史。

其中关于将非物质文化遗产引入,人们曾在理论上争论不休,但事实上它可以为综合全面认识实物带来深刻的革命性变化,有助于我们从区域文化的广度和深度上来认识实物,并促使这种认识能触及社会精神与心理层面。[①] 以非物质文化遗产中的口述史为例。自20世纪末21世纪初起,受公共史学和后现代主义影响,口述史进入博物馆,从昔日被排斥到作为配角在博物馆中占据一席之地,从而为实物阐释的创新提供新的可能。[②] 因为口述史不仅能从见证者的维度提供证言,从亲历者的维度表达情感,还能从参观者的维度实现交互,以及从多元群体的维度产生影响,所以它成为与实物进行公证或互证的重要记忆材料。如2017年新加坡国立博物馆推出的一场"见证战争:纪念1942年"(Witness to War: Remembering 1942)特展,该展为纪念新加坡沦陷75周年而创建。展览大量采用了幸存者和退伍军人的口述史,通过他们的讲述,观众不仅可感受到当时时局的动荡与混乱,也能见证面对灾难时人们的勇气、韧性和友爱。我们以其中的"朝阳下的爱情"展品组合领略一二,该组合主要用于阐释战争期间相识的黎国华、林艳英之真爱故事。除了直接呈现照片、婚礼用具外,展品组合中还使用了7分钟的口述视频,即99岁的黎国华和94岁的林艳英向我们亲述了他们对战争苦乐参半的回忆(见图13)。这种"人证物证俱在"的口述证言,使观众感同身受的同时提升了事件的真实性和说服力。

可见,该项工作需要开放学科边界,借助交叉学科或科技手段来综合且多维地认识实物。因此在许多国家,博物馆设有研究部门,有些甚至主办学术期刊,成为学术研究的重镇。如美国史密森尼博物学院、法国国家自然历史博物馆、大英博物馆、故宫博物院。譬如法国国家自然历史博物馆,它创设的研究机构包括30个研究室,以及国家科研中心、

---

① 严建强、邵晨卉:《非物质文化遗产与博物馆——关于当代中国非物质文化与博物馆关系的若干思考》,《中原文物》2018年第3期。
② 侯春燕:《口述历史在博物馆展览中的角色强化》,《博物院》2018年第4期。

图 13　新加坡国立博物馆"见证战争：纪念 1942 年"中"朝阳下的爱情"展品组合（笔者摄）

高等实习学校附设在馆内的 16 个研究室，研究人员多达 500 余人。各个研究室多为独立机构，保存着来自世界各地的标本和文献。同时，馆方还拥有双月刊和国际著名刊物《自然历史博物馆学报》《自然历史博物馆论文集》，会不定期地出版大部头的研究专著。[①] 作为一个馆藏物的信息中心，博物馆为综合全面认识物，不仅需要馆内人员的合作，还需要馆外专家的加盟，甚至可以考虑将公众纳入其中，从而深化和拓展有关物的符号化成果。如英国自然历史博物馆市民科学（Citizen Science）项目，邀请市民通过收集样本、观察对象或转录手写记录等方式，积极参与馆内的科学研究，观众既可观察兰花，也可搜索海藻，还可寻找档案，目前参与者已多达数千人。[②]

---

[①] 法国国家自然历史博物馆官网，http://www.mnhn.fr/fr/professionnels，最后浏览日期：2020 年 4 月 25 日。

[②] 英国自然历史博物馆官网，http://www.nhm.ac.uk，最后浏览日期：2020 年 4 月 25 日。

## 第五章

## 实物媒介化的主体——受众

在实物媒介化的过程中,实物与受众之间的关系突破了日常经验世界的主客体关系,需要被重新认识并加以探索。面对作为实物媒介化主体的受众,首先要完成将其纳入学习要素的理念更新,因为依托实物开展学习最终是为了服务受众,所以"受众"要素在实物学习中发挥着核心作用。而实物媒介化过程的复杂性不仅在于物的内涵外延不断被拓展,还在于如何才能借助琳琅满目的物服务好形形色色的人,而我们对于形形色色的人如何利用好物,事实上知之甚少。由于博物馆本质上是提供实物学习的媒介,所以可将该领域有关观众研究成果,作为实物学习中受众要素参鉴的重要内容。国际博物馆观众研究始于1859年[1],直至20世纪70年代才日渐趋热[2],而我国的相关研究大致诞生在20世纪80年代,晚了一百余年,目前该领域仍处于博物馆学研究的边缘地带。如果想要廓清实物媒介的服务主体,我们需要先认识到博物馆领域在倡导受众要素时所面临的三点挑战,这三点挑战在日常实物学习中或多或少也会遭遇。一是"以观众为中心"的价值转向源自西方。这一做法本身无可厚非,但问题在于该价值重置是西方社会财富、权力、知识等不同力量形塑的产物,而我国并未经历其孕育过程中的那

---

[1] J. Lynne Teather, *Museum and Its Traditions: The British Experience*, 1845-1945, ProQuest LLC., 2015, p.282.

[2] 此时出现了观众研究专门组织。1974年,美国博物馆协会(现称美国博物馆联盟)之下的观众研究与评估委员会(Committee of Audience Research and Evaluation)成立;20世纪90年代前后,美国的观众研究协会(Visitor Studies Association,1991年)、英国的观众研究团体(Visitor Studies Group,1998年)、澳大利亚的博物馆观众研究中心(Australian Museum Audience Research Centre,1999年)相继建立。

种穷则思变的现实无奈与改革阵痛,因此必然会带来思想认识上的混沌和习惯行为上的对抗。二是 20 世纪 80 年代以降,当我国博物馆界正慢慢接受这种价值转向,开始重视机构社会价值和民众差异需求时,却发现观众处在动态变化中,他们已不再满足于 19 世纪的被动体验,而开始寻求一种积极体验。三是不仅如此,观众是由不设限的多代、多元主体构成的,他们的学习是自下而上的自由选择,若媒介无法与其自身建立关联,很多时候他们便会选择直接离开。尽管如此,针对受众要素,我们仍需在诸多不确定性中寻找相对稳定的东西,为此可从他们的认知特点及其某些规律起步。

## 第一节 价值取向转变之"痛"

思想是行动的先导,"人在行动时,如果没有思想的指导和推崇,只不过是没有灵魂的躯体"[①],因此只有解决好思想层面的问题,才能有效指导实践。否则,思想的滞后将会妨碍实践的发展,而只有技术层面的创新也无法得思想之精要。所谓"知止而后有定",笔者认为在讨论受众问题时,有必要先对"以观众为中心"这一价值取向进行讨论和再理解。

随着改革开放的深入,西方博物馆相关理论及其经验被传至国内,给我国博物馆界带来日新月异的变化。其中,影响最为深刻的无疑是由"藏品中心"到"观众中心"的观念转向。在西方博物馆界看来,"以观众为中心"是当前博物馆革命的核心[②],也是 21 世纪初博物馆面临的最大挑战之一[③]。我国将"以观众为中心"的价值取向引入并加以倡导本无可非议,因为观众乃是博物馆的服务对象和发展根基,但是由于这种价值重置是西方实践的产物,而我国未曾真正经历过这场思想革命的

---

① 原文见马克思:"人是由思想和行动构成的,不见诸行动的思想,只不过是人的影子。"
② [美]史蒂芬·威尔:《博物馆重要的事》,张誉腾译,台北五观艺术管理有限公司 2015 年版,第 29 页。
③ Eilean Hooper-Greenhill, "Studying visitors", in Sharon Macdonald, *Companion to Museum Studies*, Blackwell Publishing Ltd., 2006, p.764.

孕育与交锋,所以在认知上不免产生了模糊和偏差,甚至造成一种潜在的紧张关系:常与物打交道的研究者们似乎不得不降尊纡贵,而每天和观众接触的教育专家却突然荣宠万千。虽然中国也正遭遇着西方博物馆在新时代发展中的问题和转型中的挑战,且对于观念转向的"被动"接受可能有助于减少"无畏牺牲",但随之而来的问题是由于我国的博物馆事业正处在发展的快车道上,为急于蜕变成当代博物馆的模样,我们易于采取囫囵吞枣而不求甚解的照搬和挪用。

我国博物馆学术界引入物人关系的议题,基本是在20世纪80年代,得益于苏东海与国际学者的一系列对话,尔后逐步受到瞩目。由于"以观众为中心"的观念是在物人关系转向的背景下被提出的,所以"物"和"人"两大论题可谓相伴相生。因此,很多时候关于两大论题呈现出讨论焦点的错位与偏向,不是旨在唤醒一种"以观众为中心"的观念,并聚焦于探索这一新动向的理性实践,而是将"物"与"人"对立起来,纠结于两者孰轻孰重的地位抗衡,并陷入非此即彼、非黑即白的逻辑谬误。事实上,博物馆界对于人的发现,是传统博物馆面临困境和调整情况下的一种反思,但它并非意在将物这一本体作为攻击的靶心,而是旨在将焦点引至"如何运用物"的问题上。

笔者认为,对于"以人为中心"观念的理解既不能成为形式至上的口号,也不能变成无边界、非专业地迎合观众,更远非将关注点由物转向人那样简单,而应从浅层、中层和深层三个维度进行溯源并加以讨论。首先,对该观念的理解及实践是从传播方式起步的,但在传播方式中践行"以观众为中心",基本属于对此观念的中层理解。不可否认,在科学博物馆和儿童博物馆,传播手段上的互动是挑大梁的,因为各类自然现象和科学原理只有通过操作和体验装置,才能让观众在参与中进行学习和理解。这种直接经验相较于间接经验,通常能给观众带来体验的成就与满足的快感,且效果更为深刻。可见,在科学类和儿童类博物馆,互动是主要和常见的传播手段,但在历史博物馆或艺术博物馆,情况就不完全一样了。因为两者在传播上存在本质差异,科学类博物馆说到底是一种过程展示,《博物馆展览手册》一书中将其归为四种展示模式之一[①],它的传播对象是非物质的自然现象和科学原理,而这些只有通过互动装置才能变成过程性现象被感知。但历史或艺术博物馆的传播对象主要是文物、艺术品、图书、手稿等三维实物,它们的表层信息是可以被直接感知的,主要依靠观众的观察。同时,其内蕴的文化意义需要被揭示、转化和重构,并借助造型、媒体或装置等予以表达,其中,造型也同样依赖观察。可见,观察仍是这一类博物馆的主要学习方式。但随着越来越多的互动设计问世,博物馆的展教服务焕然一新,因此,随着科学类和儿童类博物馆在1960年后的美国和1985年后的欧洲数量急剧攀升,历史类和艺术类博物馆在未弄清两者传播异同的情况下,开始全面效仿前者的传播思想及其互动技巧。改革开放后的西风东渐,使一些具备革新意识的博物馆目睹了这种传播方式的创新,发现其易于吸引新观众迎门,所以毫不犹豫地把大量展教经费直接投掷于媒体或装置等互动设备上,而对于观众究竟是看热闹还是看门道却并不关心。我们承认传播方式是重要的,观众也容易被新奇的传播方式所吸引,同样的传播内容,如果传播方式创新,其传播效应必然更佳。但如果走向二元对立,将内容抛诸脑后,一味追求传播方式的求新、求变,那便是舍本逐末。传播手段如同展览的外衣,外衣再亮丽,如果内容平淡无奇,或科学依据不足,最后观众可能是一头雾水,无法理解,也难以被真正吸引,从而获得激励和启示。目前,对于"以观众为中心"观念的理解,较多地停留在中层维度上。

其次,在公共服务中坚持"以观众为中心",已为部分具有前瞻意识的博物馆所看重并付诸实践,但这属于浅层理解。博物馆属于公共文化服务机构,为观众提供高品质的公共服务,是践行"以观众为中心"的基础目标,也构成了对该观念表层语义的浅层理解。既然倡导以观众为中心,那么当他们前来参观时,起码应当让他们享受到宾至如归、臻于至善的用心服务。但有趣的是,这种具有共识性的价值判断并未在现实世界中得到足够回应,博物馆里没有餐厅、寄存不便、缺乏座椅等现象屡见不鲜。认识论无法在短时间内弥补"过去"和"现实"的断裂,

---

① Barry Lord, Maria Piacente, *Manual of Museum Exhibitions*, 2nd ed., Rowman and Littlefield Publishers, 2014, p.205.

这种断裂是由具体历史、社会场景及其价值立场所促成的。17世纪末，博物馆步入公众生活。[1] 尽管它完成了服务对象由个别到公众的身份转变，但是与制度革命相较，观念革命即便非常彻底，却也是相对滞后的。在欧美，长期以来作为贵族文化象征的博物馆虽然已"城头变换大王旗"，但观念革命的滞后使得它仍将服务普通公众视作高高在上的"文化施舍"。如大英博物馆在1759年正式开放时，虽是免费开放，但每天的参观人数被限制在30人[2]，通常需要等待几周，且至少去两次才能拿到门票。[3] 这一观念在工业革命和工业博览会后才开始松动，且在20世纪中后期几乎遭遇彻底颠覆。我国的情况则有所不同，由于博物馆并非我国的原生态文化，所以这种与生俱来的贵族情结并不深刻，而更多是受苏联影响，拜物情结严重，同时重视社会宣传。中华人民共和国建立后，基本采取苏联的宏观和微观管理模式。[4] 宏观上，文化部下设文物事业管理局，负责全国文物博物馆的管理工作。建设之初，其主张"重文物保护，轻文物利用"，所衍生出的价值判断一直影响至今，公众问题未被提上日程，因为只有在文物利用时，才会论及服务对象。略有不同的是，在微观上，我国博物馆因仿效苏联的"三部一室"模式，创建了宣传教育部或群众工作部[5]，客观上还是把注意力部分地分配给了受众。只不过当时的"群工部""宣教部"类似宣讲机构，带有居高临下、被动灌输的时代特色，通常重视社会宣传，而非公共教育。这种强化政治功能而弱化教育功能的做法，在20世纪七八十年代获得显著改善。但理性权威的教化模式却影响深远，当前的博物馆依然高度关注观众的认知需求，而对非直接认知的休闲需求却漫不经心，"以观众为中心"的公共服务实际上并未得到真正重视。

最后，在物及其所载信息的研究、转化和重构中奉行"以观众为中

---

[1] [美]爱德华·P.亚历山大、玛丽·亚历山大：《博物馆变迁：博物馆历史与功能读本》，陈双双译，陈建明主编，译林出版社2014年版，第7页。
[2] 同上书，第54页。
[3] 同上书，第64—65页。
[4] 严建强：《博物馆的理论与实践》，浙江教育出版社1998年版，第335页。
[5] 段勇：《当代中国博物馆》，译林出版社2017年版，第107页。

心",这才是对该观念的深层理解,但目前却普遍遭到忽视。我们知道,博物馆之所以吸引人,很多时候是因为展览中呈现的物或现象,尤其是物。因为物及其所载信息是驱动观众前来的根本诱因,即使目前不是,我们也应当培养和引导观众关注。为此,第一要在物及其所载信息的研究中贯彻"以观众为中心"。博物馆中物与人的关系并非物理空间中的观看与被观看关系那样简单,两者处在一个有机运转的关系网络之中。① 马丁·施尔(Martin Schärer)对这种关系做了梳理,认为"博物馆本质上是人与物关系的形象化"。德国古典哲学创始人康德认为,人只能通过感官来知觉物的外观(phenomenon),而不能感知物自体(noumenon),即物只有与人发生关系才能被感知。② 鹤田总一郎也主张,观众至上并非简单意义上的,而是应当开展人与物的联结研究。沈辰则强调重视观众的关键在于将其纳入网络关系中,而非仅把它列为首要。③ 我们明白,立足物与观众构建各种关系的原材料在于物。第二,要在物及其所载信息的转化和重构中贯彻"以观众为中心"。对物载信息的转化和重构在博物馆界被称为展览的内容策划,这是一个既要周密细致,又要符合规范的复杂工程,极其耗费心力。严建强认为需要依赖五个步骤:提炼主题、制订传播目的、建立展览框架、选择适当展品和表达方式、撰写说明文字。④ 陆建松提出分为十五个环节:研究展览选题、研究实物展品、含化学术资料、确立展览传播目的、提炼展览总主题、确定展览基本内容、规划展览基本结构、安排展览结构层次、凝练展览分主题、研究展览内容重点亮点、选择和安排展览素材、研究展品组合和组团、编写展览文字、提示展览表述、与形式设计师对话。⑤ 沈辰则指出,一个成功的展览在内容策划之外,还需进行"释展"(interpretive planning)。释展时,释展人(interpretive planner)应与策展人沟通和配合,以弥合展览学术思想和观众体验需求之间的落差,令具有学术分量的展

---

① 沈辰:《构建博物馆:从藏品立本到公众体验》,《东南文化》2016 年第 5 期。
② [美]弗兰克·梯利:《西方哲学史(增补修订版)》,贾辰阳、解本远译,吉林出版集团股份有限公司 2018 年版,第 298 页。
③ 沈辰:《构建博物馆:从藏品立本到公众体验》,《东南文化》2016 年第 5 期。
④ 参考严建强在"博物馆展览"讲座中的部分内容。
⑤ 陆建松:《博物馆展览策划:理念与实务》,复旦大学出版社 2016 年版,第 77 页。

览在不稀释学术含量的前提下变成生动有趣的体验。[1] 尽管与物有关的事实和知识依然至关重要,但如今的展览应优先考虑的已不再是这些,而变成了应如何由物来驱动人,即"通过物及其所载信息来激发观众的想法和情感"[2]。当策展人兼具研究和传播的双重能力时,在内容策划上实现由物来驱动人的目标是有可能达成的;但当策展人只具备其中一项能力时,由物驱动人的目标就显然难以达成。通常有两种解决方法:其一是在策展队伍中安排释展人,使得"不苟言笑"的展览内容变得"亲切生动";其二是在释展人队伍还未养成前,我们可通过观众研究获取观众真实的声音,优先采取前置性评估和形成性评估。"以物驱动人"的思想内核告诉我们,"以观众为中心"并非是指物质根基及其价值源泉不重要,如同一场电影,只是观影环境优越、服务上乘,或采用高规格的特技、模拟仿真,是远远不够的,因为内容中空的电影很难真正打动观众,所谓"以观众为中心"也未达深层。所以物及其物载信息才是博物馆服务好观众不可取代的珍贵原材料。德国博物馆学家施莱纳(K. Schrener)指出,博物馆的物"是认识博物馆的决定性标准"[3]。

无论如何,"以观众为中心"观念中"人如何利用物"的问题是其灵魂所在。我们期待把"以观众为中心"的新观念从认知混沌中逐步解放出来,探究其不同层次,以全方位且深入地推动中国的观念重置与实践变革。虽然目前未必奏效,历史有时或许是非理性主义发展的。但即使当前没有"理性的因",相信一次次努力可以埋下"历史的积因",可能会带给我们一些乐观的结果。同时,梅里埃·莫斯托夫(Merilee Mostov)指出,"以观众为中心"观念只是将观众视为消费者的"消费文化"的产物,整个社会无论是医院还是学校都处于这一消费文化之中,

---

[1] 沈辰:《众妙之门:六谈当代博物馆》,文物出版社2019年版,第90页。
[2] Polly McKenna-Cress, Janet Kamien, *Creating Exhibitions: Collaboration in the Planning, Development, and Design of Innovative Experiences*, John Wiley and Sons, Inc., 2013, p.70.
[3] 安来顺:《博物馆概念国际讨论评介——理论博物馆学读书笔记之二》,《中国博物馆》1993年第2期。

主张以病人或学生为本,但这种观念在未来不会始终不变。① 可能未来依赖能源维持生存的问题将成为更为核心的内容,这种地球管理的文化价值观会让我们的思想出现新的变革。可见,我们需要时常对"观念"进行阶段性的回溯与反思,因为观念决定行为,而观念并非出于真空环境下的一种超然,而是一定社会及其变迁形塑的产物,并始终处在一种"待开发"状态。

## 第二节 受众的碎片化构成与动态化发展

### 一、受众构成的碎片化及差异

当观众进行实物学习时,作为学习客体的物已从现实情境中抽离,而作为学习主体的人亦从复杂的日常关系中被解脱,他们的日常身份得以屏蔽,被设定为一种相对纯粹的"观看并学习的主体",简单而超然。② 尽管观众成了相对纯粹的主体,但对依托实物服务观众的机构而言,必须敞开大门迎接各类观众,而他们又有极其复杂的多元构成,带着各自的入门故事和先有兴趣前往博物馆。日常实物学习所面对的受众也如出一辙,由不设限的多类观众构成。

从博物馆拓展至日常生活中的实物学习,与符号学习的情况大相径庭,尤其是在符号学习最为集中的现代学校。现代学校被认为是按照工业规模生产之模式创建的③,采取的是工业化教育制度。学校犹如工厂,教室如同流水线,学生则成为流水线上的产品。④ 这种批量化、大规模的"生产"尽管存在种种弊端,但有助于受教育者超越日常生成的

---

① Brad King, Barry Lord, *Manual of Museum Learning*, 2nd ed., Rowan and Littlefield, 2016, pp.369-371.
② 李德庚:《当代博物馆展览的叙事设计结构研究》,清华大学博士学位论文,2018年,第195页。
③ 史静寰、延建林等著:《西方教育史学百年史论》,人民教育出版社2014年版,第187页。
④ 关月玲编著:《青春期教育》,西北农林科技大学出版社2012年版,第79页。

原始经验,间接地吸收那些难以体验到的特殊经验。① 同时,学校还构建了严密的组织结构及制度,要求受教育者年龄相仿,接受过同一的课程,所以学习的内容和方法可被预期和评估,保证了教育的效率和规范。

然而,博物馆及日常生活中的实物学习,情况却复杂很多。来馆观众不仅拥有不同的个人背景、兴趣、动机和期待,且学习方式多样化,又深受空间形态下"认知规律"和"环境语境"的影响,影响程度还不一样,因此认知、情感和体验效果千差万别。基于这种复杂性,国际上自 19 世纪中后期起,出现围绕博物馆观众开展研究的专门领域,至 21 世纪经历了三大发展历程:从关注外在行为及其变化的研究,到关注认知、情感和体验等内在变化的研究,再到关注社会文化背景等间接因素的研究,而后两者是博物馆持续吸引观众的内在动因。

首先,针对观众外在行为及其变化的研究肇兴于 19 世纪 80 年代,属于行为主义研究,在 20 世纪二三十年代出现几项代表性成果,至今仍被沿用。学者们热衷于采取观察法、受控实验法,忠实地记录观众行为及其变化,通过"刺激-反应"研究模式,寻找导致行为表现的直接原因。这类研究主要关注"停留时间"与"观众行为"两大内容。针对"停留时间",梅尔顿采用增加画廊画作数量的办法,来检测因画作数量的增加而造成的每幅画平均观看时间的变化。② 他还就出口设置与观众参观时间长短的关系展开实验研究,提出观众的"右转倾向"。③ 罗宾逊的学生米尔德雷德·波特(Mildred Porter)在耶鲁大学皮博迪自然历史博物馆(Yale Peabody Museum of Natural History)通过跟踪观众,研究他们的观看顺序是如何影响其停留时间的。④ 针对"观众行为",博

---

① [美]约翰·S. 布鲁柏克:《教育问题史》,吴元训主译,安徽教育出版社 1991 年版,第 344 页。
② Arthur Melton, *Problems of Installation in Museums of Art*, New Series No. 14, American Association of Museums, 1935, pp. 151-218.
③ Ibid., pp. 91-151.
④ Mildred Porter, *Behavior of the Average Visitor in the Peabody Museum of Natural History*, Yale University, New Series No. 16, American Association of Museums, 1938.

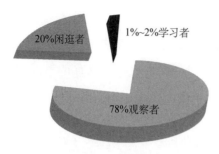

图 14　希金斯在利物浦博物馆进行的最早的观众行为研究

\* 图片引自 George. E. Hein, *Learning in the Museum*, Routledge, 1998, p.104。

物馆领域所知最早的行为观察始于亨利·希金斯（Henry Higgins, 1884 年），他将访客分成学习者（students）、观察者（observers）、闲逛者（loungers）和移民（emigrants），指出学习者是为了提升认知而来，观察者没有意识到自身的目的，但或多或少会将注意力集中在物上，而闲逛者则需要得到研究和鼓励（见图 14）。[1] 在此之前，大英博物馆的首席图书馆管理员（Principal Librarian）安东尼奥·帕尼齐（Antonio Panizzi）曾在 1860 年对各区域的访客进行了为期一个月的清点，发现前往艺术、文物和图书馆区域的访客比自然历史区域的多 7％。[2] 但笔者认为这项早期的观众研究还未真正涉及行为观察。相较于希金斯，本杰明·吉尔曼（Benjamin Gilman）的研究无论在目的，还是设计上都取得了显著进展。吉尔曼要求受试者在参观博物馆时，回答问题并保持被拍摄的姿势，进而通过分析照片中的观众行为，判断他们是否出现了体力不支等"疲劳"现象，就此创造了"博物馆疲劳"概念（见图 15）。[3] 伍尔夫（R. L. Wolf）和提米兹（B. Tymitz）根据观众参观博物馆的行为差异，将其分为通勤者（the commuter）、流浪者（the nomad）、自助类（the cafeteria type）和贵宾类（the VIP）四类。[4] 福尔克用百货商店的购物行为来做比喻，把观众分成严肃的购物者（serious shoppers）、看而不买者（window shoppers）、冲动购物者（impulse shoppers）三类。[5] 贝隆（E. Veron）和拉瓦赛（M. Lavasseur）在法国自然历史博物馆借助对观众行为的跟踪观察，将他们分为蚂蚁型（ants）、

---

[1]　H. H. Higgins, "Museums of Natural History", *Transactions of the Literary and Philosophical Society of Liverpool*, 1884, p.186.

[2]　Antonio Panizzi, "Report of the select committee on british museums", *Parliamentary Paper (Commons)*, 1860.

[3]　Benjamin Ives Gilman, "Museum fatigue", *The Scientific Monthly*, 1916, 2(1).

[4]　George E. Hein, *Learning in the Museum*, Routledge, 1998, p.104.

[5]　Ibid.

蝴蝶型(butterflies)、蚱蜢型(grasshoppers)和鱼型(fish)。① 以上这些研究立足于心理学和行为科学,以"刺激反应模式"为导向,专注于观众的行为及其变化,并试图找出行为变化的解释机制,即假设我们的行为可以被解释为对一系列外部刺激的反应,那么给定类型的刺激将导致给定类型的反应。虽然行为主义并非一定会导致错误的结论,但是这种判断可能是不完整的或者狭隘的。②

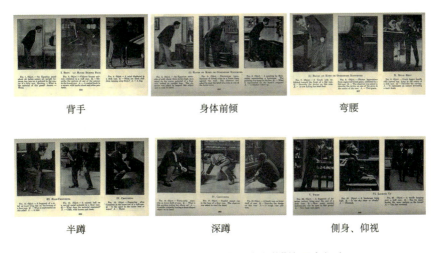

图 15　吉尔曼提出加剧"博物馆疲劳"的观众行为

\* 图片引自 Benjamin Ives Gilman, "Museum fatigue", *The Scientific Monthly*, 1916, 2(1): 62。

其次是针对观众认知、情感和体验等内在变化的研究。这类研究可追溯至 20 世纪五六十年代,主要集中在认知心理学、人本主义心理学和环境心理学等学科领域。此时,随着认知革命的到来,行为主义独霸天下的理论框架被突破,人本主义和认知心理学成为改变观众研究取向的重要原动力。博物馆从最初重视人的行为,转而注重人的内心及其体验,"动机""日程""身份"等概念被创造,观众研究基础得以拓

---

① George E. Hein, *Learning in the Museum*, Routledge, 1998, p. 105.
② Roger Miles, "Grasping the greased pig: Evaluation of educational exhibits", in Sandra Bicknell, Graham Farmelo (eds.), *Museum Visitor Studies in the 90s*, Science Museum, 1993, p. 28.

展。人本主义心理学属于社会心理学范畴,认为人是自主的个体,要将其本质特征置于核心地位①;主张使用问卷调查法和访谈法,以获得观众心理报告②。当人本主义以行为主义等的抗议者形象登上学术舞台时,认知心理学也作为反对者迅速获得发展,并成长为与社会心理学相区别的学科分支。该学科提出在研究人的认知过程中,可把人比作计算机式的信息加工器,也使用实验法、观察法及计算机模拟法,只不过对象从观众外部的行为变化转向内部的信息加工。此时,两大学术流派下的观众研究成为主流,重点围绕"观众认知"和"情感生成"展开,并以前者为主。针对观众认知,存在三种视角。以福尔克、丹尼斯·麦奎尔(D. McQuail)和玛丽莲·胡德(Marilyn Hood)为代表的学者从认知发生前提③的视角,讨论观众动机、旨趣④,并以动机作为分类依据展开类型学探究⑤。以西亚娜·密苏里(Theano Moussouri)、福尔克为代表的学者从认知效果影响因素的视角,分析"日程"(动机和策略,agenda)⑥、"身份"(identity)与认知效果的关系⑦。以艾琳·胡珀·格林希尔(Eilean Hooper Greenhill)、福尔克和阿比盖尔·浩森(Abigail Housen)为代表的学者从观众认知变化的视角,提出参观是一种认知

---

① 孟娟:《走向人文科学心理学:人本心理学研究方案之研究》,电子科技大学出版社2009年版,第25页。同时,这一时期主张精神生活价值的存在主义哲学和提倡对精神生活进行经验描述的现象学方法论开始在美国盛行,也不自觉地推动了人本主义心理学的迅速发展。

② 人本主义心理学原本主张的方法论构想是:将经验与实验范式相结合,但在实际研究中多偏重现象学的描述和经验性的分析,少纵向检验,多横向研究,实验较少且样本较小,因而信度和效度受到局限。

③ 陈雪云:《台湾博物馆观众研究回顾与展望》,载王嵩山主编:《博物馆、知识建构与现代性》,台湾自然历史博物馆2005年,第118页。

④ D. McQuail, "With the benefit of hindsight: reflection on uses and gratifications research", In R. Dickinson, R. Dickinson, R. Harindranath and O. Linne (eds.), *Approaches to Audiences: A Reader*, London: Arnold, 1998, pp. 151-165.

⑤ Eun Jung, Chang, "Interactive experiences and contextual learning in museums", *Studies in Art Education*, 2006, 47(2).

⑥ John H. Falk, Theano Moussouri, Douglas Coulson, "The effect of visitors' agendas on museum learning", *Curator*, 1998, 42(2).

⑦ John H. Falk, "An identity-centered approach to understanding museum learning", *Curator*, 2006, 49(2). 参观动机影响认知效果,密苏里因而提出"日程"概念。而福尔克则专注于检验"日程"对观众博物馆学习产生的影响。除讨论"日程",福尔克还探讨观众身份(Identity),指出他们通常为探索者、促进者、专家或爱好者、寻求体验者、心灵朝圣者五类身份的某一类或者几类组合,不同类别的身份与观众的参观动机及其学习效果密切相关。

反思活动①,经过经验的四个阶段②或认知的四个时期③。博物馆的情感体验通常发生在历史类或艺术类博物馆,针对情感生成问题,以杜弗伦·泰塞(Dufresne-Tasse)、安娜·M.金德勒(A. M. Kindler)、斯蒂芬·比特古德(Stephen bitgood)和丽莎·罗伯茨(L. Roberts)为代表的学者就博物馆在激发情感方面的功能④、艺术博物馆的美学体验比掌握知识更重要⑤、"环境语境"在博物馆情感体验上所起的作用等方面展开探究⑥。

环境心理学(Environmental Psychology)的兴起、发展与博物馆界转为"重视人",几乎同步,由于人的学习行为正是发生在博物馆特定空间中,所以两者出现交叉渗透。该学科诞生于20世纪60年代末70年代初,最初以研究"环境对人的行为的影响"为重点,后转为探讨"人的行为和自然环境之间的关系"。1969年,《跨学科的环境与行为》(*Environment and Behavior*)杂志的创刊标志着以美国为中心的北美地区环境心理学形成。1979年,《环境心理学》(*Journal of Environmental Psychology*)杂志的发行成为欧洲环境心理学正式登上世界舞台的标志。同一时期,欧亚其他国家,如德国、日本等,也相继举行会议或创办

---

① Hooper-Greenhill, E., *Museum and the Interpretation of Visual Culture*. Leicester Univ. Press, 2000.
② J. H. Falk, L. D. Dierking, *The Museum Experience*, Whalesback Books, 1992.
③ E. G. Hein, *Learning in the Museum*. Routledge. 具体而言,陈述期(accountive stage):能说出看到的事物;建构期(constructive stage):能根据个人知觉和知识背景观看艺术作品;分类期(classifying stage):能采用专家的术语和策略来描述艺术作品;解释期(interpretive stage):在解释艺术作品时,能融入个人遭遇;再创期(re-creative):长期参观的观众能够反省、质疑并寻找答案。
④ C. Dufresne-Tasse, "Andragogy (adult education) in the museum: A critical analysis and new formulation", in E. Hooper-Greenhill(ed.), *Museum, Media, Message*, London and New York: Routledge, 1995, pp. 245-259.
⑤ A. M. Kindler, "Aesthetic development and learning in art museum: A challenge to enjoy", *Journal of Museum Education*, 1997, 22(2), pp. 12-16.
⑥ Ross J. Loomis, "Planning for the visitor: The challenge of visitor studies", in Sandra Bicknell, Graham Farmelo (eds.), *Museum Visitor Studies in the 90s*, Science Museum, 1993, pp. 13-24. 博物馆的情感体验,通常发生在历史类或艺术类博物馆,原因多种多样。杜弗伦认为在博物馆能让自己想象、回忆、获取知识、反省和修正想法;能克服生活困难;能接触、融入和具备新观念等。而对艺术类博物馆普通观众而言,获得美学体验有时比掌握艺术品知识更重要。金德勒认为多看、多感觉有助于观众获得真正的美学体验,愿意和艺术恋爱。然而,情感体验的产生离不开博物馆的"环境语境",因为身体-心-环境三位一体更易于产生隐喻和共情。如比特古德基于沉浸式展览探讨观众的体验,罗伯茨就观众在花园环境中的情感学习展开评估。

杂志来发展环境心理学。至 20 世纪 80 年代,该分支学科日趋成熟。尔后出现环境心理学视角下的观众研究,探讨的通常是环境认知(environmental cognition)问题,即观众对环境的刺激进行编码、存储、加工和提取等的一系列过程,以此来识别和理解环境。① 该成果主要持有两种视角。以罗伯特·柏克德(Robert B. Bechtel)、吉安娜·莫斯卡多(Gianna Moscardo)为代表的学者从观众研究、环境心理学对彼此学科建设意义的视角,提出观众研究是环境心理学的构成部分,编写《环境心理学手册》(*Handbook of Environmental Psychology*)②,并揭示博物馆环境的影响表现③。以福尔克④、比特古德⑤、斯蒂芬·卡普兰(S. Kaplan)为代表的学者又从环境影响认知的视角探讨博物馆环境中的学习(如情境学习模式⑥⑦和博物馆环境在吸引和恢复注意力及环境塑造方面所起的作用,例如模拟沉浸(stimulated immersion)⑧、注意力恢复(attention restoration)⑨等概念。此外,我国台湾辅仁大学博物馆学研究所也专设有"环境心理学"的选修课⑩。可见博物馆空间的

---

① 张媛主编,刘登攀副主编:《环境心理学》,陕西师范大学出版总社 2015 年版,第 61 页。

② Stephen Bitgood, "Environmental psychology in museums, zoos, and other exhibition centers", in Robert Bechtel, Arza Churchman (eds.), *Handbook of Environmental Psychology*, John Wiley and Sons, 2002, pp. 461-480.

③ Gianna Moscardo, *Making Visitors Mindful: Principles for Creating Quality Sustainable Visitor Experiences through Effective Communication*, Sagamore Publishing, 1999; Ross J Loomis, "Planning for the visitor: The challenge of visitor studies", in Sandra Bicknell, Graham Farmelo (ed.), *Museum Visitor Studies in the 90s*, Science Museum, 1993, pp. 13-24. 针对观众研究和环境心理学对彼此学科建设的重要性,比特古德认为观众研究是环境心理学的构成部分。由柏克德等编写的《环境心理学手册》从环境心理学观点出发,总结出观众研究成果。莫斯卡多(Moscardo)提出在博物馆环境中所产生的注意力,其他心理活动并不存在的,因此博物馆环境影响极为重要。罗斯·洛米斯(Ross J. Loomis)提出要让博物馆的环境成为观众积累社会经验、逃避工作和学习的新场所。

④ John H. Falk, Theano Moussouri, Douglas Coulson, "The effect of visitor's agenda on museum learning", *Curator*, 1998, 41(2).

⑤ Stephen Bitgood, *Attention and Value*, Left Coast Press, Inc., 2013, p. 59.

⑥ John H. Falk, Lynn. D. Dierking, *The Museum Experience*, Whalesback Books, 1992.

⑦ John H. Falk, Theano Moussouri, Douglas Coulson, "The effect of visitors' agendas on museum learning", *Curator*, 1998, 41(2).

⑧ Stephen Bitgood, *Attention and Value*, Left Coast Press, Inc., 2013, p. 59.

⑨ S. Kaplan, "A model of person-environment compatibility", *Environment and Behavior*, 1983, 15, pp. 311-332.

⑩ 南开大学历史学院编:《史苑传薪录(第 2 辑):南开历史教学论文集》,天津古籍出版社 2013 年,第 134 页。

特殊性及由此带来的传播与认知的独特性,已得到一定的重视,环境要素无疑成为观众研究的重要构成。

再者是针对观众社会文化背景等间接因素的研究。间接因素主要涉及观众的参观动机、学习类型和体验偏好等方面。

一是观众的参观动机。动机,是消费者行为学中一个古老而重要的概念,指的是"由目标和价值观驱动的行为"(known as goals and values drive behaviour)[1]。而博物馆参观动机是指"激励公众朝向特定目标行动的内在驱动力量,驱使满足个人的社会与心理需求,是个人选择参观博物馆的重要原因"[2]。相关研究基本始于20世纪70年代,其中最具代表性的学者是玛丽琳·胡德(Marilyn Hood)和斯莱特(A. Slater)。从研究内容看,动机的因素构成日趋完善,同时出现一种趋势:从一开始就将强调学习、教育等的直接认知动机与主张休闲等的非直接认知动机相区分,且非直接认知相关动机的因素构成逐步增加。格鲁布曼(N. H. H. Grabum,1977年)首先将参观动机分为三类:社交娱乐、教育和崇拜,社交娱乐这一侧重于休闲类的动机被单独列出,总体上,动机中无论是教育还是崇拜都更接近直接的认知动机。[3] 玛丽琳·胡德(1983年)是首位将来馆观众分为经常性观众、偶发性观众和从来不参观博物馆的观众三类,并进一步探究他们来或不来的动机的学者,其研究是动机研究的相关文献中目前引用率最高的。[4] 玛丽琳·胡德基于对60年有关文献的整理和分析,提出参观动机共分为六类:与他人相处或社交互动、做值得做的事、具备轻松自处的环境、给予新经验的挑战、拥有学习的机会和能主动参与。[5] 在此基础上,玛丽琳·胡德进一步提出了"经常性观众"与"偶发性观众和非博物馆观众"参观

---

[1] D. Bouder Pailler,"A model for measuring the goals of theatre attendance",*International Journal of Arts Management*,1999,pp.4-15.

[2] 林咏能:《台北市立美术馆观众参观动机研究》,《博物馆与文化》2013年第6期。

[3] N. H. H. Grabum,"The museum and the visitor experience",in *The Visitor and the Museum: Prepared for the 72nd Annual Conference of the American Association of Museums*,Seattle,WA,1977,pp.5-32.

[4] John H. Falk,"An identity-centered approach to understanding museum learning",*Curator*,2006,49(2).

[5] M. G. Hood,"Staying away: Why people choose not to visit museums",*Museum News*,1983,61(4).

动机的异同,其中后两者表现出动机的趋同,这两类观众参观博物馆都主要是出于与他人相处或社交互动、具备轻松自处的环境和能主动参与三类动机。不难发现,偶发性观众和非博物馆观众的非直接认知动机更强,带有较强的休闲目的,而经常性观众的直接认知动机则更强。此后,在麦克马纳斯(P. M. McManus,1991年)的参观动机研究中,休闲类的非直接认知动机的因素已逐渐增加。其认为参观动机包括五种:追求个人兴趣、希望发现新信息、追求快乐以及放松与社交。① 其中,除"希望发现新信息"外,其余因素基本都为休闲类的非直接认知动机。詹森·韦贝克(Jansen Verbeke)和范·雷德曼(Van Redom,1996年)主张的四类动机"学习一些东西、观看一些新东西、出去一天、逃避日常生活"②中,后面三类动机中也倾向于非直接认知的休闲类动机。西亚娜·密苏里(1997年)提出六类动机情况同样如此,"地点、教育、生命周期、社交活动、娱乐和实际问题动机"③中除"教育动机"外,其他动机似乎与休闲类的非认知因素相关度更高。作为动机研究重要学者的斯莱特,其在2007年的一项观众研究中,采取因素分析的方法提出参观的三种动机"逃离、学习以及家庭与社交互动",无论是"逃离"还是"家庭与社交互动"都更为强调休闲类的非直接认知因素,并且斯莱特提出,逃离动机是最重要的动机因子。近十多年来,多德(J. Dodd)等(2012年)的动机研究曾颇受关注,其针对欧洲的六个国家博物馆开展质性调查,揭示出十类动机,其中前五类都强调休闲类的非直接认知因素,如家人或朋友共同前往、路过、节假日出游等。④ 比特古德创建出注意力-价值模型,认为个人的动机等是观众价值感知的构成部分,也是判断观众参观收益的要素之一。⑤

---

① P. M. McManus, "Making sense of exhibits", in Kavanagh, G. (eds.), *Museum Language: Objects and Texts*, Leicester University Press, 1991.
② M. Jansen-Verbeke, J. Van Redom, "Scanning museum visitors-urban tourism marketing", *Annals of Tourism Research*, 1996,23(2).
③ T. Moussouri, "Family Agendas and Family Learning in Hands-on Museums", *Curatorship*, 1997, pp. 73-80.
④ J. Dodd, et al., *Voices from the Museum: Qualitative Research Conducted in Europe's National Museums* (EuNaMus Report No. 6), Linköping University Electronic Press, 2012.
⑤ Stephen Bitgood, *Attention and Value*, Left Coast Press, Inc., 2013, p. 16.

二是观众的学习类型。当一位观众进入博物馆的展示空间,他的学习活动主要包括阅读文字、聆听讲解、观察展品、观看视频、亲身体验和操作等。由实物和辅助展品共同构筑的空间形态是博物馆学习的知识载体,是博物馆认知发生的源泉。① 由此可见,博物馆学习是一项极富综合性的学习,它决定了我们应广泛考虑不同类型的学习方式及风格,如智能构成、学习层次、学习进化、学习性质和学习风格。自称社会科学家的美国教育学家霍华德·加德纳(Howard Gardner)在1983年出版了《智能的结构:多元智能理论》(*Frames of Mind: The Theory of Multiple Intelligences*)一书,书中发明了一种全新的人类智能理论——多元智能理论,由此被誉为"多元智能之父"。他认为智能是在某种社会价值标准和文化背景下,个体解决遇到的真正难题或生产及创造有效产品所需要的能力。② 加德纳提出,智能并非我们以往认为的那样,以语言和数学逻辑能力为主、通过整合方式存在,而是以彼此相互独立且多元方式存在的一组智能,主要包括八种智能:语言文字、数学逻辑、视觉空间、身体运动、音乐旋律、人际关系、自我认知、自然观察。③ 而罗伯特·加涅(Robert M. Gagné)则是一位在科学心理学与教育学融合上大有作为的美国当代教育心理学家。他认为每类学习都建立在较为低级和简单的学习基础上,存在由简单到复杂、由低级到高级的分层排列。④ 1968年,根据学习层次的差异,他将人类学习分为八个层次:信号学习、刺激-反应学习、连锁学习、言语联结学习、辨别学习、概念学习、原理(规则)学习、解决问题学习。⑤ 罗伯特·加涅还主张学习是人与环境互动的结果,每个学习动作都可分解为八个阶段:动机、领会、习得、保持、回忆、概括、作业和反馈。⑥ 美国心理学家蕾兹兰

---

① 严建强:《论博物馆的传播与学习》,载严建强:《缪斯之声:博物馆展览理论探索》,浙江大学出版社2020年版,第117页。
② 王定华:《美国基础教育:观察与研究》,人民教育出版社2016年版,第206页。
③ 同上。
④ 赫秋菊:《动作技能学习导论》,东北大学出版社2016年版,第16页。
⑤ 张广文主编,王松、周广仕、李红等副主编:《中外教育家教育故事》,辽宁师范大学出版社2014年版,第218页。
⑥ 左银舫主编,洪明、董一英副主编:《教育心理学》,华中科技大学出版社2015年版,第121—122页。

(C. H. S. Razran)根据进化水平的不同将学习分为四类:反应性学习(习惯化和敏感化)、联结性学习(条件反射的学习)、综合式学习(把各自感觉结合为单一的知觉性刺激)和象征性学习(思维水平的学习)。①戴维·奥苏贝尔(David P. Ausubel)按照学习性质的差异,从两个维度进行分类:一是遵照主体所得经验的来源,分为接受学习和发现学习;二是依据所得经验的性质,分为意义学习和机械学习。② 而伯尼斯·麦卡锡(Bernice McCarthy)则根据学习者学习情境之别,将学习者划分出四类不同的学习风格:想象型、分析型、常识型和体验型。③

三是观众的体验偏好。在论述体验偏好前,首先应厘清"观众体验"的概念。借鉴学者简·帕克(Jan Parker)和罗伊·巴兰坦(Roy Ballantyne)的观众体验定义,即"个人对其通常环境之外的活动、环境或事件的直接或持续、主观和个人反应",可提炼出"观众体验"的三大特征:体验难以被研究者直接观察到,因为它本质上是个人和主观的;体验是对外部或阶段性活动、环境和事件的反应,所以是可以被塑造和增强的;体验通常发生在日常环境之外的特定时空。1998年,史密森尼学会政策与分析办公室(Organizational Planning and Analysis,简称OP & A)被要求对"礼拜:传达印度教的奉献"展览进行调查,安德鲁·派克里克(Andrew Pekarik)在访谈中发现,观众对于这个展览的反应受到其他记忆的影响④,最终研究者们初步形成了一份清单,包含 14 项令观众满意的体验类型。随后在史密森尼博物院历经 16 年的观众调研,安德鲁·派克里克和詹姆斯·施莱伯(James Schreiber)等研究者提出并论证了,观众存在四类体验偏好:观点(Ideas)、人和情感(People)、物品(Objects)和身体(Physical)。⑤ IPOP 理论有助于我们

---

① 凉音主编:《心理学考研大纲解析(上)》,北京理工大学出版社 2017 年版,第 234 页。
② 同上书,第 234—235 页。
③ Beverly Serrell, *Exhibit Labels: An Interpretive Approach*, Second Edition, Rowman and Littlefield, 2015, pp.147-148.
④ A. J. Pekarik, J. B. Schreiber, N. Hanemann, et al., "IPOP: A theory of experience preference", *Curator: The Museum Journal*, 2014, 57(1).
⑤ J. B. Schreiber, A. J. Pekarik, "Technical note: Using latent class analysis versus k-means or hierarchical clustering to understand museum visitors", *Curator: The Museum Journal*, 2014, 57(1).

认识到人们在注意什么,以及人们如何评价体验的质量。① 该理论被先后应用到展览策划和评估领域。在展览策划上,早在 2010 年,派克里克等研究者即运用 IPOP 策略对史密森尼国家印第安人博物馆的基本陈列进行了翻新,因为当时 IPOP 理论还未被完整提出。② 2014 年,亚历山德拉·H. 斯托勒(Alexander H. Stoller)根据观众 IPOP 偏好的差异,为一个临时展览策划出多种体验方式,促成了观众的高度参与。③ 2015 年戴安娜·马尔奎斯(Diana Marques)构建了史密森尼国家自然历史博物馆首个贯彻 IPOP 模型的 Skin & Bones 移动应用程序,但遗憾的是,后来的测试证明 IPOP 的预测能力还需要提升。④ 2016 年,凯莉·米利戎(Carey Milliron)创建了一个以消费文化为主题的展览,本次展览也采取了 IPOP 策略,促使每位观众都能轻松参与展览故事之中。⑤ 同年,凯瑟琳·L. B. 格罗斯曼(Kathryn L. B. Grossman)论述了在博物馆重要展示中运用 IPOP 策略实现多样化上所取得的进展。2017 年,拉马·拉克斯米(Rama Lakshmi)⑥借助 IPOP 证明物件首位的认知局限导致实践偏狭,鼓励采取口述史寻找与人相关的内容并加以阐释。2018 年,伊丽莎白·比克斯基(Elizabeth Bikowski)⑦和玛格丽特·赫尔曼森(Margaret Hermanson)⑧分别在沉浸式体验展览和美国咖啡历史展览中使用了 IPOP 策略。

---

① Andrew J. Pekarik, James B. Schreiber, Nadine Hanemann 等:《IPOP:体验偏好理论》,王思怡译,《中国博物馆》2017 年第 2 期。

② A. J. Pekarik, B. Mogel, "Ideas, objects, or people? A smithsonian exhibition team views visitors anew", *Curator: The Museum Journal*, 2010, 53(4).

③ A. H. Stoller, *What Remains? Ephemeral Art + The Value of Direct Encounters*, The George Washington University, 2014.

④ D. Marques, Costellor, *Skin & bones: An artistic repair of a science exhibition by a mobile app*, (2015-12-05)[2023-04-05], http://journals.openedition.org/midas/933.

⑤ C. Milliron, *The Considerate Consumer: Valuing is Valuable*, The George Washington University, 2016.

⑥ R. Lakshmi, S. Sharma, "Building a safe space for unsafe memories: The remember bhopal museum", K. Holmes, H. Goodall, *Telling Environmental Histories*, Palgrave Macmillan, 2017, pp. 133-152.

⑦ E. T. Bikowski, "Come fly with me-birdmen", *Chasing the Thrill: Pushing the Limits of Experience through Exhibition Design*, The George Washington University, 2018.

⑧ M. Hermanson, *Common Grounds: An Exhibition Proposal Using Interactive and Introspective Design to Explore United States Coffee Culture*, The George Washington University, 2018.

在评估领域,2016年,曹赛悦(Tsau Saiauyue,音译)、吴孔秋(Wu Kochiu,音译)和何一栓(He Yishiuan,音译)运用 IPOP‐AEF 模型[其中,AEF 表示吸引(Attract)、参与(Engage)、跳跃(Flip)]对展览设计进行了分析,阐明该展获得好评的原因在于展览充分体现了此模型中的六大要素。① 2017年,格雷斯·洛特温(Grace J. Rotwein)针对"阿姆斯特丹的亚洲:荷兰黄金时代的奢侈品文化"展,以 Facebook 和 Instagram 上的帖子为文本数据,借助 IPOP 涉及的类型进行逐条标记,并区分观众对于展览积极的、批判的、探访的和其他四种反应,试图为展览缘何引发争议找寻原因。② 2011年,史密森尼国家自然历史博物馆同时推出的两场展览"困难重重"(见图16)和"种族:我们是如此不同吗?"(见图17)都选择使用 IPOP 偏好进行评估。③ 前者在珍妮特·安嫩伯格·胡克宝石矿物厅开展,讲述的是智利被埋在地下长达69天的矿工们通过国际营救重获新生的故事;后者在特展厅(位于观众参观主干道)展出,旨在说明人种概念、差异及其影响等问题。两个展览之所以被选作研究对象,是因为它们均包含了四类观众的材料,如"种族:我们是如此不同吗?"包含了有关人种的观点、个人故事、物件和互动

图16 史密森尼国家自然历史博物馆中的"困难重重"展览装置(从入口方向看)[派克里克 Andrew J. Pekarik、纳丁·汉涅曼(Nadine Hanemann)摄]

\* 图片引自 Andrew J. Pekarik, James B. Schreiber, Nadine Hanemann 等:《IPOP:体验偏好理论》,王思怡译,《中国博物馆》2017年第2期。

---

① Tsau Saiauyue, Wu Kochiu, He Yishiuan, "'Hao Shi Duo Mo': An interactive museum exhibit underpinned by IPOP-AEF", *Journal of Literature and Art Studies*, 2016: 6(10).

② G. Rotwein, *Who Are Art Exhibitions for?: An Investigation into Narrative Choice and Public Reaction in Art Museums*, University of Washington, 2017.

③ Andrew J. Pekarik, James B. Schreiber, Nadine Hanemann 等:《IPOP:体验偏好理论》,王思怡译,《中国博物馆》2017年第2期。

图17 "种族:我们是如此不同吗?"是由美国人类学协会与明尼苏达科学博物馆合作策划的巡展

\* 图片引自 Polly Mckenna-Cress, Janet Kamien, *Creating Exhibition: Collaboration in the Planning, Development, and Design of Innovative Experiences*, John Wiley and Sons, Inc., 2013, p.10。

区域。① 每位观众都需要对 IPOP 中的四个要素依次打分,分数从-4 到+4 不等,可据此绘制出以 0 为中位数的钟形曲线。② 尽管 IPOP 理论重在强调观众体验应与其偏好相匹配,但在研究中却意外发现了一种有趣的现象——体验翻转,即当观众获得不熟悉的体验时,他们同样会产生强烈的反应,并为此兴奋不已。莱杰·让-弗朗索瓦(Leger Jean-Francois)在《塑造丰富的博物馆观众体验:使用 IPO 诠释方法于加拿大博物馆》(Shaping a richer visitors' experience: The IPO interpretive approach in a canadian museum)一文中就论述了自己在美国纽约自然历史博物馆创建的这种翻转体验,通过逆向思维丰富了 IPOP 理论的基本内涵。③

观众构成的碎片化及其差异在冲击我们认识的同时,至少促使我们产生两方面的省思。一是在价值理性上,既然观众在文化背景、学习

---

① Andrew J. Pekarik, James B. Schreiber, Nadine Hanemann 等:《IPOP:体验偏好理论》,王思怡译,《中国博物馆》2017 年第 2 期。
② 同上。
③ Jean-François Léger, "Shaping a richer visitors' experience: The IPO interpretive approach in a Canadian museum", *Curator: The Museum Journal*, 2014, 57(1).

类型、智能构成、体验偏好、参观行为和参观心理等方面迥乎不同,那么我们就需要为他们提供尽可能多的选择,并且每项选择清晰明了,保证多种选择的整体效果大于部分之和;二是在工具理性上,开展系统且深入的观众研究。明确观众为何前往博物馆,哪些信息吸引他们,吸引了哪些受众,呈现的复杂程度如何,传递方法是否恰当,他们的学习效果如何,又当怎样改进等,以科学地创造出合适的"内容深广度"和"进入方法",促使观众在"解码"物载信息时,最大程度地实现与观众需求和兴趣相宜,以确保传播成功,让观众真正获益。

## 二、受众本身本非一成不变

每位观众从打算参观展览的那一刻起,到实际走进展厅,以及参观后数日、数月、数年对该展留下的记忆,构成了他们独一无二的体验。早期博物馆通常在一幢建筑内,政府预算充足,馆员负责照看藏品,而观众一般为数不多,他们会四处走动并因展品的精美而发出感叹。直到20世纪前半叶,这种体验仍多为一种被动体验,当时的人们往往习惯并满足于"对永久性藏品的静态欣赏"[①],但随着第二次世界大战后至少目前75%的博物馆被创建,政府的直接资助显著下降,其他资助不断增加,如个人、基金会、企业捐赠及自营收入,博物馆开始"俯身"关心社会大众。同时,博物馆蜕变为非营利组织或第三部门,它的首要目标变成社会价值最大化,因此服务对象不断扩大,观众多元需求受到重视。由于博物馆作为一种文化现象,是一定经济和政治的反映,所以无论理念还是实践均出现革新。理念上,从"藏品首位"走向"观众中心",威尔将这种革新的核心概括成从关注"博物馆对公众的期望"(museum's expectation of the pubic)转向"社会大众对博物馆的期望"(public's expectation of museum)。[②]

---

① Barry Lord, Maria Piacente, *Manual of Museum Exhibitions*, 2nd ed., Rowman and Littlefield Publishers, 2014, p. 8.
② [美]史蒂芬·威尔:《博物馆重要的事》,张誉腾译,台北五观艺术管理有限公司2015年版,第29页。

如果此时博物馆依然从机构本位出发,传播的内容晦涩难懂并高高在上,使一些文化资本低的民众被"拒之门外",或者不采取包容、平权等道德中立的做法,将会导致它日渐失去吸引力、公信力和竞争力,由此引发观众流失现象。如美国国家艺术基金会(National Endowment for the Arts)在2009年末就全美的艺术参与状况发布过一份报告,作者明确指出"2008年的调查结果令人不忍直视",过去20年间,博物馆、画廊、剧场的观众明显减少。① 1982—2012年,美国每年至少参观一次历史遗址的观众百分比也下降了超过1/3。② 英国文化、媒体和体育部(Department for Culture, Media and Sport,简称DCMS)公布的数据同样显示,英国各大主要博物馆与美术馆的参观人数大幅下降,2015年由DCMS支持博物馆的这项数据相较于2014年下降6.2%。③ 欧盟国家也是如此,在2007—2013年,参观博物馆和画廊的欧洲公民从41%降低到了37%。④ 加之方兴未艾的旅游和休闲市场与博物馆展开了争取公众的激烈竞争。自20世纪下半叶开始,人们已不再满足于早期的"静态欣赏",而开始追求有意义的积极体验,即能够身心参与,在理解的同时满足兴趣、重塑价值观、改变态度。如果用18世纪的术语形容,那就是"启蒙"。⑤

实际上,几代博物馆正悄悄地经历着一系列变化:从优先考虑展示物,到强调传授与物相关的知识,再到重视物之于观众的意义构建。而这种世界范围内的博物馆革新,自20世纪80年代开始对我国产生影响。在此时代背景下,博物馆需要重建与观众的关系,积极邀请观众参与,以彰显其在现代生活中的独特价值。这不仅需要关联知识,还需要

---

① [美]妮娜·西蒙:《参与式博物馆:迈入博物馆2.0时代》,喻翔译,浙江大学出版社2018年版,第1页。
② "New report reveals each generation less likely to visit historic sites than the last", http://blogs. aaslh. org/new-report-reveals-each-generation-less-likely-to-visit-historic-sites-than-the-last(2016-03-08), accessed 2020-04-01.
③ 《怎么办,去博物馆的英国人越来越少》,https://www. jfdaily. com/news/detail?id=44200(2017年2月8日),最后浏览日期:2020年3月28日。
④ "European commission: Directorate-general for education and culture. 2013. Eurobarometer 399: Cultural access and participation", http://eceuropa. eu/public_opinion/archives/ebs/ebs_399_en. pdf(2016-03-08), accessed 2020-03-31.
⑤ Barry Lord, Maria Piacente, *Manual of Museum Exhibitions*, 2nd ed., Rowman and Littlefield Publishers, 2014, p. 13.

连接情感,已不只是技术层面的设计问题,更多的是在认知和情感层面如何与观众沟通的问题。

## 第三节 学习过程的自由选择

### 一、现代教育变革的中心转向自由学习机构

1932年,一部散落遗失的手稿——《1844年经济学和哲学手稿》付梓,这是卡尔·马克思二十多岁时的手稿,但却在他辞世后才得以"现身"。西方思想界通过该手稿获得了很多振聋发聩的发现,因此将其奉为至宝,其中令人印象最为深刻的无疑是"异化劳动"问题。他在手稿中写道:"正是在改造对象世界中,人才真正地证明自己是类存在物……通过这种生产,自然界才表现出他的作品和他的现实。因此劳动的对象是人的类生活的对象化……异化劳动从人那里夺去了他的生产对象,也就从人那里夺去了他的类生活。"①劳动者无法参与生产决策,被剥夺占有和处置劳动成果的权利,也不知道自身工作的意义何在,只是不断重复着索然无味的固定程序,最终导致劳动异化。从某种程度来看,现代学校教育滋生弊端的社会机理何尝不是如此?笔者将其称为"学习异化"。正如人类学家玛格丽特·米德(Margaret Mead)所言:"把所有游戏和学习放入童年,所有工作塞进中年,所有遗憾留给老年,这是极端错误和非常武断的做法。"②不可否认,学校教育从诞生伊始就肩负着培养年轻一代的神圣职责,在推动工业社会及当今社会的发展上厥功至伟。但是21世纪已不再是工业时代的翻版,我们需要重新审视教育资源,以求更好地培养适应21世纪的人才。

目前世界范围内的教育正在悄然发生一场变革,变革的中心不是

---

① 薛萍:《探索人类解放的新路径:〈1844年经济学哲学手稿〉解读》,王为全主编,现代出版社2016年版,第79—81页。
② 朱永新:《未来学校:重新定义教育》,中信出版社2019年版,第70—71页。

学校这样的传统机构,而是由兴趣和需求驱动的自由学习机构。① 博物馆无疑是未来学习中心的重要构成,因为其馆藏和展示的实物乃是学习的独特媒介。21世纪初,美国的一些博物馆已将自己定位成教育生态系统中的重要一员,是"直接的教育领域",而非正规教育的补充。日本《地方教育行政的组织与运营法》将公共教育机构分为以学校为主的学校教育机构和以博物馆等为主的社会教育机构。社会教育和学校教育的边界正在变得模糊,而博物馆作为社会教育机构的独特资源在于负载信息的物,那么应如何利用该优势来拓宽教育资源并重塑教育结构? 在这一背景下,以约翰·福尔克为代表的学者创建出一个全新概念"自由选择学习",笔者认为,此概念的最大价值在于试图发现社会教育中实物学习的根本优势,正因如此,随着一系列相关成果的发表,此概念逐步在国内外传播且影响甚大,尤其是在科学教育领域。

## 二、自由选择学习概念的创建与传播

"自由选择学习"(Free-choice Learning/Free-choice Environmental Learning)概念的创建者和奠基人为约翰·福尔克和林恩·迪尔金。代表学者还包括乔治·海因、斯科特·帕蒂森(Scott Pattison)、马丁·斯托克迪克(Martin Storksdieck)、朱迪恩·科克(Judith Koke)、乔·海姆立克(Joe E. Heimlich)、苏珊·伏尔特(Susan Foutz)等。

约翰·福尔克是加州大学伯克利分校生物学与教育学联合博士,因此其论著主要集中在教育学、生物学和心理学领域,包括与林恩·迪尔金合著的《博物馆体验》(*Museum Experience*)、《向博物馆学习:参观者的体验和意义的建构》(*Learning from Museums: Visitor Experiences and the Making of Meaning*)、《无限的经验:自由选择的学习如何改变教育》、《博物馆体验再探讨》(*The Museum Experience Revised*),与贝弗利·谢泼德(Beverly Sheppard)合著的《知识时代的繁荣:博物馆和其

---

① Lynn D. Dierking, "Lessons without limit: How free-choice learning is transforming science and technology education", *História, Ciências, Saúde-Manguinhos*, 2005, 5.

他文化机构的新商业模式》(*Thriving in the Knowledge Age: New Business Models for Museums and Other Cultural Institutions*)专著5本;《自由选择科学教育:我们如何在校外学习科学》和《实践中的原则:博物馆作为学习机构》(*In Principle-In Practice: Museums as Learning Institutions*)编著2本;另有学术文章100多篇。在上述论著中,至少有3本著作和9篇文章与"自由选择学习"概念高度相关,同时95%问题解决型的文章虽然关注的都是美国科学教育问题,但皆是"自由选择学习"概念重要性的力证。3本著作分别为《无限的经验:自由选择的学习如何改变教育》《博物馆体验再探讨》和《自由选择科学教育:我们如何在校外学习科学》,我们已获悉前两本由他与林恩·迪尔金合著,而第三本则由1998年"自由选择科学学习"主题会议集结成册。毫无疑问,在"自由选择学习"研究中,约翰·福尔克与林恩·迪尔金携手同行,成为彼此最重要的合作者。迪尔金毕业于佛罗里达大学,获科学教育博士学位,曾在史密森尼教育研究办公室、学习创新研究所等机构任职,尔后在俄勒冈州立大学教育学院研究院担任临时副院长,为《科学教育研究》(*Journal for Research in Science Teaching*)、《博物馆管理与策展》(*Museum Management and Curatorship*)等期刊编委。可见,两位学者无论在受训背景还是学术生涯上,都为"自由选择学习"概念的创造奠定了基础与条件。具体来看,我们可将"自由选择学习"的发展历程大致划分成三个阶段。

(一) 学者的研究兴趣激发"自由选择学习"概念的萌芽

早在求学期间,福尔克已经对终身学习和校外学习产生了浓厚的研究兴趣。1974年,当他完成有关校外学习的博士论文后,同年即在史密森尼切萨皮克湾环境研究中心(Smithsonian's Chesapeake Bay Center for Environmental Research)创设了教育研究项目。1983年,福尔克建立并负责史密森尼教育研究办公室(Smithsonian Office of Educational Research),与此同时开展相关研究,包括环境[①]、新颖

---

[①] John H. Falk, John D. Balling, "Development of visual preference for natural environments", *Environment and Behavior*, 1982, 14(1).

性①对学习的影响,以时间和行为之间的关系作为博物馆学习的预测因子②等,此外,他还创建了史密森尼家庭学习项目(Smithsonian Family Learning Project)。另一位代表性学者林恩·迪尔金此时也表现出对校外学习和科学教育研究的极大热忱,正如前文所言,后来她也顺理成章地成为福尔克研究系列中举足轻重的合作伙伴。1982年,迪尔金等指出学校与校外的学习机会之间紧密关联,探讨了激发非正式学习的好奇心和发现精神因素的必要性。③ 1983年,迪尔金等在梳理科学教育领域相关研究的基础上,提出科学教育的实现需要依赖多种学习资源。④ 次年,迪尔金加盟史密森尼教育研究办公室,尔后与福尔克合作发表《预测观众的行为》(Predicting Visitor Behavior)一文,指出面对观众的自由选择学习,博物馆想要预测观众是否学习、如何学习和学到什么都是极其困难的。⑤ 这一时期迪尔金的相关文章主要探讨的是自由选择学习的重要性、博物馆与学校学习的差异,对学习发生的原因追本溯源,以及明确了评估学习收效存在的困难等。同时,迪尔金还热衷于开展家庭学习相关的研究。⑥

(二)专门机构的创设推动"自由选择学习"概念的发展

事实上,"自由选择学习"在当时仍是一个新兴的研究议题,若要持续围绕该议题展开讨论,以引起博物馆界的关注并争取共识,困难重重。在史密森尼教育研究办公室被撤除后,福尔克于1986年又在美国

---

① John H. Falk, W. Wade Martin, John D. Balling, "The novel field-trip phenomenon: Adjustment to novel settings interferes with task learning", *Journal of Research in Science Teaching*, 1978, 15(2).

② John H. Falk, "Time and behavior as predictors of learning", *Science Education*, 1983, 67(2).

③ John J. Koran, Jr., Lynn Dierking Shafer, "Learning science in informal settings outside the classroom", in Mary Budd Rowe (ed.), *Education in the 80's: Science*, National Education Association, 1982, pp. 52-62.

④ John J. Koran, Jr., Sarah J. Longino, Lynn D. Shafer, "A framework for conceptualizing research in natural history museums and science centers", *Journal of Research in Science Teaching*, 1983, 20(4).

⑤ John H. Falk, John J. Koran Jr., Lynn D. Dierking, et al., "Predicting visitor behavior", *Curator: The Museum Journal*, 1985, 28(4).

⑥ Lynn Dierking, *Parent-Child Interactions in a Free Choice Learning Setting: An Examination of Attention Directing Behaviors*, University of Florida, 1987.

马里兰州创建学习创新研究所,该研究所是一家非营利机构,所长由福尔克担任,其重要职能之一就是为自由选择学习提供指导。① 因此,机构主要致力于为全年龄段的人创造体验自由选择学习的机会,不久,研究成果便呈现出指数级增长,自由选择学习的概念也逐步为博物馆同人所获悉并日渐得以认同,学习创新研究所由此成为本领域研究的先驱和重镇。1992 年,由迪尔金与福尔克合著的《博物馆体验》(*The Museum Experience*)一书出版,两人均认识到环境作为学习中介的重要性,并以各自的兴趣、经验和思想互为补充,为自由选择学习的深层研究夯实了基础。② 1993 年,迪尔金加入学习创新研究所,担任该研究所的副所长。

自 1994 年起,学习创新研究所组织和主办全国性会议,并在自由选择学习领域积极发表论文等出版物,以此来推动和引导自由选择学习的研究和实践。1998 年问世的乔治·海因《学在博物馆》一书成了博物馆教育领域的扛鼎之作,自由选择学习日益受到关注并成长为重要议题。③ 1998 年,以自由选择为主题的会议在洛杉矶召开,福尔克在会议成果的基础上,于 2001 年编辑并出版《自由选择科学教育:我们如何在校外学习科学》一书,此书在前文已有所涉及,它有助于研究人员、从业者和决策者之间在自由选择的科学学习方面展开交流和互动。④ 期间,非正式科学教育发展中心(Center for Advancement of Informal Science Education,简称 CAISE)⑤等相关研究机构相继成立。福尔克和迪尔金随着研究的深入和推进,提出、发展并完善了自由选择学习中的情景学习模型(Contextual Model of Learning)。⑥

---

① 许谷渊:《"自由选择学习":一种新的非正式教育模式》,《世界科学》2007 年第 6 期。
② Léonie J. Rennie, John Falk and Lynn Dierking, "Building the field of informal/free-choice science education", *Cultural Studies of Science Education*, 2016, 11.
③ George E. Hein, *Learning in the Museum*, Routledge, 1998.
④ John H. Falk (ed.), *Free-Choice Science Education: How We Learn Science Outside of School*, Teachers College Press, 2001, p. 5.
⑤ CAISE: "About CAISE", https://www.informalscience.org/about-caise (2021-07-08), accessed 2021-07-08.
⑥ John H. Falk, Lynn D. Dierking, *Learning from Museums: Visitor Experiences and the Making of Meaning*, AltaMira, 2000.

### (三) 不同机构的合作促使"自由选择学习"概念的传播

2003年俄勒冈州海洋局与学习创新研究所达成合作,共同开展自由选择学习项目。① 自由选择学习的方式不断在社会各界获得支持和追捧。当时,海洋局还计划将俄勒冈州立大学(Oregon State University)不同学院联合起来,共同参与自由选择学习研究。2006年,俄勒冈州立大学决定聘请正、副所长福尔克和迪尔金担任自由选择STEM学习教授,以培养研究自由选择学习的下一代。于是,两位学者在俄勒冈州立大学创建了世界上首个自由选择学习的硕士项目,并开设相关博士课程。2009年,他们主办名为"2020愿景"(2020 Vision)的国际会议,该会议由美国国家科学基金会资助,受邀参会者包括K-12、大学教学和自由选择学习的研究人员。

## 三、自由选择学习概念的内涵与辨析

厘清自由选择学习这一术语并不容易,我们试图从概念界定、同类比较两个层面展开分析并深入讨论。既然"非正规、非正式教育"概念已经深入人心,那么为何福尔克、迪尔金还要另起炉灶,创造出一个全新的概念呢?此概念的优劣势究竟为何?对此,笔者将逐一予以探寻。

### (一) "自由选择学习"的概念界定

在人类历史发展中的很长一段时间内,并不存在将学习进行类型区分的必要。问题的关键在于自20世纪起,学校越来越成为主导学习的阵地,甚至会使人们误以为学校主导下的学习行为就等同于人类学习行为的全部。在回答什么是学习、如何组织学习,以及怎样提升效果等问题时,学校教育几乎掌握了绝对话语权,其观念和做法深刻影响着民众对学习的认知、判断及实践。因此,至20世纪中期,部分研究者开始意识到学校学习行为与校外学习行为存在根本差异,必须要将两者

---

① 许谷渊:《"自由选择学习":一种新的非正式教育模式》,《世界科学》2007年第6期。

进行有效区分,使之明晰。马克·圣约翰(Mark St. John)主张将正规教育系统和更为广泛的自由选择学习机构分别看作独立的、更大的教育基础设施的一部分。①

如上文所述,学校主导下的学习行为并不代表所有学习行为,同时不同来源的学习行为实际上也存在根本差异,为此,福尔克等人创建出"自由选择学习"概念②,并于2005年在《论自由选择环境学习构建》(Free-choice environmental learning: Framing the discussion)一文中将此概念明确地界定为:

当个人对自己的学习进行重大选择和控制时所发生的学习类型。这种类型通常(但不一定)发生在校外,指的是在国家公园、自然中心、自然历史博物馆、动物园和水族馆、各种社区组织,以及通过印刷品和媒体(包括互联网)定期进行的自主学习。③

从上述概念界定中大致可以判断:自由选择学习依赖特定环境,由学习者自主选择和控制,地点多为校外。它至少具备四大特征:自由选择、非连续性、自主性和自愿性。④

## (二)"自由选择学习"对比相关概念的优劣势

事实上,在"自由选择学习"概念诞生前,非正规、非正式教育等术语已被沿用了数十年,那么为何还要创造出一个全新概念? 相较于它们,"自由选择学习"概念又有何优劣势?

首先,让我们一起回溯非正规、非正式教育等术语的诞生背景。1946年,约瑟芬·麦卡利斯特·布鲁(Josephine Macalister Brew)撰写的《非正式教育:冒险和反思》(*Informal Education: Adventure and*

---

① Mark St. John, "Measuring the interim performance of the regional educational laboratory in the educational research development and dissemination infrastructure: What are the benchmarks and indicators of success?", https://inverness-research.org/reports/1998-11-Rpt-DOE-RegionalEducLab.PDF (1998-11-16), accessed 2021-07-06.

② John H. Falk, Lynn D. Dierking, "Free-choice learning: An alternative term to informal learning?", *Informal Learning Environments Newsletter*, 1998, 2(1).

③ John H. Falk, "Free-choice environmental learning: Framing the discussion", *Environmental Education Research*, 2005, 11(3).

④ John H. Falk (ed.), *Free-Choice Science Education: How We Learn Science Outside of School*, Teachers College Press, 2001, p.7.

*Reflections*)一书问世,成为有关非正式教育的首部专著。实际在此之前,已有不少教育思想家和社会活动家通过各种活动将该思想在民间进行了传播和推广。1974 年,菲利普·库姆斯(Philips H. Coombs)和曼苏尔·艾哈迈德(Manzoor Ahmed)首次对"formal education"(正式教育)、"informal education"(非正式教育)、"non-formal education"(非正规教育)三组概念进行区分①,其中,非正式教育和非正规教育的差异在于非正规教育更为强调系统性。② 在我国,由于学者冯巍等人引用了 OECD 成员国的诸位教育部长在 1996 年签署宣言的相关内容,认为终身教育包括正规教育(formal education)、非正规教育(non-formal education)和非正式教育(informal education)③,所以在描述三类教育时,不少研究者会采用这一译法,笔者在书中也主要沿用该译法。随着非正规、非正式教育概念的推衍扩散,至 20 世纪 70 年代,博物馆专业人员和环境教育工作者为了将他们所从事的事业与以学校为基础的教育划清界限,开始纷纷引入非正规和非正式教育概念。此后,两大概念逐步得到教育界认可,它们所代表的机构以及其所从事的工作也得以明确。尽管如此,福尔克、迪尔金却未陷入"世俗化迷思",而是"特立独行"地指出用"非正规、非正式教育"来匹配非学校环境下的学习是不合适的。④

其次需要弄明白"自由选择学习"概念背后潜藏的优势。目前来看,我国相关研究还是将"自由选择学习"视为一种新的非正式教育模式。⑤ 当我们想要讨论优势问题时,基本思路是从这一概念对既有概念的补缺入手,将从两个角度展开论述。一是正规教育与非正规、非正式教育概念的区分依据。当我们使用上述三个词作为教育的定语时,会

---

① Philip H. Coombs, Manzoor Ahmed, *Attacking Rural Poverty: How Nonformal Education Can Help*, The Johns Hopkins University Press, 1974.
② Thomas J. La Belle, "Formal, nonformal and informal education: A holistic perspective on lifelong learning", *International Review of Education*, 1982, 28(2).
③ 魏贤超、王小飞:《价值教育散论》,武汉大学出版社 2017 年版,第 293 页。
④ Lynn D. Dierking, *Parent-Child Interactions in a Free Choice Learning Setting: An Examination of Attention Directing Behaviors*, University of Florida, 1987; John H. Falk, Lynn D. Dierking, *Learning from Museums: Visitor Experiences and the Making of Meaning*, AltaMira, 2000, p.136.
⑤ 魏贤超、王小飞:《价值教育散论》,武汉大学出版社 2017 年版,第 293 页。

发现它们的判断依据主要是教育发生的物理环境,即如果教育在学校环境中完成,即为正规教育,而一旦是在非学校环境中完成,那么就是非正规、非正式教育。而这样的区分是否无懈可击,我们可以用一个例子加以说明。当我们把一堂知识传递类的课程从学校的教室搬到博物馆的教室,两者是否真的存在差异?或者将学校里组织一场开放式的体验活动放到博物馆里实施,两者又有何差别?事实上,虽然举办课程或活动的物理环境不同,但它们的内容和形式大同小异,更为关键的是两类教育性质趋同。可见,从物理环境的角度对教育类型进行区分,并不能触及教育的本质。而"自由选择学习"概念则不同,此概念能立足它与学校教育的根本差异并有效区分,即自由选择学习主要由学习者的内在需求与兴趣驱动,而学校教育主要由外部强加的权威及其制度驱动。前者不一定像后者那样系统,但后者却是学习者的自主表达,具备一定的社会建构性。二是正规教育与非正规、非正式教育之间隐匿着教育主导权的分配问题。一般来说,"正规"指对象通常处于相对合法且重要的位置,这一点亦与当前的教育现状高度吻合。从某种程度上来说,"正规"与"非正规、非正式"的概念区分,似乎暗示着学校教育难以撼动的主导话语权,这也将造成对非学校教育的弱化和无视,无意间造成对此类教育隐性的"打压"。笔者并不主张预先人为地替这三类教育贴上标签。一方面,正规教育相较于终身学习虽然极为重要,但却相对短暂。据统计,一个人生命中90%(一说为95%)的时间是在校外度过的[1],过分凸显或强调学校教育的统治地位并不一定可取。非学校教育从时间的跨度来看是大有可为的。另一方面,非学校教育很可能在未来教育系统中占据更加显要的位置,而非正规或非正式教育的提法很可能会矮化这类教育的潜能与价值。"自由选择学习"概念的出现可在一定程度上避免人为的主次区分和权力分配,不仅如此,还能彰显这类教育的自由选择特性,使学习者意识到自身可以进行控制,并强调以学习者为中心的建构。

最后,有必要澄清"自由选择学习"概念可能携带的劣势。这同样

---

[1] 许谷渊:《"自由选择学习":一种新的非正式教育模式》,《世界科学》2007年第6期。

涉及两方面。一是自由选择学习中的"自由"是否存在界限？用"自由"一词来形容选择，某种程度上是相较于正规教育而言的，意指学校学习是相对不自由的。如暑假作业要求学生参观某博物馆，学生虽然可能也有参观意愿，但无论他们是否存在这种意愿，学生必须前往而无法自由选择。强调"自由"是否存在界限的意义似乎不大，因为对于学习者来说更重要的是让他们意识到拥有选择的资格和对象，并且这些选择是合理和被期待的。[①] 不得不承认的是，选择必然是有限的，所以即便是自由选择，也是有限的自由选择，同时也会因人而异。当诸多选择呈现在我们面前时，有些人可能会觉得选项丰富而精彩，而有些人则会感到选项匮乏而无趣。所以，对博物馆等自由选择学习机构来说，需要为观众提供尽可能多的选择，让他们都能找到合适的入口，从而使更多受众能真实地感受到以备他们选择的有意义选项。换言之，自由选择的背后是博物馆等机构的有效作为。二是自由选择学习是否意味着排斥合理的教授？答案是否定的。自由选择学习很容易让我们误以为既然让人们自由选择，那么施教机构就可以听之任之，做甩手掌柜，但事实上并非如此。以博物馆为例，策展人虽然不像学校老师那样直接站在讲台前向学生授课，但策展人会隐藏在幕后，制订传播目标、策划内容结构、安排故事线、选择合适的展品和编写说明文字，所有幕后工作都是希望观众能按照策展人的策展意图进行参观和体验。显然，这是一种间接传授，并非不传授，甚至有些博物馆为了间接传授更有效，还会在策展团队中安排释展人，使其成为与观众沟通的桥梁。而在教育活动中，讲解员等博物馆教师的教授就更为直接，俨然成为观众自由选择学习的重要助推者。

## 四、自由选择学习概念的演进与未来

在历史发展的绵延长河中，人类智慧的光芒始终熠熠生辉，因为我们一直在不间断地学习，这一点从未改变，改变的只是我们的学习内容

---

[①] John H. Falk, "Free-choice environmental learning: Framing the discussion", *Environmental Education Research*, 2005, 11(3).

及其丰富程度。同时,我们对学习的方式及其理解也在逐步加深。20世纪初创建的行为主义学习理论,其基本假设为:给定类型的刺激会导致给定类型的反应。在该解释机制下,学习策略更倾向于采取以教师为中心的说教模式。随着现代脑科学的蓬勃发展,研究者发现学习并非行为主义认为的从刺激到反应的直接过程,而是多重因素影响下的建构过程,属于建构主义学习模式。①而学习者是在不同的认知框架下,基于自身的学习经验形成了独特的、高度个性化的图景。②因此,从建构主义思路看,观众在博物馆里学习,不只取决于博物馆希望观众学到什么,更多时候是观众选择学习什么。

21世纪是休闲与学习实现一体化的时代,对休闲体验进行"增值"成了机构争夺受众时间的重要举措,鼓励自由选择学习是一种行之有效的做法。博物馆作为自由选择学习的重要机构,已不能再像工业时代那样只强调参观数量,而更应关注参观质量,以促使观众理解、思考,甚至启蒙。所以,如何控制观众的注意力,促成他们的自由选择,以支持或孵化观众的兴趣,从而服务于他们的多元动机,成为博物馆工作的重中之重。推动与实现观众的自由选择学习,无疑成为博物馆未来几十年的奋斗目标。

通过对"自由选择学习"相关内容的辨析和思考,不难发现这一术语实际上展现的是一种尊重学习主体的积极姿态。如果说学校学习是一种机构驱动、自上而下的学习,那么自由选择学习则是一种自我驱动、自下而上的学习,除了机构的理念和环境,受众的需求和动机更深刻地影响着他们的学习效果③,从而构成学习者一生独特的学习历程。但令人引以为憾的是,尽管在20世纪的最后二十年里,自由选择学习相关成果呈明显增长趋势,但是在此发展过程中,我们对"自由选择学习"的概念始终混淆不清。我国有关此概念的探讨仅始

---

① Robert Sylwester, *A Celebration of Neurons: An Educator's Guide to the Human Brain*, Association for Supervision and Curriculum Development, 1995.

② John H. Falk, Lynn D. Dierking, Marianna Adams, "Living in a learning society: Museums and free-choice learning", in Sharon Macdonald (ed.), *A Companion to Museum Studies*, Blackwell Publishing Ltd., 2006, p. 325.

③ John H. Falk, "Free-choice environmental learning: Framing the discussion", *Environmental Education Research*, 2005, 11(3).

于近二十年,截至 2023 年 4 月,除《"自由选择学习":一种新的非正式教育模式》[1]、《将自由选择学习引入环境教育初探》(2009 年)[2]和《博物馆"自由选择学习"概念的形成及其述评》[3]三文围绕"自由选择学习"议题展开过较为系统的论述外,其余成果对该议题只是偶尔注意或零星提及。

自由选择学习研究推动了博物馆学习研究的深入,也促进了不同学科对实物学习的瞩目。笔者认为,未来研究可从三个维度继续拓展和深化:其一,针对学习者个体,探究自由选择学习在校外环境中的发生机制及其影响因素;其二,针对博物馆机构,讨论如何通过专业化的展教活动,提供观众足够的有效选择,以有的放矢地影响甚至控制观众注意力;其三,针对整体教育资源,将以物为载体的自由选择学习横向置于整个教育生态系统,或纵向置于个体终身学习系统,研究在这些系统中它所处的地位、应承担的功能以及如何有效发挥。无论如何,怎样才能依托实物在博物馆环境中开展最好的学习,我们目前依然没有清晰认知,这对以教育为首要功能的博物馆来说可能是一个极大的讽刺。"自由选择学习"的概念在博物馆界被创建,推动了实物学习的研究和实践,犹如一道曙光,但不可否,目前有关"自由选择学习"的讨论过于强调认知效果,而弱化审美、休闲等多元意义的体验效果,这些在未来的研究中亟待补缺和完善。

## 第四节　受众认知的底层机制

当前以实物为媒介的学习已从博物馆渗透至日常生活中,两者的服务对象都呈现出动态、多元和碎片化特征,同样携带具有普遍意义的

---

[1] 许谷渊:《"自由选择学习":一种新的非正式教育模式》,《世界科学》2007 年第 6 期。
[2] 李国敏、常向阳、陈南等:《将自由选择学习引入环境教育初探》,载中国可持续发展研究会:《2009 中国可持续发展论坛暨中国可持续发展研究会学术年会论文集(上册)》,中国可持续发展研究会,2009 年,第 395—398 页。
[3] 周婧景、赖颖滢:《博物馆"自由选择学习"概念的形成及其述评》,《科学教育与博物馆》2021 年第 7 卷第 4 期。

最低共同点,体现在表层现象和深层动因两个方面。其中,表层现象表现为人口学和行为学上的相似之处,而深层动因则表现为认知规律上的共通之处。前者通常会借助实证研究进行归纳和理解,而后者除了依赖实证研究外,还需要借助脑科学(类似学习中的硬件)和认知科学(类似学习中的软件)等交叉学科进行理论推演。

首先从表层现象看,表现为人口学和行为学上的相似之处。正如《展览标签:一种阐释手段》一书作者贝弗利·瑟雷尔引以为豪地指出,博物馆观众及其行为是可以通过很多方法做出惊人预测的,他们在人口学和行为学上具备相似性:观众在观展时都不喜欢阅读长标签,而是偏好短标签;观众之所以直接跳过某些内容,是因为他们无法理解或没有办法使之与自身关联;包括老中青幼在内的所有观众都更喜欢具象而非抽象的展项;无论是哪种类型的博物馆,青少年观众占比往往都很低;对于所有类型的博物馆而言,男女观众性别都不存在明显差异……①这类共性的发现和提炼,主要依靠的是对观众的行为、对话和反应的实证研究。采用的研究方法包括行为主义的观察法、实验法,以及人本主义心理学的问卷调查法和访谈法。尽管这方面的研究仍大有可为,但要触及深层动因,只依靠现象的探究和分析显然不胜其任。所以笔者无意过多涉及人口学和行为学上的共通之处,而更感兴趣于深层动因,即认知规律上的相似之处。这是探讨观众最低共同点最为根本的视角,虽然研究意义不言而喻,但是研究难度也显而易见。我们尝试从脑科学和认知科学两个维度略谈认知的生物学基础与底层机制,未来仍须开枝展叶,进行深入的分支研究。

## 一、对大脑的求索:自然杰作中的智慧密码

"请再翻慢一点,那么厚一本时间,我像枚书签守在故事里做一个伴。享诗人般孤单,与岁月彻夜长谈,只有你有幸一览无数江山。一眼

---

① Beverly Serrell, *Exhibit Labels: An Interpretive Approach*, Second Edition, Rowman and Littlefield, 2015, pp. 233-324.

千年,相隔千年宛如初见,梦见你千万遍。只想触摸你五官,一眼千年,沉默也胜万语千言,只有你有幸能描述这光阴似箭……"①曼妙的旋律、动人的歌词,一幅"人"与历经沧桑的"物"千年后不期而遇的画面跃然眼前,让我们产生感知觉、想象和情绪,此时的"物"纵有满腹话语,也只能缄默无言。这是一次稀松平常的听歌体验,然而,即便是这样的日常体验,实际上却依赖着我们大脑精密的处理。

有人说,如果在我们的大脑中安装一个摄像头,每天第一时间记录它如何运作并告诉我们,那该多好。但是另一派人却说,即使你知道它如何运作,比如你明白提线木偶的机械构件是怎么配合的,也未必清楚背后的运作逻辑。还有人设想,在我们的大脑中如同生活着很多小人,这些小人各司其职,或负责动作,或负责情绪,当勤劳者战胜懒惰者,某种动作或情绪便产生了。比如当你在出门购物和赖在家里之间犹豫不决时,若懒惰者获胜,你就会选择宅在家里。这些想法真的成立吗?事实上迄今为止,我们都没有弄清楚大脑到底是如何工作的。

大脑,如同宇宙一般复杂而又神秘。人类经过漫长的进化,使一堆加起来不过1.5千克左右的大脑构成系统并精确运转,由此成为万物之灵。我们很难想象只是这样一堆脂肪和蛋白质②,却拥有高达13倍于全球人口总量的细胞数量(约1 000亿个)③。而擢发难数的大脑细胞主要由两种细胞类群构成:神经细胞和神经胶质细胞。其中,神经细胞(简称神经元)数量只占大脑细胞总数的1/10不到,但却负责大脑的信息处理;而神经元一旦产生,就必须坚守岗位直至生命终结;或许正是为了保证神经元顺利完成它们被赋予的神圣使命,大脑又安排了近10倍于其数量的神经胶质细胞来保护它们。④ 神经元根据功能不同可划分出众多类型,不同类型的神经元和其他神经元之间存在多达千条

---

① "国家宝藏"节目主题曲《一眼千年》歌词。
② [英]汤姆·杰克逊:《大脑的奥秘:人类如何感知世界》,张远超译,电子工业出版社2017年版,第6页。
③ 同上。
④ 中国科学院神经科学研究所编:《大脑的奥秘》,上海科学技术出版社2017年版,第1页。

的"运河","运河"两岸的码头被称为突触,由此大脑呈现为一个由10亿级神经元及10兆级彼此联结的"运河"构成的星罗棋布的信息处理网络。① 神经科学(neuroscience)正是一门探究神经元如何连接形成神经网络体系的学科。② 20世纪60年代,该术语首次出现,可见作为一门专攻脑和神经的学科,神经科学的诞生不足百年。此后,涌现出一批研究脑和神经的神经科学家(neuroscientist)③,但事实上早在17世纪,一些神经病学家已开始围绕神经系统展开研究,正是从他们那里,我们获悉了大脑运行机制的首条线索。

实物的媒介化,一方面是人文与社会科学领域"物质转向"带来的结果,另一方面也推动了该领域的"感知转向"。而当我们试图对大脑智慧密码进行求索时,发现其工作机制错综复杂,因此根据本书研究问题所需,我们只聚焦至探究多感官信息的加工机制。每天清晨,当我们睁开眼睛,便进入意识的状态而开始感知世界,由于意识持续不断地发生,有人将其称为意识流,意在表明该意识犹如延绵不绝的河流。由于人类具备不同的专门感受器,包括视觉、触觉、味觉、听觉和嗅觉等系统,所以能同时接收和捕捉不同能量形式的信息。④

在这些多感官信息的加工过程中,有些是单模态⑤的,如一个房间的明暗只能由视觉感知;被桌角撞到的疼痛只能由触觉感知;马路尽头飘来的臭豆腐气味只能由嗅觉感知;激扬澎湃的交响乐只能由听觉感知等。但与此同时,当你发现餐桌上的佳肴色泽鲜亮、造型美观,同时香气扑鼻,便会食欲大增,而一旦配色和造型缺失,菜肴的滋味便会大为逊色;在喧闹的朋友聚会上,如果你一直仔细地凝视着对方,即便他/她轻声细语也能被听清,但在安静的图书馆,如果你一直心有所思,即

---

① 中国科学院神经科学研究所编:《大脑的奥秘》,上海科学技术出版社2017年版,第1页。
② [英]汤姆·杰克逊:《大脑的奥秘:人类如何感知世界》,张远超译,电子工业出版社2017年版,第6页。
③ 同上。
④ [美]妮娜·莱文特、阿尔瓦罗·帕斯夸尔-利昂编:《多感知博物馆:触摸声音嗅味空间与记忆的跨学科视野》,王思怡、陈蒙琪译,浙江大学出版社2020年版,第3页。
⑤ 同上。

使对方大声说话，你也可能置若罔闻。因此，我们对世界的感知不仅是单模态的，也是多模态的，是不同感知模态的整合。①

由于我们的感知是不同模态的整合，因此有必要重点探讨一下多模态问题。美国哲学家和认知科学家丹尼尔·丹尼特（Daniel C. Dennett）在《意识的解释》（Consciousness Explained）一书中曾针对多模态问题提出两种模型，但采取的是先破后立的写作手法。正是由于他对两种模型的厘清，为我们理解多感觉信息加工机制奠定了基础并创造了条件。丹尼尔·丹尼特的整体思路是将前人在意识理解上的错误总结为"笛卡尔剧场"，并以该模式作为靶子，希望为我们扫清观念上的障碍。"笛卡尔剧场"模型是指将人的大脑想象成一套运作机制，该机制类似电脑的 CPU，大脑中存在一个中心思考区，人的耳、眼、鼻、口等知觉系统将外部信息输入该中心思考区，思考区又把控制、指令传递给运动系统。②尔后他又隆重推出他创建的"多重草稿"模型，并戏谑地表示，因"笛卡尔剧场"在人们心中已根深蒂固，所以他预判自己所提出的"多重草稿"模型看起来会颇为古怪。"多重草稿"模型是指"各种各样的知觉（其实就是各种思想和心智活动）能在大脑中完成，依靠的是平行的、多轨道的、对感觉输入的诠释和细化过程。在神经系统内处理的信息处在连续的'编辑修改状态'"③。换言之，大脑中的信息加工并非通过串联完成，而是借由并联完成，没有所谓的中心，它是并行且混乱的。由于多种感觉同时发生并相互影响，不存在严格的先后顺序之分，因此从某种程度上看，"多重草稿"模型使多感觉、跨感觉的信息整合或调整成为可能。

随着神经科学的发展，多模态信息加工神经机制的研究获得长足进展，可从宏观上将多感觉信息加工分成两类：多感觉信息的整合和跨感觉模态的调节。前者是指"两大感觉通道的神经环路汇集到同一个下游目标节点上，从而把各自的神经电信号贡献到下游节点的神经活

---

① ［美］妮娜·莱文特、阿尔瓦罗·帕斯夸尔-利昂编：《多感知博物馆：触摸声音嗅味空间与记忆的跨学科视野》，王思怡、陈蒙琪译，浙江大学出版社 2020 年版，第 3 页。
② ［美］丹尼尔·丹尼特：《意识的解释》，苏德超、李涤非、陈虎平译，北京理工大学出版社 2008 年版，第 126—130 页。
③ 同上书，第 126 页。

动中,形成一种新的合并的感知"①。后者是指"一个模态的感觉输入或通过改变第二个感觉模态通路的工作状态,来调节该感觉通路的信号加工"②。

首先,针对多感觉信息的整合。相关研究可追溯至 20 世纪 80 年代,研究者们开展了一些颇具开创性的动物实验。先有斯坦(Stein)和他的同学们以猫为研究对象,后有安杰拉基(Angelaki)实验室和洛戈塞蒂斯(Logothesis)实验室以恒河猴为研究对象,他们都发现神经元同时会对视觉和听觉等多种刺激产生反应,也就是说,动物能一并接收多模态的刺激。③ 同时研究也表明,多感官整合存在于上丘脑、高级联合皮层等多个脑区,④在该机制发生作用时,多种感觉通道彼此影响,不仅存在单感觉功能区到多感觉功能区的前馈⑤联结,还存在多感官功能区对单感觉功能区的反馈联结。⑥ 而这种多感官整合的例子在日常生活中同样屡见不鲜。如当我们有一件重要的事情要和他人沟通时,只是借助打电话获得听觉刺激,沟通效果远不如当面见到本人,因为面对面沟通时,大脑将视觉和听觉两个信号进行整合,于时空上完成了叠加,带来 1 加 1 大于 2 的整体效应。在电闪雷鸣的下雨天,如果我们闭上眼睛静静聆听,雷声似乎没有那么震耳欲聋,但当我们睁开眼睛看到闪电在我们眼前划过,再听雷声时,便会觉得响彻云霄,因为大脑会整合两种输入的感觉信号。

尽管实物主要以视觉形象作为传播载体,但是越来越多基于实物的学习已开始将听觉、嗅觉、触觉等多感官体验纳入其中。这一点在实物学习最为突出的博物馆尤其显著。以其中的声音体验为例,曾几何时,博物馆已不再像图书馆一样以安静和沉思而著称,在展览中声音既

---

① 中国科学院神经科学研究所编:《大脑的奥秘》,上海科学技术出版社 2017 年版,第 83 页。
② 同上。
③ 同上。
④ 同上。
⑤ 前馈是指干扰信息对控制部分的直接作用,使控制部分可在输出变量未发生偏差、引起反馈信息之前就对受控部分发出纠正信息。引自教育部考试中心组编:《医学综合考试大纲解析(2005 电大版)》,中央广播电视大学出版社 2005 年版,第 95 页。
⑥ 中国科学院神经科学研究所编:《大脑的奥秘》,上海科学技术出版社 2017 年版,第 83 页。

可被用作环境音,也可被视为阐释要素,还可被制作成展品/展项。当我们把声音整合到观众的感知系统中,他们将获得一种更为复合的信息,从而降低其理解难度。在明尼苏达科学博物馆(Science Museum of Minnesota)有一个鼓励观众互动参与的展项(见图 18)。① 它通过一张"穿着背带裤的女孩"图片吸引观众近距离观察,与此同时,图片上还附有旋钮和铰链,暗示观众可通过图上的小门打开女孩的脸,但当小门被他们打开时,令人意想不到的是,会传来打喷嚏时发出的"阿嚏"声音,令观众不禁往后一跳。伴随视觉体验的声音传播,让观众真切地感受喷嚏在空气中的行进速度之快(可达到约 161 千米/小时)。两种感觉信息的有效整合使观众对展项的传播目的和设计意图心领

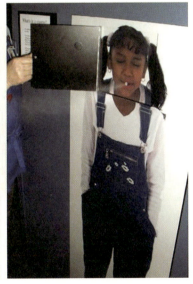

**图 18 明尼苏达科学博物馆"打喷嚏是什么?"展项**

\* 图片由理查德·克瑞斯(Richard Cress)提供,引自 Polly McKenna-Cress, Janet Kamien, *Creating Exhibitions: Collaboration in the Planning, Development, and Design of Innovative Experiences*, John Wiley and Sons, Inc., 2013, p. 16。

---

① Polly McKenna-Cress, Janet Kamien, *Creating Exhibitions: Collaboration in the Planning, Development, and Design of Innovative Experiences*, John Wiley and Sons, Inc., 2013, p. 96.

神会。然而为避免声音在邻近空间中发散导致展览环境充满杂音,所以这类设计应考虑使用定向扬声系统或缓冲区,以有效缓解或避免干扰。

其次,针对跨感觉模态的调节。目前相关研究开展得略少,较为前沿的研究主要由施罗德(Schroeder)实验室设计和开展,采取的也是检测灵长类脑皮层中胞外电的活动。① 通过实验,施罗德获悉,一个感觉通路的感觉输入尽管不会导致其他感觉通路神经元放电,但却能明显调节诸此神经元对特定感觉输入的反应。② 最近还出现了一项就斑马鱼及其"C型逃跑"的创新研究,从中亦获得一些颇为有趣的发现。之所以选择斑马鱼,是因为它们身上拥有三点不可取代的特性:一是斑马鱼的神经环路相对简单;二是人类的多数脑区可在斑马鱼身上找到;三是斑马鱼的遗传背景清晰。同时,斑马鱼中普遍存在因为听觉刺激将身体弯曲成C型的逃跑行为,所以可监测视觉和声音同时发生作用时,它们逃离危险源的行为反应。通过该实验我们可以获悉先"降噪"再"增效"的调节步骤,即跨模态的调节使视觉发生变化进而引发听觉增强。该原理说明某种感觉刺激受到压制时,其他感觉神经信号的信噪比可能会增强。事实上,博物馆展览中不乏先"降噪"后"增效"的典型案例。在加拿大不列颠哥伦比亚省会维多利亚市的英属哥伦比亚皇家博物馆(Royal British Columbia Museum),在一个凹室中,来自西北海岸的面具被密集地置于一个巨大的壁柜中。观众步入这一凹室时,会发现整个视觉环境是昏暗的,但当他们面对壁柜安然入座的那一刻,特定面具的灯突然被点亮,一个画外音响起,以第一人称向观众述说发生在它身上跌宕起伏的故事。③ 不难发现,这一过程中视觉刺激发生改变,这种改变促使声音刺激增强,观众的行为和情绪因受其影响发生变化。但令人困惑的是,多模态的感觉信息究竟需要多大的变化强度才

---

① 中国科学院神经科学研究所编:《大脑的奥秘》,上海科学技术出版社2017年版,第83页。
② 同上。
③ Polly McKenna-Cress, Janet Kamien, *Creating Exhibitions: Collaboration in the Planning, Development, and Design of Innovative Experiences*, John Wiley and Sons, Inc., 2013, p.177.

能带来神经功能的改变?

## 二、元认知:认知发生可能的底层机制

认知是指人脑接收外界信息,经由加工处理转化为内在的心理活动,以获取知识或应用知识的过程。① 显而易见,该过程既离不开信息获取,亦离不开信息加工,为此我们选择从外部和内部两大视角,试图拨开认知发生的迷雾,让理性思维照亮行动的道路。

### (一) 外在因素:身体、环境同时参与大脑的信息加工

很多时候,我们会以为我们的行为由大脑掌控,比如大脑告诉你要迟到了,你就第一时间从床上蹦起来,大脑告诉你新上映的电影值得一看,你就准备周末去电影院一睹为快。事实上果真如此吗?大脑里的神经元回路能决定一切吗?为什么当我们微笑时,会感到更加快乐,往往会采取积极行动,而当我们蜷缩在角落时,会感到愈发神伤,好像失去了力量?认为大脑决定一切的判断,事实上与传统认知心理学不谋而合。人们一直以为大脑操纵着信息加工,因此相对于大脑,身体和环境成了影响认知的外在因素。

1. 身心二元论遭遇困境,具身认知由此崛起

几乎所有宗教都认为存在灵魂,人死后,虽然肉身已殁,但灵魂永存,或进入天堂,或落入地狱,或陷入轮回。马王堆三座汉墓的惊世发现,即为我们再现了两千多年前西汉列侯对逝后世界的臆想和祈求,体现出了他们强烈的生命意识和永生期盼。当时的人相信死后"魂气归于天,形魄归于地"。灵魂与肉身、心灵与身体真的能分离吗?自古以来,我们一直认为身心分属两个世界。古希腊哲学家柏拉图指出有两个世界②,一个是可见世界,另一个是可知世界。可见世界相当于我们

---

① 郭艳芹、郭晓玲主编,王伊龙、刘秋庭、钟镝副主编,王玉芬等编:《全国普通高等医学院校五年制临床医学专业"十三五"规划教材:神经病学》,中国医药科技出版社2016年版,第53页。

② 葛树先编著:《西方历代哲学家思想纵览》,南开大学出版社2018年版,第44页。

凭借感性认知可认知的世界,分为纯实物的世界和实物影像的世界;而可知世界就相当于我们凭借理性认知可认知的世界,包括纯理念的世界和理念影像的世界。17世纪的法国哲学家、数学家和科学家笛卡尔也是身心分离的坚定拥趸者,他明确主张身心二元论。笛卡尔认为作为主体的"我"拥有思想,是有思维的东西,所谓"我思故我在"①,同时还存在包含身体的物理世界,而物理身体和心灵截然不同,它们完全是不同种的东西。长期以来,身心二元论统摄着我们的思维,同时也困扰着我们的判断。譬如德国哲学家黑格尔指出,实体即主体②,认为"一切问题的关键在于不仅把真实的东西或真理理解或表述为实体,而且同样理解和表述为主体"③,意味着实体其实是主体的外化。而法国启蒙思想家、哲学家朱利安·拉美特利(Julian Offray de La Mettrie)则主张机械唯物主义,认为思维、意识与物理世界的力学原理并无二致,"宇宙间只存在一种物质组织,而人则是其中最完善的"。④ 如果说黑格尔将世界观念化,使人成为一个超然的意识主体,那么拉美特利则将一切归结为物质,使人成了一台机器。⑤ 虽然身心二元论已根深蒂固,并拥有一批忠实的推崇者及追随者,但也有一批学者开始尝试超越身心二元的对立,对其进行诟病。⑥ 实际上早在20世纪20年代,德国哲学家海德格尔就创造出"在世存在"(being-in-the-world)⑦的概念,即人在世界中存在,这一点支配一切存在者的意义。这个世界的主客体是浑然一体的,没有严格界限。法国哲学家莫里斯·梅洛-庞蒂(Maurice Merleau-Ponty)在20世纪三四十年代也是旗帜鲜明的身心二元论之反对者,他以现象学作为视角探讨身体,认为身体既非物质,也非精神,而是拥有双重性。⑧ 知觉、身体与世界为有机统一体,其中身体是

---

① 白笑禹:《原来如此:有趣的行为心理学》,北京工业大学出版社2016年版,第121页。
② 张世英编:《张世英黑格尔哲学五讲》,文化艺术出版社2018年版,第287页。
③ [德]黑格尔:《精神现象学(上卷)》,贺麟、王玖兴译,商务印书馆1979年版,第10页。
④ 刘延勃主编:《哲学辞典》,吉林人民出版社1983年版,第17页。
⑤ 季晓峰:《论梅洛·庞蒂的身体现象学对身心二元论的突破》,《东南学术》2010年第2期。
⑥ 叶浩生:《身心二元论的困境与具身认知研究的兴起》,《心理科学》2011年第4期。
⑦ 孙向晨:《面对他者:莱维纳斯哲学思想研究》,上海三联书店2015年版,第64页。
⑧ [日]小川仁志:《完全解读哲学名著事典》,唐丽敏译,华中科技大学出版社2016年版,第94页。

被嵌入世界的,如同心脏嵌于身体中。同时,心理学研究者也作为身心二元论的反对者出场,并为该观点提供力证。20世纪前期,美国心理学家、教育家、实用主义的集大成者杜威提出理性思维是根植于身体经验之上的,经验是有机体与环境互相作用的过程。① 20世纪中后期,瑞士儿童心理学家、发生认识论的创始人皮亚杰主张,"认识起因于主客体之间的彼此作用,这种作用出现在主客体之间的中途,所以既包含主体又包含客体"②,建构主义理论便是在这种发生认识论的基础上得以构建的。

由此可见,身心二元论的反对声大致始于20世纪早期,并贯穿整个20世纪。在这一背景下,认知心理学作为心理学的重要思潮于20世纪五六十年代在西方学术界悄然兴起。令人遗憾的是,第一代认知科学从诞生伊始便被深深地打上了笛卡尔身心二元论的烙印③,因为其是在传统英美解析哲学思想的环境下被孕育的。而英美解析哲学主要包括形式逻辑、生成语言学、早期人工智能、信息处理心理学和早期认知人类学,它与当时的主导范式极为契合,所以想当然地接受了主导范式中理性是离身的等流行观点。④ 早期的认知科学坚持严格的二元论,核心观点是将人脑比作计算机,强调认知作为大脑的功能本质上与身体结构无关,身体的感觉和运动系统仅起到一种输入和输出的作用。⑤ 换言之,传统认知科学认为认知本质上是符号表征的运算过程,意味着其如同计算机语言,思维被看作依据形式规则的符号操作,而符号本身并不具备任何意义,可见心智是能与有机体的身体、环境等相分离的。综上,第一代认知科学主张的是一种离身认知(disembodied cognition)⑥,包括表象主义、计算主义、符号主义、认知主义和功能主

---

① 甘露:《论杜威的艺术思想》,武汉大学出版社2016年版,第22页。
② [瑞士]皮亚杰:《发生认识论原理》,王宪钿等译,商务印书馆1981年版,第21—22页。
③ 杨帆:《具身认知的生成与批判及发展趋势研究》,山西大学硕士学位论文,2019年。
④ George Lakoff, Mark Johnson, *The Embodied Mind and Its Challenge to Western Thought*, Basic Books, 1999, p.75.
⑤ 叶浩生:《"具身"涵义的理论辨析》,《心理学报》2014年第7期。
⑥ 陈巍、陈波、丁峻:《第一代认知科学五十年:离身谬误与危机根源》,《山东师范大学学报(人文社会科学版)》2010年第4期。

义等。

直至20世纪70年代中后期,随着一系列的实证研究初露头角,第一代认知科学及其观点开始遭到质疑。我们不妨先来介绍一项由耶鲁大学开展的有趣实验。[1] 该校学者首先随机地把40位学生分为两组——A组和B组,让A组和B组的学生分别手捧一杯热咖啡和冰咖啡,尔后将他们带到实验室,请两组学生就同一个人的人格特质分别加以评价。结果显示,在手持热咖啡的A组学生中,70%认为此人是热情而友好的;而在手持冰咖啡的B组学生中,80%认为此人是冷静而内向的。由此基本可推断出,学生身体所感知到的温度影响了其在社交过程中对他人的判断。类似的案例还有很多,譬如我们时常提到的言传身教,孩子在模仿家长的良好行为时,自己也同步变得优秀。当我们在研究物理及身体问题时,对应的是物理学、生理学等学科,而当我们围绕心理问题展开探究时,也需要一门与之匹配的学科,科学心理学由此诞生。越来越多的实证研究表明,认知与身体和环境高度相关。因此到了20世纪中后期,传统的信息加工范式开始让位于后认知主义方法。[2] 哲学、认知科学、语言学、机器人学等学科或领域的研究者逐渐认识到,认知的表征和操作并非独立的,而是根植于其物理情境之中。[3] 基于此,20世纪80年代,以具身认知为代表的第二代认识科学,作为第一代认知科学的反对者开始在学术舞台粉墨登场。

2. 厘清具身认知的内涵,洞察其局限与意义

(1) 具身认知的内涵及要点

具身认知(embodied cognition)也被译作涉身认知、居身认知、寓身认知等,也被称为具身心智(embodied mind)。[4] 其中,"具身"的基本含义是指认知对身体的依赖性。[5] 而具身认知概念本身存在狭义和广义

---

[1] 叶浩生:《有关具身认知思潮的理论心理学思考》,《心理学报》2011年第5期。
[2] 叶浩生:《身心二元论的困境与具身认知研究的兴起》,《心理科学》2011年第4期。
[3] 同上。
[4] 赵蒙成、王会亭:《我国具身认知研究现状与未来进路》,《职业教育研究》2015年第11期。
[5] 叶浩生:《"具身"涵义的理论辨析》,《心理学报》2014年第7期。

之分。狭义的具身认知是指认知或心智主要是被身体的动作和形式所决定的,强调身体在认知活动中的核心作用。[1] 而广义的具身认知既重视身体的重要作用,又关注身体与环境的互动,其强调的是身体(物理结构、感知运动经验、状态)、环境和大脑在认知中的作用[2],以弗朗西斯科·瓦雷拉(Francisco Varela)[3]、乔治·莱考夫(George Lakoff)[4]、安迪·克拉克(Andy Clark)[5]、艾斯特·西伦(Esther Thelen)[6]、西恩·贝洛克(Sian Beilock)[7]等学者为代表。而我国学界自21世纪初也开始关注该领域,代表学者有叶浩生[8]、陈巍[9]、李其维[10]等。

具身认知在批判第一代离身认知的范式基础上,提出认知是"具身"的,它源自对具身心智的思考[11],强调把认知放到现实生活中加以考察,反对输入-输出系统,强调身体运动能力和感知觉所发挥的作用。以下我们将采撷三位学者的重要观点,梳理并挖掘他们对具身认知内涵的基本立场和看法,于此基础上展开分析与整合。

乔治·莱考夫和马克·约翰逊(Mark Johnson)在《肉身哲学:亲身心智及其向西方思想的挑战》(The Embodied Mind and Its Challenge to Western Thought)一书中指出,具身认知观包含八大要点:

"一是概念结构来自我们的感觉运动经验和造成这一经验的神经结构。

二是心智结构的本质意义凭借的是与我们的身体和亲身经验的

---

[1] 叶浩生:《具身认知:认知心理学的新取向》,《心理科学进展》2010年第5期。
[2] 同上。
[3] Francisco J. Varela, Evan Thompson, Eleanor Rosch, *The Embodied Mind: Cognitive Science and Human Experience*, MIT press, 2016.
[4] George Lakoff, Mark Johnson, *The Embodied Mind and Its Challenge to Western Thought*, Basic Books, 1999.
[5] Andy Clark, "Whatever next? Predictive brains, situated agents, and the future of cognitive science", *Behavioral and Brain Sciences*, 2013, 3(3).
[6] Esther Thelen, "Motor development as foundation and future of developmental psychology", *International Journal of Behavioral Development*, 2000, 24(4).
[7] [美]西恩·贝洛克:《具身认知:身体如何影响思维和行为》,李盼译,机械工业出版社2016年版。
[8] 叶浩生:《具身认知:认知心理学的新取向》,《心理科学进展》2010年第5期。
[9] 陈巍:《具身认知运动的批判性审思与清理》,《南京师大学报(社会科学版)》2017年第4期。
[10] 李其维:《"认知革命"与"第二代认知科学"刍议》,《心理学报》2008年第12期。
[11] 叶浩生:《"具身"涵义的理论辨析》,《心理学报》2014年第7期。

联结。

三是在某种程度上,基本层次概念来自我们的肌动模式、格式塔感知能力和意象模式的形成。

四是我们大脑的结构化就是为了将感觉运动域的激活模式映射到更高皮层区。这些构成我们所谓的基本隐喻。这种映射允许我们把抽象概念基于推理模式概念化,这种推理模式用于与身体直接缠绕的感觉运动过程。

五是概念结构囊括各种各样的核型,如:典型性案例、理想化案例、社会定型、显著范例、认知参照点、梦魇案例等。每类核型使用不同的推理形式,多数概念是不具备必要充分条件的。

六是在我们推理的基本形式中,理性是具身的。这些推理的基本形式来自感觉运动和其他基于身体的推理形式。

七是在身体的推理形式中,理性是想象的。身体的推理形式借助隐喻映射到抽象推理模式中。

八是概念系统是监管的,而非单一的。抽象概念通常由多重概念隐喻界定,而这些隐喻往往并不一致。"[1]

玛格丽特·威尔逊(Margaret Wilson)在《具身认知的六点见解》(Six Views of Embodied Cognition)一文中,就涌现出来的各家之言进行了归纳,并从中总结出围绕具身认知的六点看法:

"其一,认知是情境化的。它发生在真实的环境中,涉及感知和行动。

其二,认知是有时间压力的,必须了解认知在与环境实时交互的压力下如何发生。

其三,将认知工作交付给环境。因为我们的信息处理能力有限,利用环境来减少认知的工作量。我们让环境为我们保存甚至操纵信息,而自己只在需要时获取。

其四,环境是认知系统的一部分。大脑和世界之间所产生的信息流是密集而连续的,因此对于探究认知活动本质的科学家而言,心智本

---

[1] George Lakoff, Mark Johnson, *The Embodied Mind and Its Challenge to Western Thought*, Basic Books, 1999, p. 76–77.

身并非有意义的分析单位。

其五,认知是服务于行动的。心智的功能是指导行动,诸如感知、记忆等认知机制被理解成其必须依托某些内容,即它为一定情境下的行为发生所做出的贡献。

其六,离线认知(off-line cognition)是以身体为基础的。即使脱离具体的环境,心智也根植于与环境互动的机制中,即感官加工机制和运动控制机制。"①

在我国,具身认知研究的扛鼎之人当属叶浩生,他对具身认知的内涵进行了更为精要的概括,将其归纳为三方面:

"第一,认知发生的步骤和方式都由身体的物理属性决定,尤其表现在深度知觉的研究上。

第二,认识的内容本身也由身体提供。正如小雷蒙德·吉布斯(Raymond W. Gibbs, Jr.)所言,'人们对身体的感受以及身体在活动中的体验,部分地构成了我们语言和思想的基础内容'②。其中,人类抽象思维多数源自隐喻便是该问题的有力佐证。

第三,认知是具身的,而该身体又深嵌在环境中。认知过程并非大脑内部的封闭循环,而是扩展至认知者的大脑、身体和环境所构成的动态环境。"③

同时,当代认知神经科学对于镜像神经元的发现,也为具身认知提供了强有力的生物学证据。④

综上,乔治·莱考夫和叶浩生分别为国内外具身认知研究的集大成者,而威尔逊虽然并非最具代表性的学者,但是却对诸多学者的观点进行了高度提炼。其中,莱考夫的观点重在强调三方面内容:首先,概念来自身体感觉运动经验所造成的神经结构,推理也来自身体感觉运动和根植于身体的推理形式,因此它们都是具身的。其次,心智是身

---

① Margaret Wilson, "Six views of embodied cognition", *Psychonomic Bulletin and Review*, 9(4).
② Raymond W. Gibbs, Jr., *Embodiment and Cognitive Science*, Cambridge University Press, 2005.
③ 叶浩生:《具身认知:认知心理学的新取向》,《心理科学进展》2010年第5期。
④ 华鸿燕:《隐喻性话语取象的具身认知研究》,西南大学博士学位论文,2019年。

体和环境互动的产物,所以心智也是具身的。最后,抽象概念是隐喻的,而隐喻是用我们熟悉的东西来理解不熟悉的,而身体和世界的互动及其产物恰恰是我们最熟悉的。叶浩生的观点则更加言简意赅,理解起来也更显轻松,其主要想表达的大致有两层意涵:一是认知的内容、步骤和方式归根到底都是具身的;二是认知与认知者的身体及其所处环境是一个动态统一体。虽然威尔逊的主要工作是梳理与归纳,但其也在提炼出六种看法的过程中直截了当地表达了自己的主张。威尔逊认为前面三点和第五点看法是正确的,或者部分正确,存在一定的适用范围,但第四点看法,即"对于探究认知活动本质的科学家而言,心智本身并非有意义的分析单位"①存在问题,同时第五点看法虽然关注度有限,但潜力和价值重大。笔者认为,上述三位学者就具身认知提出的核心要义是相通的,他们都在强调认知、心智的具身性,认知还是嵌入环境的互动活动,即便是抽象层面的认知也同样如此,因为其所依赖的隐喻寻根究底是与身体有关的。如表达我们抽象情绪的词语——焦头烂额、心平气和、目瞪口呆、提心吊胆等,它们皆发乎身体。

(2) 具身认知的局限与意义

随着证据的积微成著,具身认知理论从早期的哲学思辨(一种形而上学的思考)发展为心理学(强调心理活动信息加工的认知心理学,相对于理论心理学、心理哲学的实验心理学等而言)、认知科学、社会认知等领域的新研究范式。② 我们知道,倡导身-心-环境三位一体的具身认知在心理学和认知科学等多个领域引发轩然大波是毋庸置疑的,但在强调该流派的意义前,我们更想在前文内涵廓清的基础上,先来洞察并反思具身认知究竟存在怎样的局限,这些局限将有助于我们更好地理解具身认知的深层次意义。

笔者认为,具身认知的局限大致表现在三方面:第一,也是最为突

---

① Margaret Wilson, "Six views of embodied cognition", *Psychonomic Bulletin and Review*, 9(4).
② 王思怡:《博物馆之脑:具身认知在多感官美学感知中的理论与应用》,《博物馆研究》2016年第4期。

出的一点,即造成当前语境下的个体主义,与长期积累的社会历史文化因素之间的割裂。具身认知通常指向认知者个体,强调人的身体物理属性、感觉运动的身体图式以及认知者所处的环境,即在身-心-环境的相互作用下,认知发生,该过程与认知者个体高度相关,且发生在某一特定的现实情境中。可见,具身认知虽然豁然确斯地揭示出认知中身-心-环境关系的互动性,以及认知发生的即时性,但某种程度上又表现出一种更广泛意义上的割裂,即把认知与个体之外的社会历史文化因素进行割裂,只关注直接的环境影响而忽略了间接的"环境"影响。第二,具身认知更多时候探讨的是身体、环境对于认知的塑造,而对认知在身体及其机制上的影响却视而不见,造成目前研究的天平完全倾向于前者,力图通过行为结果寻找解释机制,这种研究进路似乎带着20世纪早期行为主义的影子。第三,尽管具身认知主张身-心-环境三位一体,但事实上我们更多地聚焦身和心对于环境的单方面作用,某种程度上现有研究并没有跳出二元论、三元论的窠臼,并未在真正意义上将其视为一个统一的动态体,以便讨论它们彼此之间深层次的互动关系。可见,第三方面的局限与第二方面密切相关,类似于第二方面的升级版。

在弄明白具身认知可能的局限性后,我们再来审视一下该流派在强调具身、反对离身,坚持非形式解析哲学、否定形式解析哲学上的变革意义。毫无疑问,诞生于20世纪50年代末的第一代认知科学曾引发了一场心理学界的认知革命,主张将注意力从关注人的外在行为及其变化,转向人的内在心理及其变化,相较于行为主义,它代表着那个时代的一种新范式,但历经二三十年的发展和壮大,曾经的新范式却暴露出身心二分的狭隘性,"遥看旧人离愁恨,一代新人换旧人",这一过程在任何学科瓜熟蒂落的发展中都不可避免,此时,亟待将旧范式转换过渡到一种新范式,20世纪七八十年代,具身认知应运而生。既然肩负着弥补缺陷并革新范式的使命,那么两者交锋的焦点便是身心关系的处理问题,而它的重大意义也主要体现于此。

总体而言,我们认为具身认知至少具备三大意义。一是主张身心一体论,提供了身心关系处理的新视角。行文至此,我们均已清楚,传统的认知科学将身体及经验剔除在认知之外,而具身认知则主张重新界定两者的关系,提出身心一体,同时,广义具身认知还要求将环境纳入,认为认知是大脑、身体和环境交互作用下的产物。这一新视角的根本思想在于将人看作身心完整意义上的人,而非依赖一套符号系统的机器,所以我们的认知不仅具备"具身性",还依赖"情境化",而当下运作机制下的计算机是代替不了人的认知的。综上,在真实的生活图景中,人的认知具备鲜明的主体性和建构性,身心一体为我们未来研究认知问题开拓了无限新的可能。如身-心-环境如何相互作用,高级心理过程是否存在表征中介,认知产生的同时怎样对身体进行改造等。

二是促进身体客体的主体化,以发挥身体在认知塑造中的积极作用。这一点可能是具身认知最为直接而又显见的意义。既然身体不仅是物理属性上的肉体,还是心智化的身体,那么就有必要探讨如何有效发挥身体的主体化功能,以促进语言、概念、推理、判断等认知活动的生成。早在20世纪80年代,盖瑞·威尔斯(Gary Wells)和理查德·佩蒂(Richard Petty)就做过一个简单却又颇具说服力的实验——测试耳机舒适度。实验将被试的73名学生随机分为3组,分别为垂直移动组(点头)、平行移动组(摇头)和对照组。在整个实验过程中,被试者首先会听到一段音乐,随后是广告商对耳机的推荐语,最后被试者被要求填写一份问卷。统计结果显示,平行移动组(摇头)在给耳机打分以及被问到是否赞同广告商的观点时,评价均低于垂直移动组(点头)。据此,我们可大致可作如下判断:由于身体的点头运动代表着一种积极的态度,所以促成了一种正向的认知,而摇头运动则情况相反。

三是认知的动力性要求强调身体与环境的强耦合,因此必须重视空间环境的营造。作为第二代认知科学的革命性创造,动力系统理论指出"环境"不但是认知过程的组成要素,促成认知主题内部计算发生,也反过来影响着信息的摄取、交换和处理,对认知主体的内在标准系统机械能全面改造,因此该系统中主体和环境持续地相互作用,一直处在一种强耦合的关系中。① 有关身体与环境强耦合的观点犹如一把钥匙，为我们开启了一扇新的大门。长期以来，我们只是强调实物学习中受众的重要性，却未将受众的身体及其置身的环境放在一个突出的位置。如果说原来空间只是盛放实物的容器，那么现在已成为实物阐释的要素构成，并且空间已突破物理学意义上的环境，被赋予了社会学的意义。同时，我们还必须认识到，认知处于特定的情境中，即便是同一个情境，由于人的认知目标和兴趣等的不同，认知主体所产生的结果也截然不同，如当我们目睹上海博物馆馆藏的兽面纹尊时，专业人士或许感到风景万千，但非专业人士则可能觉得一头雾水。因此，在我们认知的生成中，尽管不能完全依赖环境，但环境首先可以做到舒适、美观，同时还可帮助达成可视化，并为实现理解贡献力量。

### （二）内在机制：由"转喻"去发现，于"隐喻"去理解

在信息加工过程中，如果身体、环境相较于大脑属于外在因素的话，那么其内在的工作机制究竟是怎样的？这些机制纷繁复杂，主要包括比较初级的感知觉和比较高级的认知功能。那么大脑信息加工最底层的作用机制又是什么呢？笔者认为可概括为"隐喻"（相似性）与"转喻"（相关性），即人类认知世界、表达情感和组织意义的重要载体。② 为此，我们需要有意识地发现、积累和使用能提升认知、激发情感的相似和相关之处，通过嫁接这些体验，促使实物与受众对话成功。

"隐喻"和"转喻"概念可追溯至 20 世纪 60 年代，最早提出者是罗曼·雅柯布森（Roman Jakobson），他在研究人类失语症时发现了相似性和接近性两大主要障碍，认为"隐喻"与相似性障碍不相容，而"转喻"则与接近性障碍不相容③，但并未对这些概念做明确界定。究竟何为

---

① 张博、葛鲁嘉：《具身认知的两种取向及研究新进路：表征的视角》，《河南社会科学》2015 年第 3 期。
② 王小平、梁燕华：《多模态宣传语篇的认知机制研究》，《重庆交通大学学报（社会科学版）》2015 年第 6 期。
③ ［英］特伦斯·霍克斯：《结构主义和符号学》，瞿铁鹏译，上海译文出版社 1997 年版，第 78 页。

"隐喻"和"转喻"?"隐喻"是指不同高级经验领域里两个概念的映射,即将源域的特征映射到靶域,或者说靶域的概念可以通过源域来理解。① 这本质上是"用一种事物理解和体验另一种事物"②,表示的是相似关系。例如"每天上班早高峰,高架上密密麻麻的小轿车犹如蚂蚁在爬行",如果我们并不清楚上班早高峰的交通运行实况,那么采用"蚂蚁爬行"作为隐喻,就能使小轿车的行进特点变得一目了然。一般来说,概念系统是建立在隐喻基础上的。而"转喻"则由相同经验领域或概念结构内的映射构成。③ 它本质上是"用突显的、重要的,易感知、记忆、辨认的部分代替整体或整体的其他部分,或用具有完形感知的整体代替部分"④,表示的是临近关系,即同一认知领域中,用一个范畴激活另一个,使后者更为突显。譬如李清照在《如梦令》中写道:"知否,知否?应是绿肥红瘦。"其中"绿"和"红"均使用了转喻,分别指海棠花的绿叶和红花。综上,"隐喻"通常揭示的是事物之间的相似性,而"转喻"则揭示临近性;"隐喻"是双向的、可逆的,而"转喻"则是单向的、不可逆的。在人类认知发生作用时,选择(或联系)表现为相似性(隐喻);结合(或横组合)表现为接近性(转喻)。⑤ 其中,"转喻"是"隐喻"的基础,它为"隐喻"提供依据,并共存于连续体中。"事实上,在这个'转喻'向'隐喻'发展的过程中,会受两方面因素的主导,一是'转喻'的经验基础会制约'隐喻'的源域及映射的选择,一是抽象程度机制,抽象程度的高低影响着某一映射更接近转喻的可能,这一抽象过程本身就是'转喻'的。"⑥

鉴于此,我们需要努力寻找或使用具有普遍意义的相似性和临近性。以 1980 年"世界新闻摄影奖"的得奖作品《手——乌干达旱灾的恶

---

① George Lakoff, Mark Turner, *More Than Cool Reason: A Field Guide to Poetic*, The University of Chicago Press, 1989, pp. 103-104.
② George Lakoff, Mark Johnson, *Metaphors We Live By*, University of Chicago Press, 2003.
③ George Lakoff, Mark Turner, *More Than Cool Reason: A Field Guide to Poetic*, The University of Chicago Press, 1989, pp. 103-104.
④ George Lakoff, Mark Johnson, *Metaphors We Live By*, University of Chicago Press, 2003.
⑤ 胡妙胜:《演剧符号学》,上海古籍出版社 2015 年版,第 66 页。
⑥ 束定芳主编:《隐喻与转喻研究》,上海外语教育出版社 2011 年版,第 407 页。

果》(见图19)为例,从照片中我们可以看到一个正常大小的手掌与一只瘦骨嶙峋的小手。这幅作品的作者是迈克·威尔斯,他当时正在非洲为英国救助儿童基金会工作。那一天,当一位神父伸手给一位四岁的男孩分派食物时,韦尔斯按下了快门。我们知道乌干达是世界上最为贫困的国家之一,两只不同大小和肤色的手在一个画面出现,极富视觉冲

图19  1980年"世界新闻摄影奖"获奖作品《手——乌干达旱灾的恶果》(迈克·韦尔斯摄)

击力。通过转喻我们将其与一位白人成人和一位黑人孩子关联起来,孩子的手形销骨立,因此借助隐喻我们脑海里浮现出饥荒、贫穷,甚至不平等概念。正是这种相关性和相似性在作品与欣赏者之间架起了沟通桥梁,也促使我们陷入自我内省的旋涡中。可见,利用好"隐喻"和"转喻"这两种人类基础的认知机制,可促使实物与受众之间的交流变得轻松而有效。我们知道,博物馆是保存和展示实物之所,依托实物促成有效学习是博物馆的当务之急,为此,我们应对"隐喻"和"转喻"两大认知机制善加应用。这可包含五方面内容。其一,在实物学习的资源获取问题上,可通过招揽更多的人、组织更有用的资源和鼓励更有效的想法,为认知的隐喻和转喻夯实基础和创造可能。其二,在实物学习的信息呈现上,应从提供海量信息转变为鼓励身心参与。因为当前我们的受众多数是外行或入门者,为实现与他们认识的相似和相关,不应专注于提供百科全书式的知识和事实,而是应致力于鼓励他们的深度参与。实物学习的提供方需要回到学习该物件时的起点,以溯源的方式回忆当初激发他们兴趣的原因,以发现知识或情感上的共性,从而为阐释实物所用,促使受众在关联、互补和对比时,能用转喻去发现,用隐喻去理解,而非一味使用缺乏同情心的专业知识去吓跑观众。其三,在处理争议或敏感问题时,将公众纳入,使他们成为潜在的开发伙伴,应考虑这部分的合作对象,使收集到的多元化"声音"成为差异化观众隐喻

或转喻的基础。其四,在对待热点话题时应开展文化潮流研究。我们需要通过互联网、书籍、电影和戏剧等,掌握与物及其所载信息相关的文化潮流,洞察目标和潜在观众的不同经历,了解他们拥有的文化印记,而这些恰恰是隐喻或转喻的作用对象。其五,在面临观众收益无法预知的问题时,鼓励采取前置性评估或形成性评估等,它们同时是说服力强的评审文件,也可以成为重要的筹款资料以及内容策划、实体设计的参考依据。这些评估实际上预先了解了"隐喻"与"转喻"的发生情况及其效果。总之,如何促使人类认知机制中的"隐喻"和"转喻"发生作用,让实物有效实现媒介化以发挥实物载体的独特作用,是我们长期应予以重视的重要理论和实践问题。

## 三、认知规律的遵循和运用:博物馆中的多感官及具身认知

根据上文对大脑和元认知的探究,我们初步掌握了人的认知特点和规律,那么究竟该如何对它们善加利用,成为摆在我们面前的新问题。随着"多感官研究"在神经科学和认知心理学领域的勃兴,20世纪七八十年代,认知科学和心理学界掀起"具身"革命,同时期人文与社会科学领域转向"感知研究",依托实物传播信息的机构——博物馆也开始重新思考对观众感知的合理运用,甚至是重点运用,以期帮助观众轻松愉悦地达成学习。鉴于此,我们将围绕大脑和元认知研究成果中与实物学习最为紧密相关的部分,即感知/多感官研究和具身认知研究,分别梳理并讨论它们在博物馆中的实际运用。虽然两方面研究分属不同学科领域,但这些成果的运用目标高度一致,都旨在改善观众在博物馆中的实体体验。

### (一)感知和多感官研究:提升博物馆物化信息阐释的新途径

我们知道自然科学与社会科学都属于科学,由于它们重在探究对象的性质、规律,以获取与对象有关的普遍知识,因此是一种"物学",所要回答的是"是什么、为什么、怎么样"的问题,即便是研究人,也只是将其视为无异于其他的一般存在物。但人文学科并不属于"科学",而是

一种"人学",所要回答的是"应如何"的问题,该学科并未将人看作既成事实,而是视为一种待开发的存在物加以研究。① 可见,自然科学、社会科学与人文科学的研究分工迥异,旨趣和思维存在本质差异。然而对于感知问题,三者却不约而同地投身其中,充满探索兴趣并满怀热忱。正因如此,上文论及的自然科学领域涌现出大脑生物学成果,即神经科学视阈下的多感官研究及发现,给予人文和社会科学领域以强有力的刺激,某种程度上也是一种莫大的鞭策和鼓励。于是过去的 30 年间,人文和社会科学领域纷纷将目光转向感知研究。

多感官(multisensoriality,又称为多感官同一性)一词,最早出现在加拿大人类学家大卫·霍威斯(David Howes)于 1991 年出版的著作《感官体验的多样性》中,书中在探讨基纳坎特科(Zinacanteco)玛雅人仪式中蜡烛的象征意义时,使用了该词,他认为蜡烛不仅具有标杆意义,还有感官意义。其中"感官"用"多感官"表述更为准确,因为蜡烛不仅以视觉形象吸引人,也以热触觉和味觉吸引人。② 2003 年,这位在感官人类学领域颇具影响力的先贤又出版了《感官关系:在文化和社交理论中使用感官》(*Sensual Relations: Engaging the Senses in Cultural and Social Theory*)一书。霍威斯在书中指出,20 世纪 80 年代人类学的语言和文本范式发生转向,将文化看作人类感知世界的方式,并认为这种反传统转向导致了感官人类学的问世。不同于以往将视觉、听觉、味觉、嗅觉等视为各自独立的体验,本书将重点放在探索各种感官之间的相互作用上。③ 在其另一本书《感官帝国》(*Empire of the Senses*)里,霍威斯颠覆了此前的语言和文本解释模型,引入感官体验进行文化分析,首次提到"inter-sensoriality"一词,认为感官不仅是知识之门、权力工具,还是快乐和痛苦之源,受到社会结构影响,从而为学术界的感

---

① 汪信砚:《人文学科与社会学科的分野》,https://www.gmw.cn/01gmrb/2009-06/16/content_934944.htm(2009 年 6 月 16 日),最后浏览日期:2021 年 8 月 20 日。
② David Howes (ed.), *The Varieties of Sensory Experience: A Sourcebook in the Anthropology of the Senses*, University of Toronto Press, 1991, p.236.
③ David Howes, *Sensual Relations: Engaging the Senses in Cultural and Social Theory*, University of Michigan Press, 2003.

官革命开辟了新的研究领域。① 博物馆中的多感官问题在他 2014 年发表的文章《感官博物馆学导论》中被提出。

而在多感官概念提出之前,有关感知的研究已出现,至少可追溯至 1901 年。英国托雷斯海峡探险队通过开展感知研究,用以检测他们所遇到的当地人的感官敏感度。② 但真正的感知研究大概肇兴于 20 世纪 80 年代,1988 年康考迪亚感知研究小组(Concordia Sensoria Research Team)得以创建,组员由来自不同学科领域的三位学者构成,他们分别是社会学家安东尼·辛诺特(Anthony Synnott)、人类学家大卫·霍威斯和历史学家康斯坦茨·克拉森(Constance Classen)。③ 至多感官概念被创建之后,围绕多感官问题开展研究的代表性学者除了大卫·霍威斯外,还有芭芭拉·基尔希布拉特-吉布利特(Barbara Kirshenblatt-Gimblett)、妮娜·莱文特(Nina Levent)、阿尔瓦罗·帕斯夸尔-利昂(Alvaro Pascual-Leone)、康斯坦茨·克拉森(Constance Classen)等,国内有王思怡、陈蒙琪、朱润、汤强等。

以下,我们将主要围绕多感官在博物馆中的应用历史、应用方式、发展趋势三方面做简要论述。

首先是多感官在博物馆中的应用历史。整体而言,它经历了由广泛提倡到全面压抑,再到逐渐放宽,直至多感官体验的发展历程。17、18 世纪早期,大量感官元素被纳入博物馆及其展览,观众除了触摸展品外,甚至还可以品尝展品。因此在早期的博物馆中,多感官交互司空见惯,芭芭拉·基尔希布拉特-吉布利特提出博物馆是"一所感官学校"④,这也是我们目前推崇备至的。然而到了 19 世纪中期,情况有所改观,博物馆成为显示阶级和教养之所,观众的行为受到严格限制和约束,只能远距离眼观,而无法近距离互动。澳大利亚西悉尼大学社会学教授

---

① David Howes, *Empire of the Senses: The Sensual Culture Reader*, Routledge, 2005.
② 《感官体验的多样性》,https://www.david-howes.com/senses/Consert-Variety.htm,最后浏览日期:2021 年 8 月 21 日。
③ [美]妮娜·莱文特、阿尔瓦罗·帕斯夸尔-利昂编:《多感知博物馆:触摸声音嗅味空间与记忆的跨学科视野》,王思怡、陈蒙琪译,浙江大学出版社 2020 年版,第 4 页。
④ 王思怡:《博物馆作为感官场域——从多感官博物馆中的嗅觉说起》,《中国博物馆》2016 年第 4 期。

托尼·本尼特(Tony Bennett)指出"展览复合体"(Exhibitionary Complex)的出现,将非视觉感官的应用看作粗俗的、不文明的,导致其几乎完全被排除在这一时期的博物馆体验之外。① 从某种程度上来说,这些观点及做法是博物馆有效媒介化的一种倒退。直至20世纪七八十年代后,触摸在博物馆界逐渐被放宽(尤其是针对视障人士),与此同时,专家们的触摸特权也被废止。20世纪90年代,在大卫·霍威斯、康斯坦茨·克拉森等学者的倡导及引领下,出现"感官的转向"(sensorial turn)②,现代博物馆开始自省对观众的感官运用约束,并不遗余力地探索博物馆中的多感官体验手段。同期在美国,还举办了博物馆多感官研究的会议,讨论多感官在博物馆中的创新应用。进入21世纪,美国博物馆学者妮娜·莱文特组织编写《多感知博物馆:触摸、声音、嗅味、空间与记忆的跨学科视野》(*The Multisensory Museum: Cross-Disciplinary Perspectives on Touch, Sound, Smell, Memory and Space*),以触摸、声音、嗅味、空间为主题,结合跨学科理论及案例分析,呈现出多感官体验在博物馆展览规划和设计等方面的应用发展态势。中国学者王思怡以浙江台州博物馆展项为例,论述了多感官在博物馆展项中如何合理应用的问题。

其次是多感官在博物馆中的应用方式。第一,制造沉浸感。将多感官体验纳入,有助于提升观众的在场感和亲历感,其适用于所有年龄段。第二,激发情感。多感官的运用可增强博物馆的情感震慑力,营造一种真实感,同时也能帮助建立个人与博物馆内容上的联结。第三,辅助教育。感官教育作为幼儿及青少年学习的重要手段,直观而易懂,尤其在自然科学教育上具有很好的解释作用。第四,导引导向。一些感官元素在特定位置作为标记出现,能为观众提供参观便利,并丰富他们的参观体验。

博物馆多感官研究的未来发展至少包括三方面内容:一是多感官在教育学方面的优势逐渐凸显,特别是对于有感官缺陷的学习者而言;

---

① Tony Bennet, *Museums, Power, Knowledge*, Routledge, 1988, p.29.
② Constance Classen, "Museum manners: The sensory life of the early museum", *Journal of Social History*, 2007(4).

二是多感官沉浸逐渐成为一部分博物馆的目标,也在不断挑战着博物馆对感知运用的极限;三是深入开展跨学科研究,吸纳认知研究、人类学、博物馆教育、数字科技和机器人学等相关成果;四是探讨博物馆如何利用新技术以冲破感官物理边界,让更多观众通过模拟沉浸,享受博物馆依托物的独特体验。

## (二)具身认知:深化博物馆物化信息阐释的新探索

正如《认知科学手册:一种具身取向》(*Handbook of Cognitive Science: An Embodied Approach*)一书的编者帕克·卡尔沃(Paco Calvo)和安东尼·戈米拉(Antoni Gomila)所言:"在过去10年中,各种力量都蜂拥而至'具身认知科学'的旗号下,不幸的是,分支学科不仅日益增多,且缺乏共同立场,使得人们难以对该领域的进步进行评价……争议和质疑不断出现,各种研究思路由于没有合适的方法而时常进入一个死胡同。"[①]基于此,拉里·夏皮罗(Larry Shapiro)主张将具身认知研究称为"研究纲领"(research programme),而不是一种"理论"。[②] 尽管我们已目睹具身认知在各大领域势如破竹,并且发展出一种令人瞩目的研究取向,但其在研究的主题、立场和方法等方面依然存在局限。然而,古往今来,每种新范式的问世,总不可避免地裹挟着自身固有的局限,无论如何,我们需要认识到的是,这一范式与博物馆阐释之间存在深厚渊源。因为博物馆具备多感官性、空间性和非正式性特征,而正如前文所言,具身认知探讨的恰恰是身体、大脑和环境三位一体下认知的生成,与博物馆强调特定空间内观众经由多感官感知促成认知发生不谋而合。因此,探究具身认知成果在博物馆中的运用,有助于掌握观众空间认知的规律,为博物馆阐释提供理论依据和发展潜力,从而建立起一套独特的传播方法,以深化博物馆阐释。

---

① Paco Calvo, Antoni Gomila (eds.), *Handbook of Cognitive Science: An Embodied Approach*, Elsevier Science Ltd., 2008, p. xvii.
② Larry Shapiro, "The embodied cognition research programme", *Philosophy Compass*, 2007, 2(2).

我们在"二、元认知：认知发生可能的底层机制"中已提及具身认知研究，具身认知始兴于 20 世纪七八十年代，直至 21 世纪初才引起我国学者的广泛关注。但目前国内鲜有将具身认知成果运用至博物馆等实物学习领域的研究，相关研究者有周婧景[1]、王思怡[2]、彭博[3]、王国彬[4]、史小冬[5]等。较具代表性的成果仅见两文：周婧景指出具身认知理论在深化博物馆阐释中的应用面向及其原则[6]；王思怡从具身认知与多感官审美的神经科学研究出发提出"博物馆之脑"的概念，为博物馆沉浸式体验提供理论与应用依据[7]。

笔者认为，具身认知在博物馆中的应用至少可涉及四方面。

1. 符合人脑的认知逻辑：重视物和现象的形象阐释

与其他媒介相比，博物馆的传播独具个性，观众须在特定空间内，通过站立和行走来完成信息接收，这就决定了博物馆信息的传播应当是较为粗放的，观众不适合进行太过系统深入的学习，而这种学习可依赖后续教育活动予以拓展。同时，从现在的教育水平来看，内容过深、思辨性过强的展览也不符合普通受众的接受需求。而具身认知对"形象思维"价值的重新发现在一定程度上满足了博物馆传播的粗放性、直观性和体验性的独特需求。一些心理学理论一直强调抽象思维是思维发展的高级阶段，而形象思维只是初级阶段，并致力于推动思维由形象走向抽象。但具身认知领域的相关研究揭示，"抽象思维也是隐喻性质

---

[1] 周婧景：《具身认知理论：深化博物馆展览阐释的新探索——以美国 9·11 国家纪念博物馆为例》，《东南文化》2017 年第 2 期。
[2] 王思怡：《博物馆之脑：具身认知在多感官美学感知中的理论与应用》，《博物馆研究》2016 年第 4 期；王思怡：《何以"具身"——论博物馆中的身体与感官》，《东南文化》2018 年第 5 期。
[3] 彭博、任彝：《从具身认知角度探索博物馆儿童教育的创新与实践》，《建筑与文化》2019 年第 7 期。
[4] 王国彬、黄韬：《"具身认知"语境下的纪念馆展陈设计研究》，《艺术工作》2018 年第 2 期。
[5] 史小冬：《在线与在场：基于具身认知的展览交互设计策略研究》，《装饰》2019 年第 7 期。
[6] 周婧景：《具身认知理论：深化博物馆展览阐释的新探索——以美国 9·11 国家纪念博物馆为例》，《东南文化》2017 年第 2 期。
[7] 王思怡：《博物馆之脑：具身认知在多感官美学感知中的理论与应用》，《博物馆研究》2016 年第 4 期。

的,而隐喻性质归根结底是将一种形象比拟为另一种形象"①。因此,形象思维非常重要,而且必不可少。以冰岛的火山熔岩中心(Lava Centre)常设展为例,冰岛拥有全世界最为活跃的火山系统,通常每隔两三年喷发一次。该博物馆不仅可以让观众体验与火山爆发、地震等自然现象伴生的极端力量,还可以让他们学习一堂火山学的速成课,因而受到公众的普遍认可,并让他们流连忘返。② 该展包括 20 个互动装置,其中一半以上贯彻了形象思维的设计特点。譬如在序厅中,观众可通过火山监控的实时数据屏幕和大幅冰岛动态地图,对冰岛的火山名称及其基本情况产生直观认识(见图 20);在火山长廊(Eruption Corridor),火红色的凹凸墙面展示着自 1900 年以来冰岛上的火山喷发活动,火红色的墙面能给观众带来极具冲击性的视觉震撼,同时配套交互式的照明和声音,使观众在行进中产生渐入秘境的临场感和探险感(见图 21);地幔柱(Mantle Plume)展厅中岩浆由地幔向上蹿升,直达天花板,有助于观众轻而易举地感受冰岛地下火山地幔中的高热熔岩,以及底部火山世界的壮观瑰丽(见图 22)。所以博物馆以物为载体的信息

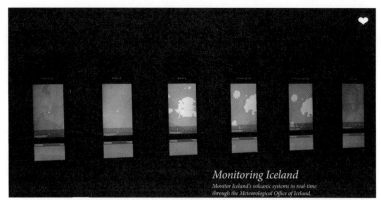

图 20　火山熔岩中心:火山监控的实时数据屏幕以及大幅冰岛动态地图

\* 图片由火山熔岩中心提供。

---

① 叶浩生:《身体对心智的塑造:具身认知及其教育启示》,《基础教育参考》2015 年第 13 期。
② LAVA Centre, https://segd.org/lava-centre, accessed 2021-08-24.

传播,可将重点转向形象思维的塑造,将抽象、深奥的理性内涵用可理解的、有趣、美的感性形式予以表达。

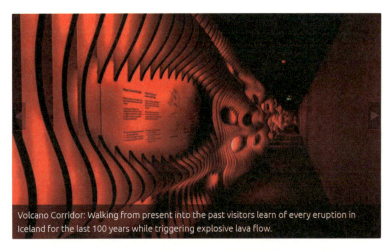

图 21　火山熔岩中心:火山长廊
＊ 图片由火山熔岩中心提供。

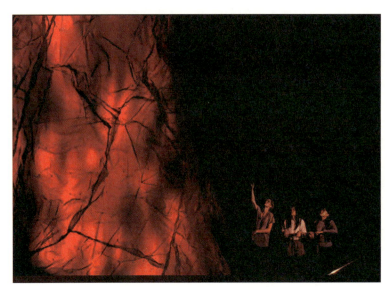

图 22　火山熔岩中心:地幔柱
＊ 图片由火山熔岩中心提供。

2. 重视观众的物理身体:倡导身体多感官信息的传达

"大脑中的活动并非思维的唯一源泉,因为大脑仅仅是身体的一个特殊器官。思维源于整体的人,源于有机体。"①正如具身认知领域的研究者们所主张的,应当从重视"全脑"走向重视"全身"。因此,第一,博物馆中物化信息的阐释必须符合人体工程学,使观众参观博物馆不仅能获取知识,而且能愉悦身心。参观博物馆本是一个耗费体能且易于疲劳的过程,因此,博物馆应力求展览的陈列带适合观众的平均身高,展览形式设计符合观众的视觉习惯,展览富有节奏、整体和谐、空间经营合理和巧妙等。第二,博物馆中物化信息的阐释应当激活身体感知觉,包括视觉、听觉、触觉、味觉等,应当重视身体多感官的信息传达。语词符号尽管能帮助人们在日常生活中进行有效沟通,但在博物馆学习环境中,它绝不是唯一的传播方式。博物馆在听觉、味觉和触觉等感官体验的开发上也可独具特色,而今已涌现出不少为人称道的经典案例。在听觉体验上,2014年为纪念"9·11事件"中罹难的和1993年遭遇卡车炸弹袭击的共3 000名受难者和救援者,在美国纽约市世界贸易中心双子塔原址的地下空间创建了一家博物馆——9·11国家纪念馆博物馆(National September 11 Memorial & Museum,以下简称9·11纪念馆)。借助听觉体验的开发进行展览阐释,是该馆对于具身认知最独特也是最主要的运用。"10:03时93号航班劫持和坠毁"展项成为其中的卓越代表。该展项揭示的是93号航班10:03被劫持并坠毁的过程,整个声音体验共持续7分钟。首先是处在飞机某个位置的红点亮起,处于该位置的乘客录音继而被播放,其主要来自电话语音的自动留言、美国联邦航空管理局的对外通信,以及驾驶舱内录音机中的复原信息等。观众由于获得了93号航班上那一刻最为原真的听力体验,所以能感受亲人诀别时那令人潸然泪下的场面,倾听感知深入人心、真实易懂。在味觉体验上,"恶心的科学:人体(不礼貌的)科学"[The (Impolite) Science of the Human Body]巡展别出心裁地将恶心的气味

---

① Denis Francesconi, Massimiliano Tarozzi, Embodied education: A convergence of phenomenological pedagogy and embodiment, *Studia Phaenomenologica*, 2012(12), pp. 263-288.

作为博物馆阐释的重点和亮点。该展是一个互动型展览,展览内容主要取自科学老师西尔维亚·布兰泽(Sylvia Branzei)的畅销书,旨在利用孩子对身体的好奇,解密人体是如何开展工作的。① 在"你的恶臭"(Yu stink)互动站,观众被邀请去辨别身体的不同恶臭。观众通过挤压4个瓶子,便可闻到各种臭气熏天的气味。图文翻转板帮助我们揭晓答案。当你知道答案时可能会大跌眼镜,因为这些气味并不美妙,包括脚臭味、呕吐物味、体味,甚至肛门味。出乎意料的是,观众即便知道,也会坚持身体力行,对各种气味逐一进行辨别。② 在触觉体验上,有触摸和互动两种形式,其中,互动是当前博物馆较为推崇的一种触觉体验。2015年美国博物馆联盟获奖展览"你的大脑"(Your Brain)是一个较为成功的范例。该展由富兰克林研究所策划,主要回答三个问题:大脑是什么? 大脑是做什么的? 大脑如何工作? 序厅采用多种方式让观众感知大脑的外部形状和内部结构,如观众可以通过多媒体屏幕连接自己的"神经元";使用"大脑扫描仪",动态观看大脑中的不同部位及其功能(见图23)。从序厅到"神经元"区的过渡空间中是"神经攀爬"(Neural Climb)展项(见图24),该展区将复杂的神经网络转化为高达5.486米的攀爬体验区,并且辅以灯光和声音,试图表达大脑中神经元和信号群复杂动态的交互作用。观众通过身体参与攀爬,可真切体验大脑内部神经系统的复杂性与神奇性。具身认知促成我们回归身体,通过感知觉和运动提供各种知觉刺激,使之成为身体和认知之间最为直接的联结方式。

3. 强调观众的环境体验:营造独特环境以促进身心体验

具身认知领域的研究成果强调环境是我们认知系统的重要组成部分,认知虽然根植于身体,但身体却根植于环境,只有当观众的"身体"被置于博物馆环境中,并与博物馆环境产生互动,认知才得以完成。正

---

① Springfield Science Museum, "Grossology: The (Impolite) Science of the Human Body", https://springfieldmuseums.org/exhibitions/grossology-the-impolite-science-of-the-human-body (2009-05-03), accessed 2021-08-25.

② Polly McKenna-Cress, Janet Kamien, *Creating Exhibitions: Collaboration in the Planning, Development, and Design of Innovative Experiences*, John Wiley and Sons, Inc., 2013, p. 159.

图 23　扫描大脑,"你的大脑"展览中必须看和必须做的事

\* 图片由富兰克林研究所提供。

图 24　富兰克林研究所的"你的大脑"展览上,观众有机会亲身体验神经通路

\* 图片由富兰克林研究所提供。

如前文所言,博物馆中物化信息的阐释应当重视物理学意义上的环境,还应重视借助环境来营造某种心理氛围,甚至创建社会学意义上的环境。

我们再以 9·11 纪念馆为例。该馆整个展区的空间规划,采取的是系统化展览和 20 世纪 80 年代开始的空间创造展示,由此带来了环境与展览自然相融、彼此促进的效果(见图 25)。系统化展览强调整个展览的完整性,传播信息是一个有机系统;空间创造是指展览与展示空间本身结合成为一个传递信息的统一体。[①] 在"纪念展"的序厅部分中观众通过阶梯往下走的过程中,借助地面环境与观众关系微妙的转变,已完成心理上的一种过渡。借由序厅内各种声音、图像的洗礼后,展厅空间突然开阔。三层楼的层高是为了存放墙角巨大的钢筋柱,这是原来双子塔楼被轰炸后留下的残骸。这种序厅及其导介区带入感极强,于无声处引领观众不自觉地进入事故现场。通过诸此氛围的营造,观众急不可耐地想获知事故现场当时究竟发生了什么,因为观众目所及、耳所听的视听体验已对他们的心理产生了巨大的冲撞。其次,经过"纪念展"的感性浸润,观众进入了"历史展"的理性认知阶段。整个展览的信息传播强调时间上的秩序感和连续性,构成一个有机系统,展览主题

---

① 严建强:《博物馆的理论与实践》,浙江教育出版社 1998 年版,第 279 页。

和结构安排符合观众递进式的认知逻辑,属于系统化展览。同时,展览空间安排也从"纪念展"中灵活分割的大空间,步入"历史展"中实墙永久性分割的中小展厅。在以感性体验为传播目的的"纪念展"中主要采用的是开放式的大空间,满足展品层高需求的同时,易于使观众获得震慑人心的视觉感受以及逼真的沉浸式体验;而以理性认知为传播目的的"历史展"中,更依赖一个相对回收的集中空间,以便观众对展品的内涵进行观察和理解。因此,"纪念展"和"历史展"成为空间创造展示的典范。

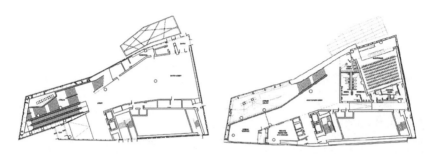

图 25 美国 9·11 国家纪念博物馆展厅第一层(F1)、第二层(F2)平面图

\* 图片由 9·11 国家纪念博物馆提供。

可见,博物馆若能依循展示内容所需进行空间规划,并将各种展览形式融入展览空间之中,理想状态下可在真实世界之外再造第二客观世界,调动我们的多种感官进行直接感知、实际操作和亲身体验。综上,空间规划是博物馆中物化信息阐释的重要手段,我们不可将其等闲视之。

4. 以系统化模糊认知边界:再造客观世界,使该时空与受众相容

观众在大脑、身体和环境交互作用下完成博物馆的参观体验。为第一代认知科学所抛弃的身体、环境要素由此被重新拉回至认知领域,促使大脑、身体和环境构成了一个较为复杂的自组织系统,该系统不但是具身化的,同时又是动态化和情境化的。因此,博物馆中物化信息的阐释应强调整体认知观,一方面要重视大脑、身体、环境各自在认知塑造方面的影响,以拓宽和细化阐释的研究内容;另一方面还要致力于将大脑、身体和环境打造成一个阐释系统,模糊认知边界,使环境自然融

入身体,身体获得环境体验。以美国亚特兰大市的可口可乐博物馆(World of Coca-Cola)(见图26)为例。该馆是一座企业博物馆,初创于1990年,2007年由亚特兰大地下城搬迁至彭伯顿广场,如今遍布于世界各地的工厂,都创建了可口可乐博物馆。该馆的传播目的是"让观众焕然一新以改变我们的生活和星球",展览包括6分钟的导入视频"与可口可乐一起庆祝生活中的幸福时刻"、可口可乐的发明与发展、可口可乐的营销、可口可乐的贡献、可口可乐的瓶装生产、品尝世界各地的可口可乐等内容,全部内容均围绕这一传播目的,通过视频影像,或活态演示,或味觉体验,动用了大脑、身体和环境,为我们讲述可口可乐与我们日常生活的关联以及其间发生的故事。

图26 可口可乐博物馆和"尝一尝它"(Taste It)/品尝区(Taste Room)展区(笔者摄)

博物馆依托实物进行学习,这与图书馆、档案馆等图文传播机构不同。后者可直接根据呈现的语词完成符号表征的认知构建,然而前者却需要重视身体、环境和大脑之间的动态耦合关系,这恰恰与具身认知强调的"心-身-环境"三位一体一脉相承,即坚持身体的物理属性和状态,因为感知运动经验会改变认知[①],而同时环境(含物理和社会环境)也是认知系统的构成部分。因此,它不但强调要重视被博物馆长期忽视的身体和环境,还主张对整个认知系统进行有机组织,以达成协调统一。所以,具身认知研究不仅拓展了博物馆阐释的内涵,衍生出新的传播手段,更激发阐释的新思维,并促成博物馆观念的革新,体现出未来展览的新动向,它不仅对博物馆阐释实践具有启发意义,还对改变传统

---

① 薛灿灿:《具身认知理论的思考:以身体接触对喜爱度的影响为例》,南京师范大学硕士学位论文,2012年,第1页。

的展示观念,建立符合现代阐释要义的展览理论具备积极意义。

我们认为未来研究可能的趋势包括:首先继续深入探究具身认知在博物馆中的应用原则、适用内容及使用方法,以构建并完善博物馆具身认知理论;其次在信息时代,传统的"身体"体验不仅存在于现实生活,还存在于网络世界,对博物馆具身认知的应用研究可延展至线上展览、交互设计等领域,从具身认知的理论视角更深层次地理解线上线下展览的体验差异及其认知生成。

# ◀第六章▶
# 实物媒介化的中介——阐释

物,遍布生活世界的各个角落,但充当媒介的物最为集中的场所便是博物馆。博物馆物是"历史存在的真实载体"。① 因此,若要实现日常生活中实物的媒介化,可重点借鉴博物馆领域业已成熟的理论及做法。我们知道,如果想由物承担媒介功能以促使学习者理解并非轻而易举,因为物是非表征的,而若要其从陌生世界走向个人世界,使"物的语言"变成"人的语言",通常需要依赖中介——阐释。"阐释"在实物学习中发挥着桥梁作用,有助于实现信息在实物、受众间的双向传播。正如美国爱达荷大学社会科学系退休教授山姆·哈姆(Sam H. Ham)所言,"阐释不是魔法,也不是一套违背逻辑的花招和噱头"②,它是一套观众理解物行之有效的方法。长期以来,我们早已习惯于使用文本、符号、话语等非物质性表征进行理解,这种表征的强势地位导致了我们对日常生活、身体和情感等非表征研究的忽视,但近几十年来,出现了重返物质主义的新动向。那么,非表征的物质存在如何才能被理解,促使人们真正在信息传播中实际获益?物虽然以真实的面貌示人,但是它的信息却不只浮于表层,还深藏在物质之中,并且缄口不语,为此需要将实物信息先转换为科研信息,而后再转换为科普信息,鼓励人们在理解这些信息的基础上创建个人意义。以下将首先从阐释的概念及其变迁谈起,再以阐释为研究对象,从理论依据、价值、类型、目标和方法五个

---

① 苏东海:《博物馆物论》,《中国博物馆》2005 年第 1 期。
② Sam H. Ham, *Interpretation: Making a Difference on Purpose*, Fulcrum Publishing, 2013, p. 13.

方面对这一中介要素展开深入探析。

## 第一节 "阐释"的辨析及其理论依据

### 一、"阐释"概念的辨析与演进

#### (一)阐释概念辨析:"Interpretation"与"Hermeneutik"

当我们在爬梳有关阐释的文献时,通常会发现"interpretation"一词与"hermeneutik""auffassung""auslegung"等词混用,特别是"hermeneutik"(诠释学,也有翻译为解释学、阐释学)一词,尤其易于混淆。为何会产生这样似是而非的现象?

通过对诠释学(Hermeneutik)这一词汇进行追根溯源,我们发现该词始于古希腊语的动词"ἑρμηνεύειν"(hermēneuein)和名词"ἑρμηνεύς"(hermēneia),它们分别被译作"to interpret"和"interpretation"。因此,从意译中不难判别"interpretation"一词,即为德文"hermeneutik"的英译,两词乃同一所指。那么新问题接踵而至,在译成英文时,译者为何要选用该词? 要回答这一问题,首先必须弄明白源自古希腊的词汇——"hermeneutik",究竟代表何意?

Hermeneutik,是一门脱胎于圣经注释和古典语文学,与神学、哲学和文学等学科高度相关的学说。[①] 值得庆幸的是,前文提及的古希腊语动词"ἑρμηνεύειν"和名词"ἑρμηνεύς"至今仍可在现实世界找到原型,即古希腊语"hermeios"。该词指的是德尔菲神庙中的祭祀[②],它与动词"ἑρμηνεύειν"和名词"ἑρμηνεύς"都被用来形容古希腊神话中诸神的信使赫尔墨斯(Hermes)。赫尔墨斯亦被称为"快速之神",据说他不仅拥有两条大长腿,腿上还长有翅膀,因此代表速度快捷。所以在西方一些国家,轮船或火车会以赫尔墨斯命名,邮局前也会矗立赫尔墨斯的雕

---

① 张浩军:《Interpretation:对"诠释"的诠释》,《现代哲学》2016 年第 3 期。
② 同上。

像。其主要任务是把奥林匹斯山上诸神的话传达给世间的凡夫俗子。由于诸神的语言和俗人的语言并不相通,因此赫尔墨斯的信息传达并非真的像信使那样简单重复,而是在传达的同时还要"翻译"和"解释"。"翻译"是指把诸神的语言变成人类熟悉的语言,"解释"是对其中晦涩难懂的指令进行疏解,使其从我们不熟悉的世界转入我们熟悉的世界。① 综上,诠释学就是一种语言转换,从神的世界到人的世界、从陌生世界到熟悉世界,其核心内容即为"转换"。

诠释学这个词出现得较晚,大约是在 17 世纪②,不过在西方历史上,诠释学的工作从未停歇。诠释学领域的代表人物有弗里德里希·施莱马赫(Friedrich Schleiermacher)、威廉·狄尔泰(Wilhelm Dilthey)、海德格尔、汉斯-格奥尔格·伽达默尔(Hans-Georg Gadamer)等。施莱马赫是 19 世纪的德国牧师,他是从宗教进入诠释学的,为古典诠释学的创始人。狄尔泰则热衷于精神科学的方法问题,将理解和解释视作精神科学的基本方法。而海德格尔已经不同于以往的古典或传统诠释学,开始思考"理解是什么"。伽达默尔认为"诠释学的艺术,也就是说,是宣告、翻译、说明和解释的艺术"③。保罗·利科(Paul Ricoeur)指出,"诠释学是关于与'文本'解释相关联的理解程序的理论"④,"是一门有关解释规则的理论,这些规则支配着对特殊文本或被看展文本的符号集合的注解或诠释"⑤。理查德·帕尔默(Richard E. Palmer)归纳出诠释学的六种观点:它是一种注释圣经的理论;一种语文学的方法论;一种语言学的理解的科学;一种精神科学方法论的基础;一种此在的和存在论的理解的现象学;一种诠释体系,探讨意义的恢复和拆毁的对峙。⑥ 综上,诠释学的对象从语言、精神科学被拓展至社会经验和生活实践,重点在于翻译和解释,旨在被理解。

---

① 冯寿农编著:《法国文学批评史》,上海外语教育出版社 2019 年版,第 19—20 页。
② [美]米歇尔·刘易斯-伯克、艾伦·布里曼、廖福挺主编:《社会科学研究方法百科全书》第 2 卷,沈崇麟、赵锋、高勇主译,重庆大学出版社 2017 年版,第 554 页。
③ *Historisches Wörterbuch der Philosophie hrsg*, von Joachim Ritter, Band 3, Wissenschaftliche Buchgesellschaft, 1974, S. 1061.
④ [法]利科:《解释学的任务》,李幼蒸译,《哲学译丛》1986 年第 3 期。译文有所改动。
⑤ Richard E. Palmer, *Hermeneutics*, Northwestern University Press, 1969, p. 43.
⑥ Ibid., pp. 33-45.

因此，在对诠释学"hermeneutik"一词进行英译时，对应的词应当包含两层含义：翻译、理解。而若采用"translation"一词，仅拥有"翻译"的意涵，如果采用"explanation"，又只能表达"解释"的要义。因此，最终"hermeneutik"被英译为"interpretation"。那么"interpretation"又代表何意？"阐释"（interpretation）从语义学来看，前缀 inter 代表在"在……之间"，词根 pret＝value，代表"价值、估价"，引申为"表达"，因此"interpretation"的字面意义为（信息）由一方向另一方/多方的表达。① 该词源自罗马的商业与法律语言②，起初是指担任"神圣解释者"的占卜者和解梦者，而后发展为日常的"解释、注释"之义。③ 之后，它又被解释为"文字记录的生命表达的合乎技艺的理解"④，具备对文本进行解释的内涵，并且从单纯的语词解释拓展至对意义的解释。由此可见，"interpretation"一方面意指一方向另一方或多方的翻译，另一方面表示"中介者""居间者"，即将隐而不现、晦涩不明的东西解释出来，使对话的另一方能明白。⑤ 综上，该词基本能够涵盖德文"hermeneutik"的双重要义。有时，"interpretation"还会与"auffassung""auslegung"等词混用，但后两者通常只表示"解释"，而缺失"翻译"之意涵。

（二）阐释概念的演进：从哲学领域进入文博领域

14 世纪中叶，"interpretation"作为一个英语词汇降生，其意为"被翻译的文本或翻译"。⑥ 事实上在博物馆开展观众研究前，教育人员、心理学家等都已开始探讨观众在博物馆学习中的信息沟通问题。1889 年，实践型科学家乔治·布朗·古德在布鲁克林博物馆发表了题为"未来的博物馆"（The Museums of the Future）的演讲，他指出"期许博物馆不再是摆放可有可无饰品的坟墓（cemetery of bric-a-brac），而是一

---

① 周婧景、严建强：《阐释系统：一种强化博物馆展览传播效应的新探索》，《东南文化》2016 年第 2 期。
② *Historisches Wörterbuch der Philosophie hrsg*, von Joachim Ritter und Karlfried Gründer, Band 4, Wissenschaftliche Buchgesellschaft, 1976, S. 514.
③ Ibid., S. 515.
④ Ibid.
⑤ 张浩军：《Interpretation：对"诠释"的诠释》，《现代哲学》2016 年第 3 期。
⑥ 同上。

个培育活跃思想的孕育所"①。1917—1920年,纽瓦克博物馆馆长约翰·科顿·达纳出版"不断变化发展的博物馆理念:新博物馆系列"(The Changing Museum Idea: The New Museum Series)四本书,提及建立"用户中心"的博物馆,主张像吸引专业与休闲人士一样去吸引蓝领工人。②1935年,心理学家亚瑟·梅尔顿采用增加画廊画作数量的办法,来检测因画作数量的增加而造成的每幅画平均观看时间的变化③,并就出口设置与观众参观时间长短的关系展开实验研究,提出观众的"右转倾向"④。可见,在博物馆领域,以藏品为中心的研究传统正在改变,这一改变的爆发期集中在20世纪70年代以后,此时有关教育和观众研究的文献无论是在数量还是质量上均获得突破性进展,成为当代博物馆研究蔚为壮观的一道风景。⑤在这一趋势流变下,通过有效沟通来实现个人意义构建的阐释学逐渐进入博物馆学领域,并成长为富有里程碑意义的前瞻性议题。

博物馆领域有关阐释的文献大致出现在20世纪50年代,并呈现两大特点:从文化遗产进入博物馆领域,从教育活动波及主要业务。在美国,博物馆教育活动也被称为"阐释"。⑥ 更准确地讲,这种"阐释"实践最早发端于美国教育活动的口头传统,相较于教师教育模式,该模式更具互动性。⑦ 这在弗里曼·蒂尔登(Freeman Tilden)1957年出版的《阐释我们的遗产》(Interpreting Our Heritage)一书中有迹可循。20世纪60年代,迈克尔·斯波克(Michael Spock)馆长为波士顿儿童

---

① [美]史蒂芬·威尔:《博物馆重要的事》,张誉腾译,台北五观艺术管理有限公司2015年版,第93页;[美]爱德华·P. 亚历山大:《博物馆大师:他们的博物馆和他们的影响》,陈双双译,译林出版社2020年版,第252页。

② Marcella Wells, Barbara Butler, and Judith Koke, *Interpretive Planning for Museums: Integrating Visitor Perspectives in Decision Making*, Left Coast Press, 2013, p. 28.

③ Arthur Melton, *Problems of Installation in Museums of Art*, New Series No. 14, American Association of Museums, 1935, pp. 151-218.

④ Ibid., pp. 91-151.

⑤ [美]John H. Falk、Lynn D. Dierking:《博物馆经验》,林洁盈、罗欣怡、皮淮音等译,台北五观艺术管理有限公司2002年版,第111页。

⑥ [美]爱德华·P. 亚历山大、玛丽·亚历山大:《博物馆变迁:博物馆历史与功能读本》,陈双双译、陈建明主编,译林出版社2014年版,第9页。

⑦ Beverly Serrell, *Exhibit Labels: An Interpretive Approach*, Second Edition, Rowman and Littlefield, 2015, p. 20.

博物馆"火炬手"(Carried the Torch)项目创造出"活动开发者"(program developer)头衔,又被称为"阐释规划者"(interpretive planner)。① 可见,最早的阐释基本指向教育活动,教育人员身为阐释者(interpreter),是与观众互动的催化剂。

然而,阐释的对象和范围却在不断演进,由此引发内涵的嬗变。1986年,纽约州教育官员戈登·安巴克(Gordon Ambach)指出,所有博物馆活动都是"阐释性的",包括收藏、保护、展览等。② 爱德华·P.亚历山大等对此表示认同,提出博物馆阐释包括展览、参观、教育活动等。③ 面对这种深刻的变化,应当如何重新界定阐释这一概念,学者们众说纷纭、莫衷一是,笔者认为最具权威性的界定有三个。

首先,蒂尔登在《阐释我们的遗产》中指出:"阐释是指一种教育活动,旨在通过使用原始对象、第一手经验和解释性媒体来揭示意义和关系,而不仅仅是传达事实信息。"④从定义中不难发现,蒂尔登认为阐释其实是一种沟通,目的是揭示意义和关系,以帮助来访者实现自我意义和关系的构建。该内涵的界定鞭辟入里,影响至文博领域后来与阐释相关研究的整个话语体系,并在近30年的研究中不断得到印证。50年后又诞生了第二个权威定义,美国国家阐释协会(National Association for Interpretation,简称NAI)⑤指出:"阐释是一个以任务为基础的沟通过程,在受众的兴趣和资源固有的意义之间建立认知和情感联系。"⑥该定义揭示出阐释的重要内涵是通过资源与受众建立联系,并明确阐释就是一种沟通方式。2013年,山姆·哈姆以美国国家阐释协会的定义

---

① Polly McKenna-Cress, Janet Kamien, *Creating Exhibitions: Collaboration in the Planning, Development, and Design of Innovative Experiences*, John Wiley and Sons, Inc., 2013, pp.26-27.

② [美]爱德华·P.亚历山大、玛丽·亚历山大:《博物馆变迁:博物馆历史与功能读本》,陈双双译,陈建明主编,译林出版社2014年版,第25—90、285页。

③ 同上。

④ Sam H. Ham, *Interpretation: Making a Difference on Purpose*, Fulcrum Publishing, 2013, p.60.

⑤ 2007年,由美国国家阐释协会推动并由美国环境保护署资助的一个开创性项目汇集了专业协会、联邦机构和其他阐释员主要雇主的代表,以定义和接受该领域的常用术语。正是通过NAI的定义项目,这一解释定义得以发展。

⑥ Sam H. Ham, *Interpretation: Making a Difference on Purpose*, Fulcrum Publishing, 2013, p.61.

为蓝本,并借鉴蒂尔登的目的论提出:"阐释是一种基于使命的沟通方式,旨在激励受众发现个人意义,并与实物、地点、人和概念建立个人联系。"[1]从这一定义中获悉,山姆也同样肯定阐释属于一种沟通方式,并吸纳了美国国家阐释协会沟通的任务构成以及蒂尔登的目的主张,同时对阐释的任务导向进行增补。尽管这些定义具备某些稳定的排他性要素,但主要适用于美国国家公园等自然资源机构,而博物馆虽然与之同属于非正式学习机构,但在传播载体上是有所区别的,为特定空间内对物载信息的形象传播。因此,尽管两者所指向的内涵趋同,但实际上略有差异。据此,笔者认为,阐释是一个基于博物馆使命的沟通过程,通过博物馆物与观众建立联系,促使其构建个人意义。博物馆物既包括文化文物系统博物馆内具备三维空间的实物及所载信息,也包括科技类、非遗类等博物馆中再现过程化现象[2]的设施设备。从这一概念中不难发现,观众已不再是权威事实或观点的被动接受者,而是个人意义的主动构建者,博物馆将借助馆藏,积极与观众建立认知和情感关联,激发或鼓励他们构建个人意义,但这种意义也可能是不在预期范围内的全新意义。

## 二、阐释的价值:呈现博物馆性

正如第三章"人类实物学习的优劣之辨"中所述,当实物扮演媒介的角色时,与生俱来地携带一些缺陷,包括"无法不言自明、不证自明,不均质、偶然性,只是真实的片段再现"等,那么它如何才能与身份、年龄、兴趣、需求等各异的受众有效地进行信息沟通?通常情况下需要依赖阐释,包括作用对象(实物要素、辅助要素、语词符号)和传播技术。如果这一阐释发生在集中展示物的场所——博物馆,那么还需要借助空间经营。围绕物进行阐释,直接而表层的目的在于促使受众身心参

---

[1] Sam H. Ham, *Interpretation: Making a Difference on Purpose*, Fulcrum Publishing, 2013, p. 62.
[2] 严建强:《现象类展品为主体的展览:背景、特点与方法——以科学中心与非物质文化遗产博物馆为例》,《自然科学博物馆研究》2020年第5期。

与以实现成功对话;间接而深层的目的则在于恰如其分地呈现博物馆性。因为博物馆只有敏感地洞悉博物馆性并借助自身平台加以表达,才能有的放矢地引导观众更好地适应当下,并为未来发展做好准备,唯有这样,才能不执着于迎合被市场假象所蒙蔽的公众需求。所以,笔者提出实物阐释的真正价值在于呈现博物馆性,即理性的价值取向。

正如前文所言,博物馆将人对物价值的判断称为"博物馆性"(museality/muséalité)。在其影响下,物从现实情境中抽离,后被置于博物馆的情境之中,这一过程被称为"博物馆化"(musealization),实物媒介化也由此得以完成。博物馆性是博物馆根据自身特性来挑选"物",之后用它们来代理展示现实世界的某些特点,背后体现出的是某特定时空背景下,博物馆对人与现实关系的认知与评价。此概念的构思始于20世纪60年代,由捷克博物馆学家兹宾内克·斯坦斯基首次提出。《博物馆学关键概念》中将博物馆性简要概括为"人类与其现实的特殊关系"[①]。

博物馆性和博物馆化及其相互关系推动了博物馆阐释的出现和发展,因此这种哲学思考引发了一批学者广泛且深入的讨论,感谢概念的提出者斯坦斯基,发展者安德烈·德瓦雷、弗里德里希·韦德哈尔、马丁·谢赫、弗朗索瓦·迈赫斯等,以及国内学者严建强等对其的倡导,引发了中国学界对博物馆性议题的普遍关注。博物馆阐释也从最初只是围绕物及其名称、类型等基础信息的低程度阐释,发展到旨在推动观众整体意义上理解物及其信息的高程度阐释。由于博物馆与社会的互动一如既往、无法避免,所以需要我们去发现这一互动的变化及其规律,通过阐释呈现当前的博物馆性,并适时调整以促成良性互动。而作为媒介的实物的生命力正是在于能否活在当下,并助推未来。

## 三、阐释的理论依据

阐释学能为建立物与人的连接,促进人的意义构建提供重要的理

---

[①] [法]安德烈·德瓦雷、方斯瓦·梅黑斯编:《博物馆学关键概念》,张婉真译,Armand Colin 2010年版,第42页。

论依据和方法借鉴。通过溯源,我们不难发现,阐释学的理论基础与多个学科相关,包括哲学、传播学、发展和认知心理学(含具身认知心理学)、教育学、娱乐和休闲科学。[①]

首先,最高度相关的是"哲学诠释学"。这一点在本章第一节"阐释"概念的辨析中已有所涉及,此处将会将"哲学诠释学"专门提取出来详加论述。众所周知,"哲学诠释学"的集大成者是伽达默尔,他师承海德格尔且深得其精髓。海德格尔指出"此在的现象学就是诠释学"[②],"只有通过诠释,存在的本真意义和此在本已存在的基本结构才能向居于此在本身的存在之领会宣告出来"[③]。1960年,伽达默尔《真理与方法——哲学诠释学的基本特征》一书出版,该书的问世意味着哲学诠释学走上了与以往阐释学殊异的道路。伽达默尔认为,哲学诠释学探讨的问题是理解和对所理解东西正确解释的现象,而非精神科学方法论的一个特殊问题。[④] 因此,哲学诠释学说到底是关于理解与解释的理论。尽管19世纪德国的哲学家施莱马赫、狄尔泰使诠释学发展为一门系统的理论,但并未超出方法论和认识论性质的研究,尚属于古典的或传统的诠释学。[⑤] 但海德格尔及其继承者伽达默尔却将该问题的讨论引至本体论,转而探讨"理解是什么"。伽达默尔提出,"阐释学的动作总是这样从一个世界到另一个世界的转换,从神的世界转换到人的世界,从一个陌生的语言世界转换到另一个自己的语言世界"[⑥]。综上,从哲学诠释学的内涵与方法可获得对于实物阐释的两点认知。一是实物(包括博物馆物)也属于诠释学探讨的对象。因为诠释学研究对象不但包括文本或精神活动,还被扩充至对历史、艺术品和文化的处理。二是实物阐释(包括博物馆物的阐释)的重点在于理解,涉及翻译和解释。

---

① Marcella Wells, Barbara Butler, and Judith Koke, *Interpretive Planning for Museums: Integrating Visitor Perspectives in Decision Making*, Left Coast Press, 2013, p. 30.
② [德]马丁·海德格尔:《存在与时间》,陈嘉映、王庆节译,商务印书馆2015年版,第48页。
③ 同上。
④ [德]汉斯-格奥尔格·伽达默尔:《诠释学Ⅰ:真理与方法》,洪汉鼎译,商务印书馆2021年版,第11页。
⑤ 陈荣华:《高达美诠释学:〈真理与方法〉导读》,台北三民书局2011年版,第6页。
⑥ 洪汉鼎:《当代西方哲学两大思潮》(下),商务印书馆2010年版,第432页。

"翻译"是指把不熟悉的物的语言变成熟悉的人的语言,"解释"是对晦涩难懂的内容进行解读,使其从陌生的世界进入熟悉的世界,通过翻译和解释,达成被理解的结果。

其次,阐释学与"建构主义教育学"的研究内容不谋而合。每一个体都是被社会化塑造的社会结构的一部分,由此形成解释学循环的生成力量,所以受众拥有的新想法、概念及其意义通常是建立在现有知识和期望基础之上的,而这即为"建构主义教育学"聚焦的问题。稍有不同的是,建构主义教育学更侧重主体本身,而阐释学则重视两者之间的关系处理,探索资源如何更好地为主体所用。建构主义教育学的代表人物多为教育学家和心理学家,包括罗伯特·加涅(Robert Mills Gagne)、布鲁纳、奥苏贝尔、让·皮亚杰(Jean Piaget)、利维·维果斯基(Lev Vygotsky)、马尔科姆·诺尔斯(Malcolm Knowles)、加德纳和大卫·科尔布(David Kolb)等。其中,加涅和布鲁纳指出,外在信息和内部思维之间应建立"联结"。① 奥苏贝尔对这种"联结"进行了更为深入的探究,指出教师需要提供更为高级的陈述,关键是要在陈述和学习者已有知识之间架起一座实现认知的"桥"。② 20世纪初,英国心理学家弗雷德里克·巴特利特(Frederick Bartlett)创造的"图式"(schema)概念在理解该理论中起到重要推动作用,它是指对个人当前知识进行组织,以便为未来的理解创建框架。皮亚杰使用了该术语,认为图式是就物体的某些(生理的或心理的)动作的心理表征③,它是认知结构的起点和核心。皮亚杰指出,认知如同一个致力于平衡的自组织系统,主体若要同化一种新的知识,就必须让他的思维方式能顺应情境的要求。④ 其中,同化是指有机体把外部要素整合至自己结构中的过程,而顺应是指有机体调节自己内部结构以适应特定刺激情境的过程。⑤ 以上学者的

---

① [法]安德烈·焦尔当:《学习的本质》,杭零译,华东师范大学出版社2015年版,第26页。
② 同上。
③ [美]罗伯特·索尔所、奥托·麦克林、金伯利·麦克林:《认知心理学》(第8版),邵志芳、李林、徐嫒等译,上海人民出版社2019年版,第296页。
④ [法]安德烈·焦尔当:《学习的本质》,杭零译,华东师范大学出版社2015年版,第26页。
⑤ 童三红、董一英主编:《心理学基础与应用》,湖北人民出版社2007年版,第114页。

观点各有建树,但同时也呈现出共同的局限,他们均将学习看作一种内在过程的结果。① 与皮亚杰同时期的维果斯基对此予以补充,主张在社会文化框架下讨论儿童的认知发展②,外在环境由此得到重视。不过令人遗憾的是,维果斯基的观点直到 20 世纪 60 年代才引起美国心理学界的普遍关注。综上,建构主义教育的优势在于主张学习并非感官刺激在头脑里留下的印记,也不是特定环境下的反射结果,而是一种主体自主的活动。由于该优势尤其适合自由选择的学习环境,所以博物馆领域有学者先后将其引入,并对"建构主义教育学"推崇备至。1995 年,路易斯·西尔弗曼(Lois Silverman)撰文指出,意义创造这一概念已在博物馆界引起轩然大波,主张应积极支持、促进和增强博物馆中可能存在的多种意义,并将人的需求纳入展览目标和机构使命。③ 而将建构主义教育学纳入博物馆界之人便是赫赫有名的海因,他在《建构主义博物馆》(The Constructivist Museum)一文中指出,考虑到博物馆观众的年龄范围很广,所以建构主义作为博物馆教育的基础尤为恰当。该理论要求我们将重点放在学习者身上而非学习的学科上,对博物馆而言意味着把重点放在观众而非博物馆内容上,建构主义博物馆为各类学习者通过个性化方法在头脑中创造意义提供了机会。④ 日常生活中的实物学习近似于博物馆场域中发生的学习,所以建构主义教育学在博物馆中应用的思想及方法同样适用于日常生活中的实物学习。同时,我们也不可忽视建构主义教育理论上的缺陷对实物阐释可能产生的影响,主要表现为强化认知、弱化情感,强化内在、弱化环境,强化运算、弱化情境。

---

① [法]安德烈·焦尔当:《学习的本质》,杭零译,华东师范大学出版社 2015 年版,第 26 页。
② 张丽锦主编:《儿童发展》,陕西师范大学出版社 2016 年版,第 46 页。
③ Lois H. Silverman, "Visitor meaning-making in museums for a new age", *Curator: The Museum Journal*, 2010, 38(3).
④ George E. Hein, "The constructivist museum", *Journal for Education in Museums*, 1995(16).

## 第二节 实物阐释的类型归属

### 一、区分两类阐释：独断的阐释和探究的阐释

通过对阐释发展的历时性考察，我们可将阐释区分为两类：独断的阐释和探究的阐释。其中，独断的阐释是指"把卓越文献中早已众所周知的固定了的意义应用于我们所意欲要解决的问题上，即将独断的知识内容应用于具体的现实问题"①，这类阐释集中出现在神学和法学领域。神学关乎信仰，不能似是而非；而法学是案件裁决的依据，如果每个人读了理解不一样，就难以保证它的公正性和执行力。独断的阐释通常不指向真与假，而指向对与错，强调的是实践应用，而非理论研究。在儿时的语文测试中，我们对这样一道题往往并不陌生："请概括这段话的段落大意或中心思想。"在评分时，老师会按标准答案进行批改，但事实上，即便是同一段话，因对每个人而言表征不同，理解就会有所差异。所谓"一千个读者心中有一千个哈姆雷特"，出试卷的老师把这道题预设为独断的阐释，但实际上并非如此，相反，长此以往可能会造成思想的模板化。探究的阐释是指"以研究或探究文本的真正意义为根本任务，重点是将陌生文本的语言转换为我们时下的语言，把陌生的意义转换为我们熟悉的意义"②。此类阐释较多地出现在文学和历史领域。作者往往并非某种权威，比如神学或立法部门，而是普通人。少了权威的光环，受众便无须绝对服从和信仰。因此，相较于独断的阐释，这类阐释需要重构，基于理解构建新的意义，这里就存在真、假之分，需要注重理性思辨，而非强制实践。因此探究的阐释是可以被不断再构的。如 2020 年 3 月，随着新冠疫情导致民众进入漫长的居家隔离，Cosplay 世界名画一时间走红网络。起初，一位荷兰网友在 Instagram 发布了一项挑战任务，鼓励大家使用家中常见的 3 件物品对一幅世界名画进行

---

① 洪汉鼎编著：《〈真理与方法〉解读》，商务印书馆 2018 年版，第 284 页。
② 同上书，第 285 页。

Cosplay，继而吸引荷兰国立博物馆、美国盖蒂博物馆、大都会博物馆等馆争相模仿，个人小创意由此变成一场众人皆知的世界名画Cosplay大赛。有人会认为，这还是原来的世界名画吗？显然网民对它们进行了再创作，世界名画也获得了再解释。

## 二、实物阐释的归类：立足实物的信息重构

实物阐释主要被归于"探究的阐释"这一类型，因此需要立足实物进行信息重构，但底线是要坚持真实性和科学性。这一归类事实上包含两方面意涵：一方面阐释者对实物的阐释属于探究的阐释，另一方面受众对阐释者阐释结果的阐释也属于探究的阐释。所以这项工作的关键在于阐释者是否能在弄明白实物的基础上，将自己的明白变成受众的明白。但需要明确的是，即使面对同一批实物，不同的阐释者也会构建不同的交流体系。实物所揭示的分层信息、在交流系统中所处的位置、所采用的传播方式都可以被选择和组织，而这些将会直接影响对于阐释对象的理解以及阐释目的的达成。

博物馆领域的情况同样如此，需要立足实物进行信息重构，属于探究的阐释，具备双重任务：一是阐释，二是非独断。任务一要求策展人将研究者语言翻译成观众语言，同时能对其中艰深晦涩的语言进行解释。任务二要求策展人的阐释并非强制性的输出。但目前来看，易于出现两方面的悖离。

其一，将策展人的外部观点进行强加和演绎，强调对策展人理念和想法的解读与呈现，而悖离对物的深入研究和信息重构。该类型展览貌似新锐，强调策展人观点先行，易于成为热闹一时的网红打卡地，但却忽略了实物的研究及其价值。因为策展人观点先行的展览不必进行长期的实物研究，通常耗时较短且易博得眼球，由此带来博物馆热的假象。长此以往，可能会引发盲目乐观和简单跟风，使博物馆成为丧失灵魂的躯壳，变成诉诸感官刺激而内容中空的媒介，最终的代价是陷入与其他机构无异的"身份迷失"。虽然我们也同意博物馆需要百花齐放，但在有些浮躁的当下，主流方向的保障似乎更显重

要。为此,我们深感有必要回到实物本身,致力于立足实物的信息重构。

其二,将博物馆变为独断阐释的媒介,或过于迎合观众,彻底放弃自身的探索阐释。前者尤其表现在博物馆利用实物的第二阶段,旨在传播实物相关知识的阶段。首先,正如罗伯特·斯科尔斯(Robert Schotes)在《叙事的本质》中指出的,叙事展览的视角多为"博学者"和"见证者"[①]。一般情况下,策展者往往是主题专家,他们是一个权威而又博学的人,将博物馆视为展示专业所长的平台。不管观众是某一主题的业余者还是入门者,博学者只负责在专业知识框架下进行海量输出。但事实上,这类策展人需要做的是明确主题、统揽全局、洞悉因果,让观众信服并跟随他的脚步,去经历一个个普通的故事。同时,博学家也并非无所不知,所以他们还可以努力将博物馆打造成为多种观点碰撞的场所或最新观点的试验场。此外,亦可引入亲历事件的"见证者",注重观众身临其境的体验感和戏剧感。其次,当前热议的邀请观众参与策展的现象,表面来看有助于瓦解"博学者"立场,纳入观众的视角及声音,但展览除了市场导向,还应有专业导向,该属性决定了非专家型观众的参与虽有助于提升观众的关注度和参与度,但却在专业导向上显得乏力,最终也难以真正地满足观众中心的阐释需求。所以,观众加入策展尽管能让阐释耳目一新,但却是一种较为表层的实现手段,而较为深层又富有挑战的践行方式则是寻求专业合作。因为展览策划涵盖学术、视觉、空间、审美、认知、情感、费用、时间等诸多要素,极具专业性和综合性,因此"整合或寻求资源,以补充自身服务观众的不足,或扩展自身服务的优势"迫在眉睫。唯有此,才能满足观众不同结构和多种层次的需求,创建不同视角和多元声音的展览,与多代各类观众建立关联,让他们获得有意义或有用的阐释体验。

---

① 李德庚:《当代博物馆展览的叙事设计结构研究》,清华大学博士学位论文,2018年,第72页。

## 第三节　阐释的目标:"视域融合"

很多时候我们倾向于采用科学的方法去寻找真理,但伽达默尔认为,科学之外的人类艺术、历史等精神世界也一定存在真理,因此他批评了近代科学惯常使用的方法,但并未批评科学本身。他认为正是由于对方法的过分强调,才使科学被误认为是真理的唯一来源。《真理与方法》是伽达默尔在60岁时出版的成名之作,在书中他写道:"本书关注的是,在经验所及并且可以追问其合法性的一切地方,去探寻那种超出科学方法控制范围的对真理的经验。"①他主张在整个人类的经验和精神世界中,我们需要通过阐释去理解,所以诠释学(hermeneutik)的出现,超出了现代科学方法论所设置的界限。它不是人文科学方法论的问题,也非主体认识客体的主观意识活动,而是人类基本的存在活动。②鉴于此,伽达默尔并未继续从科学方法层面去讨论人对于物的低层次感知觉和高层次认知问题,而是从哲学层面上将这一经验和精神世界的活动抽象为更简要但却本质的东西——"视域融合"(horizontverschmelzung),即理解。他认为阐释的目标就是理解,因此我们将引入此概念并对其进行辨析,进而讨论实物学习中实现理解的三大困境。

### 一、视域融合的引入和辨析

"视域融合"中的"视域",对应的德文词汇为"horizon",是指"地平线、视线的基点"③,即"人的眼睛所能看到的全部范围"④。从词源学来

---

① [德]加达默尔:《真理与方法——哲学诠释学的基本特征》(上),洪汉鼎译,上海译文出版社1992年版,第17—18页。
② 张汝伦:《现代西方哲学纲要》,上海人民出版社2016年版,第376页。
③ 王涛:《论视域融合的内涵及其对中西比较史学的重要意义》,陕西师范大学硕士学位论文,2013年,第9页。
④ 蒋敏编著:《从风景写生到动画场景设计》,苏州大学出版社2017年版,第25页。

看,该词汇可追溯至古希腊语的名词"οροσ",指的是边界、限制。① 但"视域融合"概念的创建者伽达默尔并未使用"horizon"一词,而是选用"gesichtskreis"一词,该词是一个组合词,其中"gesicht"等同于英文中的"face"或"vision","kreis"意指圆圈,引申为范围,指的是"(能)看到的范围,囊括和包含了从某个立足点出发所能看到的一切"。②

如果我们想要真正理解视域融合中的视域,恐怕得要从物理意义上的视域起步。物理意义上的视域,是指视角约 100 度以内的视力范围,而视角 60 度以内是正常的视力范围(见图 27)。通常情况下,在视角 30 度范围内的对象最为清晰,而超过 60 度就会变得模糊。但是视域融合中的视域显然已超越物理意义,被隐喻成人大脑认识的全部范围。尽管认知意义上的视域指的是人的认知范围,但它实际上也意味着人的认知局限。海德格尔认为,人是被抛入世界的,伽达默尔在此基础上提出人也被抛入了一定的视域范围,因此会理解该范围内的所有

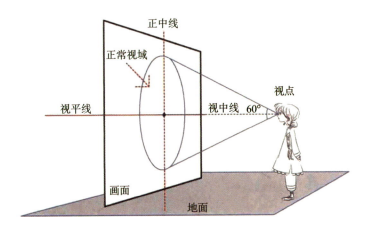

**图 27　人正常站立平视时,视角、视线、视域和视平线的关系**

\* 图片引自蒋敏编著:《从风景写生到动画场景设计》,苏州大学出版社 2017 年版,第 25 页。

---

① Robert K. Barnhart, *The Barnhart Concise Dictionary of Etymology*, Haper Resourse, 1988, p. 360.

② Hans Georg Gadamer, *Gesammelte Werke*, Band I, 6 Aufl, Tübingen, J. C. B. Mohr, 1990, S. 307.

事物。他指出,"视域是我们活动其中并且与我们一起活动的东西"。①每个人都可以在不同视域之间转换,但始终处于自己的视域之中,从而构成了我们的认知地平线,无论何时何地,我们都带着自身的认知地平线。

既然每个人的视域范围各不相同,那么在与世界交互的过程中,物是如何被理解的?换言之,人是如何与世界有效对话的?伽达默尔指出,这是一种理解者将自己置身于理解物之中的行动,"意味着向一个更高的普遍性提升,这种普遍性不仅克服我们自我的个别性,而且也克服了他人的个别性"②。伽达默尔将他所描述的这一过程称为"视域融合",即理解的过程,指出"理解其实总是一些被误认为是独自存在的视域的融合过程"③。我们可将该术语分成两步来加以理解。第一,每个人原本不可避免地带着各自的成见(vormeinung/voruteil)。第二,该成见并非一成不变,是可以被加以改造的。先看第一点,伽达默尔在他的老师海德格尔"先结构"理论的基础上提出了"成见"概念,他认为"成见"是历史形成的,每个人因身处某一特定的历史条件、历史环境和历史地位,所以拥有各具特色的"入门故事",即主观成见。但这里的"成见"未必是指错误的见解,比如有些人会感到某个地方的人普遍品性恶劣,有些人会觉得在事业单位工作之人都很清闲,它只代表我们最初的起点和方向。可见,成见是理解的前提,具备本质的价值,没有成见任何理解都无法达成。再看第二点,视域融合的过程是将以往的视域与现在的合为一体,所以既有的视域并非固定不变,而是可以被拓展和改造的。如笔者初到美国时,看到黑色皮肤的人有些肥胖,有些精瘦,操着浓重的口音,会有一种不自觉的抗拒,总把暴力、懒惰等标签和他们关联在一起。直到有一次,笔者在乘坐公交车时发现丢了钱包,感到身心俱疲,布鲁克林儿童博物馆的一位黑人员工得知情况后,递给了我50美元,并笑容可掬地祝福我"good luck",此时此刻,我的成见被彻底

---

① Hans Georg Gadamer, *Gesammelte Werke*, Band 1, 6 Aufl, Tübingen, J. C. B. Mohr, 1990, S. 309.

② [德]汉斯-格奥尔格·伽达默尔:《诠释学Ⅰ:真理与方法》,洪汉鼎译,商务印书馆2007年版,第415页。

③ 同上书,第416页。

修正,发生视域融合。可见通过理解的图式,我们不断克服自身的偏狭,获得对物全新的理解,进而具备一种全新的"成见"。这就需要我们始终保持开放的姿态,无论是对未知的领域,还是对未曾体验过的经验。

## 二、实物学习中的视域融合

虽然"视域融合"探讨的对象多是文本,而非实物,但事实上实物学习(如博物馆学习)同样旨在达成视域融合,并且这种视域融合是对陌生时空和未知专业知识的一种有意拓展。尽管我们知道为实物学习设定目标至关重要,但如果想要实现学习者与所设目标之间的视域融合,将会不可避免地面临三大困境。

一是由于理解者对于过去、现今等未知领域存在"成见",所以如何才能最大程度地实现实物阐释与学习者的视域相融存在困境。我们知道"过去"已成沧海桑田,而"现今"隔行如隔山,围绕被阐释的实物开展学习,虽然有助于突破时空体验的局限,但正是这种"成见"的缺失,给我们通过阐释来补缺视域带来了一定的难度。事实上,任何一位受众在开展实物学习时,他的认知结构中关于对象的"成见"已在发挥作用,成为他观看时选择并加以判断的依据。没有这个"成见",认知就很难发生。[①] 因此,受众在开展实物学习以达成视域融合时会出现这样的情况:内行气象万千,而外行却不得其解。以美国埃利斯岛移民博物馆(Ellis Island Immigration Museum)为例,1892 年美国政府在埃利斯岛设立入境检查处,从 1892—1954 年的 62 年间,经由该岛进入美国的移民人数高达 1 200 万,埃利斯岛由此成为美国一大标志性地点。1990 年 6 月,移民管理处被改造成埃利斯岛移民博物馆,并对外开放。尽管历史上出现过劳工移民、技术移民和投资移民等不同阶段的移民浪潮,但移民多为各个阶层中的少数一部分,所以绝大多数观众对移民话题是陌生的,属于我们"成见"中的未知领域。鉴于此,展览采取主题演绎的方

---

① 严建强:《博物馆的理论与实践》,浙江教育出版社 1998 年版,第 211 页。

式,帮助学习者在此找到与自身的相关性,以克服他们现有储备的不足。如在二楼展厅中的电子地图上,来自世界各地的观众都可以按下自己所属国的按钮,此时来到美国的各国移民的实际人数就会显现出来。如我们按下"Chinese"键时,便会跳出"284 144"的数字,代表当时抵达美国纽约的华人数量。再如展览中有一个名为"国旗的面孔"(The Flag of Faces)的展项,采取的是交互式的动画展示(见图28)。在该展项中,观众由网络上传的个人或家庭照片,会被拼凑为一幅完整的美国国旗的蒙太奇图像,观众或其祖辈的面孔也因此成为这一展项的构成部分。又如这次展览中选用的展品资源多为日常生活中耳熟能详的物品及其记忆载体,如行李箱中的衣服、宗教用品、居家用品、家庭照片、个人文件、乐器和口述史等。所以在信息编码时,如何处理极富深度的专业知识与多数观众"成见"之间的平衡,同时又使其对观众具备一定挑战性,是摆在实物阐释者面前的一大难题。

图28　美国埃利斯岛移民博物馆中的动画展示,由普通人参与并构成美国国旗(梁雨桐提供)

二是由于理解者在需求与兴趣上存在偏好,所以如何才能最大程度地促成物的阐释与学习者之间视域相融存在困境。正如前文所言,

"隐喻"(相似性)与"转喻"(相关性)是人类认知世界、表达情感和组织意义的重要载体[①],是认知发生时最为底层的作用机制。同时,"镜像神经元"的存在也为我们了解认知和理解过程提供了神经生物学的新视角。人类的镜像神经系统给个体编码他人的行为意愿、情绪体验提供了便利,让个体感觉这些意愿和体验似乎是自己的,消除了自己和他人之间存在的心理隔离,从而使得沟通变成现实。[②] 通常情况下,我们"共情"的对象是自己原本认知领域中所熟悉的。综上,我们应努力发现多数观众的共同需求及兴趣偏好,保证实物阐释处在学习者"成见"的范围内,促使理解具备一种内驱力,以真正发挥理解者的主观能动性。以台湾博物馆的"昆虫与植物的爱恋变奏曲"特展为例,该展包括"昆虫星球""七嘴八舌""素食主义者""昆虫顺风车""昆虫媒人婆""最佳拍档""致命陷阱""飞行的色彩"八个单元,选取昆虫概貌、昆虫口器、昆虫飞行、散播植物病原、帮助植物授粉、昆虫和植物共生、植物诱捕昆虫、昆虫翅膀等充满趣味、易于理解且能获得提升的主题。事实上,通过昆虫、植物及彼此之间的竞争与共生关系来吸引昆虫、植物专业人士和爱好者并不困难,但如何寻找并发现大部分人对该主题的兴趣,以满足尽可能多人的需求则是策展人面临的一大瓶颈。为此,整个展览采取拟人化的手法,将昆虫和植物间的关系喻为一种"爱恋"关系,并营造出相关"生活化"主题及场景。如在第三单元"素食主义者"中,将"植食性昆虫"比作人类的"素食主义者",昆虫的饮食环境也被布置成人类的"餐桌"。"餐桌"上摆放着各式各样的"餐盘"。由于这类昆虫的主食为"树叶",所以桌面布满了"树叶",叶面上可阅读相关的科普信息。同时,通过餐桌上的放大镜还可观察昆虫标本。可见在该单元中,观众借助了熟悉而又妙趣横生的生活场景——"用餐",来帮助其理解昆虫的饮食习惯及行为(见图29)。又如第五单元"昆虫媒人婆"(见图30),该单元为"爱恋变奏曲"的压轴曲目,观众能通过虚拟现实装置,以第一人称的

---

① 王小平、梁燕华:《多模态宣传语篇的认知机制研究》,《重庆交通大学学报》(社会科学版)2015年第6期。
② 叶浩生:《镜像神经元:认知具身性的神经生物学证据》,《心理学探新》2012年第1期。

视角参与四种挑战游戏。在这些游戏中观众直接扮演成昆虫,体验"它们"在不同的植物间穿梭,并成为"媒人婆"的历程,从而轻而易举地理解了昆虫在植物授粉中发挥的重要作用。当我们意欲通过实物为受众提供学习机会时,往往会发现我们对学习者不太熟悉,而对他们的需求和兴趣的判断也以想当然居多,常常缺乏相应的实证性、思辨性研究。由此可见,掌握受众的需求和兴趣,以吸引他们主动关注、理解物,进而实现视域相融,仍是横亘在信息传播者面前的一项艰巨任务。

图 29　台湾博物馆的"昆虫与植物的爱恋变奏曲"展中的第三单元"素食主义者"借助日常生活的"用餐"场景,帮助观众理解昆虫的饮食习惯和行为

\* 图片引自台湾科普设计体验《昆虫与植物的爱恋变奏曲特展》,http://www.facebook.com/NTMuseum/photos/pcb.10155710328291193/10155710327351193/(2019 年 3 月 31 日),最后浏览日期:2021 年 9 月 10 日。

图 30　台湾博物馆的"昆虫与植物的爱恋变奏曲"展中的第五单元"昆虫媒人婆",以第一视角体验昆虫在不同的植物间穿梭并成为"媒人婆"的历程

\* 图片引自 Adcbear:《台湾科普设计体验〈昆虫与植物的爱恋变奏曲特展〉》,https://asusdesign.com/tw/2019/03/31(2019 年 3 月 21 日),最后浏览日期:2023 年 9 月 3 日。

三是由于实物阐释多采取的是一种非耗时、非连续的视觉表达,所以如何最大程度地实现实物阐释与学习者整体感知觉的视域相融存在困境。以开展实物学习的典型之所博物馆为例,观众从打算参观到走进、离开博物馆以及留下记忆的过程,构成了他们独一无二的学习体验。在19、20世纪时,观众基本处于被动体验[①],直到20世纪后半叶,博物馆才开始探索为观众创造积极的体验。[②] 博物馆的空间性由此得到重视。事实上,博物馆的空间是有结构的,展览也是有结构的,空间结构也可参与展览阐释,使两者配合默契并相得益彰。首先,展览的线性逻辑与空间的情境重构之间可能存在矛盾。正如前文所言,玛格丽特·霍尔将展览分成分类式和主题式两种,其中后者又可细分为叙事式和情境式。叙事式展览要求按照线性逻辑组织内容,其他的则可采取非线性。而线性逻辑对空间结构的要求相对严苛,因此叙事的线性逻辑和空间的情境重构需要得到有效组织。如果只是将"物"按照线性逻辑一一摆出,既单一乏味,又放弃空间优势;而情境重构具有一定的自由性,如果不进行展线的有效策划,那么稳定的线性逻辑就会被瓦解。如何将两者有效结合以实现深度阐释,成为学习者视域相融的又一挑战。以美国大屠杀纪念馆(U. S. Holocaust Memorial Museum)的大屠杀主题展为例(见图31),该馆是一座国家级主题博物馆,讲述的是第二次世界大战及战前,纳粹德国与其同伙对欧洲犹太人进行的种族灭绝行动。1993年,在历经十多年的建设后,该馆正式对外开放。展览的内容和动线都是被预先设定的,观众如同看电影一般,可花费平均约2—3小时,有序清晰地回看并体验犹太大屠杀这一创伤事件。当我们步入博物馆,先要在电梯门口排队,期间会循环播放一句话:"为了逝者与生者,我们都必须见证。"由此将我们拖入事件的发生现场,并被要求领取代表受害者身份的证件。接着我们会乘坐电梯直达4楼,而该电梯空间昏暗、压抑,内置有视频,视频中所发出的"这一切是如何发生

---

① Barry Lord, Maria Piacente, *Manual of Museum Exhibitions*, 2nd ed., Rowman and Littlefield Publishers, 2014, p. 8.
② Polly McKenna-Cress, Janet Kamien, *Creating Exhibitions: Collaboration in the Planning, Development, and Design of Innovative Experiences*, John Wiley and Sons, Inc., 2013, p. 26.

图31　美国的大屠杀纪念馆基本陈列——大屠杀主题展
* 图片由美国大屠杀纪念馆提供。

的?"的提问将会为展览埋下伏笔,起承上启下的作用。于是在4楼,我们可以追本溯源,认识到大屠杀是怎样发生的;3楼可以目睹1940—1944年纳粹集中营中令人发指的大屠杀罪行;而在2楼则可以了解到1945年集中营的解放、二战胜利和大屠杀余波。可见,整个展览的参观动线是从4楼到2楼,按照时间线索将大屠杀的主题故事娓娓道来,自序篇"纳粹来袭:1933—1939年"到终章"最终解决方案:1940—1945年"。其次,展览要素的空间表达具备特殊性。体量、位置、照明、色彩、方向等影响因素控制着观众在参观时的注意力,并左右他们的学习效果。以台湾世界宗教博物馆中的序厅为例,该序厅由一方水幕墙和一条朝圣之路构成(见图32)。由于博物馆位于商场内,所以通过该墙,观众可从喧闹的商场环境浸入宗教世界。当他们将双手置于墙面,如丝般柔顺的水流会在其指间缓缓流淌,以帮助观众荡涤尘世的污垢。尔后他们便开始步入朝圣之路,天花板投射下柔和的灯光,使得这条路似乎望不到尽头。一侧是朝圣者的群像,一侧是一行叩问心灵的文字:"我是谁?""谁创造了世界?""世界真的有神吗?""真的有来生吗?"同时,观众可以发现在这条朝圣步道上,越往前走地面变得越光滑。借助文字、图像、灯光、感知觉和空间等要素的综合表达,序厅的策划意图得以显现,观众从身体到心灵获得洗礼。由于这些因素在我们的平时学习中不太会对我们造成影响,所以我们易于一仍旧贯地忽视它们,更遑论去思考如何有效利用它们。鉴于此,通过各类要素的综合表达,以实现空间阐释与观众整体感知觉的视域相融可谓步履维艰。

**图 32　世界宗教博物馆序厅中的水幕墙和朝圣步道**

\* 图片引自世界宗教博物馆:"展览资讯——常设展",https://www.mwr.org.tw/xcpmtexhi?xsmsid=0H305740978429024070,最后浏览日期:2021 年 8 月 21 日。

尽管上述三大困境存在可能的解决对策,但是我们需要明白的是,视域融合若要取得成功,通常需要依赖三方面条件。第一是学习者和阐释者之间的彼此尊重,当前学习者对实物充满信任,这为学习者的理解创造了良好的先决条件。前文三大困境中每一困境的克服,都首先应满足该条件。第二是一方需要理解另一方,换言之,学习者的"成见"要与阐释者的视域存在部分关联,否则超越学习者个人经验意义的东西就难以被理解。因此,需要从弥补未知、捕捉兴趣、完善体验等方面建立与学习者的关联。第三是视域融合是不断变化的,会受传统和流行因素影响。所以阐释者要积极应对社会变迁、经济转型和技术变革,展现出一种审时度势的创造性,从而使学习者的视域能够投入阐释者视域,以便两个视域之间开展卓有成效的对话。而三大困境中无论是对未知领域的选择,还是对观众兴趣需求的把握,抑或是对创新空间的阐释,都需要突破传统的有限性,彰显符合时代特征的创新性。

## 第四节 实物阐释和博物馆阐释的差异

在第二部分伊始,我们就针对"实物学习的要素与构成"开宗明义地指出,在探究实物媒介化的过程中,可抽象出实物、受众、阐释三大要素。博物馆阐释说到底需要探究的是实物阐释,所以在应对阐释问题上,两者具备诸多相似之处:阐释对象的非表征性;阐释类型均属于探究的阐释,阐释价值在于呈现积极的价值导向和精神追求;阐释时可能会面临三大困境;阐释的目标是达成视域融合等。与此同时,实物阐释与博物馆阐释又不尽相同。首先,前者强调的是物品所携带的多层信息,而后者还须根据展览类型进行信息取舍,如果说前者指向的是个体的博,那么后者则指向整体的精。其次,前者更关注传播客体和传播技术,而后者还涉及空间经营。因此,从某种程度上说,博物馆阐释乃是实物阐释的高级阶段,所以需要向实物阐释传递经验和辐射思想,使该媒介化方式可在日常生活中普及,以帮助受众在传统且主流的符号学习之外,再掌握一种逸趣横生、体验深刻的学习新方法。下文将从内容构成和空间经营两方面展开比较和差异分析。

### 一、内容构成:博与精

#### (一)实物阐释内容构成的"博"

我们知道,一件物本身所负载的信息丰富多彩,可从多个角度对其进行深挖和呈现。正如前文所言,我们可以根据功能差异,将实物分成三类:纯审美的实物、纯实用的实物、审美和实用兼具的实物。三类物之间存在不同的阐释需求。同时,如我们在第四章"实物媒介化的客体——实物"中所述,其中的每一件物通常都包含三层信息:本体信息,物的质料、形式和功能信息;衍生信息,制作物的动力和目的信息;流转信息,新的动力和目的信息,以及由此产生的新本体信息。尽管自17

世纪起,博物馆成为一种专门收藏和展示实物的公共文化机构,但事实上,日常生活中对于物的收藏和展示一直存在,且更为年深月久。

所以我们不得不从私人收藏的另类文化谈起,因为这一收藏文化由来已久,早期与珍品收藏密切相关。有关物质文化的研究将我们拖回过去的生活方式,也揭示出物质文化在知识和社会中的重要性。[①] 如人类学家从物的民族志视角出发,早期将物的演变与社会的进化同置一畴,代表人物是摩尔根等,后期则主张研究文化与物质环境的关系及其变化进程,将文化形态与环境看作一个系统,代表学者有柴尔德、斯图尔特等。尽管这些研究目前已经百花齐放、硕果累累,但我们首先需要回答的是为什么要收藏,其动机为何?我们认为归结起来,主要包括两点:一是个人兴趣,二是保存记忆。首先,出于个人兴趣的私人收藏,虽然多为小众行为,但发端相对最早。王公贵族或因位高权重,或因富甲一方,开始聚敛珍宝,并将它们收藏于"珍宝柜""天府""库府""武库""天禄""石渠""兰台"等各类私人场所,在自我欣赏与把玩的同时,偶尔也会向上流社会、城市精英敞开大门。相传古罗马时期有一位奇葩的收藏家,在一次艺术品拍卖会上不小心睡着了,而熟睡过程中他会时常不经意地点头。拍卖师以为他的每次点头就表示要竞买这件艺术品,所以等到他一觉醒来,居然已经买下高达 180 万赛斯特斯[②]的艺术品,而其中有很多是他并不需要的,可见没有足够的财力支持是难以成为收藏家的。[③] 我们不得不承认,在赞助艺术方面,美第奇家族确实是人类历史上无与伦比的。作为是欧洲最具实力的名门望族之一,他们是靠经营药品起家的大银行家,多年来,美第奇家族是佛罗伦萨的实际掌权者,一度扶持过如达·芬奇、拉斐尔、米开朗基罗、拉斐尔等一批天赋异禀的艺术家。自科西莫一世·德·美第奇(Cosimo I de' Medici)执政以来,他们家族历代持续地收购艺术品。法兰契斯卡一世(Francesca I)更是

---

① Susan M. Pearce (ed.), *Objects of Knowledge*, London: The Athone Press, 1990, pp. 125-140.
② 赛斯特斯:古罗马货币单位,在共和国时期是一种小银币,在帝国时期改为铜币。引自法国拉鲁斯出版公司:《改变世界的政治家与军事家》,王巍译,新世界出版社 2016 年版,第 49 页。
③ [美]爱德华·P. 亚历山大、玛丽·亚历山大:《博物馆变迁:博物馆历史与功能读本》,陈双双译,陈建明主编,译林出版社 2014 年版,第 216 页。

突发奇想,使得一座被废弃的政府办公厅摇身一变,成为收藏文艺复兴艺术珍品的美术馆——乌菲齐美术馆(Uffizi Gallery)。此外,牛津大学阿什莫林博物馆(Ashmolean Museum of Art and Archaeology)最初的捐赠者艾利亚斯·阿什莫尔(Elias Ashmole)(基于一对英国父子基础上的收藏)、始创大英博物馆的捐赠者汉斯·斯隆(Hans Sloane)爵士(有偿捐赠,捐赠超过 7.1 万件,回报是继承人获 2 万英镑)、费城博物馆(Peale's Museum)的筹建者查尔斯·威尔森·皮尔(拥有家族绘画作品和野生动物标本)都是名噪一时的收藏家。在我国,一代圣主唐太宗不仅在政治、军事上运筹帷幄,而且偏爱诗书字画,尤其喜爱《兰亭集序》。身处战争频发、军阀割据时期的柴荣是五代十国乱世中的一代明君,据说周世宗所创建的官窑"柴窑"是唯一以君王姓氏命名的瓷窑,而且毫不逊色于五代名窑。整个赵宋家族中书画艺术第一收藏大家无疑是宋徽宗赵佶,他收藏有书画、瓷器和青铜器等瑰宝,而书画中又对花鸟画情有独钟,据说《宣和画谱》中就纳入了多达 2 700 件的花鸟画收藏。收藏在宋代进入巅峰时期,收藏家也是名家辈出,如赵明诚、李公麟和吕大临等。乾隆可谓收藏界的风云人物,坐镇江山 60 年间搜罗了不计其数的珍品,主要馆藏于北京和台北的故宫博物院内。清代贪官和珅的收藏也不计其数,品种有玉如意、珍珠手串、大红宝石、大蓝宝石、桂圆大珍珠、银碗、珊瑚树、瓷器、锡器、铜器、西洋钟等,可谓琳琅满目。

其次,出于保存个人和集体记忆的目的,此类收藏不再囿于王公贵族,而更趋平民化和个性化。在该动机驱使下,收藏之物通常崇尚的是实用和审美兼具,收藏者会利用家庭空间,将展示和储藏合二为一。其中最具代表性的收藏即为照片。自 20 世纪早期起,照相馆进驻我国各大城市,家庭开始拥有各种相册,将每一重要时刻定格,成为家庭珍贵的记忆载体。随着电子照片的问世,拍摄、制作和保存照片虽然成本降低也更为便捷,但相较于可被感知的物质实体,它们一定程度上降低了记忆本身的厚重感和仪式感。金银首饰也是家庭乐于收藏的重要对象,其中不乏代代相承的传家宝,如金银手镯。古有"无镯不成婚"的说法,因为手镯的圆形寓意圆满和谐,所以曾经是婚姻嫁娶的必需品。其中的银手镯备受青睐,据说原因在于它们有排毒功用,因为古时女性体弱多病,而佩戴这类手镯有助于身体安康,并且往往戴在左手,左手使用频率较低,可避免磕碰,同时也有一种说法,即有助于心脏排毒和气运左进右出。可见,即便是普通家庭,也有收藏物的传统及习惯,物在无意识状态下已完成媒介化,成为欣赏或者仪式的对象。

如今当我们再来探讨实物阐释时,已不再满足于家庭"自产自足"式的低程度阐释,而是希望探讨一种有目的且有意识的高程度阐释,这种阐释可能来自内部的个人和家庭,也可能来自外部的个人和组织。同时,实物阐释的成品既可进驻家庭,也可纳入学校,甚至可步入任何公共空间,成为我们学习的重要对象。它们可能是家庭在教育孩子洞悉时间概念时用的一个实体闹钟,也可能是教师在讲授天体运转规律时向孩子们展示的天体模型,还可能是马路两旁唤醒城市过往记忆的优秀历史建筑。我们将这类物品从现实生活中整体抽取出来,变成本书所要探讨的学习对象,使实物学习从一种无意识的行为,变成主客体关系有意识的重构。为此,我们需要深入洞察实物经由媒介化后,面向学习者进行有效阐释所须具备的共性。我们认为其最大的共性在于打破学校分科教育,塑造"无边界"思维。正如前文所述,以往学校教育可能的结果是某一学科视域下的单向度探究。如以月亮(月球)为议题,语文课会讲中秋节,物理课会讲探月工程,地理课会讲月相变化与地月系。而实物学习主张不受单一学科立场和方法的局限,将实物本身置于原真环境中,碎片化的视角被重新缝合,再现实物本来立体而丰满的样貌,使其充满灵动性和生命力。北京大学教务部副部长卢晓东表示,"随着人类认识的深入,不同领域间的界限正在变得模糊"[①]。时下,我们极度欠缺多学科融合视角下认识和改造世界的能力,而该能力无论对未来创新型人才的培养,还是复合型人才的缔造都至关重要。因此,探讨实物学习一定程度上可补缺现代学校制度的短板,力求"博"是实物学习在内容阐释上的共同需求。

(二) 博物馆阐释内容构成的"精"

博物馆阐释情况则有所不同,除了阐释程度较低的审美型展览之

---

① 金其先:《差异化教育》,厦门大学出版社 2015 年版,第 51 页。

外,阐释程度较高的阐释性展览悄然问世,并且现已蔚然成势。"阐释性展览"是指以展览要素作为沟通媒介,向观众传递藏品及其相关信息,以促使观众参与的展览。它区分于"非阐释性展览"的根本标准在于能否促使观众参与。这类展览要求我们根据特定的主题、目的和结构,对物所载信息进行研究、转化和重构,强调展览内容的整体性与聚焦性,放弃面面俱到的"博",而追求有的放矢的"精"。贾尔斯·维拉德(Giles Velarde)认为,"一个陈列,只有以物为基础,组成它所要展示的整个发展序列,这才算是成功的"①。展览只是一个展览而已,无须刻意求全求大。

首先,阐释性展览要求展览拥有明确主题,主题下设各级传播目的,展览要素都应服从传播目的,以保证展览融为一体。之所以要这样做,是为了确保展览阐释效果的最大化,我们不能将全部有价值和重要的东西都不加甄别地全部塞进展览,否则带来的结果是,观众将无法把握展览的重点,参观效益降低且加速疲劳,同时展览将缺乏鲜明的特色,降低传播力和影响力。把实物中的所有信息都传递给观众,该愿望的出发点尽管很好,但实际效果往往适得其反。② 为了避免信息超出观众认知负荷而导致他们深感困惑,需要对实物的各类信息进行取舍,而取舍的标准即为传播目的。只有与其休戚相关的内容才能得以保留,其他与主题和传播目的无关的内容和信息都应被滤去,这样展览的信息才能有机而紧密地聚合在主题下,有的放矢地揭示展览传播目的。

其次,阐释性展览要求根据传播目的搭建内容结构。内容结构的安排既可以根据类型差异,也可以按照时间逻辑,但无论如何,我们建议其依据某种关联进行组织。而有效组织的前提是对展览主题相关的可移动物、不可移动物、非物质文化和文献等记忆载体的穷尽和熟稔,这在很大程度上需要依赖多学科的介入和全方位的深入。需要说明的是,展览结构不仅关乎有形的结构,也关乎无形的结构;既要重视展览主题本身的结构,也不可忽视该主题与外部社会的互联;既要看到物在

---

① 贾尔斯·维拉德:《博物馆陈列设计概述》,《博物馆研究》1992年第4期。
② 严建强:《从展示评估出发:专家判断与观众判断的双重实现》,载严建强:《缪斯之声:博物馆展览理论探索》,浙江大学出版社2020年版,第205页。

历史传承中的一面,也须了解其在当时社会被塑造的一面。①

综上,提炼富有特色且贴切的主题,制订各级传播目的,根据传播目的搭建内容结构,有助于为观众打造一个有构造、有情节、重点突出、能够保持代入感和新鲜度,又易于理解和引人入胜的展览。

## 二、空间经营:弱与强

### (一) 空间性并非实物阐释的必备条件

实物阐释的对象主要是实物,但也包括一些现象。它们既是家庭或学校学习中的教具,也是公共空间中可供观察或参与的物及现象。首先,博物馆中面向学校的教具开发和服务,可以追溯至"延伸服务"(outreach service)这一服务类型。该名词最早由美国大都会博物馆的亨利·沃森·肯特提出,而格林希尔则进一步将延伸服务分成三类:外借服务(loan service)、流动博物馆(mobile museum)、学校与社区的工作坊(workshops in schools and community venues)。② 其中,教具的出借就属于其中的外借服务类型。如英国的威尔士技术探索中心(Techniquest)曾根据不同主题开发出手提包式的活动教具(见图33),这类教具拥有方便折叠、易于运输等特点。教具中还配备有提供参考的活动手册,教师可利用这套教具来做科技实验。其次,实物突破博物馆的空间局限,已以学习媒介的形式出现在任何被认为合适的空间里,在这些空间里,物和现象得以呈现,可被归于类博物馆情形。或许有时我们会发现,某些地方并不使用实物,而只是展出一部分图片、多媒体、造型和设备等,但需要明确的是,它们之所以能被呈现,事实上依托的恰恰是实物及其所载信息,本质上它们提供的是基于实物学习的平台。如在成都地铁7号线的金沙博物馆站,站点两侧墙壁上被绘制出金沙主题的壁画(见图34),包括制玉烧陶、铸造金饰、捧跪象牙,古蜀人的生

---

① 李德庚:《当代博物馆展览的叙事设计结构研究》,清华大学博士学位论文,2018年,第5页。
② 常娟、叶肖娜:《管窥科技馆教具的开发与服务》,《开放学习研究》2017年第5期。

**图 33　英国的威尔士技术探索中心活动教具**

\* 图片由英国威尔士技术探索中心提供。

**图 34　成都地铁 7 号线金沙博物馆站的古蜀生活壁画**

\* 图片引自微成都:《成都地铁站内竟藏着海底城和三星堆》,https://m.thepaper.cn/newsDetail_forward_12002739?ivk_sa＝1024320U(2021 年 4 月 2 日),最后浏览日期:2023 年 8 月 20 日。

活得以隔空再现并被娓娓道来,为我们营造出"时空虫洞"的异样体验,过往的文明和现代的交通在这一空间中相遇关联。虽然金沙遗址博物馆的文物并未在这一地铁站"露脸",但是被绘制在墙上的壁画都源自太阳神鸟、象牙等文物及其研究成果。可见,真实而唯一的物载信息始终是实物媒介的真正价值所在。

相较于信息论,实物媒介的空间性并不突显。因为实物可能会出现在日常生活中的众多地方,甚至是公共空间的"边角料",其不同于博物馆,博物馆是专门收藏和展示实物之所,由此可见,空间性并非阐释实物的必备条件。我们认为这大致包括以下两种情况：一是将实物从现实情境中抽离或暂时抽离，但并不为其打造特定空间；二是将实物从现实情境中抽离或暂时抽离，一定程度上打造出特定空间以作为其容器。家庭或学校学习所使用的教具多属于第一种情况，因为这些教具往往被用于辅助开展符号学习，有时可能会发生身份翻转，成为真正的学习客体，而非辅助用品。公共空间所呈现的物和现象则多属于第二种情况，因为这些空间多为公众频繁出入的地方，设计者旨在通过一种文化表达，在城市更新中延续城市文明，以提升城市的"精气神"。而需要注意的是，一旦这些表达完全去情境化，即失去其鲜活的历史情境，可能会导致文化内涵难以被揭示和理解，公众将会不知所云，无法感受血肉丰满的文物及其信息，使之沦为一种普通的装饰艺术，而非扑面而来的文化图景。综上，在实物阐释中，很多时候并不具备专门为实物创设特定空间的硬件条件，空间也基本不可能在较大程度上参与内容阐释。但无论如何，随着空间性在阐释上的功能被发现，实物阐释在空间上的开发与探索未来可期。

（二）空间性是博物馆阐释的根本属性

长期以来，物质性一直被认为是博物馆的根本属性，即博物馆必须拥有实物才能被称为博物馆。但目前来看，博物馆的实物边界已经垮塌，是否属于博物馆不再能以物质性作为评判标准。因为当下的博物馆不仅可以展示可移动物、不可移动物，还可以展示过程性的非物质文化遗产、非物质的科学原理等。同时，没有一件实物的数字展区或数字博物馆也相继问世。2019年11月5日，EPSON TeamLab 无界美术馆在上海黄浦滨江开馆（见图35），这是由艺术团队 TeamLab 在全球开设的第二家数字艺术博物馆，第一家2018年于日本东京开设。该馆致力于为观众打造一种沉浸式的艺术体验。每一位进入展厅的观众都可以有意识地用身体去探索，并融进无边无界的艺术空间，与艺术品构成微妙的共同体。在这一体验中，观者与艺术家不再彼此孤立，而是处于一种共感体验之中。重要的是，该馆的全部50件展品都是数码艺术作品，换言之，馆内并无一件实物展品。

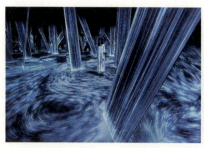 

**图 35　EPSON TeamLab 无界美术馆(上海)展项**

\* 左图引自 EPSON TeamLab 无界美术馆"群柱"展项,https：//borderless. team-lab. cn/shanghai/zh-hant/ew/columns_shanghai/,最后浏览日期：2023 年 8 月 2 日；右图引自 EPSON TeamLab 无界美术馆"花与人的森林：迷失、沉浸与重生——蜂巢结构"展项,https：//borderless. team-lab. cn/shanghai/zh-hant/ew/flowerforest_shanghai/,最后浏览日期：2023 年 7 月 22 日。

当物质性已无法充当博物馆的评判标准时,我们亟须为博物馆找到一种区别于其他媒介的重要依据。空间性这一属性由此脱颖而出。因为博物馆所有展览要素都被置于特定空间内,而且观众是在该空间中通过述行展开学习的。从目前的情况来看,空间性一方面给博物馆的阐释带来无限的可能,因为各种高新技术和创新做法均被纳入博物馆空间,而博物馆对这些要素的开发和拓展始终持开放态度；另一方面空间性也给博物馆阐释带来实践上的难度,因为空间难以动态化地展示展览要素,通常只能进行静态的片段呈现,且空间通常是无序的,而若要将其与展览内容和形式高度相融,则需要关联策展的多个环节,包括内容策划、形式设计、制作布展,难度可想而知。

首先,需要依靠展览的内容及形式,为观众打造出完整的空间体验。一是制定传播目的,以实现展览的集中性和连贯性。[①] 传播目的是明确清晰的一句话,包括"主语、动词和结果(怎么样)"。它是提供给策展团队的工具,而非给观众看的,是团队达成的一种共识。如纽约科学馆的"演化与健康"(Evolution and Health)展,传播目的是"每一次适应都会对我们的健康产生影响"。二是依托物载信息撰写内容文本,形式的空间逻辑须符合内容的文本逻辑。其中,根据内容结构的不同,结合

---

① Beverly Serrell, *Paying Attention: Visitors and Museum Exhibitions*, American Association of Museums, 1998, pp. 7-18.

建筑功能分区和布局，可创造四类空间规划。第一种是针对线性阐释的定向式空间规划。观众只能沿着动线行走，在限定的选择中去理解展览内容及安排。如上海迪士尼乐园中"加勒比海盗：沉落宝藏之战"（见图36）的受控体验，风度翩翩但又狡黠的杰克船长带着游客扬帆开启一场冒险刺激的海上之旅。游客会沿着既定线路，潜入海底寻找加勒比海盗戴维·琼斯的战利品，沿途还会与海盗、美人鱼和海怪不期而遇。游客只需要选择参观或不参观，而一旦选择该项目，就只能按照乐园设计的空间路线进行完整体验。

图36　上海迪士尼乐园中"加勒比海盗：沉落宝藏之战"的定向式空间规划

＊图片由上海迪士尼度假区提供。

除此之外的三种空间规划是针对非线性阐释的展览而布局的。第二种是非线性放射状空间规划。这类布局通常有一个中央核心区域，周边配置发散出去的支持性空间。该类型的空间设计易于为观众提供导向，因为中央核心区域多为一个公共聚集之所，观众在参观完其外围的支持性空间后，可轻松返回至中央核心区域。这类空间规划在自然历史博物馆较为多见。以芝加哥的菲尔德博物馆为例，该馆有一个令人记忆犹新的中央中庭——斯坦利·菲尔德大厅（Stanley Field Hall）。大厅内被安置了体型最大的泰坦巨龙马克西莫（Maximo）模型[①]、由标

---

[①] 该模型仿造在阿根廷发现的泰坦巨龙制作而成。模型身长37米，头部离开地面高度达8.5米，因此被命名为"Maximo"，在西班牙语中意指"极大"。

本剥制师卡尔·阿克利(Carl Akeley)制作的非洲象,以及空中飞行的翼龙,同时该空间还使用了闪闪发光的大理石、拱形天花板和优雅的立柱(见图37)。在该大厅的外围,排布着一系列与之相连的展厅,观众在参观完某一展厅后,可顺利返回至大厅——这一中央核心区域。第三种是非线性随机式空间规划。这类布局由于缺乏中心叙事,所以策展人通常不会控制观众的观展顺序,更多则是鼓励观众自由选择。以新加坡科学与艺术博物馆中的"未来世界:艺术遇见科学"(Future World: Where Art Meets Science)展区为例,该展区由新加坡科学与艺术博物馆、TeamLab团队联合打造(见图38)。整个展区分为自然、市镇、避风港、公园和太空五个主题,为观众呈现的是19件大型艺术装

图37　菲尔德博物馆以斯坦利·菲尔德大厅为中央核心区域的放射状空间规划
　　　＊图片由菲尔德博物馆提供。

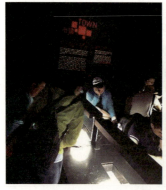

图38　新加坡科学与艺术博物馆中的"未来世界:艺术遇见科学"展中的市镇主题展区(包括市镇在内的五个主题空间属于随机式的空间规划,观众可以自由选择,笔者摄)

置。他们可以在五大主题中随意选择,通过游戏尽情探索,进而思考相较于自然、他人和宇宙,人类真正的定位。第四种是非线性开放式空间规划。这类布局令空间内所有展览内容都一览无遗,可为观众提供开阔的视野,使他们能绝对自由地选择参观路径。最典型的案例是旧金山的探索宫(Exploratorium)(见图39)。该馆1969年由弗兰克·奥本海默(Frank Friedman Oppenheimer)创建,他打破了科学博物馆的一贯模式,采取摊位式的展示方式。因新冠疫情,该馆于2021年7月1日后再次开放,六个宽敞的室内室外空间完全开放,超过六百件展品尽收眼底,专供观众在玩中探索,他们既可以与自己的影子共舞,也可以触摸龙卷风,还可以让时间停止,甚至使自己的头脑爆炸。尽管如此,包括空间规划在内的形式设计始终必须忠于展览主题和内容,它是对展示主题和内容准确、完整、生动的表达。①

**图39** 旧金山探索宫中的"涡流"(Vortex)展项(该馆采取开放式的空间规划,包括"涡流"在内的六百余件展品一览无遗)

\* 图片由旧金山探索宫提供。

其次,观众前往博物馆所获得的体验,不只是来自展览空间,还涉及所有公共空间。这种完整体验肇始于观众决定去博物馆的那一刻。对首次或偶然性观众来说,在博物馆的参观行为基本包含四个步骤:适应(3—10分钟)、专注观赏(15—40分钟)、浏览(20—40分钟)和准备离

---

① 陆建松在题为"做好博物馆展览的十大支撑条件"的讲座中提及。

开(3—10分钟)。① 因此,博物馆不仅要重视观众的寻路和定位,还要重视他们在公共空间的体验。因为观众在博物馆除了漫步展厅外,还会使用洗手间、享用餐饮和购买文创,以及享受员工服务,这些都是他们体验的构成部分,所以博物馆还应着力改善停车、洗漱、餐饮等公共空间的服务,并将博物馆物载信息融入各类公共服务中,从而使展教活动和公共服务构成一个整体阐释系统。如旧金山亚洲艺术博物馆的博物馆餐厅(Café Asia)推出与其传播使命相符的亚洲文化风情美食,包括"乾隆皇帝套餐"、椰奶鸡肉汤等。需要注意的是,我们除了维持老观众,还需要吸引新观众,应致力于将博物馆打造成易于亲近的交流平台,避免因文化资本②造成文化区隔,以吸引大量文化资本低的、潜在的新观众前来。

## 第五节 博物馆阐释及其对实物阐释的启示

博物馆阐释是实物阐释的集大成者,尽管实物阐释在很多方面仍不具备博物馆阐释的基础和条件,但两者的终极目标都是将"物的语言"变成"人的语言",从陌生的"物的世界"转换到熟悉的"人的世界",所以两者阐释的成功都离不开物的研究和人的研究。目前,实物媒介出现在家庭、学校和公共空间(包括博物馆)等不同场所,如何才能将这些散落在各大领域的对象提取出来,进而开展行之有效的阐释,尚未被系统化地加以探讨。我们希望通过对博物馆阐释在"要素、原则、维度"三方面的深入探讨,为其提供一些启示,促使受众不仅能获得低层次的感知觉体验,还能获得高层次的认知与情感体验。

---

① [英]蒂莫西·阿姆布罗斯、克里斯平·佩恩:《博物馆基础》,郭卉译,译林出版社2016年版,第103页;Pierre Bourdieu, "The forms of capital", in John Richardson, *Handbook of Theory and Research for the Sociology of Education*, Greenwood, 1986, pp. 241-258.

② 文化资本(cultural capital)是指由于教育、财富和消费的普及和大众文化的盛行,当代社会已出现了明显的平等化的趋势,但布尔迪厄认为,一种主导的"高级"文化继续占据统治地位。那些有着良好的教育经历并投资于各种形式的文化知识的人能够在财富和权力的竞争中占据有利地位。见[英]罗宾·科恩、保罗·肯尼迪:《全球社会学》,文军等译,社会科学文献出版社2001年版,第555页。

## 一、博物馆阐释的要素构成及其启示

笔者认为博物馆阐释大体包括三类要素:作用对象(展览要素)、传播技术和空间经营。如果我们将博物馆阐释比作烹饪美味佳肴,那么展览要素相当于新鲜食材,传播技术犹如烹饪技巧,而空间经营则类似就餐环境。一道道色香味俱全的菜品,既离不开精选优质的食材,也离不开巧手细琢的厨艺,还离不开格调优雅的就餐氛围,三者相得益彰、缺一不可。

### (一) 博物馆展览要素及其启示

1. 博物馆展览要素:由单一构成到多元混合

首先来看发挥食材功能的"展览要素"。严建强认为,博物馆的展览要素经历了由"单一可移动实物要素体系"走向"多元混合展览要素体系"的发展历程[①]。早期配合珍品收藏,主要采取的展览类型是"精品"展,在这类展览中实物是独一无二的主角,展览的任务是"清晰地呈现它们美丽和珍贵的样式"[②],以供人们驻足欣赏,满足其审美之需。而今此类展览仍大量地出现于艺术博物馆中。20世纪中后期,"博物馆性"的改变推动了博物馆使命及功能变迁,促使博物馆类型日渐多样,展览要素也得以丰盈和拓展。可移动实物一统天下的单一结构由此被打破,不可移动文化遗产、非物质文化遗产以及符号化展品都相继进入博物馆,承担着社会记忆载体的独特功能。与此同时,为了充分揭示展品主题的内涵,补缺实物资料的不系统和非均质,博物馆根据主题和传播目的专门制作了辅助展品。同时,为了更好地解释由实物和辅助展品所构建的形象传播体系,博物馆还为展览配置了阐释性的说明文字,由此组建起由实物展品、辅助展品和说明文字所构成的多元混合展览要素体系。

---

① 严建强:《论收藏视域拓展对博物馆文化及展览的影响》,载严建强:《缪斯之声:博物馆展览理论探索》,浙江大学出版社2020年版,第22—24页。
② 同上。

有人担心展览要素的结构性改变会破坏传统博物馆的展示初衷，实物展品也将纡尊降贵，但如果我们仔细分析一下，就会发现情况并非如此。我们之所以收藏实物，并不只是因为其稀缺性和审美性，而是因为实物作为记忆碎片承载着文化基因。事实上实物最为本质的价值并非在于物质构件，而在于其内蕴的文化意义，而这些都深藏在物质之中，需要我们为其重构语境，让物开口说话，即把物内蕴的文化意义通过可视化方式直观地予以呈现，表达方式包括绘画作品、立体图表、沙盘、雕塑、情景再现、数字化装置、静态或动态模型等。需要指出的是，尽管展览要素的开发和丰盈有助于解释某种真实的现象或原理，但辅助展品的开发必须依托实物或实证的事件及现象，说明文字也必须以科学性和真实性为前提，两者同样都需要秉承与实物一样的真实属性。但我们也发现，展览要素的多元化促使博物馆阐释变得更为复杂，同时为阐释的探索与创新夯实了基础并创造了可能。

2. 博物馆展览要素对实物阐释的启示

我们知道，近距离观察是观众在博物馆内学习的主要方式；而实物学习这一行为则通常发生在日常生活中，相对更为随意而自由，主要采取的是零距离参与。因此，博物馆学习重在借由物、现象及语词符号为观众打造可供观察的平台，鼓励观众通过视觉观察进行理解；而实物学习由于发展很不充分，除了开发出一些教具外，此类媒介的应用尚未普及，并且阐释的程度也不深入。相较于我国，欧美国家，尤其是美国，实物学习现象比比皆是，已出现社会生活的博物馆化。城市公共空间的艺术装置、街头创设的物理互动装置、马路沿线的高大绿植，纷纷被配上图文说明系统，通过实物阐释，民众在日常生活的俯仰之间，即可开展"随心所欲"的学习。

事实上，我国民众对日常实物学习也有着强烈诉求。这一点从由博物馆"打卡热"而引燃的"文创热"中可见一斑。近年来，故宫国风限量版口红、苏州博物馆文徵明手植的紫藤种子、河南博物院文物修复系列盲盒、甘肃省博物馆又"萌"又"丑"的"马踏飞燕"等风靡一时。博物馆的镇馆之宝摇身一变成为文创顶流，"马太效应"屡次掀起消费热潮。如果稍做分析就可以发现，博物馆文创之所以备受瞩目，原因在于我们希望将注入实物之中的文化意义揭示并加以激活,鼓励观众将这一文化样本带回家,而要实现该目标,主要依靠实物阐释。显而易见,博物馆文创不能仅凭"颜"值,更要依靠"言"值,而通过实物阐释,非但不会使其文化意义因时间而湮没,反而会让它们在当代重放异彩。以苏州博物馆吴王夫差剑金属书签为例,春秋时期,吴国的铸剑技术精绝天下,吴王夫差剑成为当之无愧的典型物证,目前已知的共有9把吴王夫差剑,其中保存最完整的一把馆藏在苏州博物馆,被称为"吴老大"。该剑分剑首、剑身两次铸造而成,剑身附着蓝锈,刃锋依然犀利,剑身处刻有铭文"攻敔(吴)王夫差自乍(作)其元用"。通过这把宝剑我们不仅可以领略当时吴国的经济富庶和工艺精湛,还可以想象春秋时期群雄并起、竞相争霸的激荡岁月。书签本是日常生活中的实用之物,由于融入吴王夫差剑的相关元素,包括造型、纹饰和铭文,所以它不再仅是一枚书签,还成了可被学习的对象,成为阐释和传播吴文化的独特媒介(见图40)。又如国立美国印第安博物馆(National Museum of the American Indian)售卖的文创产品——捕梦网,其标签上注明该网是印第安文化的传统物件,通常采用羽毛和兽骨编成,据说可以用来捕捉噩梦或噩梦中的魔鬼。每当夜幕降临时,捕梦网上便会被粘上噩梦,而当清晨第一缕阳光洒下,被羽毛过滤后的好梦就会留下,可请捕梦者前来

图40 苏州博物馆吴王夫差剑金属书签

\* 图片引自苏州博物馆淘宝官方旗舰店商品,http://item.taobao.com/item.htm?id=652436868891.202/0826,最后浏览日期:2021年9月13日。

解梦。因此,它类似北美印第安苏族的护身符,拥有它们则会帮你消除噩梦、实现梦想。可见,通过形象化阐释,物品中的文化意义被解读和表达,促使该文创产品受到观众的热捧。而该现象恰恰说明日常生活中对实物学习媒介的迫切需求,但实际上,在我国它们某种程度上是缺位的。

我们可能依稀记得,当我们还处在孩提时代,父母会指着天空中划过的一道刺目亮光告诉我们说那是闪电,也会指着餐桌上吃饭时使用的两根纤纤木棍说那是筷子。问题的关键不在于作为学习媒介的实物消失了,该媒介从未曾消失过,只不过从我们的"成见"中消失了。试想,如果我们能将日常生活中的一部分实物让渡出来,通过科学而生动的阐释使实物增加一种属性,变成我们学习的对象,那么我们便能"回到事物本身"去学习,学习的趣味性、选择性和主动性将大大增强。譬如针对一片采撷自大自然的普通树叶,我们既可观察它的形状、颜色、大小,也可触摸它的质感和纹路,还可闻闻它的气味,甚至可通过显微镜探究其表皮细胞和叶肉细胞。显然,这种有意识、经规划的学习并非学习者独自能够完成,通常需要专业力量提前干预,经由阐释使实物媒介化。除了呈现作为学习对象的实物外,专业的阐释者往往还需要借助辅助要素和说明文字,如上述案例中的辅助要素即为显微镜。更为典型的案例是2016年由上海自然博物馆顾洁燕、徐蕾等主编的《自然趣玩屋》,该实物学习套件主要面向6—15岁儿童,共分30册,囊括昆虫、鸟类、植物、史前生物、地质科考五个专题,内设实物标本,配套观察、实验和手作等辅助要素以及实验室研究手册等介绍性材料。以植物专题为例,套装中涉及《神奇的蒸腾作用》《叶子真奇妙》《探秘荷叶效应》《穿着"玻璃外衣"的硅藻》《餐桌上的外来种》《植物和种子的传播》主题。在其中的《探秘荷叶效应》主题中,我们首先可以了解荷叶的妙用、荷的前世今生及其启示;随后"自然探索坊"为我们建议了3个小实验,分别是荷叶效应的检测、自清洁小实验和荷叶效应的破坏;最后思考荷叶和仿生学给予我们的启示。笔者认为,这套学习材料最为可圈可点之处在于它提供了一组探秘荷叶效应的实验工具(即辅助要素)(见图41),包括干荷叶、胡椒粉、滴管、塑胶手套和塑料罐,以及操作说明《实验室研究手册》。我们可借助这些工具和手册,尝试完成上述

3项实验任务,即:"水珠实验"是在荷叶与其他植物叶片上分别滴水,以洞悉荷叶的"超疏水性"特点;"荷叶自清洁实验"是利用胡椒粉开展荷叶的自清洁实验,加深对"超疏水性"的理解;"超疏水性从哪里来"是通过在荷叶上滴油来了解荷叶效应为何会遭到破坏。可见,实物可通过阐释的介入实现媒介化,但正如前文所言,除了具备造型、材质、色彩、纹饰等表层信息外,实物还携带纷繁复杂的隐性信息,所以需要依赖跨学科的综合解读,并借助辅助要素和语词符号加以整体阐释,这一点与博物馆展览阐释一脉相承。阐释要素同样须从单一构成走向多元混合。但由于日常生活中的实物阐释不具备显见的空间优势,所以对空间有特定要求的展览要素并不一定适用于实物阐释,如大型的景观箱、雕塑、蜡像、高清投影、电子沙盘模型、数控机械、光电感应和参与装置等。为此,我们需要意识到,并非所有展览要素都可被运用至日常生活中的实物阐释,尤其是对空间体量及环境营造具有较高要求的要素,但是在多数展览要素的阐释及整体感知觉系统的打造上,博物馆的理念和做法无不对实物阐释产生了至关重要的影响。

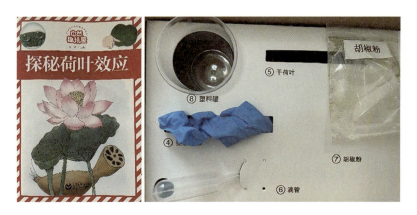

**图41　探秘荷叶效应的实验工具**(笔者摄)

\* 左图:《自然趣玩屋》中的《探秘荷叶效应》,内含荷叶的妙用等五部分内容;
右图:《探秘荷叶效应》的全套实验工具,要求完成水珠实验等3项任务。

## (二) 博物馆传播技术及其启示

我们再来看犹如烹饪技巧的传播技术。博物馆学习主要是借助视觉观察完成的,为此我们需要打造一个供观众观察的视觉传播平台。但随着博物馆事业的历史性变革,以及当下休闲文化资源的空前竞争,博物馆展览要素日渐丰富,而传播技术也不断更新迭代。除了视觉观察外,博物馆开始鼓励观众进行多感官体验并参与其中,这一点在前文中已有所涉及。据此,我们将传播技术分成四类:用于阅读和聆听的符号设计、用于观察的视觉设计、用于参与的探索和体验设计。

1. 用于阅读和聆听的符号设计

随着人类由野蛮时代步入文明社会,符号系统也从最初的手语、口语、绘画发展至后来的文字,成为我们赖以生存的重要传播媒介。符号设计在博物馆阐释中是一种基础而又传统的表达。其中语言符号扮演着主要角色,而这类符号的开放性所带来的创造性和动态化,以及由此产生的对受众思维、认知和行为的影响和支配,无疑成为其有效表达的难点。通常情况下,符号设计包括两种:一是用于阅读和聆听的符号设计,二是用于触摸的符号设计。前者为针对普通受众的常规形式,而后者则是针对视障等群体的特殊形式。本书主要围绕前者展开讨论,囊括普通说明文字、操作和体验说明文字、音频说明文字和人工导览四类。

(1) 普通说明文字

根据说明文字的功能差异,我们可将普通说明文字分为两类:识别性(非阐释性)说明文字、阐释性说明文字。何谓阐释性说明文字?贝弗利·瑟雷尔在《展览标签:一种阐释手段》一书中对此概念专门进行了廓清。阐释性说明文字是指"叙事的标签,而非简单地罗列事实。凡是能够引起读者参与,采用解释、引导、提问、告知或激发等方式的标签,都是阐释性的"[1]。与之相对的是识别性标签,是指对事实信息的简单罗列,而不强调读者参与与否。我们不妨各举一例加以厘清。在美国纽约市曼哈顿46号街的86号码头,矗立着一家异乎寻常的博物馆——无畏号海空暨太空博物馆(Intrepid Sea-Air-Space Museum)。

---

[1] Beverly Serrell, *Exhibit Labels: An Interpretive Approach*, Second Edition, Rowman and Littlefield, 2015, p.19.

馆内安放有一艘无畏号航空母舰,它曾有过一段不同凡响的"身世"。该舰隶属于美国海军,1941 年开始建造,1943 年下水服役,先后参与了第二次世界大战和越南战争并获得五枚"战斗之星"勋章,同时两次获颁海军集体嘉奖勋表。1974 年无畏号航空母舰正式退役并面临拆卸出售,最终在纽约房地产商扎克·费希尔(Zachary Fisher)创立的"无畏号博物馆基金会"的努力下,决定将它除籍修缮后建成博物馆。1982 年博物馆正式被启用,2006 年该馆关闭改造,两年后重新开放。在这家博物馆的"海洋中的城市:无畏号航空母舰"展览中出现了这样一段说明

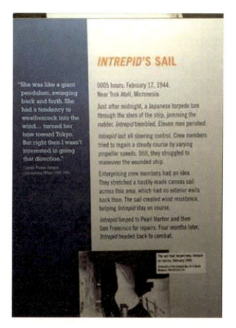

图 42 无畏号海空暨太空博物馆"海洋中的城市:无畏号航空母舰"展
(其中,"无畏号的航行"的说明文字,属于阐释性说明文字,笔者摄)

文字(见图 42),亦是 2016 年"展览标签写作卓越奖"①的获奖作品:

**无畏号的航行**

"她就好像一个摇摆不定的巨型钟,随风而倒……船头指向东京,但是却并不是她想去的方向。"——Thomas Sprague,船长、指挥官,1943—1944 年

1944 年 2 月 17 日,0005 小时,密克罗尼西亚近特鲁克岛环礁。

刚过午夜,一个敌军鱼雷划过了船尾,干扰船舵。无畏号航空母舰晃动着,11 人因此丧生。

---

① 2008 年,美国博物馆联盟推出"展览标签写作卓越奖"。该奖项由美国博物馆联盟的典藏研究员委员会(Curators Committee)、教育委员会(Education Committee)、全国博物馆展览协会(National Association for Museum Exhibition)和华盛顿大学博物馆学系(Museology Graduate Program)共同设立,旨在"支持高质量的标签撰写,并鼓励专业人士创作出他们的最佳作品"。它与"卓越展览奖"按标准评选不同,主要由评委提供获奖理由。

船员们失去了对无畏号方向的控制,他们希望通过改变螺旋桨速度来稳定航线,但是控制这个伤痕累累的航母充满了挑战。

大胆的船员想到了一个主意。他们撑起了一块快速制作的布帆,继续航行穿过这片区域,布帆没有外壁。布帆航行给风带来了阻力,帮助航母保持航线。无畏号航母颠簸地驶进珍珠港,之后送到旧金山维修。4个月之后,无畏号重归战场。

为何这段说明文字会在众多参评作品中脱颖而出?评委在提供获奖理由时,点评道:"该说明牌在讲述故事时运用了充满戏剧化和简明的手法,作者用人类受伤来比拟航母遭受重创,这点很吸引我。这本是一系列历史事件,但是展览说明牌却让读者对航母与船员的困境产生了共鸣。"显然,这段说明文字属于阐释性的,它以讲故事的方式对历史事件进行生动的描述和解释,并引导观众参与其中,以激起他们的情绪波动。

对比同主题的中国人民革命军事博物馆,该馆始建于 1959 年,2012 年因加固改造而闭馆,5 年后重新开放。在这家博物馆的"兵器陈列"中,我们采撷了一段针对"中国造歼-6 歼击机"的说明文字(见图 43):

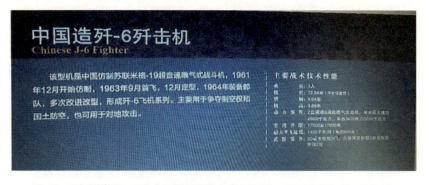

图 43 "中国造歼-6 歼击机"的说明文字(属于识别性说明文字,笔者摄)

### 中国造歼-6 歼击机

该型机是中国仿制苏联米格-19 超音速喷气式战斗机,1961 年 12 月开始仿制,1963 年 9 月首飞,12 月定型,1964 年装备部队,多次改进改型,形成歼-6 飞机系列。主要用于争夺制空权和国土防空,也可用于对地攻击。

不同于"无畏号的航行"那篇说明文字,这段说明文字属于识别性说明文字,主要描述的是知识与事实。不言而喻,除了部分专业人士或业余军事迷,普通观众无法与其建立相关性,何谈参与其中。为此,我们可将两段说明文字的差异归纳为三点:思维、表达和目标。一是思维,前者代表叙事思维,后者代表逻辑科学思维。二是表达,前者属于讲故事,后者属于说教。故事牵动着我们的情感,而情感在展览中与认知、身体因素一样重要,当我们投入情感时,通常会更加关注,也更容易记住信息。三是目的,前者促进理解,后者传播知识。我们知道,物品是人们将文化观念实体化为文化世界的一个重要途径。随着博物馆"观众范式"转变为"注重公众对博物馆的期待",博物馆中最重要的工作已不再是通过积累物品、传播知识与事实为博物馆本身增光添彩,而是丰富公众的生活以使其养成持之以恒的终身兴趣。阐释性说明文字的出现和推广,恰恰为观众在展览中感知、认识物和现象并把握它们的意义开辟了重要途径,而观众在与陌生的物和现象进行面对面交流时,说明文字无疑也成为他们最直接、最方便的诉诸对象。

(2) 操作和体验说明文字

参与是现代博物馆阐释物与现象的重要手段,所以操作和体验说明文字不仅成为科技类、儿童类博物馆展览的标配,也开始在历史类、艺术类等各类馆中初露锋芒。操作与体验说明文字的主要区别在于:前者强调直接的身体参与,而后者更强调非身体的心理参与,但也并不排除前者,亦可能达成身心参与的双重效果。我们将分别通过一个案例予以说明。在新加坡集邮馆(Singapore Philatelic Museum)"眼见为实"(Seeing is Believing)展区中有一个"听和看"(Listen and Watch)展项。众所周知,邮票是 19 世纪最重要的发明之一,它既是记录古今通信发展历程的时代符号,又能反映出人类渴望彼此建立某种联系的深层需求。新加坡于 1840 年引进邮票,随着印刷技术的精进和设计技能的创新,邮票不仅可用来欣赏,甚至还可用来聆听,从而为我们提供一种全新的视听体验。为此,这家博物馆采用了简单易懂的操作说明文字:"在这里听"(Listen Here)和"按下去"(Press)(见图 44)。体验说明文字以台北世界宗教博物馆"爱的星球"展区[①]为例,由于该展区服务的受众主要是儿童,所以展品多为运用动画、3D等新科技的互动展项,为此往往配套大量的体验说明文字。如针对"情绪星球"撰写的说明文字:"这是一个能让沉重的心情转换成明亮好心情的神奇星球。勇敢地张开手臂,拥抱沉重的蓝紫色星球,看!光球变色了,坏心情也会跟着转变。让我们一起用好心情与满满的爱,通过能量显示器的考验,一起前往各星球冒险喽。"无论是操作说明文字,还是体验说明文字,都可采取三种策略:一是内容上多采用情境性的祈使句、疑问句和感叹句;二是使用有别于普通说明文字的表达系统,通过字体、色彩等形式设计予以强调;三是位置与展项接近,以便观众在阅读和理解的同时,按部就班地获得一手体验。

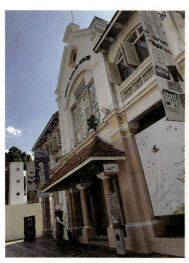

**图44** 新加坡集邮馆和该馆中"眼见为实"展区"听和看"的展项上的操作性说明文字(笔者摄)

(3) 音频说明文字与人工导览

满足于听觉体验的音频说明文字和电子导览,尽管并非符号系统

---

① "爱的星球"展区是台北世界宗教博物馆增设的儿童专区,于2016年10月20日开放,包含奇幻号、情绪星球、爱的能量、自然星球、爱的星球、爱的加油站、爱的百宝箱、神奇魔法书八个区块。

中最主要的表达形式,但却是参观博物馆时获取听觉体验的重要手段,可以共同促进物人之间信息的有效沟通。这里的听觉体验不同于前文所提及的声音展品、环境音等展览要素,而只是指向说明文字这一展览要素,即用音频播放的说明文字,包括展品音频说明文字、电子语音导览和微信语音导览。台湾高雄科学工艺博物馆①局部展区中的展品音频说明文字给笔者留下了深刻印象。主要集中在"台湾工业的发展"展区,如在"出口导向——'制作王国'萌芽的 1960 年代"这一部分的"纺织工业"单元中,独立柜专门展出了"太子龙制服",并且为这件展品配备一段说明文字——"'磨不破、磨不破、太子龙不怕货比货;不会缩、不会皱、太子龙只怕不识货。'这个广告词,清楚表达太子龙制服的特色。就因为太子龙实用耐穿,在经济不甚富裕的那个时代,哥哥姐姐穿不下的给弟弟妹妹穿,一件衣服就这么传过好几手。"除了使用上述常规的语词符号说明外,策展人还另辟蹊径地在展品一旁设置了中英文两个按钮,注明只要按下按钮就可以专门聆听"太子龙制服"展品的语音说明。

电子语音导览(audio tour),通常存在广义和狭义之分。广义上指博物馆采取科技手段提供的移动导览服务,而狭义上则指以录制的音频作为媒介的语言导览。此处主要指向后者。1952 年,阿姆斯特丹市立博物馆(Stedelijk Museum Amsterdam)和菲利普公司合作,率先在"维米尔:真或假"(Vermeer: True or Fake)展中使用了多语种的语音导览。② 而语音导览概念的发明主要得益于爱可声公司(Acoustiguide),1957 年该公司为了减轻人工讲解的压力,最早采取磁带录音机对人工讲解的内容进行录制,由此完成了有关罗斯福故居海德公园(Hyde Park)的语音介绍。③ 在博物馆基本陈列中,率先将语音导览设备投入使用的是 1959 年的美国凤凰城历史博物馆(Phoenix Museum of History)。而

---

① 台湾高雄科学工艺博物馆常设展于 1998 年全部对外开放,该馆是以推广社会科技教育为主要功能的社会教育机构,因此儿童观众成为主要受众。

② Nancy Proctor, "Mobile in museums: From interpretation to conversation", in Sharon Macdonald, Helen Rees Leahy, et al. (eds.), The International Handbooks of Museum Studies, 2015, pp. 499-525.

③ ACOUSTIGUIDE, "We practically invented the audio guide!", https://www.acoustiguide.com/about, accessed 2021-09-15.

它们在艺术博物馆中的推而广之则主要归功于图坦卡蒙超级大展对语音导览设备的运用。① 由于博物馆观众并非铁板一块，拥有各自的特征并怀揣不同的动机。为了结合博物馆特色资源，提供各类观众针对性强的高品质服务，电子语音导览开始出现分众化的探索。如大都会艺术博物馆为 6—12 岁儿童及其家庭专门创设了一款语音导览器（Audio Guide for Kids）。

移动时代微信的普及彻底颠覆了说明文字的传统传播方式，一种便携式的语言导览——微信语音导览在博物馆内悄然崛起。它不但可以节省观众租用导览设备的费用，还方便了观众随时通过手机扫描一探展品背后的故事。如在上海龙华烈士纪念馆的入口和馆内，随处可见引导观众使用微信智能"蓝牙导览"的标牌，并且这种做法在博物馆界已屡见不鲜（见图 45）。声音是自然界客观存在且能被人感知的物理现象：耳朵将空气中的压力波（声音）转化成机械振动，而后又转化成液体中的波动，最终转化成电信号传入我们大脑的听觉皮层。② 研究表明，图像记忆的保留时间只有 0.23—1 秒，而声音记忆则可以超过 1 秒。③ 观众在欣赏展品的同时聆听音频说明文字，可以实现多感官的整合和渗

图 45　上海龙华烈士纪念馆微信智能"蓝牙导览"使用说明的标识牌
（笔者摄）

---

① Jennifer Fisher, "Speeches of display: The museum audio guides of Sophie Calle, Andrea Fraser and Janet Cardiff", *Parachute*, 1999, 94(94).
② ［英］汤姆·杰克逊：《大脑的奥秘：人类如何感知世界》，张远超译，电子工业出版社 2017 年版，第 45 页。
③ 中公教育江苏教师招聘考试研究院编著：《南京市教师招聘考试专用教材：中学语文一本通》（最新版），世界图书出版公司北京公司 2014 年版，第 204 页。

透,这一点在前文已有过论述。可见,一方面音频说明文字可以为视觉或阅读障碍者参观博物馆创造条件,如自20世纪80年代起,美国非视觉艺术协会(ABS)便开始致力于开发非视觉性质的博物馆参观方式[①];另一方面还可缓解观众长时间阅读的视觉疲劳,也可丰富观众的博物馆参观体验,使之更为轻松、愉悦。

人工导览是一种虽然传统但备受欢迎的导览方式。1907年,在本杰明·吉尔曼(Bejamin I. Gilman)的倡议下,美国波士顿美术馆(Museum of Fine Arts)最早设置了专职导览员(docent)。1915年,导览员称谓在当时的美国博物馆协会(American Association of Museum,简称AAM,现更名为美国博物馆联盟)的年会上首次被引用。尔后,这种做法开始在其他国家和地区相继被模仿,并沿袭至今。所谓"docent"源自拉丁文"docere",指的是"to teach"(教授)。我们有时也使用"interpreter""tourguide""demonstrator"等方式称呼导览员。我们之所以在此处使用"导览员"而非"讲解员",是因为两者本为同义,但随着数字化的引入与形式创新,导览内涵的丰富程度已经超出讲解,讲解虽然从属于导览,但不能涵盖导览的全部。

人工讲解在我国由来已久,中国博物馆界历来重视讲解。早在20世纪50年代,博物馆教育部门已组建讲解员队伍,开始承担宣教工作。他们之中有高中生、大学生、艺术工作者和军人。即便在"文革"时期,博物馆教育也采取了"三员一体制"(讲解员、保管员和卫生员),讲解员仍然得以保留。直至20世纪80年代,讲解制度已日臻完善,相当一段时间内,我国博物馆教育的主流方式是"口头讲解"[②]。人工讲解是博物馆工作人员与观众沟通最为直接的手段,其他交流工具无法将其取代,尤其讲解在动情之处还能融入情感,因此当前和未来都应致力于打造一支专业性强的讲解队伍。如台北故宫博物院的儿童学艺中心为了更好地接待儿童及其家庭,专门培养了一支面向这类受众的志工讲解员队伍。在人工讲解中,最广受欢迎的是团队预约、边讲解边体验的

---

① 见美国非视觉艺术协会官方网站,http://www.artbeyondsight.org,最后浏览日期:2021年8月27日。

② 苏东海:《博物馆的沉思:苏东海论文选(卷二)》,文物出版社2006年版,第146页。

方式。如在犹太儿童博物馆(Jewish Children's Museum)①,教育人员会将散客组建成一个团队再作定时导览,或根据学校团队预约情况配合提供相适宜的导览,过程中讲解员会不断鼓励儿童与展品、儿童与成人、儿童与儿童之间进行互动,进而达成互惠。一项由博物馆馆员所做的调查可知,典型的家庭观众会花15%~20%的停留时间在与家人的互动上,另外20%~50%的时间在与家人以外的观众互动。②

2. 用于观察的视觉设计

博物馆展览的本质是将展览策划的内容用视觉的和空间的形态呈现出来。③ 不过我们需要明白的是,具备较高审美品质的展览不一定传播效果好,但是传播效果好的必须具备较高审美品质,因为在展览中,美观只是前提而非目的,在美观的同时还要达意。因此总体而言,用于观察的视觉设计,不仅要为观众构筑观察物的平台,还要以现象呈现的方式为物做出形象化的解释。观察平台除了要把观众的注意力引向某个看得见的东西,还要将他们看不见的东西变得看得见。一个无法回避的遗憾是,人的感觉是事物的尺度④,也是我们认识世界的尺度,如我们只能看到可见光谱范围内的色彩,紫外线和红外线等波段并不能被观察到。同时,并非所有东西都显而易见,有些东西即便存在,如果不进行有效引导也是看不见的。马克·阿什克拉夫特(Mark Ashcraft)和加布里埃尔·瑞德万尼斯(Gabriel Radvansky)在2010年出版的《认知》(Cognition)一书中将"注意力"描述为"认知心理学中最重要的话题之一和我们最古老的谜题之一"⑤。尽管博物馆对如何

---

① 犹太儿童博物馆位于美国布鲁克林的博物馆大道,成因可以追溯至1986年末的犹太儿童博物会,2004年博物馆对外开放,展览主要涵盖犹太历史和英雄、犹太假日和习俗、犹太大屠杀和当代犹太人的生活。

② John H. Falk, "Analysis of the behavior of family visitors in Natural History Museums: The National Museum of Natural History", Curator The Museum Journal, 1991, 34(1).

③ 严建强:《信息定位型展览:提升中国博物馆品质的契机》,载严建强:《缪斯之声:博物馆展览理论探索》,浙江大学出版社2020年版,第36—52页。

④ 北京大学哲学系外国哲学史教研室编译:《西方哲学原著选读》(上),商务印书馆1981年版,第350页。

⑤ Mark Ashcraft, Gabriel Radvansky, Cognition, 5th ed., Upper Saddle River, NJ: Prentiss Hall, 2010.

引起并控制观众的注意力普遍不够重视,但是爱德华·罗宾逊(Edward Robinson)、亚瑟·梅尔顿、哈里斯·谢特尔(Harris Shettel)、钱德勒·斯克雷文(Chandler Screven)、约翰·柯兰(John Koran)、约翰·福尔克、加纳·莫斯卡多等学者的相关研究还是为今后的深入探讨做出了重要铺垫。作为一种非正规或非正式的学习,观众在观展过程中存在多个可替代对象,它们在体量、色彩、运动、位置、声音、照明等方面不断竞争观众的注意,而最为关键的因素是实物被感知到的是低潜在价值还是高潜在价值,只有价值足够高(激发好奇、触发回忆),才能促使观众自主并深入参与。综上,视觉设计的一个重要任务就是将原本看不见的东西可视化、被理解,包括两种情况:看得见的东西通过控制注意力被看见,看不见的东西通过信息挖掘及可视化阐释被看见。

人的物理身体有两大局限:一是每个人都会被框定在某一时空坐标的交叠之处①;二是面对"此时此地"的生活世界,由于感觉阈限的存在,人只能注意到特定范围内的刺激,感知世界的某些片段。然而,我们的精神世界却是自由流动的,希望突破时空压缩和有限感知的束缚,穿梭于过去和未来,走向更大更远的世界,在未知领域一窥究竟,超越那个被"限定"的自我。而打破时空与感知枷锁的方式多种多样,如在旅游中通过场景的替换进行身体旅行,在阅读中通过角色模拟完成心灵的旅行。博物馆也是其中的方式之一,在现实世界中开辟出一个独立空间,精选现实中的碎片重新打造第二客观世界,这是一个超越现实——重塑时空和感知未知的世界。依托传播技术搭建观察平台,博物馆使得"一直存在但未注意""感知局限从未看见""内部信息无法看见"的东西,走入公众视线并参与其理解。这些传播技术类型纷呈,主要包括使用单一展品、展品组合、模型、视频影像、塑化标本,语境化展示、借助设备和特殊介质、活态演示等。

① 看得见的东西可视化

若想要看得见的东西变得可视化,可以借助单一展品、展品组合、

---

① 李德庚:《当代博物馆展览的叙事设计结构研究》,清华大学博士学位论文,2018年,第9页。

语境化的视觉设计。

A. 揭示内在联系——展品组合

展品组合是指因出土地、形制、材质、制造、功能、文化意义等内在联系,组合而成的系列展品,它们不仅是指实物展品的组合,还包括实物展品和辅助展品的组合甚至辅助展品的组合。在丹佛市自然科学博物馆(Denver Museum of Nature and Science)"史前史之旅"(Prehistoric Journey)展厅中,墙面柜内展出了一只三叶虫由小到大的化石组合(见图46),该组合为观众动态地呈现了三叶虫的生长历程,用物证形象地说明它与近亲——螃蟹一样,会通过蜕皮为身体腾出生长的空间。纽约科学馆(New York Hall of Science)的独立柜中将人类、黑猩猩、海豚、狗、乌鸦的大脑并置,构成了一个组合,有关人脑的绝对量大大超过其他动物的结论一目了然(见图47)。如果在呈现展品组合的同时能满足观众的探索之需,其效果将事半功倍。同样是丹佛自然科学博物馆"史前史之旅"展,在该展的序厅中采用了一组展品组合,观众被鼓励积极触摸(见图48)。此展品组合共囊括5件实物,它们一字排开,分别为27.3亿年前的古岩、1.45亿年前的化石(附着海洋微生物)、2.15—3.18亿年前的化石(附着海底贝壳)、9 500万年前的化石(附着恐龙足迹)、3 200万年前的化石(附着史前哺乳动物头骨),由于这些实物都属于石质展品,所以两侧的说明标签上写道:"摸一摸这些古老的实物。"(Touch these ancient object.)综上,展品组合至少可达成设计者的三点初衷:引起注意、展示过程、同类比较。规模化的展品一并展出不仅易于引起观众注意,

图46　丹佛市自然科学博物馆"史前史之旅"(Prehistoric Journey)展(展厅中的一个墙面框中展示了三叶虫由小到大的化石组合,笔者摄)

还能产生直观对比,激发观众思考与探究,同时也可以形象化地呈现过程化信息。

图47 纽约科学馆独立展柜中人类、黑猩猩、海豚、狗、乌鸦的大脑构成一个展品组合(笔者摄)

图48 丹佛市自然科学博物馆"史前史之旅"(Prehistoric Journey)展序厅中的一组化石展品组合(该组合鼓励观众动手触摸,笔者摄)

B. 告别"失语"状态——语境化

语境(context)既指某一言语段落、文本片段的"上下文",也指某一行动或事件所处的具体"环境"。[①] 我们在使用语言时通常离不开语境,因为它发挥着限制和补充的双重作用。而在理解物时,同样需要依赖文化语境。我们将物失去原生语境而进入博物馆次生语境之过程称为"去语境化"(de-contextualized)。正是该过程让沉默之物变得陌生,加剧理解困境,但也正是该过程,使博物馆收藏与保存物成为可能。因此在博物馆阐释中,为孤独而失语的物进行"再语境化"是其传播的必然选择。19世纪中后期,欧美自然史和人类学博物馆中生境群(habitat group)和生活群(life group)展示[②]渐渐兴起。此类陈列方式事实上可追溯到更早的阶段,尤其是一些私人商业性质的博物馆。1786年查尔斯·威尔森·皮尔(Charles Willson Peale)建造了美国本土最早的一家自然史博物馆,在这家馆中,野鸭和鸟类标本被分置于人工制成的池

---

[①] 毛若寒:《博物馆物的语境化阐释研究》,浙江大学博士学位论文,2009年,第7页。
[②] George W. Stocking Jr., "Franz Boas and exhibits: On the limitations of the museum method of anthropology", in George W. Stocking Jr. (ed.), *Objects and Others: Essays on Museums and Material Culture*, University of Wisconsin Press, 1988, pp. 75-111.

塘和树干之上,开创"模拟环境展示标本"的先河。① 随着生境群和立体透视场景的风靡,其热度逐步辐射至人类生活现象的展示(生活群),而19世纪末的几届世界博览会在其中起到了推动作用,尤其是1878年的巴黎世界博览会,北欧地区萨米(Sami)族人迁徙的生活群展示熠熠生辉。② 1891年在瑞典创建的斯堪森(Skansen)露天博物馆更是成为生活群展示的力作,其将物置于情境现象或地域背景下以揭示物内在意义的做法③,让欧美等地的博物馆相继追随。20世纪上半叶,里维埃尔等人将肇兴于19世纪末的语境意识,引入了博物馆专业化的实务中。20世纪七八十年代在实践先行的基础上,"语境"一词开始频繁出现在斯坦斯基、邓肯·卡梅隆、伊万·马洛维奇(Ivo Maroević)、彼得·冯·门施等学者的文献中。如1972年,邓肯·卡梅隆提出"博物馆已从权威的'寺庙'转变为包含多种声音和观点的语境化'论坛'"④。自20世纪90年代起,语境理念开始有意识地被运用至博物馆的阐释中。罗伯特·埃利奥特(Robert Elliot)在1992年提出的"语境化方法"(contextual approach)对建设新理念下的展览至关重要,"通过可观察数据、比较性数据、补充数据,对人工制品的材料、构造、功能、来源和价值展开分析,使事实变得清晰"⑤。关于何为博物馆学视域下的语境化,严建强解释道:"展品承载着一定的传播目的,被嵌入特定的故事线,成为故事叙述的有机组成部分,那么就构成理解展品的语境。"⑥创建于1965年并于2008年改陈的青岛市博物馆在物的再语境化阐释方面亮点频现。如"青岛史话(一)"展区"秦皇汉武巡疆"单元中,通过琅琊刻石、半景画和雕塑等展品资料,将"秦始皇统一中国后,三次登临琅琊,立刻石为自己歌功颂德"的故事进行语境化呈现(见图49)。若只是将

---

① Irwin Richman, "Charles Willson Peale and the Philadelphia Museum", *PennsyIvania History: A Journal of Mid-Atlantic Studies*, 1962, 29(3).
② Cathrine Baglo, "Reconstruction as trope of cultural display: Rethinking the role of 'living exhibitions'", *Nordisk Museologi*, 2015(2).
③ 毛若寒:《博物馆物的语境化阐释研究》,浙江大学博士学位论文,2009年,第4页。
④ Duncan Cameron, "The museum: A temple or the forum", *Journal of World History*, 1972, 14(1).
⑤ R. Elliot, et al., "Towards a material history methodology", in Susan M. Pearce (ed.), *Interpreting Objects and Collection*, Routledge, 1994, pp.109-115.
⑥ 引自严建强教授讲座课件。

其中的琅琊刻石抽离出来单独陈列,那么观众难以形象化地理解该刻石的由来及作用。在日本大阪历史博物馆中的难波宫宫殿复原展区,直径达70厘米的朱漆大圆柱并列,文武百官和众多宫女肃然站立其间,再现当时宫廷内富丽堂皇的盛景(见图50)。曼哈顿儿童博物馆(Children's Museum of Manhattan)的"大脑"(Brain)展项中,食品、运

图49 "青岛史话(一)"展区的"秦皇汉武巡疆"单元中"秦始皇登临琅琊并立刻石"的语境化展示(笔者摄)

动、睡眠等展品都围绕在用金属制成的大脑模型周边,分别承担着阐释"食品为大脑添加燃料、运动给大脑提供能量和睡眠使大脑新生"等功能,反过来也使得儿童轻而易举地理解大脑中各类存在所发挥的独特功能(见图51)。

图50 日本大阪历史博物馆的难波宫宫殿复原展区(文武百官和众多宫女站立其间,再现宫廷盛况,笔者摄)

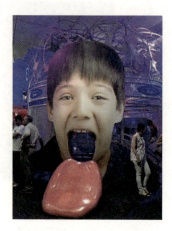

图 51　曼哈顿儿童博物馆"大脑"(Brain)展项
用大脑模型构建展品阐释的特殊语境
(笔者摄)

② 看不见的东西可视化

看不见的东西可视化包括物质世界的宏观现象、微观现象、内部现象等的可视化,也包括非物质世界的抽象现象等的可视化。前者主要借助模型、视频影像、塑化标本、设备等加以表达,而后者则主要借助特殊介质、活态演示等,但也可诉诸模型、视频影像、设备。然而,针对非物质世界的抽象现象,无论是文化遗产还是自然原理,想要将它们具象化都比较棘手,但在一部分自然科学博物馆和非物质遗产博物馆中,不乏可圈可点的得意之作。

A. 凝固的瞬间——模型

在为观众构筑用于视觉观察的平台时,制作模型是我们常用的手段之一,并且类型纷呈,包括微缩或放大模型、剖面模型、透明模型和系列模型等。它们可以将无法用肉眼观察的或较为复杂的现象通过最直观的方式加以呈现,有时还会创造观众参与互动的机会。这有助于弥补静态陈列在揭示物品内部结构和运动方式上的局限,以丰富手段、增加趣味、深入本质、促进理解、激发探索。以其中具有典型意义的剖面模型为例,它在历史类博物馆中的应用最早可追溯至 20 世纪中后期。1968 年建成的英国菲什本罗马宫博物馆在"地层的故事"(The story in layers)单元除了展示文物标本外,还陈列了罗马宫遗址地层复原剖面模型(见图52)。我国的应用大致始于20世纪80年代,1984年对外开放的黄石市铜绿山古铜矿遗址博物馆在序厅设置了一处巨大的遗址剖面模型,再现了两千多年前矿工在井巷采矿的挖掘现场(见图53)。尽管模型已在博物馆展览中应用得如火如荼,但目前尚缺乏对其理论依据的系统讨论,从而影响了对模型应用的深刻理解,也缺乏有力指导。其中,萌芽于16—17世纪的直观教学理论与模型的开发及使用最为高度相关。这一理论主张以"感觉经验"作为教学基础,即利用各种感官直接感知客观事物或者现象,使得概念的形成由事物和形象为其奠定基础。① 17世纪的捷克教育家夸美纽斯(J. A. Comenius)最早较为完整地论述了直观教学的原则,强调在可能的范围内,一切事物都应放在学习者的感官面前,如果事物本身难以获取,则可使用相应的模型等,以帮助清晰、深刻地理解知识。② 同期的法国哲学家卢梭也主张,感性经验是生成正确理解的首要条件,只有在"自己所处的关系"之中,人才能明确地觉察、体悟和学习。③ 受直观教学理论驱使,包括模型的直观教育媒介应时而生。现代直观教学理论在早期理论的基础上,更加关注创造性思维的缔造,提出学习者能够立足直接感知到的事物或现象,进一步发现其中的内在联系与本质特征,因而能获得更为普遍性的认识。④ 该理论告诉我们,模型所发挥的作用不应止步于揭示事物的内部特征或运动状态等,更为关键的任务是引导观众在观察后省思,因为形象化地呈现并非目的,目的是帮助学习者获取深层信息,以激发他们的好奇心,从而探求更为普遍的知识和原理。

以下我们将对模型的主要类型逐一进行阐述并加以讨论。首先来看放大或缩小模型。通常情况下,它们能快速地引起观众注意,为观众打造新奇体验。以2021年对外开放的上海天文馆为例,在"家园"展区

---

① 俞子恩:《自然主义教育时期直观教学思想的内在逻辑及其理论意义》,《延边大学学报》(社会科学版)2018年第1期。
② 章伟民、曹揆申:《教育技术学》,人民教育出版社2014年版,第15页。
③ 俞子恩:《自然主义教育时期直观教学思想的内在逻辑及其理论意义》,《延边大学学报》(社会科学版)2018年第1期。
④ 姜智强:《夸美纽斯的直观教学理论与现代直观教学理论的区别》,《金田》2013年第1期。

图52　菲什本罗马宫博物馆遗址地层剖面模型

\* 图片引自孔利宁：《基于叙事学的考古遗址展示研究》，西北大学硕士学位论文，2016年，第27页。

图53　铜绿山古铜矿遗址博物馆遗址剖面模型

\* 图片由铜绿山古铜矿遗址博物馆提供。

有一处"日地月"展项，地球、月球和太阳是我们最熟悉的"三体"，它们采用3D打印技术，按照地、月、日尺寸等比缩小制作而成（见图54）。我们知道用肉眼近距离地欣赏月球几乎不太可能，通过该模型系统"三体"的形象不再是平面化或符号化的，而是形象化地立体呈现，我们不仅可认识它们的真实样貌，还能探究三者之间的相互联系，此实乃一种无法言喻的另类体验。再以曼哈顿儿童博物馆为例，在"每天健身"（EatSleepPlay Building Health Every Day）展区中设置了一处心脏和动静脉模型，这些人类的内部器官被赫然放大，观众在惊叹之余还能穿梭在这些器官之中，能一目了然地获悉血液流动的工作原理、血液循环路线，以及过程中血液成分的变化（见图55）。其次来看剖面模型，以加

图54　上海天文馆"家园"展区按照地月大小等比缩小的月球（笔者摄）

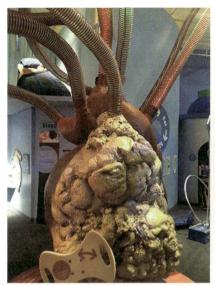 

图 55　曼哈顿儿童博物馆的"每天健身"展区中被放大的心脏和动静脉模型（笔者摄）

州科学中心（California Science Center）的"消化餐厅"（Digestion Diner）展项为例。该展项是一尊从食道剖开至肛门的男性雕塑，等比例地展示了食道、胃部、大肠、小肠等人体消化系统（见图56）。我们的身体蕴藏着诸多奥妙，但很少有人能够一窥究竟，博物馆可为我们提供一种妙不可言的探秘之旅，有助于我们更好地了解自己的物理身体，并学习健康管理。最后来看系列模型，以日本琵琶湖博物馆中"日本岛国的形成"为例。四个看似简易的图文版模型，却为我们展示了"2 500万年前、2 000万—1 800万年前、1 600万—1 500万年前、180万年前"四阶段中，日本列岛经历东端断层、海水注入、亚热带环境形成

图 56　加州科学中心"消化餐厅"（Digestion Diner）展项中一位成年男性内脏剖面模型（笔者摄）

和岛屿隆起的系列改变,生动再现日本岛国的变迁及形塑过程(见图 57)。

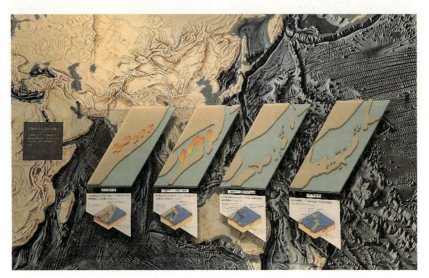

**图 57　日本琵琶湖博物馆中四个图文版模型系列化地展示日本岛国的形成过程**(笔者摄)

B. 流动的信息——视频影像

博物馆依托实物展示的局限之一是只能进行非连续和片段式的呈现。尽管此类展示直观形象且体验感强,但信息传递的容量有限且不够连贯,导致阐释的丰度与深度都稍显力不从心,尤其在揭示并解释较为复杂的背景或现象上。视频影像通常可分为三类:厅型、图书馆型和影院型。[①] 它们的引入首先有助于提升展览的叙事能力和阐释深度;其次有助于丰富和拓宽展示对象,"过去的、未来的,宏观的、微观的,具象的、抽象的主题及内容"都可纳入策展人考量之中;最后相较于平面媒介,有助于增加传播的灵动趣味,随着 3D、4D 技术带来的立体、环境和动感特效,观众还能获得感官全方位参与的仿真体验和极具震撼力的现场感。我们认为视频影像在博物馆展览的应用至少包括如下三种。建议无论

---

① 参见高桥信裕《新时代的博物馆展示》,原文载于《新版·博物馆学讲座》(日本雄山阁 2000 年版第 9 卷《博物馆展示法》,王卫东译)。

是哪种情况,都要首先注明播放的时长,以便观众按需选择并提前规划。

其一,在展览伊始安排视频影像,通过强制介入一改观众先有的"成见"。台北故宫博物院儿童学艺中心每当有小观众入馆,就会邀请他们先移步剧场,欣赏为他们精心打造的动画影片。影片主要包括两部,"国宝神兽闯天关""小故宫幻想曲",前者讲述郎世宁画中动物的历险故事,后者则描述阿妹仔列车上遇到故宫文物的奇幻经历,两者先后在整点和半点播出,分别适合小学生和幼儿园孩子观看。[①] 不难发现,两部影片的共同之处在于让故宫高冷的明星文物摇身一变,成为天真烂漫的主角,采取拟人化的动漫故事,通过情节记忆激起儿童兴趣并加深印象。在日本大阪国立民族学博物馆,当我们步入展厅前,可看到外围有一排隔间,这些隔间是专门用作视频观看的(见图58)。有些仅供一人欣赏,有些则允许多人同时观看。视频内容与该馆属性遥相呼应,为世界各地的民俗纪实。以中国为例,纪录片涉及黄土高原的春节、纳西族的文字、黄土高原的住宅等。海量的视频库存被安置在入馆之前,不仅可为观众的认知储备进行强行补缺,还可供感兴趣者在参观结束后继续驻足学习。

图 58　日本大阪国立民族学博物馆步入展区前的视频观看隔间(笔者摄)

其二,在过程和结尾处安排视频,通常采取两种方式。一是在实物展品展出的同时,配备用以阐释的视频影像;二是在相对独立或半开放

---

[①] 此外,儿童学艺中心还播放 3D 动画片《国宝总动员》,展厅中的国宝级文物翠玉白菜、婴儿枕、玉辟邪、玉鸭都在影片中出现,它们不仅被拟人化,而且使用了特效手法,将三位主角紧张地寻找翠玉白菜中蝗斯的故事娓娓道来。

图59 上海犹太难民纪念馆的"逃亡上海"展区"从萨克森豪森到上海"展项(采用实物+视频的阐释,视频起到补充阐释的作用,笔者摄)

空间内专门打造小剧场。前者可对重点展品进行补充阐释,以揭示其传播目的,而后者可在实物展品缺位的情况下,发挥信息传播的替代功能。两者都有助于缓解观众的博物馆疲劳,并使体验方式变得更加多元。针对前者,以上海犹太难民纪念馆"逃亡上海"展区中的"从萨克森豪森到上海"展项为例,除了展示皮箱等实物展品外,策展人还在展品一旁安置了一段视频,真情实感地讲述水晶之夜后,沃尔特的母亲弄到了前往上海的假船票,沃尔特、他的父亲和叔叔辗转逃离德国,而后抵达中国上海虹口区难民营的故事(见图59)。针对后者,如富兰克林研究所的"生命改变地球"(Life Changes Earth)展项,策展人专门隔出独立空间用来播放视频影像,以再现38亿年地球生命的变迁历程(见图60)。再如可口可乐博物馆,该馆专门辟出独立的小影院,播放世界各地的采风视频,让观众轻而易举地获悉"可口可乐是世界的"这一馆方倡导的核心理念。

其三,除了两类由策展团队立足展览量身定做的视频影像外,博物馆还可邀请观众参与拍摄,甚至可将一部分拍摄作品纳入用作展品。我们知道,视频影像只不过是多媒体中的一种。巴里·洛德(Barry Lord)指出,多媒体包括了从视频影像到触摸屏,从增强现实系统到模拟器,以及大型剧院的所有基于媒体的展览。① 由于日常生活中的实物学习最可能借鉴的是视频影像,所以本书主要围绕该类型予以展开。2010年,在由古根海姆博物馆、YouTube和惠普公司合作的创意视频

---

① Barry Lord, Maria Piacente, *Manual of Museum Exhibitions*, 2nd ed., Rowman and Littlefield Publishers, 2014, ch. 16.

双年展中,共收集了超过 2.3 万件视频参赛作品,策展小组从中精选了 125 件并最终评选出前 25 名。整个赛事在 YouTube 上现场直播,结果于当年 10 月在纽约古根海姆博物馆揭晓。活动并未就此戛然而止,比赛结束后两天,优胜者视频作品便在纽约、毕尔巴鄂等地的古根海姆博物馆隆重登场,在展览推出的同时,相关专家和艺术家围绕视频艺术展开热烈讨论。当前,包括视频影像在内的多媒体在博物

图 60　富兰克林研究所(Franklin Institution)"生命改变地球"(Life Changes Earth)展项[采用视频展示宏观世界(地球)的生命变迁历程,以补充实物展品的不足,笔者摄]

馆界风靡一时,它们在视觉空间的营造、人际交往的促成、逻辑数理的培养、音乐要素的利用、物理身体的参与等方面发挥独特作用。目前多涌现在艺术类、科学类博物馆,但暴露出一些重形式创新、轻内容生产的发展偏位。

C. 生命的奥秘——塑化标本

标本是指保持原样,以提供学习、研究、保存和展示的生物、化石、岩石、矿物和陨石等。① 自然界的生物种类纷繁多样、形态各异,现今已超出 130 万种,遍布世界各地。生物标本,即制作者将特定时空中的各类动植物和微生物的完整个体或某一部分原样保存或经过特殊加工处理,收藏在生物标本馆和博物馆内。② 与此同时,全球数字化浪潮引发了标本资源的数字化,这种手段将有助于生物多样化信息的长期保存和持续利用。遗憾的是,我国标本公共传播的理念相较于国外略显滞后。在欧美国家,赫赫有名的标本馆藏机构无疑就是博物馆。如截至 2021 年 8 月 30 日,美国史密森尼国家自然历史博物馆藏品达 1.45 亿

---

① 国家科技基础条件平台中心:《中国生物种质与实验材料资源发展报告 2016》,科学技术文献出版社 2017 年版,第 61 页。

② 同上。

件,主要为各类标本,目前数量仍在增长①;英国自然历史博物馆拥有 8 000 万件藏品,用来回答太阳系的过去、现在和未来以及地球地质和地球生命的一系列问题②;法国国家自然历史博物馆藏品约为 6 800 万件。而我国标本的主要收藏机构为研究所。如植物标本大量收藏在中国科学院植物研究所、中国科学院昆明植物研究所等 33 家机构;动物标本在中国科学院动物研究所、中国科学院昆明动物研究所等 32 家机构;而极地陨石标本全部收藏在中国极地研究中心等 8 家平台参建机构或标本馆;岩矿化石标本则在中国科学院南京地质古生物研究所、中国科学院古脊椎动物与古人类研究所等 8 家机构。③ 这些标本的隶属关系不仅将直接影响博物馆馆藏标本的丰富和品相,还会间接影响标本阐释的深度及完整。因为藏品缺失意味着标本研究的匮乏,或者依据展览标准开展的研究受限。而在所有标本中有一类标本尤为引人注目,因为其能帮助观众一窥生物近似活体的组织,那便是塑化标本。

生物塑化技术(plastination)由德国解剖学家冈瑟·冯·哈根斯(Gunther von Hagens)于 1978 年发明。④ 1995 年,隋鸿锦将该项技术引入我国,目前塑化标本常见于自然历史博物馆。如英国自然历史博物馆在 2012 年曾举办塑化动物标本展(Animals Inside Out),100 余个动物塑化样本"惊艳"亮相(见图 61)。它们是由哈根斯团队专门打造,而这位德国解剖学家曾因为创办人体塑化标本展(Body Worlds)而饱受争议。同年,上海科技馆也推出了一场名为"海洋精灵:海洋脊椎动物塑化标本"的展览⑤。在该展中蝠鲼、鲸鲨等栖息在海洋深处的神秘动物粉墨登场,通过塑化标本我们可以看到它们的内部组织和神经结构。相较于

---

① National Museum of National History, "Our Collection", https://naturalhistory.si.edu/research, accessed 2021-08-30.
② Natural History Museum, "Collections", https://www.nhm.ac.uk/our-science/collections.html, accessed 2021-08-30.
③ 国家科技基础条件平台中心:《中国生物种质与实验材料资源发展报告 2016》,科学技术文献出版社 2017 年版,第 61—62 页。
④ 生物塑化技术的主要原理是选用某些渗透性能好的液态高分子多聚化合物单体作为塑化剂,置换组织细胞内的水分后进行聚合固化,以达到长期保存生物标本的目的。参见钟世镇主编:《数字人和数字解剖学》,山东科学技术出版社 2004 年版,第 455 页。
⑤ 宋娴、胡芳、刘哲等:《新媒体与博物馆发展》,上海科技教育出版社 2014 年版,第 161 页。

剥制法和浸制法，这类标本通常耐用、无毒、无味和干燥。而人体塑化标本情况则相对复杂，虽然它们业已完成去社会属性化，但我们主张还是应贯彻知情同意、隐私保密和不伤害等伦理原则，不可无视捐赠者的尊严和生命。

图61　英国自然历史博物馆塑化动物标本展（Animals Inside Out）中的骆驼标本和鲨鱼标本，内部主体构造一览无余

\* 图片引自孝文：《塑化动物剥皮标本展：内部构造一览无余》，https：//tech，sina，com，cn/d/2011-04-19/07235421809．shtml．（2011年4月19日），最后浏览日期：2021年8月31日。

D. 媒介的助力——设施设备和特殊介质

借助设施设备与特殊介质，不仅能帮助观众与展品进行深入互动，也能将抽象原理转化为可感知的现象。首先，可以借助设施设备，如放大镜、显微镜、互动装置等。以美国国立自然历史博物馆"很好奇"（Q?rius）展区为例（见图62），约1万平方英尺（929平方米）的体验式学

图62　美国国立自然历史博物馆（National Museum of Natural History）"很好奇"（Q? rius）展区（鼓励观众使用高精度的设施设备近距离观察书和蜜蜂，笔者摄）

图63　新加坡科技馆"身体看不见了"(Head on Platter)展项［通过互动装置，观众可以明白如果身体的光经镜面反射，一旦反射光不能被人眼接收，就会看不见，笔者摄］

习中心内摆放着数十个专业级的显微镜和光电数字成像系统，借助这些高精度的设施设备，观众可对6 000多件馆藏实物进行自由探索，展区由此变成了学习者主导的科普互动场所。新加坡科技馆一共有14个展区，它犹如一个巨大的实验工厂，互动展项已超过1 000件。其中不少展品既具备生活气息，又能发人深省。以"身体看不见了"(Head on Platter)展项为例(见图63)。当观众从展项进入，从一张桌子的开口处将头探出，而后再来看位于他们前面的柱子上的镜子，由于桌前的镜子受到墙壁和地面的映像的反射，所以会给观众造成只能看见头而桌子下面空空如也的错觉。通过该互动装置，观众可以明白当自己身体的光经镜面反射，一旦反射光不能被我们的眼睛接收，就会看不见。因此，借助设施设备我们可以真实地体验眼睛是如何"被欺骗"的，并思考视错觉原理的奥秘。其次，可以借助特殊介质。如富兰克林研究所的"颜色化学"(The Chemistry of Color)展项(见图64)。桌面上摆放着盛有红色、绿色、黄色和蓝色液体的杯子，杯子下面设有绘制动物图像的翻翻板，说明文字上写着："你能猜猜每种动物血液的颜色吗？"(Can you guess the color of each animal's blood?)当你打开翻翻板时，可以看到相应动物血液的颜色及成因——"铁元素使得鸟的血液呈现红色"(Iron gives birds red blood)。通过附着不同颜色的液态介质，不需要任何文字我们即可一目了然地获悉：尽管哺乳动物、鱼类、爬行动物、鸟类都拥有深红色的血液，但红色并非所有动物血液颜色的标配，有些物种会有蓝色、绿色甚至黄色的血液。造成颜色差异的原因在于其血液中所携带的化学物

第六章　实物媒介化的中介——阐释　231

图 64　富兰克林研究所的颜色化学（The Chemistry of Color）展项（桌面上放着盛有红色、绿色、黄色和蓝色液体的杯子，这些液体介质用以说明动物拥有不同颜色的血液及原因，笔者摄）

质：诸多动物体内的铁元素将血染成红色；而甲壳类动物体内的铜元素则导致它们拥有蓝血；镍元素给一些昆虫带来绿色的血液；而海参等海洋动物中鲜亮的黄绿色血液则是来自钒元素。再以该馆的"光合作用"（Photosynthesis）展项为例。该展项中设置了一个放大的树苗模型，模型内不同颜色的电流正动态化地演示在可见光照射下，二氧化碳和水转化为葡萄糖，并释放氧气的光合作用的发生历程（见图 65）。

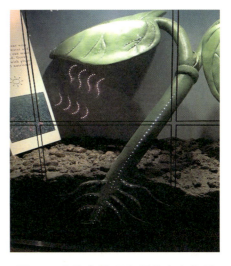

图 65　富兰克林研究所的光合作用（Photosynthesis）展项（叶片模型中用不同颜色的电流动态演示光合作用的动态过程，笔者摄）

E. 过程的动态重现——活态演示

由于非物质的东西与人的身体密切相关，主要包括非物质文化遗产和自然科学原理，而将无形有形化的最好载体是人的身体，因此活态演示在非物质展示方面已呈现出前所未有的优势和前景。尽管如此，活态演示并非一定需要身体介入。一般来说，其包含两大要素：身体参与①和动态化②，当然两者兼而有之更为理想。首先是两大要素共存的类型，即呈现动态化的身体参与。以 2020 年 10 月湖南博物院"闲来弄风雅"展为例。该原创大展由湖南博物院联合 13 家文博单位共同创办。借助古琴、陶瓷器等 80 余件/套文物和日常生活中九个片段的复原，展览为我们形象地再现宋代文人雅士恬静风雅的"慢生活"。其中在"品茶论道"展区，志愿者会现场为观众表演宋代的点茶法。在宋代，我们并没有专业录像设备，古画也只能静态展示某一场景，因此展厅现场的活态展示可让感兴趣的观众身临其境地领略宋代风行一时的点茶法，认识到如今的日本抹茶技法就是由点茶演变而成的，与当前我们习惯用沸水直接冲泡散茶的撮泡法形成鲜明对比（见图 66）。其次是强调动态化这一单因素的类型。以可口可乐博物馆中的"瓶子生产"（Bottle Work）展区为例。整个展区将可口可乐瓶的生产过程搬至现场，全过程地展示瓶子经由验瓶机（bottle inspector）、压盖机（filler capper）等一道道工序的全自动机械化生产流水线。

**图 66** 湖南省博物馆"闲来弄风雅"展览中的"品茶论道"展区（志愿者会现场为观众表演宋代点茶法，笔者摄）

同时针对其中的身体参与要素，又可分为两类，一种是真人现场版，另一种是高保真还原的视频纪实版，后者由于虚拟仿真等新技术的

---

① 田青编：《音乐类非物质文化遗产保护的理论与实践个案调查与研究》，安徽文艺出版社 2012 年版，第 106 页。

② 彭书智：《我的文明观》，西北大学出版社 2013 年版，第 538 页。

加持，也能帮助观众获得逼真的视听与体感沉浸。因此，兼具表演性、生动性和趣味性特征，有助于激发观众参与热忱，所以在现代博物馆中备受推崇。如 2003 年在青岛博物馆百年华诞之际开馆的青岛啤酒博物馆，它是由青岛啤酒股份有限公司投资 2 800 万元在昔日的德国啤酒老厂房基础上改建而成，共分"拾光之沫"光影展馆、A 馆、B 馆和 1903 剧场（4D 影院）四部分。其中 A 馆主要用于展示青岛啤酒的发展史，而 B 馆则是再现啤酒酿造的工艺流程，基本等同于在工厂参观，而由于该展馆身处德国啤酒厂旧址，所以展区内萦绕着阵阵醇厚酒香。尤其是在"发酵池"（Fermenting Tub）展区，一排排散发着酒香的老发酵池闯入我们视线（见图 67）。遗憾的是老发酵池虽在，但酿酒之人早已变更。我们都知道啤酒是由麦芽汁经啤酒酵母发酵酿制而成，所以发酵的环节可谓至关重要。通常情况下，前发酵期为 7 天，按酵母在发酵液中的位置分为上面发酵和下面发酵，但在早期多采用发酵池敞口发酵的传统工艺。为了在老发酵池的现场再现这种传统工艺，我们可以看到，发酵池的右上方循环播放着一段全息投影，影片真实而又生动地还原了当时奥古特大师的酿酒过程及发酵工艺。这种古老和现代的交织，在博物馆内达成了一种奇特的和谐，由于影片采取的是 4D 特效，所以在最后的环节中，我们会出其不意地被溅到一脸的啤酒，而那正是投影中奥古特大师刚刚酿制而成的啤酒。

**图 67** 青岛啤酒博物馆 B 馆中的发酵池展区循环播放着一段全息投影（影片还原当时奥古特大师的酿酒过程，并采用 4D 特效，笔者摄）

3. 用于参与的探索设计

"用于参与的探索设计"与"用于参与的体验设计"的差异在于：前者主要针对个别展品或展项，而后者则更强调由展品及环境所塑造的整体。我们将"用于参与的探索设计"分为运动与动作探索、语言探索、情感社会性探索三类。在实际的应用中，时常会出现几种类型甚至是全部类型的混合，但为了针对性地开展研究，此处我们将它们分成几种极端类型加以论述。

（1）运动与动作探索

让·皮亚杰认为："所有知识是主体与客体相互作用的结果，而动作则是联结主客体的中介与桥梁。"[①]对运动与动作的探索最为集中地体现于儿童身上。儿童的动作发展经历了从无条件的反射动作，到无意识的情感动作和感知动作，再到精细、复杂的有意识动作。因此该群体通过动作与运动接触世界，推动体质增强、语言发展、认知提升和个性形成。事实上，不局限于儿童群体，霍华德·加德纳在多元智能理论中指出每个人都或多或少具备 8 种智能，但组合方式和发挥程度各不相同，其中身体运动智能是其智能构成之一，所以动作或动觉学习是一种强大的教育工具。[②] 米哈里·契克森米哈赖的最佳学习要素（情感、智力和身体投入）[③]、约翰·杜威的主动体验学习[④]、鲁道夫·拉班（Rudolf Laban）的探索性运动理论[⑤]，以及前文曾详述过的具身认知理论等，都为运动和动作在博物馆阐释中的运用奠定了坚实的理论基础。

第一种是触摸等动手型探索。触觉是人体最早生成的一种感觉功能。17、18 世纪初期，博物馆内的触摸展品比比皆是，但 19 世纪中期，这种行为开始遭到普遍抵制，受传播意识、藏品价值和保存条件等制约，展品通常被规定"请勿触摸"。直至 20 世纪七八十年代后，随着博

---

① 李文平：《皮亚杰儿童心理学理论对基础教育教学的三点启示》，《考试周刊》2009 年第 33 期。
② Howard Gardner, *Frames of Mind: The Theory of Multiple Intelligences*, Basic Books, 1983.
③ Mihály Csikszentmihályi, *Flow: The Psychology of Optimal Experience: Steps toward Enhancing the Quality of Life*, Harper Collins Publishers, 1991.
④ John Dewey, *Experience and Education*, Macmillan Company, 1938.
⑤ Rudolf Laban, *The Language of Movement*, MacDonald and Evans, 1966.

物馆强调观众体验,观众与展品沟通的途径日渐多元,对温湿度等无特殊要求、文物价值不高的藏品或复制品和活体等被鼓励采用触摸方式予以探索,借由这种触觉刺激,使观众体验变得兴味盎然,亦加深了他们对展品的理解。如洛杉矶自然历史博物馆(Natural History Museum of Los Angeles County)的霸王龙大腿骨(T. Rex Thigh Bones)展项,其将2岁、14岁和25岁的霸王龙大腿骨化石并列呈现在展墙上,均采用裸展方式,观众可直接触摸(见图68)。又如位于台湾屏东县车城乡的海洋生物博物馆中"触摸池"展区,每天

图 68 洛杉矶自然历史博物馆霸王龙大腿骨(T. Rex Thigh Bones)展项(观众可以直接触摸,笔者摄)

10:30—11:00、13:30—14:00、15:30—16:00 三个时间段,观众可参与亲手触摸海星等活体生物(见图69),这种真实的体验会给观众带来新奇的

图 69 台湾海洋生物博物馆中"触摸池"展区(观众每天可在固定的时间段内参与触摸海星等活体生物,笔者摄)

图 70　加州科学中心的触摸池（Touch Tank），观众正在排队体验
（笔者摄）

感官刺激，所以在国内外科普场馆皆广受欢迎（见图 70）。总体而言，触摸等动手型探索方式主要是鼓励观众动一动手，进行触摸、按按钮、转方向盘等简易操作。

第二种是身心互动型探索。这类探索不再只倡导简易的操作，而是希望引导观众在操作的同时发生认知和情感变化。我们可将其分成动手做、模拟操作和应用媒体三种情况。一是动手做。在科罗拉多州丹佛市附近的博尔德矗立着美国国家气象研究中心（National Center for Atmospheric Research），该中心始建于 1960 年，它之所以引起笔者关注，是因为此建筑由贝聿铭设计，它与落基山脉浑然一体，成为"我们从不建造一座位于山上的建筑，而是属于那座山"理念的最佳印证。在参观过程中，一些身心互动型的展项令笔者记忆犹新。如"触摸一朵云"（Touch a Cloud）展项（见图 71），观众被邀请将手放在云中与其亲密接触并改变它们的形状。在自然世界中用指尖触摸白云只能出现在梦境中，但是该简易的互动型设计却带领观众由尘世飞翔至天际，与白云亲密接触，了解到云只是地面的水分蒸发成为水蒸气后逃脱重力向天空升腾，在高空由于温度降低变成水蒸气汇集而成的自然现象。它其实并不神秘，是可被感知并理解的。二是模拟操作。富兰克林研究所的"低冲击手术"（Lower Impact Surgery）展项鼓励孩子们用手术工具为病人进行模拟手术（见图 72）。匹兹堡儿童博物馆（Children's Museum of Pittsburgh）的"交通卡"（Metro）和"出租车"（Art Envelope）展项中鼓励儿童模拟插卡和开车（见图 73）。三是应用媒体。美国克利夫兰美术馆（Cleveland Museum

图71 美国国家气象研究中心"触摸一朵云"(Touch A Cloud)互动展项(促使观众在惊喜的同时获得理解,笔者摄)

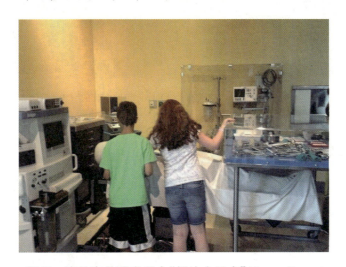

图72 富兰克林研究所中"低冲击手术"(Lower Impact Surgery)展项(鼓励孩子用提供的手术工具为病人模拟进行手术,笔者摄)

of Art)的壹号美术馆(Gallery One)是身心互动运用中的上乘之作。壹号美术馆在2013年对外开放,共有10个互动空间:6个互动屏幕(Lens)、3个互动画室(Studio Play)和1个藏品墙(Collection Wall)。[①]以其中的一个互动屏幕——雕塑互动屏幕(Scuplture Lens)为例(见图74),该互动屏幕被设置了两个游戏——"做鬼脸"(Make a Face)和"装

---

① 张丽:《克利夫兰美术博物馆的创新互动空间——Gallery One》,《上海文化》2014年第10期。

腔作势"(Strick a Pose),其主要的意图是借由脸部和姿势识别,把观众和展品关联起来。前者通过摄像头拍摄观众的面部表情,尔后与馆内189件展品进行匹配,并以快照的方式显示在入门显示屏中,也可通过

图73　匹兹堡儿童博物馆"交通卡"(Metro)和"出租车"(Art Envelope)展项,鼓励儿童进行模拟操作(simulation operation)(笔者摄)

图74　美国克利夫兰美术馆的 Gallery One 中的雕塑互动屏幕(Scupluture Lens)(借助多媒体屏幕,观众可以通过面部表情和姿势与馆内展品进行匹配)

\*　图片引自张丽:《克利夫兰美术博物馆的创新互动空间——Gallery One》,《上海文化》2014年第10期。

邮件将配对结果发送给观众本人或他们的朋友。后者主要是借助传感器测试观众的姿势和雕塑作品的吻合度,以分数的高低来判断模仿的相似度,也可将模仿图像通过邮件予以发送。

(2) 语言探索

语言是人类区别于动物的本质特征,社会发展、人际交往、个体认知和人格健全都离不开语言。在大脑皮层中,语言中枢包括运动语言中枢、视觉语言中枢、听觉语言中枢和书写中枢。由此可见,语言活动会通过视觉、听觉等渠道输入,然后经由编码、转化和提取后,予以输出,所以语言的使用是一种复杂的大脑神经活动。同时,人的高级神经活动如学习、记忆和思维,都与语言发展休戚相关。尤其是在儿童阶段,语言发展是一个既规律又连续的过程,是衡量儿童智能、调节和概括儿童心理的重要指标。但是语言的探索设计难度极大,因此以抽象的语词符号作为参与对象的设计为数不多。这种类型较多出现在语言主题的博物馆。上海电影博物馆是一家展现百年上海电影中电影人、电影事和电影背后故事的行业博物馆,全馆分为四个主题展区、一个艺术影厅和五号摄影棚。四个主题展区分别为荣誉殿堂、电影工场、影史长河和光影记忆。其中,"影史长河"展区"译制经典"单元中有一个邀请观众参与电影配音的展项(见图75)。在配音室里,青睐译制片的观众可为自己点播电影,如选择日本电影《追捕》,然后用中文为男主角

图75 上海电影博物馆"影史长河"展区中"译制经典"单元(邀请观众参与电影配音的展项设计,笔者摄)

"杜丘"配音,过一把"声临其境"的配音瘾。创建于2008年的美国新闻博物馆(Newseum)因经费问题,在2019年12月31日正式对公众关闭。这家馆坐落的城市是华盛顿,而华盛顿有世界最大的博物馆群——史密森尼博物院,华盛顿及周边居民更愿意去这个博物馆群,因为其全部免费对外开放,而新闻博物馆却要收费。同时,新闻博物馆创建之初正值金融危机的顶峰时期。然而无论如何,在开馆的11年间,这家博物馆曾服务了近1 000万观众,馆内也存在诸多颇具创意的互动设计。其中"做一名电视记者"(Be a TV Reporter)的展项不失为语言探索设计中鼓励观众参与的典范。展区被打造成一个演播厅,各种新闻采播设备——麦克风、监视器、录像机、提字机、反光板和灯光一应俱全(见图76)。观众可选择不同类型的新闻和新闻发生现场,然后手持话筒面向摄像机,根据提字机完成一次新闻记者真实的职业体验(见图77)。在此过程中,观众所播报的新闻通过自动化的剪辑和加工,同步被投放至展厅所有屏幕上。

图76　美国新闻博物馆中的"做一名电视记者"(Be a TV Reporter)展项(该展项是鼓励参与的语言探索设计中的典范,厉樱姿摄)

(3) 情感、社会性探索

如何与父母、师友和自我相处?如何适应纷繁复杂的现实社会?

图77 美国新闻博物馆中的"做一名电视记者"(Be a TV Reporter)展项(观众扮演)(观众正扮演电视记者进行新闻现场播报)

\* 图片引自温京博:《数字媒体介入下的博物馆情境设计——以美国新闻博物馆为例》,《艺术设计研究》2019年第2期,第89页。

又如何了解社会对行为的规范和要求?在个体社会化过程中,我们都需要在情感、社会性方面获得指导策略以实现健康发展。美国精神分析医生埃里克·埃里克森(Erik H. Erikson)是精神分析学派的代表人物,提出了人格发展理论。该理论将人的一生分成八大阶段,他认为在个体心理发展过程中,自我与环境互动所形成的人格是生物、心理和社会相互作用的结果。此八大阶段分别是:"第一阶段乳儿(0—1岁),心理社会的危机是信任感VS不信任感,积极的结果是身体舒适和安全感;第二阶段婴儿(1—3岁),心理社会的危机是自主感VS羞怯感和疑虑,积极的结果是依从和自主的能力;第三阶段学前期(3—6岁),心理社会的危机是主动感VS内疚感,积极的结果是创造性地掌握新任务;第四阶段为学龄期(6—12岁),心理社会的危机是勤奋感VS自卑感,积极的结果是勤奋、掌握各种技能;第五阶段青少年(12—18岁),心理社会的危机是同一感VS同一感混乱,积极的结果是成为自身所拥有的能力;第六阶段同样是青年期(18—25岁),心理社会的危机是亲密感VS孤独感,积极的结果是交往和爱的能力;第七阶段成年期(25—60岁),心理社会的危机是繁殖感VS停滞感,积极的结果是关心下一代;

第八阶段老年期(60 岁以后),心理社会的危机是自我整合感 VS 绝望感,积极的结果是完成人一生的感觉。"①总体而言,影响个体社会化的因素大致涉及三方面:父母的教养方式、同伴关系的建立和集体文化的社会氛围。时下,由于一部分父母工作忙碌,疏于对子女的管理而学校教育又过分强调学识,忽视学生的精神素养,导致孩童与父母和社会的情感断裂,使不少孩童出现了自负、享乐、冷漠、孤独、自私、妒忌和报复等不同的情感和社会性问题。20 世纪 60 年代,美国心理学家和教育工作者推出了一项至今仍久负盛名的项目——"佩里学前教育项目"(Perry Preschool Programme)。该项目为期 30 周,要求教师每天花费 2.5 小时,只是与幼童促膝谈心、讲故事或做运动。长期跟踪结果显示,干预组无论在就业和收入,还是在犯罪等方面都远胜于参照组。此项目充分证明早期的"非认知能力"干预,能使幼童在未来表现出更好的社会适应性与情感能力。为此,作为公共信托机构,博物馆理应承担一部分学校让渡的公民教育,将教育资源应用至孩童非认知能力的提升上。但事实上情感、社会性方面的探索设计一直都是博物馆设计中的软肋和盲点,而国内相较于国外更为逊色。

美国康涅狄格州的垫脚石博物馆(Stepping Stone Museum)是一家为 10 岁以下孩子提供启蒙教育的儿童博物馆。这家馆主要由五个互动展区构成:能源实验室、多媒体画廊、剧院、广播电视工作室和高清大屏幕。其中有关情感和社会性问题的展项至今仍停留在笔者尘封的记忆中。当前,即便是作为社会教育机构的博物馆,也存在过度重视"认知能力"而忽视"非认知能力"的问题,即强调知识积累和技能培养,导致认知层面的"营养过剩",而在非认知层面却"营养失衡"。② 该展项被命名为"想想这些场景"(Think about the Scenarios),其设计思想是针对同一场景,让孩子置身于两种不同立场中,以测试他们不同的想法和行为并加以比较(见图 78):首先站在自身的立场上,即面对该场景你会产生怎样的感受? 你是否知道该如何表达? 你又会怎样做? 其次站在他人的立场上,即面对同一情况,对方会产生怎样的感受? 他们将如

---

① 朱金卫主编:《教育心理学》,陕西师范大学出版总社有限公司 2012 年版,第 30 页。
② 王乐:《儿童早教应该重视"非认知能力"》,《文汇报》2010 年 6 月 25 日。

何表达?他们又会怎样做?通过设置翻页卡片,博物馆为观众模拟出多种不同场景,而这些场景恰恰是我们日常生活中屡见不鲜的。"如你的哥哥很兴奋可以出去玩,但是他发现天突然下雨了,于是开始大哭。你会怎么做?你会有怎样的感受?站在哥哥的立场上,哥哥在那种情况下会怎么想?你认为接下来会发生什么?"同时,该馆的另一个以"社交"为主题的展项也令人叹为观止。策展人首先通过一系列耳熟能详的问题激发观众思考:当我们和别人说话时,或站在他们家门口时,保持多少距离看起来会舒适?然后策展人采用了四个不同颜色的圆,来帮助观众生动地理解和清晰地区分四种不同的社交距离,即家庭空间、个人空间、社交空间和公共空间中人与人的理想距离为何(见图79)。其中家庭空间是指你和家人之间的距离,理想距离是保持一手臂之距,约为18英寸(约0.46米);个人空间是指你坐在某人身边尽兴聊天时的距离,以相隔4英尺(约1.22米)为宜;社交空间是指你和陌生人交流时的距离,最好维持在4—8英尺(约1.22—2.44米);公共空间是指在公园、剧场等大型空间中人与人的距离,通常需大于8英尺(约2.44米)。最后,策展人又通过提问进一步将这些空间与每一个体关联起来,并且探讨不同文明之间对社交距离的差异化认知和判断。如"你知道吗?每个人对空间的感受不一样,当你和家人、陌生人说话,你喜欢

图78 美国垫脚石博物馆"想想这些场景"(Think About the Scenarios)展项(该展项设计的主要思想是将同一场景置于两种不同立场上进行比较,以测试孩子表现出的不同想法和行为,笔者摄)

站多远?而在某些文化中,人们喜欢站得近说话,但在有些文化中,人们却喜欢站得远"。

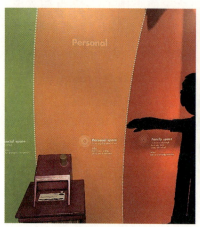

**图79** 美国垫脚石博物馆"社交"(Social)展项(博物馆通过四种不同颜色的圆,以区分出家庭空间、个人空间、社会空间和公共空间理想的社交距离,笔者摄)

综上,用于参与的互动设计尽管类型纷呈、不一而足,但仍存在一些普遍适用于所有互动设计的共同策略。第一,互动需要强调主题性,而这些主题应是观众熟悉的,如与日常生活相关的、曾经去过的地方或经历过的事情。第二,注重互动的内容、环境需要与观众现有认知水平相适应。第三,主题和内容的设计要求故事性鲜明、逻辑清晰、重点突出,观众在参与互动中易于理解并感到轻松愉快。第四,每个互动展项需设定可检测的认知、情感和体验目标。第五,重点展项可考虑与展演相结合。第六,避免高科技和多媒体手段的超负荷运用,并使其始终服务于内容。

4. 用于参与的体验设计

早在1970年,美国未来学家阿尔文·托夫勒(Alvin Toffler)曾提出"制造业-服务业-体验业"的产业革命演进逻辑,而消费者需求的重心也由产品转向服务,再转向体验,一时间各行各业都冠以"体验"口号。而博物馆若想更好地服务社会,至关重要的是保持与21世纪世界的相关性。① 由约瑟夫·派恩二世(B. Joseph Pine Ⅱ)和詹姆斯·吉尔摩(James H. Gilmore)合著的《体验经济》(*The Experience Economy*)一书的出版标志着博物馆界不仅有学者意识到体验经济时代的到来,还揭示出博物馆的本质就是"建构体验的场所"②。由此,博物馆出现了由藏品维护向观众体验的转型,开始致力于为观众打造有意义的体验。此处的观众体验是指"个人对其通常环境之外的活动、环境或事件的直接或持续、主观和个人反应"③。

我们知道,博物馆体验相较于其他的体验存在显见特点:重整体、重过程、重情境。它不是发生在普通环境中,而是发生在由实物所构筑的述行性展示空间内。观众通过"直接或持续、主观和个人反应"获得镜像效应,从而产生独一无二的认知和情感体验。正如尼尔·科特勒(Neil Kotler)等学者所言,"伟大的博物馆会带给参观者一种超验性的体验,将他们带离常规的日常生活,向他们揭示一个美好、思考和记忆的美丽新世界"④。心理学家亚伯拉罕·马斯洛(Abraham Maslow)甚至将这种忘我投入的体验称为"巅峰体验"(peak experience)。由此可见,博物馆体验是属于个人的、整体而无形的,需要依赖一定场景并借助过程完成。所以此类设计通常并非对某个单一展品而言,而是针对某展品组合、某展区甚至整个展览而言的。这大致可分为五类:自然、社会和文化环境体验,线性故事与团块故事体验,同一题材体验,多感官体验,剧场体验。由于其中的多感官体验前文有过详尽讨论,此处不再赘述。

(1)自然、社会和文化环境体验

环境营造不但有助于实现展品的语境化,而且有助于达成某展区

---

① Gail Anderson (ed.), *Reinventing the Museum: The Evolving Conversation on the Paradigm Shift*, AltaMira Press, 2012, p. xiii.
② Zahava Doering, "Strangers, guests, or clients? Visitor experiences in museums", *Curator The Museum Journal*, 2010, 42(2).
③ R. Ballantyne and R. Packer, "Visitors' perceptions of the conservation education role of zoos and aquariums: Implications for the provision of learning experiences", *Visitor Studies*, 2016 (19).
④ [美]尼尔·科特勒、菲利普·科特勒:《博物馆战略与市场营销》,潘守永等译,北京燕山出版社2006年版,第5页。

甚至某展览的语境化。当实物从原生语境被抽离而置于博物馆次生语境时,其时空坐标和使用情境都已经消失殆尽,只有让它们重返原生语境,其身上所承载的记忆才会被唤醒并获得理解。为此,我们需要对实物进行再语境化,再语境化不仅需要将关联物并置以呈现它们的内在关系,也需要将不同的物置于分类框架中,以揭示展览传播目的,还需要为展览重构时空和营造环境,以帮助观众步入一个再造的客观世界。早期博物馆基本按照藏品公开化逻辑来布展,此时空间只是容器,展品和空间之间泾渭分明。20世纪后半期以来,西方人文社会学科领域出现了"空间转向",小说作品中借助各种名称来区分和标识不同的空间类型,譬如"想象空间""现实空间""社会空间""地理空间""城市空间""记忆空间""第三空间"等。[①] 空间概念此时已不再仅具备物理属性,它已将美学和哲学融为一体,成为表征复杂思想集成的抽象术语。而在博物馆领域随着实物范畴及其类型的变迁,展品和观众之间的互动逐渐变得深刻,空间也被卷入展览要素之中,需要加以有效阐释。这时展品和空间的边界开始模糊,空间不再只是容器,而慢慢地参与到展览的阐释中,变成展览的有机组成部分。笔者认为,卓越展览的特征之一是所有空间都成为展示空间。而环境营造是空间阐释的一种基础手段。通过环境营造将展览的内容和空间关联起来,能够在吸引观众注意的同时,让观众获得一种整体体验。如果环境营造被安排在展览伊始,那么就易于促使观众快速介入并产生学习冲动。无论如何,在营造环境时存在三点亟待注意之处:首先,环境营造对儿童体验来说至关重要,不仅会影响他们对于美的感受,还会帮助他们建构各种关系。意大利儿童教育学家玛利亚·蒙台梭利(Maria Montessori)强调,儿童是在"外界的刺激和帮助"下成长起来的,必须为儿童发展提供"有准备的环境"。[②] 瑞吉欧教学法(Reggio Emilia Approach)指出儿童、教师和家长

---

[①] 周小莉:《西方小说中的空间类型研究》,《兰州文理学院学报(社会科学版)》2021年第2期。

[②] 吴晓丹主编:《蒙台梭利教育思想与方法(第2版)》,复旦大学出版社2018年版,第34页。

之间存在第三位老师,那就是环境。① 因此儿童展览中环境营造必不可少。其次,可在每一个重点展品/展项周围安排教育性辅助展品,以引导观众深入体验,且针对每一主题的辅助展品,给予观众独立探索的机会。最后,针对叙事类的体验设计,故事线不宜太长,保证局部故事连贯的同时,需要让观众具备自由选择的可能。以下将环境体验的设计分为两类——自然环境的体验设计、社会和文化环境的体验设计,并辅以案例加以说明。

一是自然环境的体验设计。位于美国宾夕法尼亚州匹兹堡市北部的阿勒格尼中心(Allegheny Center)内有一座的明星博物馆——匹兹堡儿童博物馆。该馆于2015年被《家长》(Parents)杂志评选为全美15大儿童博物馆之一,同时曾获评2020年的最佳文化空间。匹兹堡儿童博物馆始创于1983年,其奉行的宗旨是尝试、敢于冒险和创新,因此这家馆拥有众多能激发儿童创造力和好奇心的互动展项,诸如博物馆实验室、善意画廊、艰难的艺术、弗雷德·罗杰斯的回忆、车库、花园、创客空间、木偶工作室、儿童游戏室、水上游戏、后院等。该馆曾与埃里克·卡尔图画美术馆(Eric Carle Museum of Picture Book Art)合作,共同策划了一场儿童互动展。该展主要面向10岁及以下的孩子,鼓励他们在"好饿的毛毛虫""好忙的蜘蛛""好安静的蟋蟀""好寂寞的萤火虫"等单元的游戏体验中实现"玩中学"。如在"好安静的蟋蟀"单元,策展人将柔软的地毯铺满地面并筑起坑坑洼洼的石子路,巨型的草丛点缀其间,它们都采用亲肤材质制成。孩子们一走进该展区,不仅能从视觉,还能通过触觉,感受到步入大自然的真实环境中(见图80)。台湾海洋生物博物馆在前文"触摸池"案例中已有所提及,这是一家以海洋生物为主题的大型博物馆,在筹建整整九年后,于2000年正式开放,包含台湾水域馆、珊瑚王国馆和世界水域馆三大展区。以台湾水域馆为例,该展区按照海陆分界进行单元划分,囊括"淡水流域、河口流域、海岸流域、大洋流域"四个单元。众所周知,中国台湾地区四面环海,拥有优美

---

① [美]路易丝·博伊德·卡德威尔:《把学习带进生活——瑞吉欧学前教育方法》,刘鲲、刘一汀译,华东师范大学出版社2006年版。

雅致的自然景观,所以策展人为了将台湾本岛和附近水域的生态环境生动再现,采用了专业的生态展方法,即在每个区域创建了栩栩如生且独具一格的自然造景(见图81),让每位观众都能在行走的过程中领略台湾各地的水域生态,感受到从高山上汇集雪水、雨水而成的小溪顺流而下,冲刷切割河床,尔后带着各种物质堆积至较为平缓的中下游,最后蜿蜒注入汪洋大海。跟随水的旅行,观众可饱览台湾由河川到海洋的生态多样性。

图80 匹兹堡儿童博物馆与弗雷德·罗杰斯图画美术馆合作策划的儿童互动展中"好安静的蟋蟀"单元(用柔软材质打造出可参与体验的大自然环境,笔者摄)

图81 台湾海洋生物博物馆"台湾水域馆"展区(为每个区域创建了现场感较强的自然造景,三个图分别为入口处、高山的溪流和被污染的河口三个区域的环境营造,笔者摄)

二是社会和文化环境的体验设计。借助跨学科的研究成果和新技术的不断加持,实物中积淀的信息被挖掘并通过现象得以重现,从而使实物的初始语境变得可视且可感。由于这些信息源自实物及其关系网络,所以真实可信且唯一。观众通过"精神穿越"进入物的关系世界,物的陌生感被克服,其负载的"语言"也被解读。美国科罗拉多历史中心(History Colorado Center)将文物、故事和艺术融会在一起,为观众讲述了科罗拉多州与美国西部的故事。该博物馆共有4层、15个展区,其涉及了美洲原住民的历史、皮毛交易和矿山的开采等内容,以便彰显科罗拉多州人的开拓精神和个人主义。该馆尤为强调要服务包括儿童在内的多代观众,所以展览的互动性颇强。以"目的地科罗拉多州"(Destination Colorado)为例,该展区以生活在科罗拉多州基奥塔镇(Keota)附近的居民为向导,以他们的视角按照时间逻辑向观众展现了基奥塔镇的学校、杂货店、草原上的厕所等,让观众认识到普通的西部拓荒者是如何面对困境、追求梦想并努力创造美好的明天(见图82)。正如该展区的传播目的所言,科罗拉多的历史一直以来都受到普通人的不普通生活所影响。1862年《宅地法》颁布,政府鼓励美国人西迁,户主可以申请160英亩(后来增至640英亩)的土地,但必须在那里耕种、建筑房屋和生活若干年。基奥塔因此迎来了大量开荒拓土的移民,由

图82　美国科罗拉多州历史中心"目的地科罗拉多州"(Destination Colorado)展区(通过对基奥塔小镇中学校、杂货店等的情景再现,象征性复原小镇的社会和文化环境,形象化地呈现该镇的拓展与发展史,笔者摄)

1888年仅有的一个家庭发展为1991年拥有140人的小镇,学校、杂货店、酒店等被相继建立,由此演绎出一系列扣人心弦的故事:马被驯化、妇女工作、西班牙流感和耕种旱地等。整个展区通过社会和文化环境的情景再现,让观众身临其境地走进了基奥塔小镇,领略了一段流动且生动的美国西部大开发的历史。休斯敦儿童博物馆(Children's Museum of Houston)的"儿童都市"(KIDTROPOLIS)展区与科罗拉多州历史中心的"目的地科罗拉多州"展也有着异曲同工之妙。该展区是休斯敦儿童博物馆的热门展区之一,主要服务3—8岁儿童,观众一迈入展区便可看到街道两旁矗立的微型邮局、医院、超市、警察局、餐厅(见图83),孩子可以通过从事警察、救护员、兽医、收银员等工作赚取玩具币,并在ATM机进行存取或还款。这一社会和文化环境被重构得惟妙惟肖,警车由真车改造而成,超市的收银台采用触摸屏,能够逼真地显示各类商品的价格。儿童沉浸在一个由他们"承担"主角的儿童版城市中,体验得不亦乐乎。

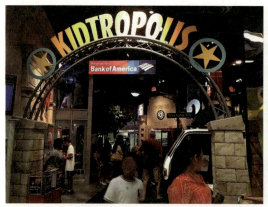 

图83 休斯敦儿童博物馆的"KIDTROPOLIS"展区(一条街道两旁建设有微型的邮局、医院、超市、餐厅,这一社会和文化环境被重构得惟妙惟肖,笔者摄)

(2)线性故事与团块故事体验

20世纪中后期,整个社会科学出现叙事转向①,视觉传播领域也逐

---

① [苏]伊·谢·科恩:《自我论》,佟景韩译,生活·读书·新知三联书店1987年版,第217页。

渐意识到观众生活在一个由故事塑造的世界中,因此出现按照叙事思维,采用陈列语言构建叙事语法结构的叙事性展览。这类展览尤其适用于作为外行或新手的普通受众,因为他们通常听着故事长大,对有情节、有构造的生动故事更为着迷。故事体验的传播方式通常包括两种,一种是在整个展区完整体验的线性故事,另一种是在某些展区局部地实现完整体验的团块故事。

其一,线性故事的体验设计。这类设计通常出现在人物类和事件类展览中。如曼哈顿儿童博物馆"与朵拉和迪亚哥的冒险之旅"(Adventures with Dora and Diego)展中的"迪亚哥世界"(Diego's World)单元,讲述了一位8岁小男孩迪亚哥和他的朋友美洲虎宝宝共同营救和照顾动物的故事,该冒险故事按照时间顺序徐徐展开,在潜移默化中帮助孩童掌握动物科学知识,学会尊重环境以及帮助别人,进而开启他们了解世界的热情(见图84)。毋庸置疑,当前出类拔萃的叙事展览,尤其是线性叙事展览,通常会结合空间传递故事。主要采取两种方式:一是依靠形式的变化唤起观众内在的一系列暗示叙事的本能反应,二是通过空间施加意义,组织其象征或共通的叙事。为此博物馆首先可致力于增强信息传播的空间影响,虑及观众对博物馆空间的基本

图84 曼哈顿儿童博物馆"与朵拉和迪亚哥的冒险之旅"(Adventures with Dora & Diego)展中的"迪亚哥世界"(Diego's World)区域(讲述8岁小男孩迪亚哥和他的朋友美洲虎宝宝营救和照顾动物的冒险故事,笔者摄)

情感反应及其象征意义,通过感知形式来设置情绪。其次移情和共情在空间传播中发挥重要作用,通过创建一个有利于分享的博物馆环境,加强其空间叙事的能力。而将上述两种方式"信手拈来"的博物馆无疑是美国9·11国家纪念博物馆。该馆共分为2层,包括"纪念展"(Memorial Exhibition)和"历史展"(Historical Exhibition)两大展区。如果说纪念展是感性浸润区域,那么历史展则是理性认知区域。因为"历史展"采取的是一个相对回收的独立空间,它借由递进式的展览结构将"9·11事件"娓娓道来:在穿过型展厅的一侧是"9·11事件"从8:46至12:16五个阶段的时间轴,每个时间段标注有各阶段的重要事件,另一侧则是相应阶段的实物展品。展品按一定的时间序列进行组合,组合的内在逻辑是各个事件之间的关联和变化。以9:59[①]时间点为例,一侧展墙的时间轴上出现四个事件:南塔楼在燃烧56分钟后倒塌;遇袭后南塔楼里及其周围逾800人遇难;哥伦比亚大学观测站检测到塌陷时的冲击波;朱利安尼市长尝试联系副总统切尼。另一侧则展出当时被烧毁的警车和最大的市政消防队消防车引擎等。展览将每一分钟放大,两重信息组合印证,还原整个事故的每一截面,纵横立体地构建事故发生的真实现场。遗憾的是,本展区不允许拍摄,所以无法通过照片使上述的文字表达直观可视(见图85)。本展区虽然是典型的线性叙事,但事实上该展区的局部同样采取了团块叙事,由此可见,线性叙事和团块叙事并不是非此即彼的,还能双管齐下。

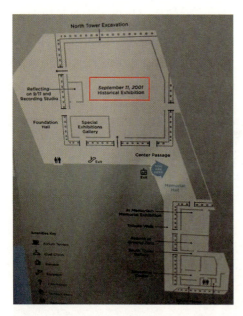

图85 美国9·11国家纪念博物馆"历史展"(Historical Exhibition)导览图

---

① 9:59是9:37、9:45、9:53、9:54、9:58、9:59这一阶段时间轴的一个时刻。

其二，团块故事的体验设计通常是在同一主题下的某个或某些分支，既相对独立又服从局部。这类设计可出现在任何类型的展览中，它们并不在意整体是否拥有特定结构，以及结构究竟采取何种形式，只是就某一局部为观众打造故事体验。位于日本滋贺县的琵琶湖博物馆是目前日本规模最大的展示淡水生物的博物馆。这家博物馆创建于1996年，开馆之初五十多名工作人员中科研人员约占一半。正如其前言所述："回顾琵琶湖的历史，一直可追溯至距今400万年以前，琵琶湖是绝无仅有的固有物种演化巨篇，也在这历史的长河中谱成。古人类在琵琶湖周围的出现始于1万—2万年以前。自那以后，人类一直与琵琶湖相互依存……请你从这里出发，去追寻琵琶湖的足迹。"尽管馆内陈列多为科研成果的二次转化，但其策展理念是使观众突显并与实物对话，受这一理念影响，团块故事的体验设计屡见不鲜。如绳文时代中期的粟津贝塚遗址展示，此遗址在水深2—3米处发现，为一处淡水贝塚，策展人通过讲述遗址发掘的故事，结合情景再现和实物并置，让观众明白当时的人们已在均衡地食用鱼、肉、贝等，依靠四季不同的动植物顺其自然地生活，此时绳文时代琵琶湖南段的濑田川附近的先民与自然和谐共存的故事似乎跃然眼前（见图86）。上海博物馆书画部策划的"遗我双鲤鱼——上海博物馆馆藏明代吴门书画家书札"精品展可谓团块故事体验设计的力作。整个展览取材于49封吴门文人的往来书信，但未采用书画展惯常的重审美的传播方式，而是专注于这些书信中蕴藏

**图86　日本琵琶湖博物馆中"粟津贝塚遗址"情景再现**（生动讲述了这一淡水贝冢的发掘故事，笔者摄）

的常人故事,涉及朝廷民生、文章酬唱、家事儿女、艺苑交游等方方面面。明代的吴门文人是我们家喻户晓的文人雅士,他们并非不食人间烟火,事实上他们和普通人一样也会周旋于生活琐事之中,并受其缠身和困扰。如《沈周致祝允明札》中向我们展示了文人惺惺相惜的故事:沈周看到晚辈祝允明的新作,认为其中妙句令人惊叹,称赞可以超越唐代的元稹和白居易,但是在赞誉的同时,提到给予丰厚酬劳恐怕是空话,所以自己只能以呵呵一笑作为回应(见图87)。

 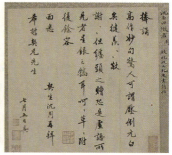

**图87** 上海博物馆"遗我双鲤鱼——上海博物馆馆藏明代吴门书画家书札"精品展和《沈周致祝允明札》(信札向我们讲述了一段文人惺惺相惜的故事)

\* 图片引自中国美术报网:《上海博物馆藏明代吴门书画家书札精品展今日开幕》,https://www.sohu.com/a/161957016_819453(2017年8月4日),最后浏览日期:2023年8月10日;中国书法网:《遗我双鲤鱼——上海博物馆藏明代吴门书画家书札精品展》,https://www.sohu.com/a/163219089_258370(2017年8月8日),最后浏览日期:2023年8月15日。

(3)同一题材体验

题材是指展览的取材范围,包括历史、艺术、自然等,它受到馆藏资源、观众需求和策展条件等因素制约。在同一题材下,不同向度的材料被组织在一起,不仅可在视觉上产生和谐统一的秩序感,还能吸引观众的注意力并加深其记忆,在潜意识层面形成心理倾向,以达到理解和习得的惊人效果。哈佛自然历史博物馆(Harvard Museum of Natural History)是一家创立于1998年的大学博物馆,它囊括了植物标本馆(Harvard University Herbaria)、比较动物学博物馆(Museum of Comparative Zoology)、地质学与矿物学博物馆(Geological and Mineralogical Museum)三个各具特色的展馆。哈佛自然历史博物馆的使命是增加民众对于自然和人类各自地位的理解和欣赏。其中,比较动物学博物馆中遴选的不同题材及其开发的体验设计,因趣味盎然常能引发观众的好奇。如"鸟窝"(The Bird Nest)题材,通常情况下,我们对该题材知之甚少,却并不陌生。现代鸟类的巢穴比任何其他脊椎动物的巢穴都更为多样,也更为独特。同时,尽管多数鸟类都会筑巢,但并非所有鸟类都会。因此,在同一题材的"鸟窝"展示中,我们既可以见到黑冠黄鹂的袋状巢穴、红喉蜂鸟犹如核桃大小的鸟巢,也可以看到北森莺如同老人胡须的草巢、普通缝叶莺好像摇篮的鸟巢等(见图88)。这类主题展示对观众而言,不仅构成视觉冲击,更形成认知冲击,引发观众无限的探索热情。富兰克林研究所"电力"(Electricity)展区,将富兰克林静电发生器、避雷针、我们用电来沟通等展品或展项关联到电力的题材之下,物理、医学、电信等专业知识在博物馆内被打破学科壁垒,也有力地证实了在如今的生活和工业生产中电力无处不在。

图88 哈佛自然历史博物馆的比较动物学博物馆中针对"鸟窝"(The Bird Nest)题材的体验设计(黑冠黄鹂的袋状巢穴、红喉蜂鸟犹如核桃大小的鸟巢、北森莺如同老人胡须的草巢、普通缝叶莺好像摇篮的鸟巢等一并展出,形成视觉和认知冲击,笔者摄)

(4)剧场体验

自20世纪80年代起,剧场作为一种博物馆阐释的创新手段,受到欧美博物馆的热烈推崇。博物馆的一部分展示空间被置换成剧场空间，在该空间内博物馆借助表演和互动，将观众引导进入剧情，通过提供亲历者视角，或者另类的他者视角，甚至是人一生中不太可能拥有的视角，进入不易体验的场景之中。回溯剧场体验，它与19世纪的立体造景（diorama）和自然场景展示存在千丝万缕的联系，起源于文化遗产的表演形式，道具和服装被应用至历史遗迹之中。1881年，亚瑟·哈泽留斯（Arthur Hazelius）在斯堪森博物馆中创造性地将房屋、学校和农场的复制品置于生活史遗址之中。1909年，"装扮导览"在马萨诸塞州塞勒姆的"约翰·沃德之家"（John Ward House）首次被引入，1932年又为美国威廉斯堡（Williamsburg）所仿效，该馆被誉为"活着的历史博物馆"，它事实上无异于一个大型剧场。1990年，国际博物馆剧场联盟（International Museum Theatre Alliance）诞生。当表演成为场所或空间，其本身就可以推动或促成对博物馆新的理解和叙事。因此曼彻斯特大学的研究考察了民众对遗产表演的反应方式，称其为现场阐释（live interpretation）或博物馆剧场（museum theatre）。[①] 纵使博物馆观众不是剧场观众，如果将博物馆空间视为表演空间进行感知和体验，剧场构建或许也同样适用于博物馆的空间构建。[②] 这种剧场体验的设计作为空间阐释的特殊类型，不仅可以活化展览信息，使参观过程变得轻松愉悦，还能拓展阐释资源并探索无限可能，使观众在与外界的互动中获得个性化体验。从本质上来看，这种身心的介入有助于观众实现自我存在，他们在博物馆中不再是设防的陌生人，而是能享受思想与行为的民主主体。

面对博物馆日益纷呈的剧场现象，以泰莎·布莱多（Tessa Bridal）、凯瑟琳·休斯（Catherine Hughes）和高仕琦为代表的研究者根据不同标准，提出三种分法。泰莎·布莱多按照戏剧类型的差异，将剧场

---

[①] Jenny Kidd, "The museum as narrative witness: Heritage performance and the production of narrative space", in Suzanne MacLeod, et al., *Museum Making: Narratives, Architectures, Exhibitions*, Routledge, 2012, pp. 74-82.

[②] Greer Crawley, "Staging exhibition: Atmosphere of imaginary", in Suzanne MacLeod, et al., *Museum Making: Narratives, Architectures, Exhibitions*, Routledge, 2012, pp. 12-20.

体验分为讲故事（Storytelling）、即兴表演（Improvisation）、木偶剧（Puppetry）、逼真历史（Living History）、历史重现（Re-enactment）、创造性戏剧（Creative Drama）、参与式博物馆剧场（Participatory museum theatre）七类。① 凯瑟琳·休斯根据演出手法的不同，将剧场体验分为第一人称阐释（First-person Interpretation）、第三人称阐释（Third-person Interpretation）、第一/三人称阐释（First/Third person）、角色扮演（Role-play）四类。② 高仕琦依循观众与舞台之间的关系，将剧场体验划分成两类：观演分离式剧场和观演混合式剧场。当前这类体验设计主要被应用在历史类和科技类博物馆，其次是艺术类博物馆。③ 由于高仕琦关于剧场体验的分类立足的是观众视角及其参与程度，与当前博物馆的价值导向高度吻合，所以笔者主要借鉴该类分法。

第一，观演分离式剧场。观演分离式，顾名思义是观众和演员彼此分离，观众主要采取观看方式欣赏演员的表演。但事实上，这种方式可能造成观众和演员之间筑起一道无形的墙，阻碍他们相互之间的深入交流。表演虽然具备仪式感，但也同时造成距离感。此类剧场往往包含两种形式：一是真人表演剧场，二是多媒体剧场。首先是真人表演剧场。上海玻璃博物馆是一家在2011年开馆的行业博物馆，它被建立在上海玻璃仪器一厂的旧址之上，曾被CNN旗下网站评选为中国最不容错过的三大博物馆之一。"热力剧场"是全球范围内罕见的以玻璃为故事主角的剧场。在漆黑和静谧的剧场内，专业的玻璃技师在舞台、灯光和音乐的助力下，为观众再现玻璃融熔工艺及其艺术表达（见图89）。值得称道的是，该剧场自创建以来从未故步自封，而是不断完善并升级。目前已形成由"缓慢的黎明""深海之火""生命之光""神圣的黑暗"和"无尽的超越"五幕剧情构成的探索之旅。暗剧场空间的光影变幻，与专注工艺的匠人之间产生一种微妙冲突，这种现代与传统的碰撞让古老的工艺焕发出全新的生命力和不竭的创造力。其次是多媒体剧

---

① Tessa Bridal, *Exploring Museum Theatre*. Walnut Creek, Altamira press, 2004.
② Ibid.
③ 高仕琦：《剧场在博物馆展览中的应用研究》，复旦大学硕士学位论文，2021年，第27—29页。

场。上海龙华烈士纪念馆拥有基本陈列"英雄壮歌",其展示空间约为6 000平方米,展线长达1 300米。整个展览分为"序厅(照亮信仰的殿堂)""信仰的召唤""使命的执着""信念年代坚守""民族的脊梁""胜利的奋斗""时代的先锋""尾厅(仰望)"8个部分。该纪念馆在1997年建成,2016年闭馆改造,2017年再次开放。笔者曾经数次前往该馆参观,其中的"龙华二十四烈士多媒体雕塑剧场"每次都会让笔者徘徊不前。因为该剧场采用高科技全息技术将雕塑、朗诵、现代舞、音乐、光影五种创作元素融为一体,创新地为我们演绎出24位年轻烈士的动人故事,雕塑被活化后,采用现代舞形式予以表现。全息影像舞台中,与真人等比例的全息舞者用肢体动作无声地"讲述"着年轻烈士身上曾发生的可歌可泣、死而永生的故事,同时辅以高分辨率LED成像和反射膜以及DTS杜比环绕立体声增强效果(见图90)。由此可见,物质与非物质结合、艺术品与高科技联姻,加之取材真人真事,促使观众不仅为革命者慷慨赴死的大义凛然所唏嘘,也为无与伦比的多媒体舞台效果所沉醉。尽管这种形式投入和维护成本皆高,但相较于真人表演的人力成本却相对更低。

图89　上海玻璃博物馆"热力剧场"(通过专业的玻璃技师、舞台、灯光和音乐,为观众打造展示玻璃制作工艺的剧场故事,是真人表演的观演分离式剧场,笔者摄)

图 90　上海龙华烈士纪念馆的龙华二十四烈士多媒体雕塑剧场（采用高科技全息技术将雕塑、朗诵、现代舞、音乐、光影创作要素融为一体，为多媒体的观演分离式剧场，笔者摄）

第二，观演混合式剧场。观演混合式剧场是指在表演中将演员和观众之间的边界打破，使之在剧场空间中实现交流并构建互动关系。理想状态下，观演混合式剧场中观众可能反客为主，成为左右表演进展的核心力量。正如刘婉珍所言："'博物馆就是剧场'本身即是一个逐步'赋权'的过程，经由不断的反省、批判与省思，或许读者能与我一样尝试从传统制约的博物馆观念中获得认知的解放，掌握意义建构的能力与自由，真实拥有博物馆，在生活中找到认同。"[①]然而即便在观演混合式剧场，观众的实际参与程度也会存在差异。我们再以上述上海龙华烈士纪念馆为例，该馆不仅出现观演分离式剧场——龙华二十四烈士多媒体雕塑剧场，还于 2020 年的国际博物馆日推出了首个无剧场话剧。该话剧本质上为观众打造出一个观演混合型剧场。出生于湖南省湘潭县的罗亦农在 1921 年加入共产党，7 年后由于遭到叛徒出卖，在上海英租界被捕，尔后在狱中留下绝命诗，26 岁便英勇就义。主创团队通过四幕剧对这位烈士的故事进行编排，观众跟随剧情及演员行走在烈士的牺牲之地。话剧在晨昏交替之际开演，观看的观众被要求穿着民国服饰全程参与。过程中不仅有演员真性情的诠释，也有观众近距离的互动，此时观众不再是听故事的人，而是成为故事的一部分。事实上，该演出从剧本编写到现场表演，所有工作都由馆内

---

① 刘婉珍：《博物馆就是剧场》，台北艺术家出版社 2007 年版，第 6 页。

员工挑大梁(见图91)。亚特兰大历史中心(Atlanta History Center)同样热衷于为观众打造深度参与的剧场。该中心成立于1926年,旨在为观众活灵活现地展示美国内战史。自2011年起,博物馆剧场和基于表演的导览成为亚特兰大历史中心的重要阐释工具。其中,博物馆剧场是将历史与戏剧绝妙融合的一种创新手段,因为借助剧场可讲故事,为观众创造一种身临其境的独特体验,以帮助他们借由他者视角看待历史,从而培养观众的同理心,甚至使他们获得精神启蒙。以"自由的代价"(Price of Freedom)沉浸式剧场体验为例,学生们在亚特兰大历史中心"转折点"(Turning Point)展中,将会扮演一位内战士兵,通过对内战期间黑人被奴役情况的调查,评估南卡罗莱纳州和密西西比州的发展态势,以洞悉南方脱离联邦的各种原因,从而做出影响角色命运的重大决定(见图92)。同时,借助废奴主义者哈利特·雅各布斯(Harriet Jacobs)的视角,观众也认识到某些人为确保个人自由承担的风险和压力。再以"为你的权利而战"(Fight for Your Rights)校园导览为例,学生将穿越到20世纪五六十年代黑人争取平等地位的时期,他们会遇到1946年投票权运动和1960年亚特兰大静坐运动的领导人,通过这种戏剧化方式体验非暴力的激进主义,实现自我引导和认知建构(见图93)。

**图91** 上海龙华烈士纪念馆在龙华烈士纪念地上演的《那年桃花》话剧(观众穿着民国服饰全程参与,为观演混合式剧场)

\* 图片引自许婧:《国际博物馆日 上海龙华烈士纪念馆推出无剧场话剧》,http://www.sh.chinanews.com.cn/wenhua/2020-05-18/75712.shtml (2020年5月18日),最后浏览日期:2021年9月1日。

图92　亚特兰大历史中心"自由的代价"(Price of Freedom)沉浸式现场体验
［学生们在"转折点"(Turning Point)展中扮演一位士兵］
＊图片由亚特兰大历史中心提供。

图93　亚特兰大历史中心"为你的权利而战"(Fight for Your Rights)校园导览
（学生们通过戏剧遇到1946年投票运动和1960年亚特兰大静坐运动的领导人，体验非暴力的激进主义）
＊图片由亚特兰大历史中心提供。

相较于博物馆空间，剧场的引入打造了类似套中套的结构，因为它在博物馆展示空间内再辟阐释空间。因此,博物馆剧场的出现首先应在丰度或深度上服务博物馆阐释。其一,内容上既可对业已成熟的剧本善加应用,也可专门编写用以揭示传播目的的原创剧本,但剧本创作始终需要立足于展览的主题、内容及其相关研究。其二,形式上可灵活利用叙事结构和剧场情境,可边讲故事边互动,并为观众互动提供一定的支持。奥古斯都·波瓦(Augusto Boal)曾创建赫赫有名的"戏剧论坛",指出观众和演员之间的鸿沟需要被打破。通常来说,邀请观众参与的方式有三种:一是预先设定不同结局,鼓励观众在演出结束后广泛讨论;二是邀请观众直接参与表演,也允许剧本不断被修改,但编剧或导演须对此进行调控;三是观众中途打断、提出建议后,演员重新进行表演。其三,体验上借由情境、协助和会话,尝试构建有意义的学习。① 但值得注意的是,相较于观众的知识和技能,挑战难度要合理。我们知道"情境、协助和会话"是建构主义学习理论的精髓,该理论适用于博物馆的剧场体验。需要避免过度重视学习动机的做法,观众有时在剧场中更希望获得愉悦和放松,为此,休闲动机亦不可被忽视,以促使观众主动接纳剧场表达而非被动迁就。1975 年,米哈里·契克森米哈赖创建的心流概念与上述目标高度吻合。心流(flow)是指"人们如此沉浸于某项活动之中,以至于觉得其他的任何事物都无关紧要的状态;该体验本身是如此让人快乐,以至于人们即使需要付出很大的努力也还是会去做,仅仅是为了做它"②。要推动观众获得"事情进展顺利,毫不费力地发生,但意识却高度集中"的心流体验,需要依赖九大要素,缺一不可,它们分别为:一是每一步都有明确目标;二是行动马上能得到反馈;三是存在挑战与技能的平衡;四是行动与意识相互融合;五是不会受到干扰;六是不担心失败;七是自我意识消失;八是遗忘时间;九是活动本身具有目的。③ 第九章的第二节将会详细论述米哈里·契克森米哈赖

---

① 谢妙思、刘仲严:《从博物馆剧场学习理论探讨香港历史博物馆的发展方向》,《博物馆学季刊》2011 年第 25 期。
② Mihály Csíkszentmihályi, "Flow: The psychology of optimal experience", *Chapter*, 1990.
③ [美]米哈里·希斯赞特米哈伊:《创造力:心流与创新心理学》,黄珏苹译,浙江人民出版社 2015 年版,第 107 页。

及其思想主张。

5. 四类传播技术对实物阐释的启示

在"传播技术及其启示"中,针对四类传播技术,即"用于阅读和聆听的符号设计""用于观察的视觉设计""用于参与的探索设计"和"用于参与的体验设计",笔者使用了较大篇幅和诸多案例进行较为详尽的论述。很长时间以来,外界认为博物馆学主要研究的是传播技术,将其专业性等同于传播技术的专业性。虽说这种认识有所偏颇,博物馆学除了研究传播技术,还研究物和人,但在沟通物人对话的阐释系统中,传播技术确实至关重要,有助于实现研究成果的科普化。无论如何,博物馆是实物阐释的集大成者,本书所要探讨的对象尽管包含博物馆,但又超越博物馆,因为基于实物的阐释不仅源自博物馆,还可能源自个人和家庭,抑或其他组织。可见,让实物充当学习媒介除了发生在博物馆,还会发生在家庭、学校和任何公共空间。但显而易见的是,当实物阐释未发生在博物馆空间时,它可能会缺乏运用某种传播技术的特定空间,同时欠缺开发或创新多元传播技术的资金支持。为了更好地完成实物阐释之重任,通常情况下我们需要一支实物阐释团队,他们将帮助民众依托实物开展有效学习。而博物馆中的四类传播技术无疑将对日常实物的阐释产生积极影响,主要涵盖以下两种情况。

(1) 服务对象相对明确的小型学习空间

服务对象相对明确的小型学习空间,是指开展实物学习的家庭和学校。我们还可将其进一步细分为两类:一是他人助推型,二是个人自主型。

第一,他人助推型。他人助推型往往是指个人在学习中存在困难,需要他人协助的情况,该类型的服务对象主要为儿童,协助者通常为成人(有时候还包括同伴)。面对他人助推型的实物阐释,应主要开发"用于阅读和聆听的符号设计、用于观察的视觉设计、用于参与的探索设计"。至于是否开发"用于参与的体验设计",则要看家庭和学校的空间环境及其财力支撑。开展实物学习之必要性,尤其是针对拥有具象思维的早期儿童,对此前文已有所论述。那么儿童的实物学习为何需要助推者?助推者在这类学习中的作用主要表现在哪些方面?又当如何发挥该类型的最大价值?

要回答上述问题,通常需要诉诸利维·维果斯基、布鲁纳、大卫·伍德(David Wood)等学者的丰硕研究成果。其中,利维·维果斯基是社会建构主义的代表人物,遗憾的是这位研究者 37 岁便英年早逝,所以某些观点如今看来仍不太成熟,但其"开山之功不可没"。譬如维果斯基在 20 世纪 30 年代从文化-历史发展理论衍生出"最近发展区"(Zone of Proximal Development,简称 ZPD,或译成"潜在发展区"),无疑为当代教育理论开启了一个新阶段。而最近发展区概念涉及两方面内容:一方面是儿童现有发展水平;另一方面是儿童在成人或比他更强的同伴之帮助和启发下,达到的解决问题的水平。① 两方面所呈现的差距即为儿童的最近发展区。直至 20 世纪 60 年代,维果斯基的最近发展区理论才被译成英语,70 年代开始引起美国教育界的注意。为了更好地描述最近发展区的交互作用,布鲁纳、伍德和尼尔·麦瑟(Neil Mercer)等新维果斯基学派的学者又创造出另一个具备隐喻意义的术语——支架(Scaffolding),旨在说明在接受教育的过程中,学生可借由父母、教师、同伴和他人提供的辅助物,完成原本自己无法独立完成的任务。② 而辅助物就如同建造建筑时的支架,竣工后它们需要被拆卸,所以辅助物的作用是唤起儿童的好奇以促进他们的心理发展。正如爱因斯坦所言:"我没有特别的天赋,我只有强烈的好奇。"③

从最近发展区概念和支架理论不难发现,其作用发挥涵盖两大步骤:与儿童"现有水平"的联系;促进儿童"现有水平"向"潜在发展水平"的转化。由此对助推者在应用理论时提出了两点要求。其一,开展实物学习时,应掌握儿童的"现有水平"。这是助推学习的先决条件。成人或同伴应该在了解该阶段儿童认知规律及其学习特点的基础上,掌握自己助推对象的个殊性。其二,充分了解实物及其所携带的信息,为

---

① 黄秀兰:《维果茨基心理学思想精要》,广东教育出版社 2014 年版,第 92 页;L. S. Vygotsky, *Mind in Society: The Development of Higher Psychological Processes*, Harvard University Press, 1978.

② 尹青梅:《"支架"理论在 CAI 英语写作教学中的应用》,《外语电化教学》2007 年第 1 期。

③ [美]艾利斯·卡拉普莱斯选:《爱因斯坦语录(终极版)》,李绍明译,湖南科学技术出版社 2019 年版,第 31 页。

协助儿童向"潜在发展水平"转化奠基扎根。成人或同伴在陪伴儿童开展实物学习时,虽然角色由学习者变成助推者,但其并非真正意义上的实物专家,他们同样需要依赖作为中介的传播技术,即"用于阅读和聆听的符号设计""用于观察的视觉设计""用于参与的探索设计",尽可能为成人或同伴提供向专家身份转换的工具。

以莎伦·谢弗(Sharon E. Shaffer)在《让孩子爱上博物馆》(*Engaging Young Children in Museums*)一书中围绕"叶子"的学习为例[①]:自然课上,面对一群4岁的小朋友,老师让他们观察从操场和公园里捡回的叶子。首先,观察其中一片比较大的彩色叶子,老师说道:"我们一起来聊聊这片叶子吧,看看它有什么特点?"孩子们踊跃回答:"它很大。""它有多种颜色。""它的边缘很尖。""如果不小心,它会破碎。""当我摇晃它的时候,它会发出嘶嘶沙沙的声音。""当我放开它时,它会缓慢地落下。"在每个小朋友回答后,老师会重复一遍他的答案,并根据他的回答提出另一个问题,引导他们进一步思考。例如:"所有叶子都一样大吗?你是怎么知道的?"于是,有个孩子拿起另外五片叶子进行对比。孩子们也会因为受到这些叶子的启发而提问:"为什么叶子的形状不同?"老师反过来用另外一个问题来回答他们,引导他们独立思考:"所有树都一样吗?"随后老师还提出其他问题:"叶子的形状还有哪些特点?"最初注意到叶子边缘很尖的小朋友在这个问题的引导下,沿着叶子的边缘轻轻抚摸,又发现叶子的边缘有些部分是弯曲的。在老师的鼓励下,他们更加仔细地观察这片叶子,并在最初印象的基础上有了更多新发现。

在这一过程中,如果教师并不清楚如何以实物为媒介引导学生学习,那么实物阐释的设计者则需要预先通过符号化信息(主要包括文字、语言、图片)给作为助推者的教师以指导,告诉他们促使孩子学会观察和参与探索的理念和方法。从本案例中我们可以发现"会话"成为教师帮助学生构建观察平台的手段,以推动儿童从叶片的大小、形状和构造等展开全方位的观察。

---

[①] [美]莎伦·E. 谢弗:《让孩子爱上博物馆》,于雯、刘鑫译,译林出版社2018年版。

再以杭州市桃园里自然中心的"神奇叶子之旅"活动为例,围绕"叶子如何排水"的问题,自然中心的教师首先鼓励儿童观察叶子,儿童将发现叶子拥有众多叶脉,而正面叶脉多数是凹的,它们如同给叶子开了数条排水沟,而人类在修建房屋时,屋顶也会有类似的排水沟,这是否是人类向大自然杰作之一的叶子效仿的结果? 这一活动通常会被安排在雨天,使得孩子们在观察叶片后,真正体验不同的叶子是如何排水的,以及领略雨水顺着屋檐口流到室外的排水方式——自由落水。不难发现,该案例将用于参与的体验设计融入其中。

通过论述和案例分析可知,他人助推型通常需要助推者在掌握儿童"现有水平"的基础上,提供他们集中注意力以观察实物的机会,再借助配套的教育活动,帮助儿童真正实现对实物及其内在意义的理解。同时,为了提升助推者实物阐释的质量和水平,以保持他们的阐释信心与热情,实物阐释的设计者通常需要家庭或教师开发一套辅助使用的指导性资料。如波士顿儿童博物馆在教育阐释项目(Museum Education Interpretership Program)中为每件展品提供一本用户手册,详细地介绍该展品的理念和目标,以及围绕顾客关怀和互动式学习制订的培训计划。①

第二,个人自主型。个人自主型的情况不尽相同,其信息获取的方式和学习目标不同,具备自我导向和自我激励的性质,既可以面向儿童,也可以面向成人。针对儿童,四类设计中要注重"用于参与的探索设计"。霍华德·加德纳曾经将儿童博物馆比作心灵操场(playgrounds for the mind)——在这里,孩子们可以找到他们感兴趣的东西,能根据自己的节奏自由探索,获取自己的理解力。② 博物馆内受到儿童欢迎的一些展项可提供这类探索设计有意义的启示。就职于南加州大学洛杉矶分校的维克多·雷尼尔(Victor Regnier)通过对波士顿儿童博物馆等7家儿童博物馆的深入考察,列举出最成功的29个展项

---

① [英]蒂姆·考尔顿:《动手型展览:管理互动博物馆与科学中心》,高秋芳、唐丽娟译,北京师范大学出版社2019年版,第151页。
② "Opening mind with Howard Gardner", *AYM News*, 1, 4, July/Aug, 1993, Association of Youth Museums.

和最失败的 16 个展项。其中,最受欢迎的展项包括大运动、沙子和水、基于藏品的创意展览、角色扮演游戏、服饰、品尝、动物、隐秘空间、模仿成人/家长的活动、计算机、组装/拆卸、手工活动、容易理解和掌握的展项、滑稽有趣和违背常理的展项、简单的展项、抓住孩子天生的好奇心的展项、以孩子已有认知为基础设计的学习体验、自主实验、吸引眼球的展项、提供多种选择的展项等。最不受欢迎的展项囊括了信息多/互动少、过度依赖文字的展项,"不清不楚"的展项,与儿童生活经历无关的展项,过于复杂、需要运用特定的学习方法、等待时间过长的展项。① 那么为何前者会受到欢迎? 拼贴艺术儿童博物馆的艾莉森·摩尔(Alison Moore)指出,展项要获得成功,离不开四方面因素:制订基于社区需求的使命;为孩子提供熟悉的环境;给予他们真实的体验;创造自主游戏的机会。② 布鲁克林儿童博物馆卡罗尔·安瑟奇(Carol Enseki)也发掘出成功展项的多个共同点:明确的目标、适合观众、从多维度展开、有趣、能利用现有藏品或其他东西、与之相关的研究和信息充足、获得资助、与其他机构的活动联系起来。③ 从中,我们大致可归纳出展品成功或受欢迎的 9 点共性条件:目标明确、适合观众、多维开发、体验真实、自主游戏、环境熟悉、基于兴趣、研究充分、与机构实施的活动关联。

以波士顿儿童博物馆"科学游乐场"(Science Playgrond)展区的"泡泡"(Bubbles)展项为例,在该展项中,儿童能使用馆方提供的多种工具吹制出各类泡泡(见图 94)。呈现的多为简单、学习者易于掌握并理解的展项,重点是让儿童明白如何操作。所以针对本单元的展项,实物阐释的设计者旨在激发儿童的好奇心,促使他们学会观察、玩耍和发问:泡泡为什么拥有不同的大小、形状和颜色? 能否将泡泡握在自己的手里? 为什么泡泡有时会破裂? 我们应不断对泡泡进行探索和实验。学习者在自主的游戏中获得真实体验,不同工具又为他们吹制各类泡泡提供多项选择。儿童在选择和实验中可以发现,一阵风、肥皂泡滴水或

---

① 美国儿童博物馆协会:《儿童博物馆建设运营之道》,中国儿童博物馆教育研究中心译,科学出版社 2019 年版,第 190—193 页。
② 同上书,第 201—205 页。
③ 同上书,第 195—200 页。

吹得过大都会引发表面张力或内外压力的变化,从而造成肥皂泡的最终破裂。如果此时给泡泡添加甘油或糖浆,学习者会发现即便用笔戳,泡泡可能也不会破。再以匹兹堡儿童博物馆的"磁路块"(Magnetic Circuit Blocks)展项为例,该展项鼓励儿童将开关与其他组件进行连接,通过不断试错来探索电的产生(见图95)。儿童通过动手操作不断积累观察思考的经验,抽象的知识和原理变成了可得见、可体验的现象。同时,一打开开关、电灯即刻被点亮,这种体验是儿童在日常生活中习以为常的,所以营造出了他们熟悉的环境。

图94 波士顿儿童博物馆科学游乐场(Science Playgrond)展区"泡泡"(Bubbles)展项(孩子们能使用提供的多种工具吹制出各类泡泡,笔者摄)

图95 匹兹堡儿童博物馆的"磁路块"(Magnetic Circuit Bolcks)展项(该展项鼓励儿童将开关和组件连接在一起,通过不同的电源来探索电的产生,笔者摄)

综上，当实物阐释的设计者为家庭开发实物媒介时，需要优先开发儿童普遍感兴趣的对象，并尽可能地满足四方面因素：制订使命、环境熟悉、体验真实、游戏自主。如果要为学校开发实物媒介，除了遵循上述策略外，还应注意与学校课程内容的挂钩。同时，无论是面向家庭还是学校，实物阐释的设计者都应重视与它们建立有效的沟通机制，并借助文字、视频、图片等符号化信息，对实物媒介及其使用予以说明。然而不同于他人助推型，该类型的说明主要是供自主体验的学习者利用的。

而针对成人受众，四类设计中应尤其重视"用于阅读和聆听的符号设计""用于观察的视觉设计""用于参与的探索设计"。因为他们不同于儿童，儿童通常更喜欢动手而非阅读。这类实物对儿童的吸引力主要在于能满足他们的好奇，但对成人而言，除了满足好奇，还可满足他们的怀旧心理，尤其是针对老年群体。所以面向成人不仅需开展"用于参与的探索设计"，还需开展"用于阅读和聆听的符号设计"和"用于观察的视觉设计"。而是否开展"用于参与的体验设计"同样要看家庭和学校的空间环境及财力支撑。霍华德·加德纳认为每个人都或多或少具备八种智能，这一点在前文已有涉及。在八种智能中，每个人都会拥有占主导地位的智能，而潜在的智能在一个由时间限制的正式学习环境中较难被充分挖掘，但是在个人主导的非正式学习中，往往可借助多种阐释技巧，将多样化的智能予以激发。[①] 符号设计、视觉设计和参与设计等传播技术都是最为常用的阐释技巧。

首先，满足成人好奇的实物及其阐释。这类实物多属于互动类物品。针对这类物品，蒂姆·考尔顿（Tim Cauton）在《动手型展览：管理互动博物馆与科学中心》（*Hands-On Exhibitions: Managing Interactive Museums and Science Centres*）一书中条分缕析地列举了11项要素，涉及符号、视觉和参与设计，可提供此类实物在阐释时借鉴。

① 具备直接、明确的可操作性，且有明确的操作反馈。

② 有清晰的目标，用激励的术语鼓励观众通过身体接触参与来增加理解，或使他们的感受和观念得以提升。

---

[①] Howard Gardner, *The Unschooled Mind: How Children Think and How Schools Should Teach*, Basic Books, 1991.

③ 能直接操作，不需要过多的阅读提示。

④ 展品需要的智力水平富有层次，能够适用于不同年龄和能力层次的人。

⑤ 能激发朋友和家庭成员之间的交流。

⑥ 有开放性和富有探索性的结果。

⑦ 基于研究的已有知识，符合目标观众的理解水平，不能包含令人迷惑不解的信息。

⑧ 能够多方面地刺激感官，利用多样的解释技术，迎合不同兴趣爱好和学习风格之人。

⑨ 展示的东西对观众有适当的挑战性，但又不过度，能够使观众树立信心。

⑩ 能够使观众感到愉悦，并且能够让他们感到与之前相比确实学到一些东西。

⑪ 设计得精细、安全，稳定耐用且易于掌握。①

虽然蒂姆·考尔顿提出的11项要素主要针对的是科技类互动展品，但本质上它们适用于所有类型的互动展品。以考古盲盒为例，盲盒，顾名思义是人们在购买时不知道盒子里所装为何物，只有拆开盒子，谜底才得以揭晓。其最初由河南博物院推出，一经面世便广受推崇②，自2019年起逐步火爆出圈，甚至出现一盒难求的现象，所以陕西历史博物馆、四川三星堆博物馆等馆纷纷追随。③ 某种程度上，考古盲盒可印证上述互动展品中的11项要素。这类盲盒的主要设计思路是考古公众化，它们鼓励人们戴上白手套、手持洛阳铲，在家模拟"挖文物"。而盲盒内可能盛装着元宝、青铜器、玉器、铜鉴、小铜佛、陶器、银牌、刀币、纪念牌等各类"失传宝物"，它们通常仿制精美，更关键的是神秘莫测。人们在开盒的过程中会满怀期待，以激发购买欲，同时盒子被拆后还使人们体验到探索的乐趣。此时，使用者显然已不再仅停留在

---

① Tim Cauton, *Hands-On Exhibitions: Managing Interactive Museums and Science Centres*, Routledge, 1998, pp. 38-39.
② 马成涛：《"盲盒经济"未来如何？》，《安徽日报》2021年8月24日第10版。
③ 丁晨：《考古盲盒来袭，博物馆文创"潮"起来》，《中国收藏》2021年第5期。

视觉愉悦上,更多是提升了他们主动探索的动力和热情,动手发掘的过程实际还是观众获悉文物内在意义的一场科普之旅。所以整体而言,考古盲盒不仅能给予受众感官刺激,还能鼓励他们参与,并且操作流程清晰,结果也极富探索性。虽然考古工作者需要具备扎实的专业知识和技能,同时这些知识和技能对公众而言也较为陌生,但由于实物阐释者为受众提供了工具和使用说明,所以使该挑战变得既新鲜又不过度。基于此,这类实物媒介(文创盲盒)引发了年轻人的狂热追逐,并催生出消费热潮。

面向成人的实物阐释,除了满足好奇,还可善用怀旧。① 怀旧,是对过去经历的情感性怀念,心理学家将怀旧定义为一种自我意识性的情绪。研究显示,怀旧回忆通常比"单纯的"幸福回忆更加切实美妙:对大多数人而言,在情绪处理、自我形象和自我价值感的建立上,怀旧往往有助于带来愉悦之感,也会让人感到不孤单,因为回忆中尽是社会关系;倾向于怀旧的人,常常会感到与他人连接紧密,在受挫时更加具备信心;同时怀旧在个人身份的建构上,也扮演着连接过去和现在的角色。② 在我国,20 世纪 50 年代、60 年代、70 年代、80 年代生人和 Z 世代人,他们由于拥有不同的生活境遇和成长轨迹,所以承载着不同的悲喜和回忆,而实物所凝结的物化信息无疑是开启这一切的钥匙,它帮助我们穿越旧时光,再现某一时代的人及其故事。以 20 世纪 50 年代到 90 年代的特定购粮凭证——地方粮票为例(见图 96、图 97),地方粮票指的是我国实施统购统销政策后,根据国务院 1955 年颁布的"市镇粮食定量供应凭证印制使用暂行办法",由各省、市、自治区发行的,供市镇人员在各省市范围内使用的粮票。③ 因此,市镇居民的日常生活都离不开各类粮票,而历年发行的各版粮票达 2 万余种。粮票面前人人平等,无论是谁,都是吃多少给多少,那时的居民都深刻明白"一两粮票可以难倒英雄汉"。这种粮票购粮制在中国实施了近四十年,遍布 21 个省、

---

① 在 2020 年广东省博物馆协会线上培训班中,陈建明在题为"博物馆社会使命与功能在馆舍建设中的体现——以湖南省把握我国改扩建工程为例"的授课中提及。
② [法]克里斯托夫·安德烈:《记得要幸福:心理学家安德烈的幸福练习册》,慕百合译,广西科学技术出版社 2017 年版,第 278—279 页。
③ 陆克勤:《票证收藏与投资》,百花文艺出版社 2003 年版,第 243 页。

图96　1965年版全国通用粮票

\* 图片引自邵根才：《追梦留痕：邵根才60年收藏之路》，上海书店出版社2018年版，第41页。

5个自治区、3个直辖市和2 000多个县，如今票据时代已经离我们远去，有关粮票的回忆也只能从收藏册中找到，但当时却与每位市镇居民休戚相关，也成为后来者体察计划经济时代物质匮乏的一面镜子。同时，这类票证的票面设计内涵丰富，不仅采用纸币的设计方式，还汲取了邮票的设计技术，涉及八大主题：人物风采、山川风景、名胜风光、革命圣地、水电交通、工业建设、城市建筑、农牧生产。既记录了当时的生活图像，也拥有较高的艺术价值。可见，作为一种怀旧实物，粮票可专门针对某类受众进行阐释。通过将粮票媒介化，可帮助受众更好地理解粮食流通调控的历程，感受粮食极度稀缺、凭票吃粮的艰难时光，这些发黄发旧的实物媒介也能告诫世人谨记节约粮食，不过度消费。尽管《票据中的中国》(2019年)等图书业已出版，但是其与依托实物进行阐释和学习有所区别。由于这类怀旧物品除了使用过的人群外，其余受众对于这类物品及其初始语境是陌生的。因此，针对个人自主型的怀旧类实物，设计者应主要采取"用于阅读和聆听的符号设计""用于观察的视觉设计"，适当开发"用于参与的探索设计"，包括运动与动作探索、认知探索与情感社会性探索。同时，还可借由阅读或聆听背景故事，鼓励观众动手触摸，开展分类比较并进行再创造设计。

(2) 服务对象相对不明确的大型学习空间

服务对象相对不明确的大型学习空间，是指具有或部分具有收藏、展示和教育等性质与功能的公共文化教育空间。服务对象相对不明确主要是因为这些空间欢迎各类族群参观，服务对象多元。毫无疑问，博

图 97　1968 年上海市三月份和四月份居民定量粮票

\* 图片引自邵根才：《追梦留痕：邵根才 60 年收藏之路》，上海书店出版社 2018 年版，第 41 页。

物馆是这类空间的重要和典型的构成。除此之外，近三十年博物馆在演进中出现"外化"的倾向。苏东海将当代形态博物馆的最大特征概括为"博物馆发展外化"①。除了博物馆在广泛吸纳社会资源为自身所用外，社会各界也在借鉴博物馆的理念和做法来塑造社区文化、企业文化，甚至构筑城市文化。② 类博物馆或泛博物馆现象由此应运而生。

首先，类博物馆是指具有部分博物馆功能、但尚未达到登记备案条件的社会机构，反映了社会各界积极参与文化建设的热情和意识，如村史乡情馆、校史馆、厂史馆、名人故居等。2021 年《关于推进博物馆改革发展的指导意见》提出实施"类博物馆"培育计划，将"类博物馆"纳入行业指导范畴，做好孵化培育。于是，各省市纷纷出台关于类博物馆的培养发展办法，如市文物局印发《"类博物馆"开放培育试点工作实施方案》，可见这些机构的产生主要源于政策意见的推动。而政策意见的推动更为偏重机构孵化性质，如扩充组织架构、招纳研究人员、健全完善功能等，但本质上都并非针对核心业务的专业性培育，如藏品伦理、研

---

① 苏东海：《博物馆演变史纲》，《中国博物馆》1988 年第 1 期。
② 吴笑宇、项隆元：《泛博物馆现象——博物馆社会价值的新呈现》，中国博物馆协会博物馆学专业委员会：《中国博物馆协会博物馆学专业委员会 2016 年"博物馆的社会价值研究"学术研讨会论文集》，中国书店出版社 2016 年版，第 84 页。

究规范、展览开发等。所以类博物馆目前依然存在专业化程度不高的问题,甚至会引发一些负面影响,如类博物馆的内容准确性和可信度无法保证,损伤博物馆的公信力。当务之急并非单从治理和运营角度来培养、发展类博物馆,更需要从博物馆专业的角度界定和规范类博物馆。

其次,泛博物馆现象是指社会各界借鉴或利用博物馆理念、方法和实体的现象。[①] 相较于类博物馆,尽管两者都在吸纳博物馆的某些因素,但泛博物馆现象似乎在服务社会、面向未来的道路上步伐迈得更大。"泛博物馆"概念的倡导者陈同乐认为"后博物馆时代下的博物馆职能、功能等构成要素发生了诸多变化,整个城市可被看做是一个博物馆"[②]。同时,类博物馆的典型特征是政策先行,相关研究付之阙如;而泛博物馆现象则是实践先行,研究与实践相伴相生,但仍然都处在发轫期。如 2016 年底作为实景拍摄基地的横店影视城通过了《横店影视城泛博物馆群总体规划》,预计策划 37 座博物馆,打造横店泛博物馆群体系,该博物馆群的特色在于泛空间、慧模式和广运营。同时,笔者在 2023 年 5 月 8 日利用中国知网"中国期刊全文数据库"检索,发现自 2011 年张沛等提出"泛博物馆"概念[③]后,有关泛博物馆现象的研究成果呈迅速增长的趋势。以"泛博物馆"为主题进行检索,共有 49 篇论文,其中占 55%出现在近 5 年,这些文献主要是针对中国实践的研究,鲜少对泛博物馆概念及理论的深入反思和批判。

正如陈同乐所言,博物馆从未像今天这样如此深刻地影响社会,如此深入地走进大众的日常生活。无论是类博物馆,抑或泛博物馆现象,都突显了博物馆社会功能的增强,以及与社会对话的意愿与行动。这主要表现在社区文化的营造和企业文化的建设上,其思想源头可追溯至 20 世纪 70 年代的生态博物馆,后续受到美国"邻里博物馆"、拉美"社区博物馆"等新博物馆学实践的深刻影响,而日本的"造町运动"也

---

① 吴笑宇、项隆元:《泛博物馆现象——博物馆社会价值的新呈现》,中国博物馆协会博物馆学专业委员会:《中国博物馆协会博物馆学专业委员会 2016 年"博物馆的社会价值研究"学术研讨会论文集》,中国书店出版社 2016 年版,第 84 页。
② 陈同乐:《后博物馆时代——在传承与蜕变中构建多元的泛博物馆》,《东南文化》2009 年第 6 期。
③ 张沛、程芳欣、田涛:《西安"泛博物馆"城市文化体系搭建及规划策略初探》,《建筑与文化》2011 年第 2 期。

与其存在异曲同工之妙。以下,我们将采取不同标准对"服务对象相对不明确的大型学习空间"进行分类,通过思维和视角的转化,以便更为深入地掌握对象。首先,根据实施主体的不同,将"服务对象相对不明确的大型学习空间"分为两类:一是由企业主导的,旨在帮助受众了解某一行业,构建并传播企业文化的空间,这类空间通常展示行业相关物品、场景,甚至将工作现场搬至此场域内。二是由非博物馆机构主导的空间,旨在某一公共空间内借鉴博物馆元素,尤其是以物为载体,结合各种新型的传播方式,努力满足和丰富受众的文化体验。前者往往出现于财力雄厚或公众知之甚少的行业,通常会借助导览帮助观众一窥究竟,但参观只是手段,目的在于提升行业的知名度、透明度和公信力。所以,四类设计中更多地强调"用于阅读和聆听的符号设计""用于观察的视觉设计"和"用于参与的体验设计",一般不太选用"用于参与的探索设计",以免干扰机构的业务开展和正常运营,但也偶有例外。后者中受众通常不会在该公共空间停留太久,因为他们并非专为获得某种体验而来,有时仅仅是路过而已。四类设计中可优先考虑"用于观察的视觉设计""用于参与的探索设计",需要避免过多使用"用于阅读和聆听的符号设计",但倘若空间与财力允许,也可在一定程度上纳入并探索"用于参与的体验设计"。

依循空间分配的不同,我们亦可将"服务对象相对不明确的大型学习空间"区分为两类:其一,博物馆主动走出物理空间,将一部分资源输入广袤天地;其二,机构认识到博物馆传播的潜力和价值,在特定空间内仿效博物馆策划展览。

第一种类型在我国大致已经经历三个阶段并完成三次转型。第一阶段,采取图片等形式举办流动展。中华人民共和国建立伊始,博物馆便开始通过图片等形式将博物馆的资源送往乡村、学校、厂矿和军营等。该模式肇兴于我国东北地区,主要借鉴的是苏联的做法,尔后在南方的博物馆广获推崇。但由于其传播手段较为单一,与阅读图书等平面符号无异,所以难以激发受众的参与热情,实施效果也相形见绌。第二阶段,经过试点实践后,流动展览成长为流动博物馆,通过车、船等载体付诸实施。如自2010年起,四川博物院将卡车改装为大篷车,以大篷车为平台,打造博物馆小型空间。四辆厢式大篷车携带精品实物的展板、较低级的文物、定级文物的复制品,以及文物鉴定专家、讲解员和志愿者前往革命老区、边缘山区、军营、学校和矿区等。① 再如 2014 年,内蒙古博物院历时三年打造出全国首辆全数字化、高集成的流动博物馆巡展车。由于采用了较为专业的布展,流动博物馆的模式极大提升展览的阐释效应,同时展览具备可移动性,相较于前一模式在内容和形式上实现重大突破。第三阶段,博物馆通过跨界合作进驻城市功能性公共空间。身先士卒的是广东省博物馆,2015 年该馆将馆藏的部分资源推广至城市的公共空间(见图 98、图 99)。此前在诸此空间内,至多可能是粘贴博物馆海报、布置相关广告牌或灯箱,但广东省博物馆却积极"破圈",与广州地铁首次展开深入合作。博物馆利用文物、图板、灯箱、3D 场景,在地铁内专门打造了一个"超级展厅",推出为期三个月的"千年海丝,文明广州——海上丝绸之路文化展"。该展是"牵星过海——万历时代"展的延伸展览,每天开放达 16 小时,同时还有三趟地铁文化的专列,而它们都采用了"海上丝绸之路"主题的儿童绘图加以装饰。② 此后,南京、成都、北京、武汉、南宁等城市地铁纷纷效仿,相继出现博物馆专列等。2017 年,广东省博物馆又拒绝舒适、加速"破圈",将展教资源拓展至广州白云国际机场。此外,临时展览"文物动物园——儿童专题"还进驻了大型商场。上海科技馆、苏州博物馆也积极与商场综合体合作,前赴后继地在商场推出了"如何复活一只恐龙""复

**图 98** 广东省博物馆"千年海丝 文明广州——海上丝绸之路文化展"进入地铁站

\* 图片引自东藏天下:《"博物"来到公众身边啦!》,https://www.sohu.com/a/276037854_99896256(2018 年 11 月 16 日),最后浏览日期:2023 年 8 月 23 日。

---

① 单丹:《流动博物馆在社会教育中的作用》,《长春师范大学学报》2018 年第 12 期。
② 魏峻等:《"超连"博物馆的永恒主题:让文物活起来》,《人民日报》2018 年 5 月 16 日。

苏-幸会！苏博"等展览（见图100）。另外，博物馆的展览开始入驻社区，并不断出现"同款"追随着。2022年，上海大学与四川广汉三星堆博物馆共同主办的"三星堆：人与神的世界"展，以图片展的形式步入了上海陆家嘴东昌新村，展览被搬进了上海社区的停车棚内。相较而言，国际上这种做法出现得更早，率先给予我们以垂范。2002年，阿姆斯特丹国家博物馆（Rijksmuseum）在史基浦机场推出艺术主题展，该展位于旅客第二、第三休息室和安检之间，目前已经过改陈，每天的开放时间为早上7点到晚上8点。因此，旅客在转机等候期间，即可欣赏到荷兰黄金时期出自杨·范·果衍（Jan van Goyen）、威廉·范德维尔二世（Willem van de Velde）、亚伯拉罕·米尼翁（Abraham Mignon）和米雷费尔特（Michiel van Mierevelt）等艺术巨匠之手的绘画杰作。阿姆斯特丹国家博物馆通过进驻机场的公共空间，不仅能为旅客提供一处遁世的浪漫之所，一个被美丽物件环绕又充满灵感的地方可让旅客放松身心，获得精神休憩或恢复性体验，同时也能展现荷兰文化艺术的独特魅力，将其本土文化推而广之。

图99　广东省博物馆"文物动物园——儿童专题"展览进入商场

\* 图片引自东藏天下：《"博物"来到公众身边啦！》，https://www.sohu.com/a/276037854_99896256（2018年11月16日），最后浏览日期：2023年8月26日。

如果说第一种类型更多的是国有博物馆主动向外延伸服务，那么

**图 100　上海市浦东世纪汇广场举办"复苏-幸会！苏博"主题特展**（笔者摄）

第二种类型则主要得益于商业机构对博物馆价值的重新发现。我们可将这种"商业的博物馆化"形式大致分成两类：一是商场综合体与非国有博物馆的合作，博物馆或者其要素被镶嵌至商场的特定空间内。在我国最早诞生的是 2004 年大连世达购物广场中的宏天博物馆，此后还有 K11 的"艺术博物馆"、高德置地的梵高画展、广州正佳广场的正佳自然科学博物馆等。二是酒店、饭店、医院等功能性空间中辅以临时展览或者其要素。首先是酒店。以武汉的金谷酒店为例，该酒店特意在大堂中辟出专门空间用以举办画展，包括儿童画展、书画展，使酒店成为居住和聚会相混合的空间，散发出浓郁的艺术气息和独特的文化内涵。其次是餐厅。以上海人气爆棚的杭帮菜餐厅——桂满陇为例（见图 101），该餐厅将杭州西湖十景中的"满陇桂雨"和时令美食融为一体，餐厅内随处可见窗棂格扇、斗拱飞檐、水景、楼阁，带领食客们穿越至南宋鼎盛时期的杭州城，享受繁华古韵下的桃花流水、美食珍味。这与博物馆的阐释和传播理念如出一辙。餐厅中的食客们不仅能获得味蕾体验，还可享受视觉、听觉等多重感官盛宴，从中汲取精神养分。最后是医院。以普林斯顿大学附属医院的美术展为例，在通往诊室和病房的走廊里陈列着琳琅满目的绘画作品，每幅作品的一旁或其下都附着一张卡片，标注着作者的名字及其病况。它们是由身患先天脑残、小儿麻痹等不同病症的病人所作，这些病人有的无法根治，有的尚在治疗，有的业已康复，但他们热爱生活、才华横溢，观看者从这些画作中可体会到一种淋漓尽致的生命力和感染力。

按照主题不同，我们还可将"服务对象相对不明确的大型学习空

图 101　上海颇具人气的杭帮菜餐厅——桂满陇（该餐厅将杭州传统的文化与美食融合，餐厅内随处可见情景再现的杭州美景）

\* 图片引自桂满陇官方网站，www.guimanlong.com，最后浏览日期：2023 年 8 月 29 日。

间"分为"人文""科技"两类，其中人文又包括历史、艺术等分主题。目前，我国多采用艺术或历史主题，而科技主题并不多见。但在美国等西方国家，各类主题均有涉猎。

综上，随着文化民主化和社会生活的博物馆化，精英文化日渐走向大众，步入世俗空间。一方面博物馆功能正在蜕变、主动融入社会，它们已不再仅是一般意义的收藏、保护、研究、展示和传播物和现象的机构，更是服务人的全面发展和面向未来的文化服务机构。当代博物馆"能突破时空的界限，通过观览者的互动、社交、学习、娱乐、购物等包罗万象的方式，成为一个真诚沟通、启迪智慧，让公众萌生诗意经验的开放性场所"[1]。另一方面，物质消费在不断迭代升级欲望后，逐步变得索然无味，而当文化消费超越商品本身的附加值，成为消费动机时，可以满足民众的人文情愫，让人获得美好幸福感。当前，博物馆以实物为载体的衍生品在社会生活中随处可见，类博物馆和泛博物馆现象作为一种全新图景层出不穷。这让我们意识到，各行各业正在借鉴博物馆的理论和方法来打造企业、地区和社会的同时，也对博物馆的底线和边界构成了严峻的挑战。无论是商业空间中以"博物馆"名义的展示现象，还是文保机构以"博物馆"名字的展示现象，抑或是公共空间呈现"博物馆"要素的展示现象，都需要考虑在实物展示时必须传播真实的信息、科学地阐释遗产[2]，不能放弃原真性、语境化而陷入娱乐主义的陷阱之

---

[1] 王孟图：《"互联网+"背景下博物馆公共文化服务的多元路径探析——基于"泛博物馆"观念的若干思考》，《东南传播》2018 年第 10 期。

[2] 黄春雨：《真实性是博物馆的生命》，《中国文物报》2013 年 7 月 24 日。

中,更不能挂着文化传播的幌子,以牟取经济暴利。我们应当真正理解公共文化只有更好地为公众所用,才能证明它存在于世的价值。正如时任美国图书馆协会主席约翰·科顿·达纳在1896年的图书馆协会(American Library Association)克里夫兰会议(annual conference in Cleveland)上发表题为《听听另一方的观点》(Hear the other side)的讲话时所总结的:"通过公共开支图书馆收集了一批图书,但是并不能因为它是一种图书馆就说它的存在是合理的,如果图书馆无法成为充满活力的教育机构,它就没有存在的必要。"①

## 二、博物馆阐释的三原则与八要素模型及其启示

### (一) 博物馆阐释的三原则

在策划阐释性展览时,首先应考虑采取什么样的原则,以明确策划此类展览的价值取向和行动指南。博物馆相关领域"阐释原则"的最早研究同样出自《阐释我们的遗产》一书所提出的"阐释的六点原则"②。实际上,此书出版后,蒂尔登还发表了一些富有启发性的文章,萌发出五条新的"阐释原则"③种子。除蒂尔登外,爱德华·亚历山大也围绕

---

① [美]爱德华·P.亚历山大:《博物馆大师:他们的博物馆和他们的影响》,陈双双译,译林出版社2020年版,第325页。
② 《阐释我们的遗产》一书中提出的阐释六原则为:(1)以某种方式将所展示或描述的内容,与观众的个性或体验中的内容联系起来的阐释才是有效的。(2)信息不是阐释。阐释是基于信息的启示。然而它们完全不同。但所有阐释都包括信息。(3)阐释是一门艺术,它结合了多种艺术,无论所呈现的材料是科学的、历史的还是建筑的。任何艺术在一定程度上都是可以教育的。(4)阐释的主要目的不是教学,而是激发。(5)阐释应该呈现一个整体而非一个部分,且必须解决整个过程而不是任何阶段问题。(6)针对儿童的阐释(例如直到12岁)不应该是对成年人陈述的简化,而应该采用根本不同的方法。为了达到最佳状态,需要一个单独的计划。见Freeman Tilden, *Interpreting Our Heritage*, fourth edition, R. B. Craig (ed.), The University of North Carolina Press, 2007, p. 31。
③ 蒂尔登后续发表的文章中萌发的五条新的"阐释原则"的种子为:(1)美和启示并不总是显而易见,甚至不可见。(2)有时针对特殊人群的阐释意味着需要特殊的基于感官的阐释技术或程序,以帮助观众与资源联系。(3)感觉器官所感知的美感往往不需要阐释,大自然的杰作很易于阐释自己。(4)阐释是一种手段,"唤醒我的邻居",并行动起来。(5)阐释的主要目标是帮助观众理解他/她对遗产保护和维护的义务。见Freeman Tilden, *Interpreting Our Heritage*, fourth edition, R. B. Craig (ed.), The University of North Carolina Press, 2007, p. 34。

"良好的阐释"做出思考并提出"五大要素"[①],但在笔者看来,其探讨的同样为阐释原则问题。无论是蒂尔登的十一条原则,还是亚历山大的五条原则,它们均包含阐释目的、对象、内容、方式和作用等方面的内容,并已将服务对象或展示对象的特殊性考虑在内,如针对儿童和特殊人群及围绕自然的阐释。两位学者的系统性观点虽相隔数十载,但仍具备较强的适用性。因此,笔者借鉴蒂尔登强调的阐释方式和亚历山大主张的阐释内容,提出阐释性展览围绕"物、人和技术及其关系"的三大原则。

① 传播中的物是阐释的主要信息基础。内涵涉及其本体、衍生和流转信息;主题包括艺术、历史、自然和科学;对象涵盖可移动的、不可移动的和非物质的。它们均可被阐释,需要系统、深入地加以研究。

② 传播中的人是信息阐释供给的对象。通过对前期的动机、期待、类型等,过程中的行为和心理,结果的所感、所思、所获展开长期调查、评估或研究,并将成果应用至阐释。

③ 传播中的技术是促成人、物互动,使人参与其中并达成理解的媒介。应依靠实物及其组合、辅助展品及其组合、语词符号等,强化物和人的相关性及介入方式的多样性,以帮助实现内容的整体性、逻辑性和层次性。

原则不能被奉为教条,须因博物馆性改变而更新。本质上,这些原则唯一不变的内核可被浓缩成一条——爱:"对自身存在的爱,对大众而非个人的爱……和对沟通的爱。"[②]

---

[①] 爱德华·亚历山大围绕"良好的阐释"提出的"五大要素"为:(1)阐释旨在教育观众一些真理、揭示意义和增进理解。因此,阐释有着严肃的教育宗旨。(2)阐释是基于藏品的,无论这些藏品是活体藏品抑或无生命物体,自然的或人工制造的,审美的、历史的或科学的。(3)阐释由良好的科学研究或历史研究所支撑,它仔细检查博物馆的每一件藏品,为每一个项目提供支持,分析博物馆的观众,并且评估其展示的方法,以确保更加有效的沟通与交流。(4)只要有可能,阐释就会利用感知觉——视觉、听觉、嗅觉、味觉、触觉和运动肌肉的感觉。这种感官方式及其情感寓意应当作为一种补充形式而存在,不能取代传统的理性方式,即由语言和文字所传递的理解信息;这两者相辅相成,共同构筑高效的学习过程。(5)阐释是一种非正式教育,不受教室空间的限制,它是自主的,且完全取决于观众的兴趣。阐释可能会促使观众带着好奇心继续阅读,继续参观其他地方,或寻找其他方式来满足刚刚被激发起来的好奇心。见[美]爱德华·P.亚历山大、玛丽·亚历山大:《博物馆变迁:博物馆历史与功能读本》,陈双双译,陈建明主编,译林出版社2014年版,第258页。

[②] Freeman Tilden, *Interpreting Our Heritage*, fourth edition, R. B. Craig (ed.), The University of North Carolina Press, 2007, p.31.

## (二)博物馆展览阐释的八要素模型

在阐释研究领域,已出现 TORE、ERO、EROT、POETRY、CREATES、EROTIC 等多种理论模型,但其中被阐释研究领域众多学者公认的模型是 TORE①,该模型的提出者是山姆·哈姆。TORE 是指阐释的基本要素,分别为阐释有主题(thematic)、经过组织(organised)、有相关性(relevant)和有趣味(enjoyable)。博物馆阐释是诸多阐释现象之一,和其他阐释一样,都旨在鼓励人们在更好理解的基础上得出自己的结论。② 因此,此四大要素可为博物馆阐释模型所用。与此同时,博物馆阐释也携带着普遍性之外的个殊性,最大的差异在于传播媒介的不同。所以笔者还借鉴贝弗利·瑟雷尔的民间展览评价体系③,以及美国博物馆国家标准最佳做法中的"教育与藏品阐释"④,提出适用于博物馆的阐释要素。之所以要参考此两大来源是因为前者判断展览的优劣基于展览能否满足参观者的高质量体验,同时其历时约 4 年,经过 12 次反复测试⑤;而后者提到的"教育与藏品阐释"是博物馆工作的核心,尽管在最佳做法上较难达成一致判断,但依然能概括出卓越阐释的特征。综上,笔者认为博物馆阐释模型包含八大要素:整体性、主题性、组织性、立足物、相关性、舒适度、有趣味、评估性(见图 102)。

1. 整体性——制订并贯彻传播目的

展览展出什么由传播目的决定。塞雷尔指出:"一切背后,皆应有一个传播目的。"⑥有效的传播目的能聚焦、说明和约束展览的性质和范围,为策展团队提供明确目标,又可作为评估依据。因此,当展览具备各级传播目的时,策展团队才能拥有一个共同标准,用来指导展览要素

---

① Sam H. Ham, *Interpretation: Making a Difference on Purpose*, Fulcrum Publishing, 2013, pp. 84-144.
② Ibid., p. 10.
③ 方欣:《建立中国博物馆展览民间评价体系探索》,《中国博物馆》2012 年第 1 期。
④ 美国博物馆协会主编:《美国博物馆国家标准及最佳做法(汉英对照)》,湖南省博物馆译,外文出版社 2010 年版,第 57—58 页。
⑤ Beverly Serrell, *Judging Exhibition: A Framgework for Assessing Excellence*, Left Coast Press Inc, 2006.
⑥ Beverly Serrell, *Exhibit Labels: An Interpretive Approach*, Rowman and Littlefield, 2015, p. 7.

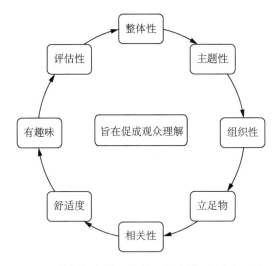

图 102　策划阐释性展览的八要素模型（笔者绘制）

的取舍、组织和表达，使之成为具备逻辑性和凝聚力的整体。什么是传播目的？它是有关展览内容的一种表述，一个完整有效但不复杂的句子，由主语、谓语和宾语构成。① 它能阐明主语是什么样或怎么样的，否则就会失去对策展团队的指导意义。如纽约科学馆的"演化与健康"巡展将传播目的确定为"每一次适应都会对我们的健康产生影响"。但传播目的并非展览主题、产出或目标。② 如"该展览有关宋代市民生活"，这是展览主题；"该展览围绕狗日常的一天呈现生物学信息"，此为展览产出；"观众将通过展览增进对海派文化的了解"，则是展览目标——它们均非传播目的，因为都未明确表达主语是什么样或怎么样的。如何制订有效的传播目的？达成共识非常重要，传播目的通常须由整个团队反复讨论编辑，而非简单投票或由主策人决断，以便成员均能掌握理解。在整个策展中，团队须将传播目的置于显见位置，以提醒展览要素不偏离传播目的。

2. 主题性——具备明确、有特色的想法

主题可使博物馆阐释具备清晰的想法，该想法能为博物馆征集藏

---

① Beverly Serrell, *Exhibit Labels: An Interpretive Approach*, Rowman and Littlefield, 2015, pp. 7-9.
② Ibid. p. 10.

品、开展研究、策划展览、实施教育等提供取舍依据,从而避免决策两难。尽管传统的藏品先行博物馆,在基本陈列时多选择倡导主流价值观的宏大主题,但越来越多的临展中出现与个人命运有关或生活化的小微主题,与此同时,一批理念先行的新型博物馆立馆之初就强调主题的重要性。总之,多元样态的博物馆能满足观众的差异化需求,使之更易于因相似性或相关性,与受众的先验知识、经验知识发生关联。山姆·哈姆认为,缺乏主题的阐释注定是信息娱乐(infotainment)。① 比尔·刘易斯(Bill Lewis)也认为,如果我们头脑中拥有一个明确的主题,可发现多数事情会变得井然有序。② 如 2006 年重新开放的斯特朗国家游戏博物馆,在 2002 年首次起草阐释规划,该规划框架在投注 3 700 万美元的博物馆转型中发挥了举足轻重的作用,其根据核心藏品——玩偶和玩具,将主题明确为"游戏的力量",因为游戏可以培养想象力,发展创造力,鼓励合作和批判性思考。③

3. 组织性——内容结构令观众感到清晰

优秀的博物馆阐释通常是经过组织的,这让受众在理解时就不会耗费太多精力,博物馆传播的信息内容、思路与意图也就更易于被掌握。对面临考试的学生而言,一堂课即便没有听懂,但为了取得理想成绩,他们也会被迫认真听下去。不过,进入博物馆的观众情况却截然不同,如果他们参观时遭遇理解困境,可能会选择直接跳过或转身离开,因为这是一群不受外在压力束缚的人群,很多时候没有必要为了集中注意力付出更大的努力。如果阐释能够通过某一框架来组织信息,使其按照特定的逻辑结构形成彼此关联的整体,而非孤立分散的个别事实,那么呈现的信息往往更为清晰,也更易于理解。同时,逻辑层次也不宜太多,否则也会造成观众注意力集中受阻。2001 年,心理学家纳尔逊·考恩(Nelson Cowan)通过对人实际记忆能力的考察修正了乔治·米勒(George Miller)在 1956 年的研究发现,指出副主题数量为 4 个或者更

---

① Sam H. Ham, *Interpretation: Making a Difference on Purpose*, Fulcrum Publishing, 2013, p. 89.
② Ibid., pp. 100-109.
③ Scott G. Eberle, "How a museum discovered the transforming power of play, *Journal of Museum Education*, 2008, 33(3).

少,较为适合受众的接受能力,通常更易于理解,也更能发人深省。①

4. 立足物——富含个性的阐释信息源自实物本身

长期以来,策展依托文献的现象较为普遍。一方面实物研究仍然较为薄弱,另一方面文献相对完善、容易获取,且不易产生错误。展览因而成了文献乔装打扮后的再次登场,实物只不过是点缀其中的物证。为此,须从三方面改善:第一,树立以实物及其研究为主要信息源的策展理念。当前部分展览中实物与文献的主从关系出现倒置。而展览作为媒介的特殊性在于借助实物系统重构古今自然、社会及文明,它是独立于符号化世界的证据呈现,与文献系统"犹如车的两轮,鸟的双翼"②,虽视角不同、取材各异,但却能证经补史。同时,实物所载信息虽然碎片化,但却鲜活生动,阐释若基于这些极富生命力的信息,将有效避免同质化。三宅泰三(Taizo Miyake)创造了"物件剧场"(object theater)概念,以加拿大英属哥伦比亚皇家博物馆对此概念之运用为例,分析了该馆在展示西北海岸面具时,在一个巨大的壁柜中批量呈现展品的做法。当观众坐至长凳,特定面具亮起,面具会用第一人称述说自身内涵及创造和使用它们的意义。③ 通过"真实物品"的阐释与传播,极具公信力与震撼力,易于吸引观众多层次参与。第二,制订藏品规划。现有藏品可能是馆方经年累积的结果,且最初创办人对它价值的判断和今天已大相径庭。对一个资源无限的博物馆而言,当然藏品越多越好,但资源有限是绝大多数博物馆面临的窘境,在此背景下,选择哪些藏品入藏就相当重要。博物馆应根据使命宗旨制订藏品规划:明确已有物品、所需物品,它们在何处,如何使用令公众受益。《美国博物馆国家标准及最佳做法》指出,藏品规划未来应像藏品管理政策一样成为必要文件。④第三,重视藏品专家和主题专家,将他们培养成职业策展人,或职业策

---

① Sam H. Ham, *Interpretation: Making A Difference on Purpose*, Fulcrum Publishing, 2013, pp. 105-106.
② 夏鼐:《什么是考古学》,《考古》1984年第10期。
③ Polly McKenna-Cress, Janet Kamien, *Creating Exhibitions: Collaboration in the Planning, Development, and Design of Innovative Experiences*, John Wiley and Sons, Inc., 2013, p. 177.
④ 美国博物馆协会主编:《美国博物馆国家标准及最佳做法(汉英对照)》,湖南省博物馆译,外文出版社2010年版,第50页。

展人须得到专家的智力支持。藏品专家或主题专家深入接触藏品,拥有丰实的专业知识,须培养他们专业知识科普化及藏品阐释的能力。职业策展人是传播专家,并非研究专家,因此需要找到特定领域专家给予智力支持,帮助物质文化的信息解读、筛选和重构。国外艺术博物馆还出现了"客座策展人",其来自大学或其他博物馆,成为流动的藏品专家或主题专家,该方法值得我们借鉴。

5. 相关性——构建与各类型异质亚群观众之关联

首先,阐释应能与观众了解的东西关联起来,这在建构主义教育理论中已有过详述。人类被看作受到目标指引,积极找寻信息的行动者,他们身上携带着自己先有的知识、信仰和经历进入学习环境中,这些已有的知识极大地影响他们对于环境的反应,以及理解和解释环境的方式。① 如果博物馆的阐释没有与他们的先有知识发生关联,那么观众可能会觉得"那又怎样""和我有什么关系"。为此,拉森(Larsen)创造出一个名词——"普遍概念"(universal concepts),认为这些概念与所有人都产生了无形或象征性的联系,包括爱、恨等极端情感,生死、饥渴等生物需求,以及对悬念、宇宙等不确定性的迷恋。② 有时并非博物馆呈现的信息不够完善,而在于这些信息能多大程度与多数人建立关联。其中,最为突出的问题是专业术语,尽管这类用语往往更加精准,但是受众通常无法被它们唤醒,因为此类陌生的语言是受众普遍不熟悉的,为关联的搭建设置了障碍。其次,阐释要将博物馆传播的信息与观众关心的东西发生关联,普通受众会关心家庭、健康、工作、幸福和梦想等话题,这些高度个人化的信息能拉近博物馆与受众的距离,也能更好地捕获其"选择性注意"。如清华大学艺术博物馆的"华夏之华——山西古代文明精粹特展"中在展览内容上安排了文明发展史、绘画发展史、造型艺术发展史、工艺美术发展史等多条线索,使得偏好古代文明、绘画、造型艺术和工艺品制作工艺的各类受众都能各取所需,找到心仪的内容。

---

① [美]约翰·D. 布兰思福特等编著:《人是如何学习的:大脑、心理、经验及学校(扩展版)》,程可拉、孙亚玲、王旭卿译,华东师范大学出版社 2012 年版,第 9 页。

② Sam H. Ham, *Interpretation: Making a Difference on Purpose*, Fulcrum Publishing, 2013, p. 118.

6. 舒适度——促使观众身心感到惬意

博物馆需要将观众的注意力吸引到博物馆物的文化意义上,使之成为观众与自然和历史对话的学习载体。而若要实现该教育目标,博物馆从身体、认知和情感上来说,首先应当是令人舒适的。一是要按照人体工程学的要求确定陈列带和陈列密度,说明文字洗练生动,配以图片、声音等利于沟通的要素。陈列信息不能过载,展品若超过5种类型,观众的注意力将急速下降。[1] 同时,还应重视观众偏好右转等参观习惯。二是要尊重观众的认知特点并避免认知超出负荷,因为信息量输入过大或过快,将会导致观众无法处理。[2] 三是要在情感上达到关怀、慰藉甚至疗愈的效果,而非引发观众诸多的负面情绪。

7. 有趣味——引起观众注意并沉浸其中

博物馆的成功阐释通常是有趣、能吸引人的。首先,有趣味并非只是简单等于博物馆的阐释轻松好笑,事实上,即便有些可怕且伤感的阐释,也能吸引我们注意,让我们沉浸其中。其次,有趣味这一要素往往需要与其他要素共同发生作用,若阐释具备主题、经过组织、体验舒适,又能与观众相关,那么观众就有望达成享受,但这并不是说倘若诸此要素一应俱全,博物馆便一定会充满趣味,所以前四者是该要素的必要但非充分条件。最后,有趣味除了和阐释主题相关,还与阐释的方式关联。选择非正式的对话而不是正式的灌输,通常会使观众更愿意参与其中。同时,互动式的展示手段本身充满趣味,如展示动态场景、操作设施设备、体验一手经验等。此外,通过配套内容的音乐播放、环境色的灵动变化、外延设计的氛围营造等也能够为展览增添阐释形式上的趣味。深化或拓展展览内容的教育活动、文创开发等也会让阐释更有趣味以持续吸引观众。

8. 评估性——让观众的反馈成为展览创建和改善的一部分

博物馆的阐释成功与否,最终的衡量标准并非取决于博物馆的输

---

[1] E. Robinson, *The Behavior of the Museum Visitor*, New Series No. 5, American Association of Museums, 1928.

[2] Stephen Bitgood, "Museum Fatigue: A new look at an old problem", *Informal Learning Review*, 2009, p. 95.

出,而是取决于观众的受益,而受益情况通常需要借助有效评估。因此,笔者认为评估性应是博物馆阐释模型中不容忽视的一环,理应被纳入基本要素。此与美国博物馆国家标准最佳做法的第五点"教育与藏品阐释"不谋而合,"教育与藏品阐释"的优秀标准特征中第八条指出:博物馆要对自己的藏品阐释活动进行评估,将评估结果用来规划和改进其活动。[①] 自20世纪中期以来,博物馆观众研究逐步从边缘学科发展成为一门显学。事实上评估观众收益,与观众研究成果的运用一脉相承。20世纪70年代以来,尤其是80年代和90年代博物馆观众研究的"急剧升温",研究题域不断拓展,此时研究不再局限在场馆内,而出现贯穿入馆前、中、后各个阶段的"前置性评估(front-end evaluation)、形成性评估(formative evaluation)、补救性评估(remedial evaluation)和总结性评估(summative evaluation)"[②]。前置性评估是指在任何实际工作开展前的评估,该项评估中研究者需要明确问什么问题、收集什么数据以及如何使用;形成性评估是指在展品正式生产前,评估展品的传播潜能,需运用模型(mock-ups)或原型(prototypes)来试错;补救性评估通常是展览完成后,为补救和改进工作提供的支持;总结性评估指的是在真实展览中就真实展品进行评估,有时是针对预先设定的目标,有时没有目标,只是为看清事实上发生了什么,用以本次或下次改进之借鉴。[③] 事实上,博物馆观众研究和阐释规划两项工作息息相关,它们皆以观众为本,前者聚焦于观众行为、心理及其体验效果研究,后者探讨如何帮助观众构建意义,所以前者是后者的基础和前提。随着博物馆观众研究的成果不断丰实,专业化程度日渐提升,需要将这些研究有效整合至博物馆阐释中,以针对性地改善阐释结果。

---

[①] [美]美国博物馆协会主编:《美国博物馆国家标准及最佳做法:英汉对照》,湖南省博物馆译,外文出版社2010年版,第57页。

[②] Ross J. Loomis, "Planning for the visitor: The challenge of visitor studies", in Sandra Bicknell, Graham Farmelo (ed.), *Museum Visitor Studies in the 90s*, Science Museum, 1993, p.13.

[③] Roger Miles, "Grasping the greased pig: Evaluation of educational exhibits", in Sandra Bicknell, Graham Farmelo (ed.), *Museum Visitor Studies in the 90s*, Science Museum, 1993, pp.24-33.

# 第三部分

## 方法论:博物馆学对日常实物学习模式的启发与构建

物品的意义和形式要从人们对物品的态度理解,就是说,焦点仍在文化而不在物质性。(迈克尔·罗兰)①

当你年纪逐增,很多在你首次收藏时并不理解的东西突然变得易懂了,把它们从地下室中拿出来……记忆是你的博物馆,你的好奇柜,你的珍宝阁。它永远不会被塞满:总是会为新的、奇怪的、神奇的东西留出空间。(简·马克)②

---

① [英]迈克尔·罗兰:《历史、物质性与遗产:十四个人类学讲座》,北京联合出版社2016年版,第7页。
② [美]妮娜·莱文特、阿尔瓦罗·帕斯夸尔-利昂编:《多感知博物馆:触摸声音嗅味空间与记忆的跨学科视野》,王思怡、陈蒙琪译,浙江大学出版社2020年版,第7页。

我们每天都在用眼、耳、鼻、口和舌等器官接收多种感觉信息的输入,"最终得到更为精准和快速的反应,这种效应叫作多感官整合"①。在美国旧金山探索宫的馆外空间,随处可见形形色色的互动体验装置,路过的孩子或成人一旦有闲暇时间,便会驻足摆弄一番诸如滑轮等装置,此时课堂上的物理知识俨然转变成日常生活中的嬉戏玩闹。尽管当前我们仍无法把握"学习"这一复杂行为的全部真相,但并不代表我们无法理解它。前提是研究者首先应当反省我们研究的合理性,探讨学习问题最为神秘的信仰——也是最诡异之处,即假定学习除了借助符号媒介外别无他法。实际上,上述探索宫案例中的参与者都可能获得有意义的体验,即达成了学习。

我们被学习假象包围,认为学习只发生在学校,只能借助语词符号靠"眼睛"学习,然后大脑就能"学会"。但事实上学过并不等于学会,输入也并不等于输出。然而无论何种学习,均离不开媒介,为此我们需要对学习媒介重新加以审视。在常规学习中,我们主要依靠可识别的符号,那么是否还存在其他媒介? 博物馆通过三百余年历史的书写,已然让该问题的答案变得清晰,另一种重要媒介日渐浮出水面,那便是实物。语言是最早的符号系统,而文字则是记录语言的书写符号,它们的出现都有效避免了以往的口耳相授,拓展了传播时空,进而改变文明演进的方向。但同时,它们也造成语言、文字和其他感知的分离。我们每人每天都在使用这套系统,会说很多话,阅读很多文字,语词符号成为我们与外界沟通的主要媒介,但可能未曾思考过它们究竟有何不足,是否可能还存在与之并肩的其他媒介,从而陷入"语言囚牢"。实物媒介处于"失语"的窘境之中,某种程度上,它们可将无法言说的存在和体验变成可视、可听、可触甚至是可嗅的物质实体或物化现象。

在本章中,笔者将尝试从方法论层面构建日常实物学习的新模式。在日常生活中,当我们意欲依托实物而非符号进行学习时,通常需要完

---

① 中国科学院神经科学研究所编:《大脑的奥秘》,上海科学技术出版社 2017 年版,第 89 页。

成两大步骤:首先将普通物变成作为学习媒介的物,其次令学习媒介物通过多元阐释,共同作用于人的多种感官,促使其在多样化体验中获得学习。由于博物馆学本质上探讨的是观众基于实物学习的科学,并且已出现超越机构,逐步向公共空间和民众生活渗透的趋势①,所以我们将引入该学科及相关学科的理论视角,聚焦上述两大步骤,对日常实物学习的新模式进行廓清和创建。相信这方面的探讨将成为物活化利用研究上的一项重要突破。

---

① 大卫·弗莱明、张沫:《博物馆领域的全球趋势》,《国际博物馆(中文版)》2021年第Z1期。

# ◀第七章▶
## 博物馆功能泛化带来实物学习的日常化与规模化

在本章中,笔者将把诸位的视角重新拉回到生活现场,可能你会发现实物媒介已经在机场、地铁站、商场、学校和家庭等场所频繁亮相。事实上,虽然我们主要依赖语词符号进行信息的日常传播,但实物从未在现实世界中退场,只是物与人的关系被遮蔽。当我们意识到物不仅昭彰着自然的物性,也揭示出人类的创造性,始终是一种现象学层面的存在,同时亦发现我们生活世界中的"物"竟是如此丰裕,以及作为集中展示物的场所——博物馆呈现"一票难约"的博物馆热和"博物馆发展外化"[①]时,实物媒介无疑需要我们给予前所未有的关注。

与此同时,近年来我国教育界迎来急剧深刻的重大变革。2018年全国教育大会后,深化教育改革的号角旋即被吹响,中国教育重新找到改革的新起点:以更为开放的形态,立足素质教育之需,关照教育系统之外的影响因素。因为仅在内部动刀已无法实现教育问题的标本兼治,我们迫切需要内外并举的系统思维。以"双减"为代表的教育改革可谓以小切口推动大变革的破局,它促使家长和学校彻底转变理念,不再盲目地被"唯分数""唯升学""择校""择师"裹挟着一路狂奔,这项改革带来的是对社会教育和家庭教育背后文化假设和运作机制的重新思考。因此,在本章第一节中,我们将重点讨论随着教育界深化改革的政策落地,需要对我国社会教育和家庭教育的工具性意涵展开批判。正

---

① 苏东海:《博物馆演变史纲》,《中国博物馆》1988年第1期。

是受物质转向和教育改革等多因素影响,实物媒介正逐步突破博物馆边界呈现泛化的趋势,造成实物学习日渐规模化和常态化。所以在本章第二节中,我们将重点围绕这些变化及其表现进行探究。

长期以来,我们可能忽视了对现实物质世界的关照和体验,当人类实现高度理智化和理性化后,突然发现我们的精神透露着难以言表的苍白和荒凉,使我们不自觉地产生一种大梦初醒后的怅然若失。此时,单纯的符号学习似乎已成为柏拉图洞穴的具象化,因此我们需要将实物纳入媒介范畴,换一种视角来凝视、观想物与人的互动关系,从中衍生出一种新的学习方式与学习行为。为此,我们将在本章集中探讨博物馆学理论对日常实物学习模式的启示和构建,希望通过走进参差多态的物质世界及其间的生命体,促成自然"返魅"的同时,帮助人们意识到生活世界才是第一性的,才是本真的。①

## 第一节 社会教育的苏醒和家庭教育的回归

长期以来,学校教育总是无可救药地与符号学习关联在一起,但我们都知道,教育的实施者不只有学校,还包括了家庭和社会。事实上,学校教育出现的时间并非很长,不过百余年。与此同时,我们每天都在接受外界给予我们的感官刺激,通过生活来了解世界,而生活又反过来影响我们的行为,这种客观性成为我们认知的基石,帮助我们看到世界的本来面貌,而非仅依靠个人的主观判断。但客观性的培养实际上并不容易,我们总是会依赖眼前看到的、井然有序的现象并固守成规,而抵制不可预知的改变。所以在考虑问题时,很多时候出发点就是我们的现在,殊不知"一切都是运动、变化和发展,而且这种运动、变化和发展是一个无限的过程"②,所以在这一节中,笔者希望将特定的历史-社

---

① [德]埃德蒙德·胡塞尔:《欧洲科学的危机与超越论的现象学》,王炳文译,商务印书馆2017年版。

② 孙华玉:《〈路德维希·费尔巴哈和德国古典哲学的终结〉问题研究》,吉林人民出版社2007年版,第21页。

会情境纳入,从时间逻辑而非现场逻辑来整理学校教育、社会教育和家庭教育之间的关系范型,从中寻觅实物学习因施教者不同可能释放的适用空间。我们将从两大视角着手:一是纵向的历史演进。当前学校教育在整个教育系统中一方独大,实物学习在此等环境中似乎丧失了用武之地,易于导致我们将教育议题窄化,下意识地回避家庭教育、社会教育的广泛介入,这种刻板的否定性易于造成我们看待问题的偏颇和解释问题的枯竭。通过历史视角下的梳理,我们发现学校教育、社会教育和家庭教育之间的关系复杂且多变,并且在人类社会的早期,三者之间并不存在针锋相对的严格区别,表现出你中有我、我中有你的状态,这样的教育恰恰更为趋近形而下的现实需求。二是横向的现实呈现。时至今日,我国教育的内外环境发生剧变,只在学校教育的系统内做加减法的改革已无济于事,迫切需要大刀阔斧地推行一场三类教育共同的系统改革。因此自 2018 年起,中共中央、国务院相继出台一系列新政保驾护航,其中不乏有"伤筋动骨"的举措,由此引发三类教育的结构性调整。尽管这些改革的初衷是推动高品质的多元化教育,但也意外地为实物学习在新的教育土壤中再次萌芽并开出"别样之花"提供了难得的契机。我们会在这一节中多着笔墨,因为三类教育关系的动态变化是实物学习生成的土壤,使这类学习重新回到知觉、意识和情感的语境中,其意图并不在于促使三者出现孰重孰轻的切蛋糕式的争夺,而在于用流动的眼光整体看待教育系统,以避免坐井观天的局限及一叶障目的片面。由于实物学习始终与各类教育相伴相生,并深受其结构性改变的影响,所以笔者将实物学习的问题置于整体分析框架中,希望能洞察现象背后的逻辑,从中找到合理的解释,以防深陷局中而不自知。

## 一、纵向的历史回溯

社会教育存在广义和狭义之分。广义的社会教育与广义的教育的含义趋同,因为教育史上最早的教育职能是借助社会教育实现的,尔后分化为三种独立的教育形态,即学校教育、家庭教育和狭义的社会教育。因此,广义的社会教育是指有意识地培养人,有益于人的身心发展的各种社会活动;而狭义的社会教育是指学校和家庭以外,社会文化机构以及有关的社会团体或组织,对社会成员所进行的教育。[1] 西方学者认为,近代社会教育,或者说狭义的社会教育大致出现在 16—18 世纪。法国学者第穆主张法国的社会教育约产生于 1533 年,美国学者诺威斯提出是 17 世纪前后初见端倪,英国学者皮尼斯指出英国约酝酿于 1850 年,而日本学者新堀通则认为日本诞生于 1868 年。[2] 我国的社会教育大致始于 1908 年,以《简易识字学塾计划》的颁布为标志[3],目的是救济年长失学者和贫寒子弟。1911 年辛亥革命后,南京临时政府教育部设立社会教育司,专门负责社会教育。如果从广义的社会教育来定义,基于社会学习的视角,此类教育始于部落时期;而立足公民教育的视角,这类教育则诞生在斯巴达、雅典和其他城邦。尽管社会教育早已在世界各地播撒希望的种子,但是严格说来,此类教育真正枝繁叶茂并产生影响力是在 20 世纪初,尤其是第二次世界大战后。不同于学校的闭合系统,这类教育随时开展进行,不受年龄、时间和区域的限制。同时,对象也不再局限于青少年,而辐射至全年龄段的人群。此外,教育内容和形式也丰富多样、不拘一格。蔡元培曾在《北京通俗教育研究会演说词》中慷慨地陈述道:"窃以通俗教育在二十世纪中,实为当务之急。"[4] 此处的通俗教育即是社会教育,因为在他看来,社会教育能"济教育之不平,而期于普及"[5]。其中,博物馆因其属性被纳入社会教育之列。

每一个体在社会化之前皆离不开家庭的抚育和教养,因此家庭教育在人类社会的早期占据至关重要的地位,是古代西方奴隶社会最为基本的教育形态。[6] 古希腊、古罗马的统治阶级都极为重视家庭教育,

---

[1] 柳海民主编、于伟副主编:《现代教育原理》,中央广播电视大学出版社 2002 年版,第 294 页。
[2] 石佩臣主编,王少湘、柳海民副主编:《教育学基础理论》,教育科学出版社 2018 年版,第 179 页;陈旭远:《学校教育与家庭教育、社会教育》,东北师范大学出版社 2000 年版,第 126 页;李伦、张秀云主编:《当代家庭教育指南》,吉林人民出版社,2005 年版,第 4 页。
[3] 李进才、娄延常、肖昊等编:《当代中国教育行政管理》,湖北教育出版社 1992 年版,第 120 页。
[4] 蔡元培:《蔡元培全集》(第二卷),浙江教育出版社 1997 年版,第 492 页。
[5] 同上书,第 493 页。
[6] 蔡岳建主编:《家庭教育引论》,安徽教育出版社 2010 年版,第 32 页。

将儿童视为一种国家财产,因此家庭教育被纳入国家统一的学制体系,国家会对家庭教育予以管理和监督。此时在家庭中,父亲的权力至高无上,教育任务主要由他们承担,如在古罗马,男童会如影随形地跟随父亲学习生产、生活和军事技能。自文艺复兴起,直至17世纪中晚期到19世纪初,碎片化的家庭教育思想走向系统化,由此诞生出一批赫赫有名的教育家,包括法国的卢梭、英国的洛克、德国的福禄贝尔和瑞士的裴斯泰洛齐。他们或主张尊重儿童天性以促使其自由发展[1];或提出健康、德育和智育的全面教育[2];或指出家庭生活对人的一生无比重要[3];或在体育、德育、智育之外倡导劳动教育[4]。从19世纪末到20世纪中期,西方家庭教育的思想继续开枝展叶,涌现出颇具代表性的众多流派:杜威创立了实用主义教育学说,主张儿童中心论;玛利亚·蒙台梭利(Maria Montessori)从生物学出发,关注人的潜能和环境对教育的影响;皮亚杰强调儿童的认知发展;皮亚杰和布鲁纳发展出结构主义教育理论。在我国古代早期,只有贵族特权阶层才能接受教育,家教、私塾等的家庭教育发挥了不可比拟的作用。先秦时期,儒家就提出"治国"先"齐家"。周朝的贵族学习"六艺",即礼节、音乐、骑射、驾车、书法和算术。进入封建社会后,统治者认为家庭教育与国家兴衰休戚相关,从国家命运的高度来看待家庭教育,有关品德教育、胎教和蒙养教育、以身作则等教育思想和观点至今都掷地有声。但同时不难发现,从隋朝开始,随着科举制度的创建,家庭教育很多时候也会选择服务于该人才选拔机制,学子们勤学苦读、习文写作。无论如何,家庭是人生接受教育的第一场所,具有启蒙性、随机性和经验性,对个体成长具备奠基作用,也对人的社会化产生了重要意义。

综上,至少可得出两点结论:其一,在人类社会早期,家庭教育、社会教育(狭义)和学校教育纠缠在一起,无论是西方的城邦教育,还是我国的贵族教育都是如此。其二,相较于家庭教育和社会教育(狭义),学

---

[1] 刘云翔、郭维祺主编:《家庭教育学》,辽宁少年儿童出版社1990年版,第40页。
[2] 同上。
[3] 同上书,第41页。
[4] 同上。

校教育在人类社会早期相对弱势,与今日占据绝对优势的地位不可同日而语。在 17 世纪中叶以后,随着农业社会向工业社会转型,以及资本主义生产力的发展和生产方式的变革,为满足大生产的需求劳动者亟须接受系统、实用的学校教育,至 19 世纪初,一套与工业社会相匹配的学校机制初步成型。[1] 如果说我国在早期仍较为重视全面教育,那么自考试选拔制度问世以来,我国在一味强调智育的道路上越走越远。而西方由于经历文艺复兴和工业革命,随着"人被发现""世界被发现",人的主体性、能动性与自由性得以彰显,新的人性观和世界观被重塑,全面发展逐渐成为其教育发展的旨归。正因如此,在 1983 年,美国高质量教育委员会发布《国家处于危险之中——教育改革势在必行》的教育报告,在美国各级政府、教育界、企业界和学术界掀起了一场声势浩大的教育改革运动。联合国教科文组织在过去的半个世纪中也相继颁布一些重要的报告,包括《学会存在:教育世界的今天和明天》(1972 年)、《教育——财富蕴藏其中》(Learning: The Treasure Within,1996 年)、《反思教育:向"全球共同利益"的理念转变?》(Rethinking Education towards A Global Common Good?,2015 年)和《教育 2030:仁川宣言暨行动框架》(Education 2030: Incheon Declaration and Framework for Action,2015 年)。从这些报告中,我们可以发现教育和学习正试图摆脱极为狭隘的经济主义和功利主义,不仅关注学习者是否获得以及获得多少技能,而且更希望"帮助学生建立一个可靠的罗盘和配置一套工具,让他们自信地在这个世界航行"[2]。然而,无论是兴起的运动,还是发布的报告,主要都是针对被誉为正规教育的学校教育,但实际上,此时学校教育已患上难以根治的"顽瘴痼疾"。因此自 20 世纪 60 年代起,从美国开始,一批学者站在正规教育对立面,向现代教育制度发起"进攻",由此掀起了一场轰轰烈烈的"非学校运动"(去学校化运动)。作为其代表人物之一的伊利奇提出:"教育需要一个网络,在整个网络中,任何人都能通过社会生活和日常生活学习知识和技能,并

---

[1] 陆如俊:《未来学习,重塑角色》,上海教育出版社 2017 年版,第 7 页。
[2] 张民选、卞翠:《教育的未来:为教育共建一份社会新契约》,《比较教育研究》2022 年第 1 期。

且直接应用于社会。各种教育资源置于学习者的主动控制之下,使学习成为自我创造式的教育。"①

## 二、横向的现实关照

在上述国际形势下,再来俯瞰我国当前的教育体系,显然,学校教育在三类教育中独领风骚,并且这种趋势愈演愈烈。一方面,学校教育依然秉持着工业时代流水线的培养模式,全力以赴以"分数、升学"作为教育质量检验的唯一标准,充满美感、乐趣和温度的教育在每天高强度的刷题中被消磨殆尽,这种过度竞争在造成全社会内卷的同时,也带来"三败俱伤"的结果,即"功利的教育、焦虑的家长和空心的孩子"。另一方面,由于教育的主阵地在学校,所以其价值诉求成为整个教育系统的风向标,家庭教育和社会教育(狭义)也加入"分数/升学至上"的人才标准化加工的大潮之中,甚至推波助澜。现代父母的无奈和悲哀是将全部投资都放在孩子的学业上:放学回家迫不及待地追问今天考试了吗,考得如何;吃完饭就急不可耐地催促孩子,抓紧时间去做作业;孩子好不容易完成作业想稍做放松,父母则满脸忧虑地告诫孩子,明天还要上学,早点睡觉养好精神。孩子在父母夜以继日的监督下苦不堪言,然而他们也需要张弛有度,也会身心疲惫。除学业之外,他们的品德、健康和快乐被置之度外,殊不知离开学校、进入社会,才是竞争的开始,而这些才是他们参与竞争的前提和目的。而我们的社会教育也不甘示弱,校外培训乱象丛生,充斥着功利主义的导向,不断炒作渲染焦虑,父母望子成龙,成为"虎妈""狼爸",不惜成本将孩子送往各种补习班,"剧场效应"裹挟着全社会被动地参与到疯狂的"鸡娃"大军中。这种过度"打鸡血"的行为带来的结果是一旦告别了校园生活,脱离了父母的桎梏,孩子就想远离学习的折磨,彻底放飞自我,而自我满足的学习驱动早已被挤兑得荡然无存,因为在孩子们的记忆里,学习即为高强度的训练和暗无天日地刷题。学校学习的本意是让学生爱上学习,但讽刺的是,学

---

① 陆如俊:《未来学习,重塑角色》,上海教育出版社2017年版,第13页。

生非但没有爱上学习,甚至想永远逃离,这显然与教育的初衷和本质背道而驰。

因此随着2018年全国教育大会的召开,一场中国深化教育改革的大幕被徐徐拉开。我们需要解决两个层面的问题:其一,家庭教育和社会教育不能再在延续学校教育的错误上越走越远;其二,学校教育本身的价值需要被审视并重新定位。鉴于此,中共中央、国务院颁布了一系列政策:从基础教育体系入手,涉及学前教育、义务教育和普通高中改革发展;到倡导人的全面发展,包括全面加强新时代学校劳育、体育和美育;再到教育改革的深化,如力破"五唯"的《深化新时代教育改革评价总体方案》。倘若说此前的一系列政策还只是局部调整,表现为小修小补,那么真正在全社会掀起轩然大波的无疑是2021年《关于进一步减轻义务教育阶段学生作业负担和校外培训负担的意见》(简称"双减")。该政策以减负治理为抓手,其真正的目标在于提质增效,改革不再囿于学校教育系统内的小打小闹,而是主张学校教育和社会教育协同治理。由此将有助于减轻学生过重的学业负担,培训机构迫不及待地在教育赛道上转型,"素质教育""职业教育""老年教育"日渐突显成为学习者的"新宠"。同时,校内作业和校外培训的减少,也为孩子赢得了更多与父母共处的时间。我国自古重视家庭教育,留下了诸如《曾国藩家书》《颜氏家训》《温公家范》等脍炙人口的名著。家庭教育需要尽快重返育人本位,摒弃"工具理性",即一味催促孩子获得海量知识和提高各科考分,而应当坚持"价值理性",给予孩子更多的尊重和爱,鼓励他们自我发现并孵化兴趣。

在这一背景下,博物馆可以乘势而为、及时补位,从而为自己争取更多的生存空间。孩子从繁重的课业和培训中解脱出来,父母想在闲暇时间为他们选择寓教于乐的好去处,于是博物馆成为了他们的不二选择,"博物馆热"由此升温。可见,教育的深层次改革促使学校和家长产生了新的教育诉求,引发并建立起学校、家长与博物馆之间的"强链接"。同时博物馆也主动出击,一方面从内部入手,不断丰富展览类型、提升展览阐释、探索展教结合、打造儿童专区;另一方面内外结合,让博物馆资源覆盖更多人群、更广地域,如开发研学旅行、开展馆校合作等。

我们发现,博物馆界的顺势而为和积极进取也获得了引入瞩目的成效。自2018年我国吹响新时代深化教育的号角以来,博物馆参观人数从2018年底的11.26亿人次①增加至2019年底的12.27亿人次②。2020—2021年,受新冠疫情影响线下参观人数骤减,但线上的网络观众却仍然数以亿计。由此可见,"双减"政策后博物馆不断释放出作为社会教育机构的潜能,在补充学校教育和家庭教育的同时也成就了独特而卓越的自己。

## 第二节 博物馆泛化引起实物学习的规模化

1915年,教育家约翰·杜威在《明日之学校》(Schools of Tomorrow)中提出了他心目中的未来教育的理想模样。在杜威看来,未来将要打破一系列传统的理念和做法,重视"实物教育",主张通过"做中学"获得参与经验。时至今日,博物馆现象的泛化某种程度上成为杜威教育思想的现实表征。这种泛化促使实物学习的规模化成为可能,这既是抓住时代契机的一种偶然,也是满足大众心理的一种必然。当前在上述多重因素的影响下,实物学习已蔚然成势,交织而成一幅复杂的社会图景。其主要表现在两个方面,由于本书第六章已对此进行过详述,故以下仅做简要概括。

一是实物教具走进学校和家庭。博物馆的"外借服务"(outreach service)是提供学校教具的典型代表。如前文所述,此概念最早由美国大都会博物馆的亨利·沃森·肯特提出,是指博物馆为学校提供教育的开发和服务。③ 如布鲁克林儿童博物馆的"便携式藏品计划"(Portable Collection Program),该计划主张将博物馆的物件和材料带

---

① 国家文物局:《截止2018年底全国博物馆数量已达5 354家》,http://www.ce.cn/culture/gd/201905/18/t20190518_32117260.shtml(2019年5月18日),最后浏览日期:2021年9月10日。
② 新华网:《2019年我国博物馆接待观众12.27亿人次》,http://www.xinhuanet.com/2020-05/18/c_1126001175.htm(2020年5月18日),最后浏览日期:2021年9月10日。
③ 常娟、叶肖娜:《管窥科技馆教具的开发与服务》,《开放学习研究》2017年第5期。

到学校。同时,近年来博物馆文创开发出大量面向家庭的实物教具。如2021年河南博物院推出的首款文物修复盲盒——《散落的宝物》,该盲盒将青铜器、玉器、陶壁画等微缩版文物的碎片藏入土中,尽可能让普通受众在家中就能直接上手,模拟体验由挖掘、清理、拼摆、粘接、修缮等文物修复的全过程。

二是实物突破博物馆的物理边界,以学习媒介的形式在被认为合适的任何空间"露脸",大致有两种情况。其一,博物馆主动走出去,将部分资源输送至广袤天地。如自2010年起四川博物院推出的大篷车流动博物馆,内蒙古博物院肇始于2013年的流动数字博物馆,2015年广东省博物馆将资源进驻城市功能性公共空间。其二,商业领域将商业与文化有机融合,出现"商业的博物馆化"以及"商场综合体＋非国有博物馆"现象,同时酒店、餐厅等商业机构开始策划临时展览,或在空间形式设计中融入展览要素。如2021年苏州盒马及支付宝与吴文化博物馆联动,策划"鲜生博物展"。

# 第八章

# 博物馆学理论在构建实物学习新模式上的贡献

实物是博物馆学研究的现实旨归。博物馆本质上是赋予物以文化意义并实现公共化的结果。伊恩·伍德沃德指出:"物就是物质文化,强调的是没有生命的物如何影响人,又如何反过来为人所用。"① 可见,物质文化研究与博物馆学研究殊途同归。那么,究竟该如何依托实物展开有效学习呢?我们必须认识到,学习是"从观察到理解记忆,从感知事物到文字、概念"② 的过程,然而现今我们却生活在一个高符号表征的世界,对"亲知"知识的物化体验极为匮乏。正因如此,我们亟须利用好实物这一学习资源,借鉴博物馆学的博物馆化过程和博物馆物的阐释类型,尝试构建日常生活中的实物学习新模式,以深入探讨依托实物的学习科学,进而拓宽物质文化研究题域。

---

① [澳]伊恩·伍德沃德:《理解物质文化》,张进、张同德译,甘肃教育出版社2018年版,第3页。
② 王策三:《教学论稿》,人民教育出版社1985年版,第110页。

# 第一节　从普通物到作为学习媒介的物："博物馆化"过程及启示

## 一、从普通物到作为学习媒介的物：博物馆学三大概念与物的身份转变

从普通物到作为学习媒介的物，此为实现实物学习的第一步。该步骤本身蕴含着一个发展历程，与物从普通物到博物馆物的发展历程极为相似，两者都揭示了物由普通物向媒介物的身份转变。在博物馆领域，斯坦斯基①、门施②、舒伯托娃（Schubertova）③等一批学者先后围绕该问题展开过深入讨论。其中，以斯坦斯基为代表的捷克布尔诺学派由此创建出三个重要概念：博物馆物（muzeálie）、博物馆性（muzealita）和博物馆化（muzealizace）。④ 最早提出的是"博物馆物"。1965年，斯坦斯基指出，博物馆的使命是创建一个文献基础，一个系统的、关键的基础，包含主要文献——博物馆物——并保护这个基础，使其能满足科学和教育之需⑤，进而指出博物馆并非博物馆学的研究主题，而是体现在对主要文献（即博物馆物）的系统化和批判性选择上。"博物馆性"概念的诞生略微迟滞于"博物馆物"。1970年，斯坦斯基创造性地发明了"博物馆性"一词。"博物馆性"是一定时空背景下的主观价值判断，博物馆根据自身特性来挑选"物"，只有在对人与现实的关系认知与评价中，"博物馆性"才能被建构起来。⑥《博物馆学关键概念》中

---

① 斯坦斯基在捷克共和国第一届博物馆学研讨会上发表《博物馆学研究的主题》（Predmet Muzeologie）论文。
② M. M. Popadić, "The origin and legacy of the concept of museality", *Voprosy Museology*, 2017, 2(16).
③ Ivo Maroević, *Uvod u muzeologiju*, Zavod za informacijske studije, 1993, p. 96.
④ Peter van Mensch, "Museality at breakfast: The concept of museality in contemporary museological discourse", *Museological Brunensia*, 2015, 4(2).
⑤ Bruno Brulon Soares, "Stránský: A bridge Brno-Brazil", *Paris: ICOFOM*, 2017.
⑥ Zbyněk Z. Stránsk, "Museology as a science", *Museologia*, 1980, 11(15).

将其概括为"人类与其现实的特殊关系"①。博物馆化概念的创建相对最晚。1972 年,斯坦斯基的文章中首次使用博物馆化概念,1979 年再次出现。② 然而,此概念的推广主要得益于西欧思想家赫尔曼·卢贝(Hermann Lubbe)等人。③ "博物馆化"是指将一件事物的物质性与观念性从原有的自然或文化情境中抽离,并赋予它一个博物馆中的地位,将其转变为一件博物馆物,或使其进入博物馆领域的操作。④ 其描述了一件实物成为博物馆一部分的过程。⑤ 此三大概念在描述物由普通物到博物馆物的身份转变时,隐藏着这样一种逻辑关系:博物馆性决定博物馆化,博物馆化反映博物馆性,博物馆化的结果是博物馆物,同时博物馆性和博物馆化之间的互动取决于人与社会的互动及变迁。事实上,从普通物到学习媒介物,反映出的逻辑关系与上述情况不谋而合,即媒介性决定媒介化,媒介化反映媒介性,媒介化的结果是媒介物,同时媒介性和媒介化之间的互动也取决于人与社会的互动及变迁。可见,媒介性是一种判断依据,主要用来满足主体意图,没有办法显而易见;而媒介物作为一种判断结果,是一种既成事实;媒介化则是我们主要能目睹的完整动态过程。人类总是存在这样一种愿望,想把所有的对象都变成一个永久性的知识库,媒介化即是为了满足人类对知识的渴望而有意为之的。如果不发生这样的转变,实物将随着时间从物理空间中退化,其携带的知识也会随着实物退化。为了避免这种情况发生,我们选择将一部分对象媒介化。

---

① [法]安德烈·德瓦雷、方斯瓦·梅黑斯编:《博物馆学关键概念》,张婉真译,Armand Colin 2010 年版,第 42 页。
② Bruno Brulon Soares, "A history of museology: Key authors of museological theory", *Paris: ICOFOM*, 2019.
③ Jan Dolák, "The role of Z. Z. Stránský in present-day museology", *Museologica Brunensia*, 2019, 8(2).
④ [法]安德烈·德瓦雷、方斯瓦·梅黑斯编:《博物馆学关键概念》,张婉真译,Armand Colin 2010 年版,第 36—38 页。
⑤ Kiersten Latham, John E. Simmons, "Foundations of museum studies: Evolving systems of knowledge", *Santa Barbara: Libraries Unlimited*, 2014.

## 二、从普通物到作为学习媒介的物："博物馆化"过程中的"选择"及启示

正如上文所述，"博物馆化"生动展现了物从普通物到博物馆物的完整历程，并伴随着实物属性的根本转变。那么，这一过程究竟经历过哪些阶段？其影响因素为何？这些对于促成物从普通物转化为学习媒介物至关重要，因此有必要将博物馆化的过程提取出来，专门加以论述。

人与外部世界的交流，除了人与人的交流、人与符号的交流，还存在人与物的交流（见图103），尤其是作为知识库的物。当物通过各种来源进入博物馆，其原本具备的功能性作用丧失，而成为一种知识来源，"博物馆化"便始于做出决定并采取行动的那一刻。它是一个分离或暂停阶段，从现实脱离而成为现实的替代之物。乌多·库塞尔（Udo Küsel）曾提出："如果我们认识到整个环境是一个大型博物馆，并且采取博物馆化方式，那么整个环境就可以被视为大型博物馆。"① 可见，博物馆化事实上并不受博物馆物理条件，如空间、体量等的制约，而是取决于因某种特定目的而促成的物的属性之改变。它包含三项内容：选择（selection）、入藏（thesaurization）和沟通（communication）。② "选择"能用来辨识物的"博物馆性潜力"③，"入藏"被理解为将实物（信息）录入博物馆或藏品的文献系统的过程④，"沟通"则出自博物馆性内在传播的需要，借助展览来传播系统化知识⑤。由于实物媒介化的过程与此大同小异，因此"博物馆化"的阶段构成、影响因素及实现手段，给物由

---

① Peter Davis, *Ecomuseums: A Sense of Place*, 2nd ed., Continuum, 2011, p.18.
② 王思怡：《博物馆化：科学博物馆学派斯坦斯基的学术理论与影响综述》，《博物馆管理》2020年第4期。
③ Bruno Brulon Soares, "A history of museology: Key authors of museological theory", Paris: ICOFOM, 2019.
④ 薛仁杰：《博物馆物、博物馆性与博物馆化——对科学博物馆学三个关键概念的梳理与思考》，《今古文创》2020年第38期。
⑤ Zbyněk Z. Stránský, "Grundlagen der Allgemeinen Museologie", *Muzeologické Sesity*, Supplementum 1, Univerzita Jana Evangelisty Purkyně v Brně, 1971.

普通物转变为学习媒介物带来重要启发。

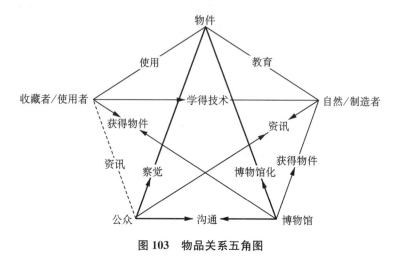

图 103　物品关系五角图

\* 图片引自[德]弗德利希·瓦达荷西:《博物馆学:德语系世界的观点 实务篇》,曾于珍等译,五观艺术管理有限公司 2005 年版,第 138 页。

尽管"博物馆化"过程包含三方面内容,但笔者将主要围绕"选择"环节予以展开。其中,"入藏"环节不做探讨。因为日常生活中的实物学习,其功能与博物馆并非完全一致。博物馆传统功能主要包括征集、保护、研究、展出和传播五项,但日常生活中的实物学习相对"轻装上阵",主要功能在于展出和传播,或者更概括地说是教育,并不需要庞大的收藏序列和收藏空间,所以基本不存在藏与展的平衡问题,每一件藏品都是展品,强调物尽其用。因此,无须专门强调"入藏"问题。而"沟通"环节将在实物学习新模式的构建中专门加以探究,因为四种模式的构建本身就是一种旨在沟通的行为。鉴于此,下文将围绕"选择"环节展开。"选择"是指将实物从原始情境中移除的过程,它取决于对实物价值的重新认识。[①] 这通常是一种主动选择,是为了达成目标有意而为,缺乏判断的被动"博物馆化"将会背离有意利用原则。[②]

---

[①] Bruno Brulon Soares,"Provoking museology: The geminal thinking of Zbyněk Z. Stránský", *Museologica Brunensia*, 2016, 5(2).

[②] [德]弗德利希·瓦达荷西:《博物馆学:德语系世界的观点 实务篇》,曾于珍等译,台北五观艺术管理有限公司 2005 年版,第 189 页。

首先，要明确选择的依据，斯坦斯基认为依据是"价值"，而门施主张是"意义"。① 在日常生活中，当我们挑选实物媒介时，通常与物的博物馆化一样，无论是物质遗存还是当代物品，并非所有东西都适合媒介化，存在一个主客观因素共同作用下的选择依据，而该依据始终处于嬗变之中。这种依据实际上即为博物馆性，在实物学习中便是媒介性，笔者认为，媒介性说到底是一种价值判断。选择该物品进行学习，是因为其在物质或精神上相较于其他更有价值。以兰德尔·梅森（Randall Mason）、沃依切赫·格卢津斯基（Wojciech Gluzinski）、阿洛伊斯·里格尔（Alois Riegel）等为代表的学者曾先后围绕实物价值做过研究。梅森基于社会文化、经济两种价值观，分别提出社会文化价值包含"历史价值、文化（象征）价值、社会价值、精神（宗教）价值和审美价值"五类，而经济价值则包含"使用价值和非使用价值"两类。② 格卢津斯基提出三重价值：一是通过物品的相关性、连带性和代表性呈现出的"文化遗产的价值"；二是通过物品的符号结构特性呈现出的"知识的价值"；三是通过物品的表达力呈现出的"观赏的价值"。③ 虽然格卢津斯基是从所有博物馆创建的动机来提出此三重价值的，但由于其价值的挖掘都立足于物品特性之上，所以事实上对实物价值的判断也颇具借鉴意义。里格尔针对人工制品指出了六点价值：专门作为纪念性的价值（作为代表故事之物）、历史价值（作为特定时代的参考物）、古老的价值（作为代表过去世界之物）、稀有物的价值、实用价值和艺术价值。④ 景观评估（landscape evaluation）中基于综合特征来评估景观重要性的方法，对实物价值的确定也具备参考意义。其评估标准主要包括四点：历史、艺术/美学、科学/研究潜力、社会/精神。⑤ 除了上述作为遗产之物，当代

---

① Jan Dolák, "The role of Z. Z. Stránský in present-day museology", *Museologica Brunensia*, 2019, 8(2).
② Peter van Mensch, "Museality at breakfast: The concept of museality in contemporary museological discourse", *Museological Brunensia*, 2015, 4(2).
③ ［德］弗德利希·瓦达荷西：《博物馆学：德语系世界的观点 实务篇》，曾于珍等译，台北五观艺术管理有限公司 2005 年版，第 180 页。
④ 同上书，第 190 页。
⑤ Peter van Mensch, "Museality at breakfast: The concept of museality in contemporary museological discourse", *Museological Brunensia*, 2015, 4(2).

物品也开始步入博物馆化行列。1977年,瑞典SAMDOK专案围绕当代物品提出六点选择标准:普遍性、创新性、代表性、吸引力、亲近感、形式标准。① 综上,学者们的观点有的针对价值内容,有的围绕价值属性;有的根据社会文化价值,有的依托经济价值;有的立足物质遗存,有的基于当代物品。不同的选择依据取决于不同的目的,但主要都涉及审美、历史、实用、社会、宗教等价值。笔者认为针对实物学习问题,主要论及的是物与人媒介关系的处理,因此主张基于物人关系的视角,将价值分为三类:审美价值、认知价值、审美认知价值兼具。审美价值是一种纯粹的精神需求,而认知价值更多是将物视为一种具备实用功能的物证,包括历史、社会、实用、宗教等价值。背后影响我们选择的心理基本涵盖五种:炫耀、稀罕、纪念、漂亮和求知。可见,如果将普通物变成学习媒介物,需要区分该物品具备三类价值中的哪一类,如果是认知价值,还需要进一步确认它拥有哪类实用价值,并推断出选择者的选择心理。但科学研究的现状和社会文化的发展,都可能制约物品的价值判断。②

其次,要掌握选择的方法。选择并非单纯地识别与挑选,当实物从使用语境中被抽离而置于全新语境时,我们不能只关注其表层的物质外壳,更需要揭示其内蕴的文化意义。历史学家约翰·居斯塔夫·德罗伊森(Johann Gustav Droysen)提出选择的四部曲:一是寻找有潜力的博物馆性物品;二是从真实性、正确性、历史性和完整性四个角度对选出的物品进行观察;三是围绕物的研究,在正式收藏前进行首个过程检验,正式收藏后引入专业学科,从实用、环境、心理和价值方面进行深入研究;四是以博物馆学的传播标准呈现出来。③ 可见,当将实物转变为日常学习的媒介时,围绕审美价值和认知价值做出选择只是完成上述四部曲中的第一步,还需要对选出的实物进行第二步的观察、第三步的研究和第四步的呈现。其中,针对第三步的研究,不能仅限于物的研

---

① [德]弗德利希·瓦达荷西:《博物馆学:德语系世界的观点 实务篇》,曾于珍等译,台北五观艺术管理有限公司2005年版,第192—193页。
② 同上书,第179页。
③ 同上书,第17页。

究,还要开展人的研究,以及沟通物人的阐释研究。物的研究要求我们从阐释需求出发,对物的信息进行分层,研究物的本体信息,构成物的质料、形式、功能信息;衍生信息,制作物的动力和目的信息;流转信息,新的动力和目的信息以及由此产生的新本体信息。① 第四步的呈现是将二维的符号信息转化为三维的视觉表达,需要将针对物原生环境的研究成果转化为当前次生环境中的陈列语言。事实上,物或现象本身并不存在特定意义,人赋予了其意义,同时这种意义只有取得共识才会产生价值,因此呈现时始终要关注这种交互性。弗德利希·瓦达荷西(Friedrich Waidacher)认为,正确的选择方法是必须先认识物品原始的关系,并预见物品未来的特性和相关性。②

## 第二节 与符号学习并行的实物学习新模式:博物馆物的阐释类型及启示

日常生活中的实物学习与博物馆中的实物学习一样,媒介性促使普通物经由媒介化成为媒介物,"沟通"是媒介化中的一环,是难点,也是落脚点。沟通的目的是使物的媒介性得以显现,即对物由普通物变成媒介物的选择依据(价值判断)进行可视化呈现,这也是物之所以成为学习媒介的根本原因。在博物馆界,实物的利用大致经历了三个阶段:从"单纯地展示物的阶段"到"揭示物相关知识的阶段",再到"人借助物的意义建构阶段"。不难发现,博物馆当前阶段的目标与日常生活中实物学习的目标毫无二致,两者都旨在追求实物价值判断的显现,并使之为人所获悉,以完成意义建构。与此同时,实物学习相较于符号学习的三大差异——多拥有显性信息、信息和载体合二为一、具有阐释与传播双项任务——决定了我们既要尽可能地展示实物包罗万象的显性

---

① 周婧景:《博物馆以"物"为载体的信息传播:局限、困境与对策》,《东南文化》2021年第2期。
② [德]弗德利希·瓦达荷西:《博物馆学:德语系世界的观点 实务篇》,曾于珍等译,台北五观艺术管理有限公司2005年版,第12页。

信息，又要深入研究、转化并重构实物所携信息。因为这些物化信息对普通人而言通常难以不言自明、不证自明，普通人往往缺乏相应的知识储备和释读能力，所以不能简单地将这种知识载体交给学习者，而是需要负责向他们解释和说明。这种解释和说明的工作即为"阐释"，阐释是博物馆展览的核心。正是基于实物学习在信息特点、载体属性和实现手段上的三大差异，以及由此带来的多样化阐释需求，巴里·洛德（Barry Lord）、玛利亚·皮亚琴特（Maria Piacente）将展览模式分为四类：审美型（aesthetic）、情境型（contextual）、过程型（process）和仓储型（visible storage）。① 其几乎囊括了实物何以阐释的主要类型，并且提出针对性策略，对本书实物学习的日常新模式构建极具启发意义和借鉴价值。

正如前文所述，日常学习中的实物可分为人工物（"文化遗存、当代物品""装置、造型、媒体"）和自然物两类，笔者在此基础上以功能为标准，再将其分为纯审美的物、纯实用的物、审美和实用兼具的物。由于此三类实物构成不同，所以阐释需求各异，笔者由此提出阐释的两种方式：审美和认知。针对前者构建审美型实物学习模式，针对后者分别构建情境型、过程型和仓储型三种实物学习模式。认知的阐释方式主要致力于在学习目的指引下，兼顾历时性信息与共时性信息，为受众重构理解物的特定语境，使其所蕴含的内在意义被揭示出来。

## 一、模式一："审美型"日常实物学习模式

适用对象是纯审美的物，包括艺术品、工艺品和其他拥有高审美品质、低背景信息的物等，大致可分成两类：一是专为审美而创造之物，旨在满足人们的视觉愉悦和精神崇拜，如雕塑、书画等；二是非专门为审美而创造之物，但极为美观，且学术资料难以支撑深入阐释，而直接呈现也不妨碍物与人在审美意义上的信息沟通，如彩色矿物、黄金饰品等。针对这类实物，我们只需要将其收纳至精美的容器内展示，主张采

---

① Barry Lord, Maria Piacente, *Manual of Museum Exhibitions*, 2nd ed., Rowman and Littlefield Publishers, 2014, p. 202.

取较为简易的传播方式,以免喧宾夺主,例如借助图文、音频或二维码提供概要说明;添加与实物品质相契合的背景音乐;配备营造氛围的照明设计。我们提倡在静谧的环境中,坐在舒适的座椅上,采取观察、沉思等学习方式。

## 二、模式二:"情境型"日常实物学习模式

适用对象有纯实用的物、审美和实用兼具的物。包括在某一特定背景下制造和使用的文物(含获授权的仿制品、复制品)、标本,日常物件等。特点是相较于物质外壳,蕴藏其间的故事更为引人入胜。因此,需要为其构筑特定的可视化语境,包含当时的社会背景和文化语境,因为物身处时代的背景已消逝,而现处于一个完全陌生的环境中,只有将其隐藏的信息完成视觉转化,才能帮助观众克服这种陌生感,进而获得理解,以避免信息流失,该模式常用的阐释手段是讲故事。以犹太难民纪念馆的第一件馆藏实物——约瑟夫·罗斯巴赫的玩具独轮车为例(见图104),它身上承载的是"犹太难民约瑟夫童年避难上海"的故事。出生于1944年的约瑟夫在上海市虹口区度过了他的五年童年时光,为此留下一段刻骨铭心的回忆:以拉黄包车为生的邻居每次收工后都会拉着他和自己孩子兜风。在离沪之际,母亲专门为他选购了一辆玩具独轮车用作纪念,结果一珍藏就是60年。2010年,约瑟夫为了感念这位上海邻居的爱和包容,将这件承载儿时记忆的实物捐给了上海犹太难民纪念馆。事实上,日常生活中也存在这类携带

图104 上海犹太难民纪念馆的首件藏品:约瑟夫·罗斯巴赫的玩具独轮车(笔者摄)

儿时记忆的物化载体,采用叙事阐释可为我们构筑并延续家庭代际式的集体记忆。

针对此类物品,可从内容与形式两方面着手阐释。一是内容,首先在信息提取上,可在认知维度上选择让学习者感到熟悉和好奇的信息,在情感维度上选择让学习者产生共鸣的情绪,拉森由此提出"普遍概念"这一术语。① 其次在信息组织上,先后有一批学者基于不同受训背景,就叙事要素展开过探讨与争鸣。在文学领域,以童庆炳②、胡家才③为代表的学者认为,叙事要素包括"叙事者、人物、事件、情节、环境、时间"或"叙事的主体、客体和文体"。而在博物馆领域,以施罗密·里蒙-凯南(Shlomith Rimmon-Kenan)④和张婉真⑤为代表的学者更看重叙事的过程。笔者在适当参考上述观点的基础上,提出实物叙事可包含五大要素:叙事者、叙事基件(时间、地点、人物)、困境、目标和行动、情感和立意。同时,叙事结构大致可采取两类:线性与非线性。二是形式,在传播技术上,日常实物媒介显然无法做到像博物馆一样的高成本、深沉浸和强参与,但可考虑将叙事的要素和结构通过传播技术加以表达:其一,借助说明标签和图片的简易表达;其二,通过实物展品组合、实物展品+辅助展品构成情景再现,再配套以图文和照明设计等的复杂表达。

## 三、模式三:"过程型"日常实物学习模式

适用对象同样有纯实用的物、审美和实用兼具的物,包括文物(含获授权的仿制品、复制品)、标本、艺术品、工艺品、非物质文化遗产、自然现象和科学原理等。与第二类模式不同,该模式重在展示物件的制作过程、非物质现象或原理的发生过程,虽然可能也需要创设情境,但相较于

---

① Sam H. Ham, *Interpretation: Making A Difference on Purpose*, Fulcrum Publishing, 2013, p. 118.
② 童庆炳主编:《文学理论新编》,北京师范大学出版社2010年版,第184—190页。
③ 胡家才:《新编美学概论》,东方出版社1999年版,第377—378页。
④ 张婉真:《当代博物馆展览的叙事转向》,台北艺术大学出版社2014年版,第99页。
⑤ 张婉真:《当代博物馆展览的叙事转向》,台北艺术大学出版社2014年版。

情境型模式,其关键在于揭示促使物被创造、现象或原理生成的系列行为。据此,我们将该模式分为两种情况。第一,用以展示物件的制作过程。以新加坡集邮博物馆(Singapore Philatelic Museum)基本陈列中的"信封和信件"(Envelopes & Letters)单元为例。该单元就信封的制作和演变专门设计了一款图文版。(见图 105),主要采取"实物照片+文字"的方式展示 4 000 年前由粘土制成的最早信封到 1840 年问世的世界首枚邮票。尽管该案例发生在博物馆,但事实上日常学习

图 105　新加坡集邮博物馆"信封和信件"单元,为信封制作和演变设计的图文版(笔者摄)

仍能贯彻,即把生活常物作为学习对象,揭示该物件的生命历程,其背后"不仅是器物/技术发展史,更是人的发展史"①,以推动当下更好地继承与创新。吃、穿、住、行等物件均可被纳入,如生活中常见的巧克力、咖啡和茶,其不但助推了资本主义和产业革命的爆发,也改变了整个欧洲人的社会和饮食。实物总是客观存在的,当人类在探究世界时,总会尝试对其做出解释,知识便是这种总体解释在认知或实践上的结晶。

其二,用以展示自然现象的发生过程。我们再以此前曾提及过的美国国家大气研究中心的"触摸一朵云"展项为例。该展项不仅将云的形成过程动态再现,还鼓励观众将手穿过云层、获得触感,并将其制成各种形状。无论观众知识水平如何,都能轻松地了解水蒸发后的水蒸气在空气微尘周围聚集,产生水滴或冰晶,尔后在阳光散射下生成了云,其可被穿越并改变。研究表明,学习者知识发展和迁移的关键在于其先有的概念和经历,而云及其生成现象对多数人而言都具备感性经

---

① 陈淳:《从考古学理论方法进展谈古史重建》,《历史研究》2018 年第 6 期。

验；同时在激发学习者学习动机上，"单纯灌输"和"真正理解"将产生截然不同的效果。① 因此，该模式的最大亮点在于能引起学习者好奇，促使他们参与其中并获得自我意义的构建、表达和超越②，这在有效学习中至关重要。

该模式可从内容与形式两方面予以阐释。一是内容。与第二种模式类似，优先考虑学习者熟悉或能激发其好奇的内容。在信息提取方面，可重点关注物载信息的衍生信息（即制作物的动力和目的信息）、流转信息（即新的动力和目的信息）。在信息重点方面，尽管在展示动力与目的信息时可能也离不开质料和形式，但显然在过程型模式中，这并非重点信息，物的功能、制作动力和目的才为其核心。这些主要源自对于非物质等过程信息的研究、转化和表达。二是形式。过程型模式相较于其他模式，形式设计要求相对较高，可借助实验等手段进行过程模拟。不但要恰如其分地将内容转换为实体阐释，而且参与方式也应简单易行。为此，可采用辅助手段创设一定情境，帮助学习者在短时间内理解并轻松介入。如前文所述的上海自然博物馆推出的《自然趣玩屋》，该学习套件在提供实物的同时，还配套设计出研究手册等。传播技术可使用情景再现、连续系列模型、剖面和透明模型、微缩景观、放大模型、视听系统叙述、传统图文，并借助设施设备、多媒体的动手操作等手段，传播技术也应不断推陈出新。

由于过程型模式从内容到形式都带有实验属性，所以尤其适合采取形成性评估及时对学习媒介加以测试、完善和迭代。1943年，荷马·卡尔弗(Homer N. Calver)首次提出有必要在展览正式开展前，针对可能的效果展开测试③，尤其强调围绕观众实际反应的测试。1974年，钱德勒·斯克里文(Chandler G. Screven)积极倡导在博物馆观众研究中使用形成性评估。随后，由英国自然历史博物馆罗杰·迈尔斯(Roger

---

① [美]约翰·D. 布兰思福特等编：《人是如何学习的：大脑、心理、经验及学校（扩展版）》，程可拉、孙亚玲、王旭卿译，华东师范大学出版社2012年版，第68—69页。
② [美]史蒂芬·威尔：《博物馆重要的事》，张誉腾译，五观艺术事业有限公司2015年版，第44页。
③ Homer N. Calver, "The exhibit medium", *American Journal of Public Health and the Nation's Health*, 1939, 29(4).

Miles)主导和开启的"新展览计划"(New Exhibition Scheme)真正意义上将形成性评估的理论运用至展览实践中。在"博物馆展览阐释的八要素模型"中，我们已就形成性评估概念进行过界定，是指在展品正式生产前，评估展品的传播潜能，需要运用模型或原型进行试错。此处的"传播潜能"是指展品展项的运行情况、策展意图中面向目标观众的传播情况，而"试错"的目的在于改进展品展项的关键功能、检测传播意图的贯彻效果、排除展品展项的运行故障。[①] 这类评估一般在展品展项开发周期内进行，往往历时较短，采取"制作原型—评估—修改原型—再次评估"的迭代流程。之所以要将其引入过程型模型，目的在于考察实物在使用时是否符合预期；当实物负载的内容或采取的手段比较前沿或创新时，小范围内邀请学习者测试，以提出改进策略；在实物投入使用前，借助评估来排除故障。为此需要明确四方面内容：评估目的、评估人员、预算、报告形式。通常情况下，评估目的和方法取决于交付方。欧美博物馆的评估预算大多维持在总预算的5%～10%，还会为修改预留费用。而报告既可用于内部学习、研究，也可用于对外发布。

## 四、模式四："仓储型"日常实物学习模式

该类型在博物馆界主要是指库房的开放利用。"Visible storage"曾被译为"可视型存放"[②]"看得见的收藏库"[③]，笔者将其译作"仓储式存放"，据此提出仓储型的实物学习模式。适用对象有纯审美的物、纯实用的物、审美和实用兼具的物，主要包括同一主题、材质、种属等成系列的标本、艺术品、日常物件等。一般数量较多，价值也不太昂贵。具有两大特点：一是大量物件在分类思维指导下被呈现；二是提供受众按兴趣选择、发现和建构的机会。因此该模式至少能满足三类人群之需：普通受众，帮助其识别感兴趣之物并自由探索；学生受众，鼓励其在认

---

[①] Barbara N. Flagg, *Formative Evaluation for Educational Technologies*, Lawrence Erlbaum Associates, 1990.
[②] [英]蒂莫西·阿姆布罗斯、克里斯平·佩恩：《博物馆基础》，郭卉译，译林出版社2016年版，第141页。
[③] 张誉腾：《大学博物馆的使命与功能》，《博物馆学季刊》1996年第3期。

真观察的基础上,花费时间深入研究;教育者,提供他们与课本相关的实物、图文等教具,使受教者不仅能欣赏,还能接触。

以美国史密森尼国家自然历史博物馆底层的"Q?rius"(与"curious"谐音,意指好奇心)展区中的实物展示为例。该展区开放于2013年,主要依托馆藏的6 000多件展品(含实物展品和数字展品)服务于青少年的科学研究,其特色在于鼓励学习者在好奇心的驱使下借助科学设备进行自由探索的实物学习。展览共分大本营(Base Camp)、工作场(Field)、藏品区(Collection Zone)、实验室(Lab)、剧院(Theater)、阁楼(Loft)和工作室(Studio)七部分,其中重点展区是藏品区。该区域分门别类地收纳有动植物、昆虫标本、矿石、手工制品等,是一个典型的仓储式陈列,采用抽屉式和橱窗式展示。再以加拿大多伦多皇家安大略博物馆的Teck系列展厅"地球的宝藏"为例,博物馆将精选出的十多件地质标本通过触摸屏进行互动展示以帮助观众掌握更多信息(见图106)。① 上述两大案例反映了仓储型模式的两种可能:依靠

**图106　加拿大多伦多皇家安大略博物馆的Teck系列展厅"地球的宝藏"中,针对矿物的仓储型展示**

\* 图片引自Barry Lord, Maria Piacente, *Manual of Museum Exhibitions*, 2nd ed., Rowman and Littlefield Publishers, 2014, p.290.

---

① Barry Lord, Maria Piacente, *Manual of Museum Exhibitions*, 2nd ed., Rowman and Littlefield Publishers, 2014, p.130.

规模化的真实物品和数字物品。尽管这些案例均来自博物馆,但是在日常学习中同样适用,只需要在体量上适当缩减。该模式的可贵之处在于能帮助学习者发现并培养深层动机。研究表明,兴趣在学习中可产生定向与动力作用,并能逐步深化。[①] 学习者在初始阶段可能因客体的某些特征而被吸引,只是感到有趣;中级阶段会在有趣的定向发展中产生乐趣,进而发展出兴趣;终极阶段将兴趣和理想相结合并将其转变为志趣,此为深层次学习动机。仓储型模式有助于学习者发现初始阶段的趣味,并推动其实现向中级阶段的兴趣和终极阶段的志趣飞跃。

  针对此模式可从内容和形式两方面进行阐释。一是内容。不难发现,仓储型模式更为接近第一种审美型模式,但又与其"无所作为"有所不同,同时与第二种情境型模式和第三种过程型模式存在较大差异。审美型模式纯粹将学习任务交付学习者,但仓储型模式却承担着分类等功能,并为深度学习者提供拓展信息。仓储型模式与其他模式的根本区别在于其能提供学习者更多的清晰选择,让其基于兴趣各自深入,而非施教者将成品交付学习者,努力吸引他们按施教者的意图学习。如提供学习者一整盒矿物标本,分门别类排列并辅以说明。该模式需要对系列实物展开深入研究,将其翻译为科普语言,进而重构为视觉表达。可采取前置性评估预先对受众的主题偏好展开调查。二是形式。首先需要重视实物存放的容器,以透明为佳,一般受众"直接"选择感兴趣的探索对象。同时,考虑到要兼顾具备稳定兴趣的人群,故须通过图文或二维码等手段提供学习者深层的信息交流。其次,为学习者配备专业工具,如显微镜、速度仪、PH 计等。此外,多媒体等新技术的采用不仅有助于弥补实物不足和鼓励数字互动,还有助于改变静态呈现或阐释不深等情况,将审美型等其他模式都纳入其中,增加信息容量的同时满足学习者的多元动机。

---

① 龚裕德编:《学习学概论(第二版)》,团结出版社 1996 年版,第 108—109 页。

## 第三节 讨论与思考

史前时代人类主要以感知为中介,此后发展出语言,将个人记忆和共有记忆用话语、歌咏、颂歌等方式传递给子孙后代。在 6 000—1 万年前,语言转化为文字。① 随着 15 世纪印刷术的发明,信息被系统记录,并以规模化和批量化的方式冲破原来的局限,在群体内部及群体之间广泛传播。可见,语言是最早的符号系统,而文字则是记录语言的书写符号,其避免了以往的口耳相授,拓宽了传播时空,进而改变文明演进方向。但与此同时,这也造成语言、文字和其他感知的分离。我们每人每日都在使用这套系统,会说很多话,阅读不少文字,但似乎未曾沉思默想过其有何不足,是否还存有与之并肩的其他媒介,从而陷入"语言囚牢"和"世俗化迷失"。事实上,恰如前文所述,语词符号提供的只是一套抽象的符号表征,其将能指与所指分开,在场的和缺席的东西分离,传递信息时需要依赖规则、经验和想象进行复原和填充。因此,无论其多么惟妙惟肖、绘声绘色,但相较于真实可及的质感物品和具象世界,始终隔着一层无法直接经验的纱,如同雾里看花。美国史密森尼博物院早教中心创始人、早期教育和博物馆教育专家莎伦·谢弗在世界各地授课时总会携带一个箱子,里面装满了形色各异的实物,每次通过海关检查检疫时均会招致麻烦,但谢弗从未放弃。原因在于每次授课时,学习者都会因为看到并接触实物而变得兴奋不已,如鸵鸟硕大的羽毛,实物给人带来的真实体验令人震撼,且无法为符号系统所取代。德布雷认为,被符号化的世界是一个静止的、微薄的和苍白的世界,所有的社会经验都按照"二元格式"被重新编码和改写。② 而芝加哥学派则把经验世界作为自身传播思想的逻辑基础,反对将精神与物质二元对立起来的传播观念,强调意义客观地存在于人们的经验过程与社会互

---

① 刘伶主编:《语言学概要》,北京师范大学出版社 1983 年版,第 234 页。
② [法]雷吉斯·德布雷:《普通媒介学教程》,陈卫星、王杨译,清华大学出版社 2014 年版,第 55 页。

动中。①

近几十年来,物质文化研究的勃兴为"借助能被感知的实物"进行间接学习赢得了宝贵契机和发展前景。其实,人类对于实物的关注由来已久。实物最初是西方哲学的核心议题,经历由"认知"传统向"现象学生存论"传统的转变。② 在 20 世纪早中期,研究者并不重视对于实物的本体研究,而只信任对于实物的文本描述。直到 20 世纪七八十年代,社会宏大叙事遭到后殖民与后结构主义的批评,物质文化和视觉文化研究在理论上被重新梳理,实物媒介的真正价值才被重新发现③,得以在裂变的媒介环境中脱颖而出。从研究分期看,研究早期、中期和近期分别经历了从探讨"物为何重要"深化至"物有何意义",再到核心概念的提出和理论框架的构建之历程。从研究内容看,呈现出博物馆学、哲学、人类学、社会学等多学科涉足并交叉渗透的特点。当前,基于"由教到学"观念转向下提倡学习的本质需求,以及反数字化"殖民"、主张快节奏学习和学术领域变革等的时代需求,开展以实物为媒介的学习研究迫在眉睫。然而,因实物学习与以往基于符号的学习在信息特点、载体属性和实现手段上存在根本差异,所以我们引入了博物馆学等相关学科理论,将实物学习置于一个整体的理论框架下进行系统考察。首先在博物馆学博物馆化过程的启发下,提出将普通物变成学习媒介物这一媒介化过程,其次立足实物学习的三大差异,借鉴博物馆物的阐释类型,设计出旨在促使"媒介性显现"的实物学习四大模式——"审美型、情境型、过程型和仓储型",并提出相应的实施对策,使之与传统的符号学习模式并驾齐驱。

---

① [美]乔治·米德:《心灵、自我与社会》,赵月瑟译,上海译文出版社 2018 年版,第 89—92 页。
② 杨庆峰:《有用与无用:事物意义的逻辑基础》,《南京社会科学》2009 年第 4 期。
③ [英]迈克尔·罗兰:《历史、物质性与遗产:十四个人类学讲座》,北京联合出版社 2016 年版,第 128 页。

# 第四部分

## 本体论：被低估的博物馆学远比你想象的重要

1980年前我写过一本论学习态度和学习方法的小书。后来又写信向叶圣陶先生请教，提出建立学习学的设想，叶老回信表示很赞成。后来，其他工作一忙，就没有时间去研究，没有写出什么东西来。不过，我始终认为，学习这门科学是一项很值得研究的问题，是一项大有希望的事业，是关系到提高民族素质的大事业。（徐惟诚）[①]

决定博物馆学是否是一门真正的学术学科的基本标准之一是该学科能够满足社会需求的程度。……在过去的二十年里，致力于开发一种博物馆学方法论的博物馆学家似乎选择了两个不同的、或多或少相反的方向：社区导向（community-oriented）的方法论和物品导向（object-oriented）的方法论。……法国和英国引入的"新博物馆学"，采取以社区为导向的方法，但除了从社会学等借用的研究技术之外，新博物馆学还未提供研究策略。（彼得·冯·门施）[②]

---

[①] 徐惟诚：《徐惟诚文集 第10卷 教育·爱国主义教育》，商务印书馆2015年版，第115页。
[②] Peter van Mensch, *Towards a Methodology of Museology*, University of Zagreb, Faculty of Philosophy, 1992, pp. 21–24, 27–31.

我们终其一生都生活在某一特定时空,至多不过百余岁,学习无疑成为"抗拒时空压缩的迫害"①的一种良方。因为它是一个终身命题,人人都需要学习,时时都需要学习,处处都需要学习。② 而学校教育的最大遗憾是让相当一部分学习者心生忌惮,甚至远离学习,事实上让学生爱上学习本应是学校教育的首要目标。正如《论语·雍也》所言:"知之者不如好之者,好之者不如乐之者。"③王小波在《黄金时代》中写道:"我来这个世界,不是为了繁衍后代,而是来看花怎么开,水怎么流,太阳怎么升起,夕阳何时落下,我活在世上无非想要明白些道理,遇见有趣的事,生命是一场偶然,我在其中寻找因果。"④本书撰写至此,我们都已知晓学习并非仅限于课堂,只囿于符号,也并非外界强加的负担,而是一种"令自我获得激励、情感获得满足、个人获得回报"的行为。⑤ 因此,生命意义的践行某种程度上可以借助"学习"来完成。在回溯过往和走向未来的旅程中,实物学习的行为其实一直伴随在我们左右,只是因为实物学习通常具有平民化和田野操作的特点,始终未得到强化和系统的研究。而本书围绕实物学习展开的探讨,与其说是物质文化转向背景下对于物活化利用的一种思考和行动,不如说是对学习真谛的朴素而又普适的回归,意识到学习本发生在我们浸润其中的生活世界。有时候世界的纷繁复杂在于我们很难用一套全面且精简的逻辑进行认知和解释。一方面我们看到"除了发生和消灭,世界正无止境地经历着由低级上升到高级的不断的过程"⑥,而另一方面我们又意识到随时间改变

---

① Stewart Susan, *The Open Studio: Essays on Art and Aesthetics*, University of Chicago Press, 2005.
② 徐惟诚:《徐惟诚文集 第 10 卷 教育·爱国主义教育》,商务印书馆 2015 年版,第 115 页。
③ 盛文林编:《受益终生的哲人名言:受益终生的孔子名言》,北京工业大学出版社 2011 年版。
④ 王小波:《黄金时代》,北京十月文艺出版社 2021 年版。
⑤ John H. Falk, "An identity-centered approach to understanding museum learning", *Curator: The Museum Journal*, 2006, 49(2).
⑥ 孙华玉:《〈路德维希·费尔巴哈和德国古典哲学的终结〉问题研究》,吉林人民出版社 2007 年版,第 21 页。

的不过是表象,本质实际上始终未变,只是不易被发现。

  在本书的第一至第三部分,笔者分别讨论了立论之基、认识论和方法论。第四部分是整个研究的高潮,如果行文至第三部分便戛然而止,实际上也不为过,可能在某些人看来,第四部分稍有"画蛇添足"的无用之感,但在笔者看来,"无用即为大用"。这部分将主要从本体论层面探讨"博物馆学何以可能",并尝试依托博物馆学构建一套实物学习范式。然而构建范式并非笔者的真正意图,只是希望通过范式构建促使研究对象变得更加清晰,为我们的思想划定可能的边界。正如维特根斯坦在《逻辑哲学论》中所说的,"世界的意义从来是在世界之外","如果存在任何有价值的价值,那么它必定处在一切发生的和既存的东西之外。因为一切发生的和既存的东西都是偶然的"[①]。因此,第四部分表面上看似乎构成了整个研究的闭环,但对于笔者而言,它其实是一个拥有开放性和无限可能性的新起点。这部分我们将探寻人痴迷物的内在根源,再思实物与人类学习,尔后重返至博物馆学科,试图在回望它百余年成长史的基础上,实现进一步的探索和超越。上述的章节安排实际上也隐藏着笔者另一维度的思考——一种作用与反作用的双向互动,这是一种螺旋上升式的互动,即博物馆学在为日常实物学习提供理论方法的同时,日常实物学习的研究也为博物馆学提供新的理论源泉和思维动力。人总是这样,一方面不放弃生活的丰富和多样,另一方面又始终追求思想的明确和清晰。

---

  ① [奥]维特根斯坦:《游戏规则:维特根斯坦神秘之物沉默集》,唐少杰等译,天津人民出版社2007年版,第18页。

## ◆第九章▶

## 人"痴迷"实物的内在根源

人"痴迷"实物的内在根源,是一个宏大且根本的命题,因此想要找寻答案并非易事,但却是本书绕不开且始终引发笔者好奇的一个问题。我们知道,实物不但能满足人们物质意义上的功能需求,也能激发出人们在精神层面上的愉悦和满足,博物馆的"降生"便提供了一大力证。

在古希腊人的眼中,博物馆是一个凝思之所、哲学研究机构或缪斯神庙。[1] 至 15 世纪,它又开始与具备审美或历史价值的奇珍异宝关联起来,日渐成了收纳琳琅满目藏品的知识宝库。18 世纪以来,博物馆基本被认定为保存、展示历史和自然实物的地方,旨在让受众通过欣赏数量庞大的实物来学习知识,以获得教育。时至今日,博物馆不再保留古典时代后期的理念和做法,而是综合多种要素和手段,向民众传递物载信息,致力于满足人类所固有的好奇心、探索欲和怀旧感。当我们回溯人类历史发展的浩渺长河,时常会思考这样一个问题:为什么博物馆在跨越数个世纪的历史变迁中,会将有些物品作为文明碎片保存下来并收入囊中?它们相较于其他为什么就更具价值?

虽然表面来看,这取决于物品的自身价值,但归根到底却取决于人对该物品的价值判断。正是受这种价值判断的驱使,物品最终从现实的环境中被抽离,退出使用空间而进入博物馆场域。所以某种程度上,要探寻人类痴迷"实物"的内在根源,实际上要解答的是人类对实物的

---

[1] 杰弗里·刘易斯、苑克健:《藏品、收藏家和博物馆——世界博物馆发展纵览》,《中国博物馆》1993 年第 1 期。

价值感知及其变化,这取决于收益相较于成本之比及其大小,通常会受制于主观的个人及心理和客观的外部环境等因素影响。

当我们试图为人类痴迷"实物"的生成逻辑寻找解释机制时往往离不开两大前提。实物虽然只是物质文化中最小的构成元素,但是"痴迷"实物本身却是一个建立在价值判断基础上的复杂行为。因为实物既反映了该物品与某一社会的特定关系,如"存在平行、对立、倒置、线性、等价等关系及其多重转化"①,同时也是某一个人或群体心理和行为共同作用的结果。所以要理解实物及其所拥有的吸引力,"必须从超越物质的角度予以思考,从表面现象深入潜在的现实。这意味着我们在思考事物之间的关系,而不仅仅是事物本身"②。任何物品在进入陌生世界后,都有可能携带着人类无法直接洞悉的遗传密码,而非仅限于物理信息,其等待被解释和被理解。我们也许可从以下这段颇具通透性的思考中得到一些启发。

在一般博物馆的实践中,物的"逻辑"是在某些学科的背景下解释的,在博物馆研究中通常被称为"主题学科"。这些学科,如艺术史、考古学、人类学、自然史等,对物品的信息内容形成了自己的思路。这些方法通常只针对一个方面,可以被描述为"封闭"。在博物馆学中,应该发展一种"开放的方法"(open approach)。博物馆学的一个基本概念是,物是无限的信息来源。在这方面索拉(Sola)使用了太阳系的图式作比,"物品本身已经铭刻了自然、文明和文化的遗传密码。每个物体都像是包含了整体的特征"。但索拉警告说,不要把物体还原为物理信息:"今天博物馆里的众多物品只作为美丽的物品而被人所知。他们已经完全失去了由其功能以及创造他们的意图和野心而具有的真实的、固有意义的痕迹。"③

只要稍做分析我们就能发现,这段话主要传达了两方面意涵,由此构成解释实物生成逻辑的两大前提。

---

① Christopher Tilley, "Interpreting material cultural", in Susan M. Pearce (ed.), *Interpreting Objects and Collection*, Routledge, 1994, pp. 67-75.
② Ibid.
③ Peter van Mensch, *Towards a Methodology of Museology*, University of Zagreb, Faculty of Philosophy, 1992, pp. 42-46.

前提一，物品虽是真实的信息碎片，但却包含着整体特征，扮演着"宇宙流亡者"的角色。因此我们不可仅作为中立的观察者从外部感知物品，还需要意识到它们具备媒介价值，是认知世界的一种证据来源。所以物品通常拥有观念特性、事实特性和动态特性。其中，观念特性是指任何物品的生命历程往往都是从一个想法开始的，制造者的想法使得生命体和无生命的物之间的区隔被打破，物品由于被注入观念而被赋予媒介化价值。门施认为，物品在观念特性实现后具备事实特性，在使用和流传过程中又产生动态特性。如果说门施是从物品特性养成的过程逻辑展开分析的，那么剑桥大学的物质文化理论专家伊恩·霍德（Ian Hodder）则是从区分物品价值意义的可能性上来解读物品特性的：功能主义学家、唯物主义学家和实用主义学家通常立足"使用意义"来论述物品对世界的影响，此外还有传递结构或内涵意义的"象征意义"，以及联系过去和未来的"历史意义"。[1] 鉴于此，我们需要为物品构建相对完整的信息结构，而该结构将有助于解构和理解物品的材料及其内涵的复杂性。

前提二，放弃单一主题，使用"开放"而非"封闭"的方法。由于实物需要在各种情境中被灵活使用，因此单一视角无法全方位地还原其使用情境，也无法挖掘其全部信息潜力。因为尽管物品携带物质属性，但是经过社会加工，亟待系统地解释，所以研究者不仅需要学富五车，还需要经多见广。因此，该项工作对人员的受训背景和多元构成提出了较高要求。麦克朗（E. McClung-Fleming）创造了一种颇具开放性的方法，该研究方法包括鉴定（事实描述）、评估（判断）、文化分析（人工制品与其文化的关系）和解释（意义）等环节。[2] 尽管如此，还原事实本是一个美丽的谬论，但人们依然没有放弃无限趋近事实的努力。

---

[1] Susan M. Pearce, "Collecting as medium and message", in Eilean Hooper-Greenhill (ed.), *Museum, Media, Message*, Routledge, 1995.

[2] R. Elliot, et al., "Towards a material history methodology", in Susan M. Pearce (ed.), *Interpreting Objects and Collection*, Routledge, 1994, pp. 109-115.

## 第一节 表层因素：人类的经验式收藏与"痴迷"行为

人类"痴迷"实物的内在情感，最为直接的外化表达就是将珍爱之物进行收藏。从历史的角度看，收藏行为是人类的一种天性，可追溯至史前甚至智人诞生前。在考古发掘的一些洞穴中，尼安德特人会将收集起来的物件小碎片专门安置在一个地方。然而"保存社会记忆"的概念进入人类的收藏活动，大致是在基格伯格（Quiccheberg，1529—1567年）时代之后。收藏由原本皇室、教会和贵族的狭隘附属品，逐步转变成为每位社会公民都能接近并共享的教育资源。正是在这种混沌中，新观念和新做法交织和碰撞，现代意义上的公共博物馆问世了，新的雏形深远地影响着人们的观看和视野。在这一背景下，人类经验性收藏的动机由个人的主观偏好转向社会的记忆需求，从个人收藏的心理基础走向集体记忆的使命驱使。这些使命主要表现为：19世纪前半叶重视民族文化而不带有突出的政治性；到19世纪末担负起开启民智的任务，反映由国家权力认可的主流文化或主流秩序观（至少是不反对的集体记忆）；再到20世纪下半叶出现具备另类记忆（反记忆）性质的另类收藏，挑战现有国家权力主导下的宏大历史叙事和集体身份权威，要求在提升民众精神素养和共担人性灾难的同时，重新回答"我们是谁"的问题。[①]

### 一、个人占有的视角：收藏行为的心理学基础

收藏是飞禽走兽的一种本能，多数情况下人类也爱好收藏，甚至有些收藏家会为此疯狂，犹如患上精神疾病，不仅千金散尽，还会不择手段甚至违法偷盗，可能只有当兴趣转向、破产或死亡时，这种收藏才会

---

① 徐贲：《通往尊严的公共生活》，中央编译出版社2016年版，第363—368页。

终止。苏珊·皮尔斯曾别具慧眼地将私人收藏的意义描绘为:"我们进入了一个神话和隐喻的诗性世界,在这个世界里,每个人都可能生活在混沌的经验中,并将它转化为一种个人的意义,收藏所具有的正是这样一种转化力量。收藏品为我们提供了一个自成一体的私人世界,就像是映照我们身心的镜子。"[1]因为收藏者个人在收藏物品的同时总会投入各自强烈的情感。从邮票到糖纸,从书画到日记本,从珠宝首饰到钥匙扣,人们收藏之物应有尽有,虽然它们可能并非价值连城,但对收藏者而言必定具备特定意义。

收藏从来不是一个严肃的学术话题。因此,早期有关收藏的研究大量出现在小说、传记等流行文学之中。这种情况直至20世纪80年代中期才有所改观,许多学科开始涌现有关收藏的出版物。以苏珊·皮尔斯、拉塞尔·贝尔克(Russell W. Belk)、丹内费尔(D. Dannefer)、奥姆斯特德(A. D. Olmsted)、麦克劳德(D. S. MacLeod)、乔治·史铎金(George Stocking)为代表的学者从物质文化领域、经济学、社会学、人类学、艺术史和博物馆学等学科视阈下探讨收藏问题。[2] 与收藏相关的研究逐步催生出物质文化研究学者们新的研究兴趣。然而相较于成人收藏研究的日渐趋热,儿童的收藏研究始终未获得足够重视,仅在20世纪初出现了以菲比(L. Furby)[3]、萨顿-史密斯(B. Sutton-Smith)[4]、纽森(J. Newson)[5]、布伦达·戴奈特(Brenda Danet)[6]为代表的学者,开展了有关所有权的心理学、儿童游戏偏好、注重儿童语言、

---

[1] Susan M. Pearce, "Collecting as medium and message", in Eilean Hooper-Greenhill (ed.), *Museum, Media, Message*, Routledge, 1995, p. 21.

[2] Brenda Danet, Tamar Katriel, "No two alike: Play and aesthetics in collecting", in Susan M. Pearce (ed.), *Interpreting Objects and Collection*, Routledge, 1994, p. 221.

[3] L. Furby, "The socialization of possessions and ownership-among children in three cultural groups: Israeli kibbutz, Israeli city and American", in S. Modgil and C. Modgil (eds.), *Piagetian Research: Compilation and Commentary vol. 8*, NFER Publishing, 1976, pp. 541-564.

[4] B. Sutton-Smith and B. G. Rosenberg (eds.), "Sixty years of historical change in the game preferences of American children", in R. E. Herron and B. Sutton-Smith (eds), *Child's Play*, Wiley, 1971, pp. 18-50.

[5] J. Newson and E. Newson, *Seven Years Old in the Home Environment*, Wiley, 1976.

[6] Brenda Danet, Tamar Katriel, "No two alike: Play and aesthetics in collecting", in Susan M. Pearce (ed.), *Interpreting Objects and Collection*, Routledge, 1994, pp. 220-239.

收藏中的游戏元素和美学元素等的研究。这些成果视角各异、观点独到,为笔者解读个人经验式的收藏动机奠定了基础。其中给笔者带来最大启发的是苏珊·皮尔斯有关收藏动机的分类研究,她将动机分成"纪念品式的收藏""恋物式的收藏"和"系统化的收藏"①三类,但笔者主张,除上述三类之外还可添加一种新类型——"经济类的收藏"。无论哪种收藏动机,都旨在满足收藏者的个人心愿,他们收获到的将是一种持续演进的"流动体验"。而四类动机对应的心理基础分别为:纪念、恋物、完成感和经济诉求。以下将逐一做简要论述。

一是为了纪念。这样的收藏动机通常发生在"他者"的生活历史中,对于收藏者来说,物品是重要且难忘的,但对其他人而言未必如此,甚至难以激发兴趣。这类收藏代表的是物化的过去,但是仅保存了物质外壳,无法像视音频、图像等再现过程信息,因而不具备将生活历史带入当下语境的力量。最初的体验已经远去,无法重现只能重温,而这种重温是一种相对私人的体验,可能会引发个人愉快或悲怆的情感波动。在这个生活故事中,个人成为故事主角,在重温过去的同时,也能更好地构建自身。

二是满足恋物。19世纪,精神分析学派采用"恋物癖"一词来形容某种特殊形式的性取向,由此导致"恋物癖"概念沾染上了贬义色彩,但本书并不想造成这样的误解,此处仅指对于物的痴迷。除了使用"恋物癖"一词,在政治经济学领域,还会采用术语"拜物教"。马克思在《资本论》中论述道:"这是一种明确的人与人之间的社会关系,在他们的眼中,这种关系是以一种奇妙的形式表现出来的。因此,为了找到一个类比,我们必须求助于迷雾笼罩的宗教世界。在那个世界里,人类大脑的产物是独立的、有生命的个体,彼此之间以及与人类之间都有关系。因此,现在的商品世界是由人的双手生产的。我把这种拜物教称为劳动产品的拜物教,这种拜物教在劳动产品作为商品被生产出来的时候就

---

① Susan M. Pearce, "Collecting reconsidered", in Susan M. Pearce (ed.), *Interpreting Objects and Collection*, Routledge, 1994, p.194.

依附于劳动产品，因此它与商品的生产是不可分割的。"①从这段表述中我们可以获悉，被生产出来的商品获得独立生命，不再囿于原有的社会关系中，而成为被盲目追逐的对象，人和商品之间的关系由此遭到扭曲。

可见，在恋物动机下，物品不再从属于其原生语境，而是从这种初始关系中抽离，进而被注入了沉重的感情，但同时也构筑起自我陶醉的私人世界。英国准男爵②托马斯·菲利普斯（Thomas Philipps）是一位疯狂暴躁的藏书家和恋书狂，他曾将全部收入和抵押房产所获得的钱都花费在了古籍手稿上，甚至当负债累累在外逃亡时，仍然会不惜一切地扩充收藏，最终他收藏的手抄书达到万卷之多，就连当时大英博物馆的规模都远远不及。英国另一位斯图亚特王朝伟大的收藏家、被誉为"英格兰古玩之父"阿伦德尔伯爵托马斯·霍华德（Thomas Howard）的情况如出一辙，一旦发现好的艺术品，他都会添置进自己的收藏中，系统而周密地购买艺术品使他千金散尽、债务缠身，为此不得不只身逃亡海外。虽说恋物和纪念动机一样，生动地彰显出物品和收藏者之间的关系，但不同的是，纪念动机中，客体基本隶属于主体，是否具有纪念价值及其大小取决于主体，而恋物动机则迥乎不同，主体隶属于客体，收藏者之所以会收藏是因为他们对物拥有"强迫症式"的崇拜。出于恋物动机的收藏过程，事实上即为收藏者占有欲不断被满足的过程。

三是获得完成感。如果物品是在纪念和恋物动机下被收藏的，那么物品之间是否存在关联的问题通常不在收藏者的考虑之列，即便是由于恋物，收藏者纳入了大量同类物品，其出发点也并非实现系统化，而只是痴迷于某件或某些独树一帜的展品。但是系统化收藏则不然，它们并非简单的量化累积，而是具备一定的组织原则，致力于将所有同类物件全部纳入并整体分类。所以它被归属为"填补差距的收藏"类型，意味着物品从初始的社会网络中退出，而由收藏者按照自制的秩序

---

① Karl Marx, *Capital: A Critique of Political Economy*, Samuel Moore, Edward Aveling (trans.), Modern Library, 1906, p. 203.
② 准男爵是英国最低等级的爵位，在爵位排序上低于男爵，并非是英国贵族，但是又高于爵士头衔，不过也使用爵士头衔（Sir）。可参见倪世光、牛姗姗：《西欧中世纪贵族等级头衔考察》，《河北师范大学学报（哲学社会科学版）》2021年第6期。

进行关系重构。有关这类收藏通常存在两种截然相反的观点,第一种认为"可以用它做些事情"[①],因为藏品本是遵循一定原则进行的系统化收藏,所以有助于局部地重构第二客观世界。第二种认为此类收藏是"僵化、而非互动的"[②],因为这些藏品物理关系的重置是人为的,暗含某种说服和强加的意味。而我们生活的世界事实上是由社会建构的,它是一个极其复杂的非线性世界,所谓的序列、分类只不过是主体基于自身的视域和认知所创造的。在笔者看来,这两类观点既存在某些可取之处,又稍显偏颇。虽然序列和分类是被重新赋予的,但是世界本身就是以连续性的方式产生出这些物品的。尽管收藏者在重构序列和分类时可能会存在缺位甚至错位,但作为真实身份出场的物品获得有序排列和动态呈现,何尝不是认识和解释世界的最佳方式之一。

四是达成经济诉求。如果说收藏在感性和理性之间存在着张力,而在前三种心理基础中占主导的影响因素是感性因素,那么第四种则是理性因素。以16—18世纪英国的贵族为例。新航路的开辟带来了航海贸易,人文主义思想和新教伦理的传播使教育获得重视,工商业兴起催生出金融中介机构,如银行和拍卖行,进而英国收藏风气开始逐步兴盛,一批英国贵族借机通过拍卖行收购藏品,他们不惜成本、不畏风险,只为获取高额利润。18世纪90年代的法国大革命使得大量世袭贵族受到政治冲击,旧贵族的家族收藏被变卖后,流散至欧洲各处,英国艺术市场也因此获得蓬勃发展。哈斯克尔声称,18世纪末英国的收藏甚至能与巴黎、马德里、圣彼得堡的收藏水平相媲美,丝毫不逊色于意大利的几座主要城市。[③] 相较于通过买卖赚取差价的投机贵族,普通公众也会因经济诉求购买藏品,如珠宝玉石、贵金属或名家字画,但更多是出于保值或增值的考虑,而且这种动机通常并非绝对单纯,可能其中也夹杂着恋物等其他动机。

---

① Susan M. Pearce, "Collecting reconsidered", in Susan M. Pearce (ed.), *Interpreting Objects and Collection*, Routledge, 1994, p. 202.
② Ibid.
③ 张乔:《从贵族收藏到平民的观看》,《大家》2010年第6期。

通过对上述四种心理基础的分析和论述，可获悉收藏既是理性和激情的碰撞，也是意志和行动的相融，同时它们也并非完全孤立地发挥作用，有时会是多种心理基础的组合，此外恋物、完成感的动机中可能还会伴随炫耀，进而完成身份塑造。

## 二、平民观看的视角：集体记忆的使命驱使

藏品为人类文明提供了物化证据，拥有不可估量的教育价值。如果说从个人占有的视角讨论收藏行为的心理学基础只是"个人记忆，仅与个人生活史有关"[①]，那么下文我们将继续探究作为集体记忆的收藏，其通常立足的是平民视角，主要由博物馆、图书馆等收藏机构承担。徐贲认为："实物保存对于集体记忆想象和再现历史至关重要。……这些物品的历史感之所以能转化为集体记忆，是因为它们本身能吸引公众的凝视，不只是由于好奇，而更是由于一种凝视过去的'惊诧'。"[②]但必须承认的是，博物馆将收藏行为与集体记忆关联起来并非天经地义，因此早期博物馆的收藏行为会与个人占有的视角发生交叉，动机上也会存在一定的重合。1970年，英国博物馆学者阿尔玛·维特林（Alma S. Wittlin）曾围绕博物馆的收藏目的展开过类型划分：

1. 经济囤积的动机；
2. 博取社会名望的动机；
3. 相信其具有神秘魔力的动机；
4. 表达群体忠诚的动机；
5. 激起人们好奇心和探索兴趣的动机；
6. 作为情感体验佐证的动机。[③]

但自20世纪中后期起，服务社会公众的新理念，成为驱动博物馆

---

[①] ［美］保罗·康纳顿：《社会如何记忆》，纳日碧力戈译，上海人民出版社2000年版，第19页。

[②] 徐贲：《"文革"文物收藏和怀旧的大众文化》，http://www.aisixiang.com（2006年10月23日），最后浏览日期：2022年2月20日。

[③] ［美］爱德华·P. 亚历山大、玛丽·亚历山大：《博物馆变迁：博物馆历史与功能读本》，陈双双译，陈建明主编，译林出版社2014年版，第205页。

实践行为的重要因素。此时,藏品内蕴的"记忆"成为价值判断的依据①,促使博物馆改变了收藏动机和收藏政策。博物馆开始重视实物蕴含的"记忆",换言之,掌握实物是如何获得历史和文化意义,进而成为社会变革中的一部分的。人类对"记忆"的研究始于西方文化形成的初期,但基本囿于与个人相关的领域。直到20世纪初期,集体记忆理论的出现将记忆的研究视角转向了集体。集体记忆理论认为,人的记忆尽管是个体拥有的,但却是在与不同社会团队的内部交往中形成的,不仅由个体的身体因素决定,还受到社会框架的制约,所以只有结合个体所述的集体,把他与集体成员之间的关系联系起来,才能理解他的思想和所回忆的内容。② 此后,德国的扬·阿斯曼(Jan Assmann)和阿莱达·阿斯曼(Aleida Assmann)在梳理前人记忆研究的基础上开创了文化记忆理论,记忆研究的文化领域被开启,他们指出,集体记忆包括两种回忆:指向个体生活的生平式回忆,指向群体起源的巩固根基式回忆。这两种回忆都强调人们形成记忆的过程,而作为该过程的结果,分别形成了交流记忆和文化记忆。③ 其中,交流记忆并不存在特定的维护者,通常借助个体间日常接触和交流便能建立起来,但作为一种口头的、日常的短时记忆,交流记忆的时间跨度至多不过三四代人,会伴随见证者的换代不断更替。相较而言,文化记忆内容则可一直回溯到远古时代,不仅仅是关于过去的知识,主要是其相对应的文化象征意义,可以为社会建构一个具有共同经验、期待和行为空间"象征意义体系",从社会层面把人和他们身边的人连接起来,从时间层面把昨天和今天联系起来,在对文化的追溯中培养起人们的身份认同意识,即文化的凝聚性特征。④因此,文化记忆的传承内容是有选择性的,被选择的对象往往能兼顾集

---

① 严建强:《博物馆与记忆》,载严建强:《缪斯之声:博物馆展览理论探索》,浙江大学出版社2020年版,第5页。
② 金奕沁:《基于文化记忆理论的博物馆展览形式设计研究》,复旦大学硕士学位论文,2023年,第3页。
③ 张俊华:《社会记忆研究的发展趋势之探讨》,《北京大学学报(哲学社会科学版)》2014年第5期。
④ [英]扬·阿斯曼:《文化记忆:早期高级文化中的文字、回忆和政治身份》,金寿福、黄晓晨,译.北京大学出版社2015年版,第6—7页;[英]罗纳德·W. 克拉克:《西方文化巨匠:罗素传》,天津编译中心组译,世界知识出版社1998年版。

体内所有成员的情感和利用,是"社会交往中那些需要被传达的、文化意义上的信息和资料",为了将它们稳定地保存下来,我们需要通过不同载体加以存储、更新、识别、再现。实物便是其中一类至关重要的记忆载体。

剑桥物质文化研究学院(Cambridge Material Culture Study School)的大卫·克拉克(David Clarke)在《文化作为一个包含子系统的系统》(Culture as a system with subsystems)一文中强调,一般系统内各子系统的内部设置构成文化形态(cultural morphology),而与之相对的是系统在其环境中的外部设置,构成了文化生态(cultural ecology)。① 因此通过一件物品,我们至少拥有两大系统:一是其背后因人事交织形成的内部系统,二是由自然、社会和文化等因素构成的外部社会生态。我们不妨以苏珊·皮尔斯的《博物馆、物品和收藏品》(Museums, Objects and Collections)一书中的朋克风格服装为例。朋克一词是"Punk"的音译,虽然肇兴于美国,但却墙内开花墙外香,在英国成长为一种众所瞩目的运动,从音乐界波及服装界。20世纪70年代中期,由于受到经济危机和等级意识影响,在英国社会下层的青年中诞生了所谓的"朋克集团",这是一群由辍学和失业者构成的反传统群体,他们身着特立独行的装束来拒绝权威和主流,不仅挑战传统音乐,也抗拒旧有时尚,由此形成了一种独特的服装风格"朋克风格"(见图107)。此前这类服装被描绘为:

**图107 朋克风格的服饰**

\* 图片引自刘建长、戴炯、刘红主编:《服饰礼仪和搭配技巧》,东华大学出版社2017年版,第154页。

---

① David Clarke, "Culture as a system with subsystems", in Susan M. Pearce (ed.), *Interpreting Objects and Collection*, Routledge, 1994, p.45.

暗示了施虐受虐、色情、低俗和俗丽的魅力，通过剃光或部分剃光的头，以及一种反化妆（红眼睛、黑嘴唇、脸上的彩妆或图案）在身体表面描绘自己。朋克通过对自己身体的攻击，在自我和外表之间创造了一个疏离的空间；这是真正适合城市贫民的衣服，由物质世界的垃圾建造；生锈的剃须刀片、锡罐、安全别针、垃圾袋，甚至用过的卫生棉条。[1]

因此，兴起之初这种风格的服装穿着甚少，直至 20 世纪 80 年代末，情况才发生戏剧性的逆转，朋克一举成为年轻时尚的代名词。此时年轻女性的主流服装是黑色的皮衣、短裙和紧身裤，妆容是浓重的黑眼圈和亮色的口红，有时还伴随有被凝胶弄硬的短发。这一穿法受到了当时《面孔》(The Face)、《比茨》(Bitz)等时尚杂志的追捧，对其的肯定也言辞凿凿：

这位 80 年代新一代魅力四射的男性发型师在杂志、广告上，与他的女性同行一样为人熟知，他的头发后短前长，涂了油光锃亮的发胶，看上去刻薄而强硬，但同时又毫无表情的自恋，这个新男人是任何欲望的空洞对象，他的性取向模棱两可。目前还不清楚这种美是面向男性还是女性的。[2]

从朋克风格服装这一类物品中，我们可以看到的是一种由内外系统所构建起来的集体记忆，领略到年轻女性的天性及教养，感受到同龄群体给她们施加的压力，同时透露出她们对参照群体的推崇。然而，一旦这些年轻群体也身着朋克风格的服饰，那么和她们有关联的群体也会受到类似影响，进而产生认知与改变的更新迭代和循环匹配，由此缔造出一种特殊的社会时尚，乃至深刻的集体记忆。此反映的是第二次世界大战后经济不景气、失业率高、等级矛盾等交织在一起的社会图景，该图景为生成和孕育这类集体记忆提供了特殊土壤。如果说私人收藏主要满足个人的私欲，那么新的收藏动机和政策则关注物品所负载的记忆，是否记录了过往世界的某些真实片段，以帮助重构起一个业已消逝的特定时空。物品之所以被收藏，不再是因为它被斩断社会关

---

[1] Susan M. Pearce, "Behavioural interaction with objects", in Susan M. Pearce (ed.), *Interpreting Objects and Collection*, Routledge, 1994, p. 38.

[2] Ibid.

系后所呈现的美丽和昂贵,而是因为它成为过往世界遗落在现今世界的代言者和叙述者。因此实物的收藏范围被大大拓展,预示着单纯收藏古董古玩时代的终结。在各类物证中,是否拥有审美和历史价值不再是唯一标准,品相不佳或者日常之物都"堂而皇之"地进驻了库房,因为它们在人类历史长河中占据一席之地。除了可移动的物证外,不可移动的和非物质遗产通常具备更强的迭代记忆功能,所以也被纳入收藏者的视域范围。同时数字藏品的问世更是打破了实物藏品一统天下的局面。藏品的物化信息呈现方式日趋多元,包括直接的、间接的和转化的,其真正意图在于将物品存储的集体记忆唤醒并释放,以不负其跌宕起伏的生命历程。

## 第二节 深层因素:被大脑系统唤起的"兴趣"

兴趣,是一种神奇的情绪,它能"使心理和身体生机勃勃"[①],如果兴趣上升至"殉道"的层面,那么将激活不可估量的潜能,所以好的兴趣能使生命增色、生活添彩。那么,何谓兴趣?兴趣是指人们探究某种事物或从事某项活动的心理倾向,它是人的认识需要的心理表现,使人对某些事物优先给予注意,并带有积极的情绪色彩。[②] 如叱咤风云的石油大亨保罗·盖蒂(Paul Getty),在石油行业赚得盆满钵盈后,每天依然过着守财奴般的节俭生活,却义无反顾地爱上了艺术品。他对艺术的慷慨与生活中的锱铢必较形成了富有戏剧性的冲突,无论是梵高的《鸢尾花》、塞尚的《静物·苹果》、伦勃朗《诱拐欧罗巴》等文艺复兴到后现代主义的欧洲艺术品,还是精美绝伦的银器、壁毯、枝形吊灯、法国家具等装饰艺术,盖蒂都上瘾般地将它们尽收囊中。在心理学上,根据兴趣指向的目标的性质不同,我们可将其分成物质兴趣和精神兴趣两类,前者主要指对于衣食住行等物质生活的兴趣,而后者则指人们对文化艺术、

---

① [美]肯尼思·巴里什:《儿童心理治疗中的情绪》,王晓彦译,机械工业出版社2020年版,第8页。
② 刘淑萍、方丽丽主编:《心理学教程》,江苏大学出版社2016年版,第200页。

科学研究等精神生活的兴趣。保罗·盖蒂的收藏行为显然属于精神兴趣,但又通过物质形式予以表现。说到底,兴趣其实是能被感官真实感知的一种精神寄托。

古往今来,众多先贤曾围绕兴趣问题各抒己见,探本溯源。人们最为耳熟能详的莫过于前文已提及的《论语·雍也篇》"知之者不如好之者,好之者不如乐之者"。柏拉图也曾有过这样的慨叹:"若把'强制'与'严格'训练少年们孜孜以求的方式,改为引导兴趣为主,他们势必劲力喷涌,欲罢不能。"心理学家皮亚杰更是将兴趣与全部智力方面的工作相挂钩,指出"所有智力方面的工作,都依赖兴趣"。爱因斯坦在四岁时,收到父亲给的一份礼物——指南针,发现无论如何摆弄它,指南针始终指向同一方向,因而百思不得其解,他钻研科学的浓厚兴趣也由此被彻底激活。后来爱因斯坦在他的自传中谈及此事,表示正是这件事给予了他探索未知的巨大力量,可见思维世界有时是在不断摆脱惊奇中才得以发展的。伯特兰·罗素(Bertrand Russell)曾唏嘘道:"对爱情的渴望、对真理的追求和对人类苦难不可遏制的同情心,这三种简单而强烈的情感支配了我的一生。"[1]这段话犹如罗素给自己绘制的一幅自画像,能帮助我们大致了解其人。20世纪是一个智者云集的时代,罗素[2]便是其中一位。他于1872年出生于英国贵族家庭,是一位赫赫有名的哲学家、数学家和逻辑学家,一生致力于哲学的普及化,尤其在分析哲学上颇具建树。罗素是家中最小的孩子,虽然备受疼爱,但命运多舛,在2岁和4岁时他的母亲与父亲相继过世,后被送至祖父母家中,然而6岁时,祖父也撒手人寰。祖母对罗素的教育极为严苛,要求他作息规律,不能贪图享乐,告诫他"你不可以随众人去行恶事"[3]"做人要坚

---

[1] 刘德华:《基于人文立场的科学教育变革》,湖南师范大学出版社2016年版,第113页。
[2] 国内有关罗素的研究成果可参见[英]罗素:《西方哲学史》,冯元德译,商务印书馆1976年版;[英]罗素:《宗教与科学》,徐奕春、林国夫译,商务印书馆1982年版;[英]罗纳德·W. 克拉克:《西方文化巨匠:罗素传》,天津编译中心组译,世界知识出版社1998年版;[英]罗素:《心的分析》,贾可春译,商务印书馆2001年版;[英]罗素:《罗素自传(第一卷)》,胡作玄、赵慧琪译,商务印书馆2002年版;车吉心、谭好哲主编:《大家之家·思想卷》,泰山出版社2020年版,第197—211页。
[3] [英]罗素:《罗素自传(第一卷)》,胡作玄、赵慧琪译,商务印书馆2002年版,第14页。

强,有勇气,莫害怕,亦莫惊慌,因为主随时随地保佑着你"①。在这样的环境中,少年罗素常深感孤单,但同时也塑造了他坚强勇敢的个性。11岁时,在学习几何学的过程中,数学给他了极大的确定性,成为他的幸福源泉和一生所爱。1890年,罗素只身前往剑桥大学三一学院求学,一开始,他关心的只是纯粹数学问题,后来兴趣转向黑格尔,潜心钻研哲学。罗素一生著作颇丰,《哲学问题》《物的分析》《心的分析》等无不彰显着他孜孜求索的智慧,《西方哲学史》还获得过1950年诺贝尔文学奖。罗素曾说,他的人生目标是"我之所爱为我天职"②。除了上述经验主义的贤者之行和智者之见外,我们还可以从一些凝结着理性主义的学术成果中一窥究竟。

## 一、伊扎德:兴趣是人的11种基本情绪之一

卡罗尔·伊扎德(Carroll E. Izard)是20世纪70年代的美国心理学家。情绪,一直是心理学研究的薄弱环节,而伊扎德被心理学家安德鲁·斯托曼誉为迄今为止最杰出、最伟大的情绪心理学家。他的情绪理论历经四十多年的不断验证颇负盛名,越来越显示出巨大的价值。尽管达尔文《人类和动物的表情》一书由于强调表情的进化过程,曾一度被心理学家奉为情绪研究的扛鼎之作,但遗憾的是,此进化观在后来的一百余年中销声匿迹。而伊扎德正是继承了这种进化观,在开展面部表情等大量研究的基础上,结合他的学术思想,于1972年创造性地提出情绪的动机-分化理论。其中,情绪是指"具有神经生理、神经肌肉的和现象学的复杂的过程"③,"从个人发育的角度来看,情绪可以分为基本情绪和复合情绪"。针对基本情绪,其判断依据是"必须有特定的神经基础,是生理成熟的自然显露;必须有特定的面部肌肉运动模式的特征;以及可区分的主观或现象学的品质"④。因此,他提出人类的基本

---

① [英]罗纳德·W.克拉克:《西方文化巨匠:罗素传》,天津编译中心组译,世界知识出版社1998年版,第13页。
② 白雯婷:《拿来就用的88个心理学小技巧》,天地出版社2016年版,第218页。
③ 孔维民:《情感心理学新论》,吉林人民出版社2002年版,第95页。
④ 同上书,第96页。

情绪有 8 到 11 种,它们是兴趣、惊奇、痛苦、厌恶、愉快、愤怒、恐惧、悲伤、害羞、轻蔑和自罪。① 而复合情绪大致存在三种情况:一是基本情绪的混合;二是基本情绪与内驱力的混合;三是基本情绪与认知的混合。

伊扎德的情绪动机-分化理论以全面、立体和完整的体系为以往的情绪理论做了一个历史性总结②,试图全面解释情绪的巨大复杂性。首先,他的整个研究成果中强调了"进化""分化"两大核心思想。这一点主要体现于对达尔文进化观的运用上,他认为,看待情绪不能寻找单一的根源,情绪是在适应环境的过程中逐渐发展的。③ 如新生儿天生具备兴趣、愉快、厌恶、悲伤、惊奇五种情绪,而四个月不到的婴儿不可能产生愤怒情绪。不仅如此,针对该观点他还给出了与神经系统和脑的进化、骨骼肌肉系统的进化和分化相联系的解释,在《情绪是动机:一种进化发展观》(Emotions as Motivations: An Evolutionary-develop-mental Perspective)一文中指出,大脑新皮质、骨骼肌肉运动系统和情绪的发展同步,可见多种情绪的分化是适应环境的进化产物。其次,伊扎德提出了一个独具特色的"动力系统"。有别于其他学者,伊扎德在解释情绪的作用时,是从人格整体入手的,指出情绪在人格整体结构中的位置。他认为人格包含彼此独立又相互关联的六个子系统:体内平衡系统、内驱力系统、情绪系统、知觉系统、认知系统、动作系统。④ 而人格系统的发展是这些子系统自身发展和系统之间的联结不断形成和发展的过程。⑤ 伊扎德理论的重要特点在于将情绪与人格联系起来,并将情绪定位在人格系统的动力核心。最后,伊扎德还构建出四个系统的情绪激活理论,成为其动机-分化理论的重要组成部分。四个激活系统具备由低到高的等级性,第一系统是神经内分泌系统,它是由遗传决定的、自发的激活系统;第二系统是感觉反馈系统,由肌肉活动引起感觉反

---

① 郭德俊、刘海燕、王振宏编:《情绪心理学》,开明出版社 2012 年版,第 30 页。
② 李春杰:《伊扎德情绪理论的现实意义研究》《中国外资》2014 年第 4 期。
③ 沈德立、杨治良主编:《基础心理学》,高等教育出版社 2002 年版,第 173 页。
④ 孙宏伟、吉峰主编:《医学心理学》,山东人民出版社 2010 年版,第 72 页。
⑤ 黄敏儿、郭德俊:《伊扎德情绪理论的生物社会取向》,《首都师范大学学报(社会科学版)》2000 年第 1 期。

馈,情绪达到意识水平,从而产生情绪体验;第三系统是动机系统,动机包括内驱力和情感,都属于激活因子,能激发天生的或通过学习而与之关联的情绪;第四系统是认知系统,认知只是情绪激活的重要因素,而非唯一因素。①

兴趣,是情绪的一种基本构成,能使人产生巨大动力,甚至会让人废寝忘食、如痴如醉。研究显示,"约百分之九十的人,脑细胞具备情感效能"②,所以当他们从事感兴趣之事时通常会身心愉悦,大脑潜能得以最大程度地释放。伊扎德的情绪动机-分化理论告诉我们,兴趣是情绪的构建基础,通常具备感情色调,而情绪是人格系统的动力核心,能够鞭策人们主动行动,所以兴趣往往深刻地影响我们的人格系统。同时,兴趣是通过环境中的综合因素塑造的,并随着复杂环境的分化呈现出不同等级。正如伊扎德的研究显示,当兴趣真正发生时,我们的主观体验、生理唤醒和外部表现将会同时发生作用,此时我们不仅在内心能获得愉悦的自我感受,而且还会与大脑皮层、下丘脑、丘脑、边缘系统发生关联,产生一种生理唤醒,此时消化、呼吸、内分泌和循环系统等将发生改变,如呼吸急促、心跳加快,还会出现可以被观察到的嘴角上扬等面部表情。可见兴趣是一个完整的情绪体验,当我们并非真正感兴趣时,可能外部的表情能够伪装,但是愉悦的主观体验和美好的心理唤醒将会缺位,那么也算不上是真正的情绪体验。

## 二、罗素:兴趣与情绪分类环状模型

很长一段时间里,临床医学更关心消极情绪,因为消极情绪与健康问题直接相关,如果这类情绪强烈并持续,将会对健康产生摧枯拉朽式的破坏。然而,随着积极心理学的肇兴,研究者发现积极情绪某种程度上有助于提升免疫力,为健康提供一定的保护因子。人在愉快的时候,通常感到神采奕奕、悠然自得,对周遭发生的事也会积极参与,并分心挂腹。但是人类的情绪错综复杂,如果说前文中伊扎德主要是从情绪

---

① 李春杰:《伊扎德情绪理论的现实意义研究》,《中国外资》2014年第4期。
② 朱典淼:《岁月思絮》,安徽师范大学出版社2019年版,第274页。

的动力层面展开探究,那么波士顿大学的詹姆斯·罗素(James A. Russell)则是从强度层面进行讨论。同时,罗素告诉我们理解情绪除了可以使用传统的研究方法,还能采用一种独辟蹊径的研究方法,即考察表现情绪时所使用的词汇,并从中发现、揭示其相互关联。1980年,罗素为了深入掌握情绪发生的过程即引入这一新颖的研究方法,由此构建出情绪的环状模型。在该研究中,罗素让被试者围绕每一段情绪词评价他们的相似程度,或者告知情绪体验的强烈程度以及容易一并发生的两种情绪。由此,他绘制出一张情绪列表(见图108),此为一个环状分布的模型。后来,罗素在其他国家采用不同的语言做了该项研究,也获得了较为一致的发现。他的研究结果揭示出两大基本观点:其一,邻近的情绪词汇相似,所以能被同时体验到,但也易于产生混淆。罗素指出,"把情绪标示看成是一种描述加工可能是有道理的。它是根据内部情绪状态在模糊系列内的成员等级进行的"。① 如愉快存在稍微愉快、愉快或极度愉快之别,都是"愉快"这一模糊系列中不同程度的成员。同时,相反情绪的词汇也会相反分布,呈现出鲜明的两极性。如

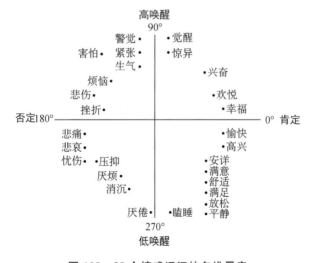

图108  28个情感词汇的多维量表

\* 图片引自James A. Russell,"A circumplex model of affect", *Journal of Personality and Social Psychology*,1980,39(6)。

---

① [美]皮特里:《动机心理学》,郭本禹等译,陕西师范大学出版社2005年版,第323页。

当我们遇到害怕的事情，往往会感到紧张，而不会感到无聊或兴奋，并且害怕与紧张距离越近，无聊和兴奋就会相距更远。其二，环状模型是以纵向（愉快）和横向（唤醒）作为两个基本维度，情绪体验主要依靠"愉快的程度、唤起的程度"。如欣喜是高唤起和愉快的混合体，疲劳是痛苦和低唤起的混合体。可见，情绪可以借助愉快和唤起的强度进行归类①。但近年来，众多研究不再将积极和消极情绪视作二元对立的关系，而认为两者确实存在彼此独立的时候，但特定情境下也会出现混合情绪。②

兴趣，在环状模型中属于高等强度的愉快。其中，愉快因子是指愉快和满足的人生经历、生活事件、个人荣誉、家庭完美、朋友关系等，它们是积极情绪体验的载体。③ 在罗素看来，要弄明白兴趣这一情绪词汇，至少可从四个方面加以解析：一是核心的情感，二是情感的对象，三是情感的性质，四是情感的归因。兴趣的产生通常会存在特定缘由，如小时候在吃糖时被糖纸吸引，长大后必然会知觉到对于该对象拥有的特殊情感。因此，糖纸具备让你的核心情感发生改变的能力，当你看到糖纸时会深感快乐。最后当你意欲对情感进行归因时，会认识到其与你小时候吃糖的经历有关。可见，核心的情感是兴趣的必要条件。丹麦心理学家卡尔·兰格（Carl Lange）曾将情感在心理学中的地位比作"灰姑娘"，由于"智慧"和"意志"两个姐姐的存在而一直不被母亲所喜欢，因此遭到驱逐和抛弃，不得不寄居在心理科学的偏僻之所，直到20世纪七八十年代，学者们才意识到情感的显著影响。④ 在稳定的情感作用下，我们通常感到兴趣盎然，保持着某种爱好和倾向，这不仅影响我们的行为选择，也刺激我们的生理变化，使我们陷入乐而不疲的状态之中。

---

① ［美］卡莱特等：《情绪》，周仁来等译，中国轻工业出版社2009年版，第42页；董文主编，杜娟、张建兴、王淑燕等副主编：《情绪心理学》，合肥工业大学出版社2011年版，第17页。
② 季建林主编：《医学心理学》，复旦大学出版社2020年版，第61页。
③ 季永华、顾祖文、姚蔓玲等：《愉快因子在心理干预护理研究中的进展》，《上海医药》2012年第14期。
④ 邝增乾：《大学英语教学的情感因素研究》，吉林人民出版社2020年版，第11—12页。

## 三、米哈里·契克森米哈赖：兴趣＋能力＝心无旁骛的心流

当收藏行为发生的心理基础是恋物时，我们不禁会好奇：为何这类行为会被赋予如此沉重的情感，使收藏者陷入一种欲罢不能的自我陶醉？其实，在日常生活中，我们时常也会目睹这样的场景：艺术家、作家、作曲家、科学家在全神贯注地工作，似乎失去了对时空的感知，忽略了饥饿疲劳，处于一种如痴如醉的忘我状态中。不难发现，对这种现象的感性知觉和分析解释已经历经数千年，如东方哲学。庄子在《齐物论》中多次提及"物忘""物化"，此为一种主客两忘的境界，①虽然这种境界达成方式主要借助"去欲"的"清净之心"，其潜在的底蕴是"养生"，但实际上实现的是主体和客体在不断移情渗透中的人的物化和物的人化。这种物我两忘的美感关系和超然物外的"至乐"境界，与积极心理学奠基人米哈里·契克森米哈赖创造的"心流"理论如出一辙。众所周知，心流理念的最早提出者是任职于芝加哥大学心理学系的契克森米哈赖②，他在20世纪60年代发表的论文中指出，情绪来自人的内在意识状态，正面情绪可以引发人们的"精神负熵"，而人的意愿、目的和动机是一种"精神负熵"的表现。③ 契克森米哈赖在对数百名作曲家、运动员、极限运动爱好者进行民意测试（poll）、调查（survey）、访谈（interview）和经验采样（ESM）的基础上，获悉当一个人为了完成某项艰巨任务全力以赴时，其智力和体能将被发挥到极致以缔造出一种最优体验（optimal experience）。据此，他于1975年正式提出"心流"（flow）概念，用以形容此类状态，即"一个人完全沉浸在某种活动当中，

---

① 李天道：《老子美学思想的当代意义》，中国书籍出版社2019年版，第236页。
② 国内有关心流理论的研究成果可参见［美］米哈里·契克森米哈赖：《心流：最优体验心理学》，张定绮译，中信出版社2017年版；邓鹏：《心流：体验生命的潜能和乐趣》，《远程教育杂志》2006年第3期；［美］米哈里·契克森米哈赖：《生命的心流——追求忘我专注的圆融生活》，陈秀娟译，台北天下远见出版股份有限公司1988年版。
③ 金雯婧：《基于心流理论的互联网购物平台用户体验设计的研究》，浙江大学硕士学位论文，2016年，第7页。

无视其他事物存在的状态"。①"Flow"有时也会被译成"生命的心流"②"沉浸"③"流畅经验"④"神迷"等术语。由于心流属于积极情感,所以心流理论逐步成为积极心理学中崭新而又重要的研究领域。

契克森米哈赖在心流理论上的突出贡献主要表现在两方面:模型构建和特征归纳。

首先,心流模型的构建。最初契克森米哈赖绘制的是三通道模型⑤,该模型以挑战(challenges)为纵轴,以技巧(skills)为横轴(如图109所示)。但遗憾的是,他及团队在研究的十年间未取得显著进展,研究显示当挑战和技能平衡时人们并不是始终感觉良好,换言之,当两者都处在较低水平时,实际上无法企及心流状态。⑥ 直到1985年,马西米尼(F. Massimini)、卡利(M. Carli)在概念和方法上有了突破,他们从底层逻辑上提出一个简洁想法:只有当挑战和技能处于平衡,并且达到一定强度时心流体验才会发生,而该强度是个人面临挑战和可能掌握的技能的平均水平。于是他们对心理模型进行修正,创建了新的四通道模型图(见图110)。⑦ 该模型在心理学领域得到广泛普及和应用,但事实上,它未明确定义挑战和技能的范围,也未对两者进行清晰说明。随着研究的日渐深入,1988年马西米尼和卡利根据所获的一手资料,对挑战和技能的关系系统地进行了梳理,提出内涵更为丰富的八通道模型(见图111):心流体验(高挑战高技能)、受到激励(高挑战中等技能)、

---

① Mihaly Csikszentmihalyi, *Beyond Boredom and Anxiety: Experience Flow in Work and Play*, Jossey-Bass Publishers, 1975, pp. 36-38.
② [美]米哈里·契克森米哈赖:《生命的心流——追求忘我专注的圆融生活》,陈秀娟译,台北天下远见出版股份有限公司1988年版。
③ 黄琼慧:《从沉浸理论探讨台湾大专学生之网络使用行为》,台湾交通大学传播研究所硕士论文,2000年。
④ 王静惠:《网络浏览步入与流畅经验之相关性探讨》,中正大学企业管理研究所硕士论文,1998年;张德仪:《WWW使用者之浏览行为与心理探究》,中正大学企业管理研究所硕士论文,1998年。
⑤ Mihaly Csikszentmihalyi. *Beyond Boredom and Anxiety: Experience Flow in Work and Play*, San Francisco: Jossey-Bass Publishers, 1975, pp. 49-50.
⑥ Mihaly Csikszentmihalyi, "The flow experience and its significance for human psychology", in *Optimal Experience: Psychology Studies of Flow in Consciousness*, Cambridge University Press, 1988, pp. 15-35.
⑦ F. Massimini, M. Carli, *The Systematic Assessment of Flow in Daily Experience*, Cambridge University Press, 1988, pp. 266-287.

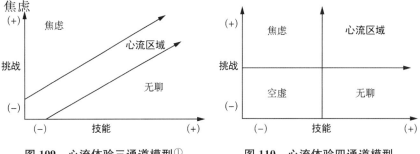

图 109　心流体验三通道模型①　　　图 110　心流体验四通道模型

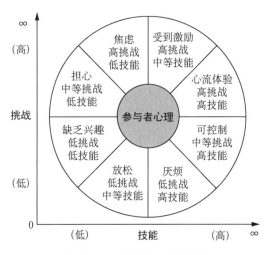

图 111　心流体验八通道模型

(高挑战低技能)、可控制(中等挑战高技能)、担心(中等挑战低技能)、厌烦(低挑战高技能)、放松(低挑战中等技能)、缺乏兴趣(低挑战低技能)。② 此后,克拉克(S. G. Clarke)和霍沃斯(J. T. Haworth)又将安心(中等挑战中年技能)添加,使八通道模型发展成为九通道。③ 而在解释心流问题时,契克森米哈赖实际上也提出了与八通道模型极为相近

---

① Mihaly Csikszentmihalyi, *Beyond Boredom and Anxiety: Experience Flow in Work and Play*, San Francisco: Jossey-Bass Publishers, 1975, p. 49.
② F. Massimini, M. Carli, *The Systematic Assessment of Flow in Daily Experience*, Cambridge University Press, 1988, pp. 266-287.
③ S. G. Clarke, J. T. Haworth, "'Flow' experiencein the daily lives of sixth form college student", *Journal of Psychology*, 1994, pp. 511-523.

的模型,只不过其研究关注的是情绪的动态化和可修正性,认为通过环境、意识等的干扰能促进心流产生或消逝。①

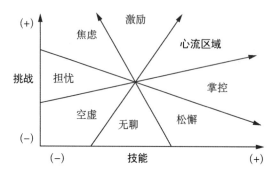

图 112 契克森米哈赖心流体验模型②

其次,心流体验的特征归纳。契克森米哈赖基于大规模调研,试图概括出当人们处于心流状态时可能具备的共同特征,主要囊括九点:挑战与技能匹配、全神贯注、明确的目标、及时的反馈、知行合一、掌控自如、浑然忘我、时间感异常、自身有目的的体验。③ 除了挑战与技能匹配、明确的目标、及时反馈三个特征,其他特征在研究中被频繁使用,之所以上述三大特征较少被应用,有研究者指出,是因为挑战与技能相匹配是先决条件,而明确的目标和及时反馈则是条件因素。④

由此可见,心流体验并非无意识、无目的的行为,它需要具备前提条件——明确的目标和及时反馈,事实上它们强调的是一种"意识"。而意识属于精神力量,使得我们在拥有一定技能基础后能持续地投身其中,从而成为自我意识的构成部分。这种具备精神力量的"意识"在此处就可以被理解为"兴趣"。通常情况下,当我们在做一件事时,较易分散注意力,譬如一会儿翻阅手机,一会儿起身喝水。契克森米哈赖将

---

① Mihaly Csikszentmihalyi, "The flow experience and its significance for human psychology", in *Optimal Experience: Psychology Studies of Flow in Consciousness*, Cambridge: Cambridge University Press, 1988, pp. 15-35.
② Ibid.
③ 金雯婧:《基于心流理论的互联网购物平台用户体验设计的研究》,浙江大学硕士学位论文,2016 年,第 11—13 页。
④ Hsiang Chen, M. S. Nilan, "Digital format of experience sampling method — transformation, implementation and assessment", AMCIS, 1999, pp. 692-694.

这种人类内心秩序混乱的状态称为"精神熵"。熵，本是一个热力学术语，是指在能量转换的过程中，由有序到无序、由结构到消散的一种趋势。因此，我们从事某事时往往会拥有一种无序的意识，当我们意欲与外界抗衡时，结果一般是内在秩序的失控，导致"精神熵"的产生。只有当我们完全专注于某事，使作为精神力量的"意识"（兴趣）发生作用，促使无序的意识建立起一种新秩序，便触发了一种"精神负熵"——心流体验，这也是前文提及的心流研究的最初缘起。综上，从体验主体来看，"心无旁骛的心流＝高挑战＋高技能"，而高挑战从根本上由兴趣支撑，技能则依靠能力，所以心流体验本质上可被视作"兴趣＋能力"的组合。

# ◀第十章▶
# 再思实物与人类学习

实物是我们日常生活中一个极为普通的词汇,但论及实物,我们一直无法回避的难题是:在日常之物及其所引发的哲学思辨之间始终存在特有的鸿沟。① 我们希望理解物,但很多时候,物被创造之时的物理环境已不复存在,呈现的只是历史和社会重构的结果。通过对物与其交织的关系网络的探索,我们希望进入的是物背后的那个世界,因为所有被收藏之物在收藏之前,生命历程就已开始。因此在本章中,我们尝试克服思维的惰性、定式和局限,敲碎社会植入我们头脑中的刻板印象和思维"黑洞",跳出人类自我设定的画地为牢,从"人"的视角翻转至"物"的视角,以重新省思实物与人类学习的话题。本章共分为两小节,第一节论述尽管人类只关注物与人交叉的部分,但实际上实物拥有完整生命史;第二节探讨实物之于人类学习的重大意义。在本章中我们试图用后人类的思维,打破以人为中心的传统人文主义,探索宇宙之中物质文化的奥妙与秩序,以便为重新为人类学习把脉、开方、治病。

## 第一节 对象与厘清:物拥有完整的生命史,并非只有与人交叉或共时的部分

需要承认的是,人们在探讨实物时,通常太过于陷于共时的情境

---

① Susan M. Pearce, "Museum objects", in Susan M. Pearce (ed.), *Interpreting Objects and Collection*, Routledge, 1994, p. 9.

中,而且只能看到物与人交叉的部分。实物世界并非是我们仅仅借助语言的社会世界和个人观察就能理解的世界。"实物虽然是人类根据文化所确定的计划而有意塑造的,但它们同时又是人类的自然环境的一部分。"①布鲁诺·拉图尔(Bruno Latour)借用"柏林钥匙"的例子加以说明。钥匙是普鲁士锁匠制作的,它迫使主人记得晚上锁门和白天关门是不同的,所以,它成为一个记忆的工具。② 由此,人类学家伊戈尔·科普托夫(Igor Kopytoff)在 20 世纪 80 年代提出物的文化传记理论。提姆·英格尔德(Tim Ingold)也指出物质性要求我们关注物质、物的生命史及它们在历史中的传播。③ 尽管我们比较容易驾驭物而难以驾驭人,所以对物会产生一种亲切感,但是事实上,我们理解物并不容易。

在笔者看来,很多时候人们看到的只是物与人交叉的部分,并且主要是与当时代交叉的部分,所以在理解实物时通常会存在两大局限:一是将物置于主-客体关系的语境之中,而忽视客体离开主体后的生命历程。二是将物置于与观看者共时的背景之中,而忽视物历时语境下的完整生命史。

首先来看局限一,"将物置于主-客体关系的语境之中,而忽视客体离开主体后的生命历程"。简言之,通常人们看到的物,只是在特定环境下与人发生交互的物。譬如无论诸葛亮手持的白羽扇、蜘蛛侠出场时身着的蜘蛛战衣、查理·卓别林爱不释手的拐杖……这些物倘若离开了人,便不那么容易获得万众瞩目。《理论、文化和社会》(*Theory, Culture and Society*)期刊的特刊导言中,曾有这样一段精彩的总结:

物要有象征意义的构造,要有故事线,并能承担人的代言人的角色以获取社会生命;社会关系和社会实践反过来也需要具有物质基础以获得时空上的稳定性。④

---

① J. Deetz, *In Small Things Forgotten*, Garden City, Doubleday Natural History Press, 1997, p.7.
② [英]迈克尔·罗兰:《历史、物质性与遗产:十四个人类学讲座》,北京联合出版社 2016 年版,第 47 页。
③ Tim Ingold, *The Perception of the Environment: Essays on Livelihood, Dwelling and Skill*, Routledge, 2011.
④ [澳]伊恩·伍德沃德:《理解物质文化》,张进、张同德译,甘肃教育出版社 2018 年版,第 185 页。

因此，人们但凡讲物，必然会首先将其置于一个主-客体关系的语境之中。但是事实上"存在并非即被感知"，深山老林中的树木并不会因为无法被人感知而不存在。同时，今天的我们并不缺乏交互信息，缺少的是较为客观的信息，而客观性是我们认知世界的重要基石，能够有助于我们看到世界本来的样貌，而非借助于人们的主观判断及其可能的偏见。但是客观性的培养并非易事。每天我们会接受来自外界的各种感官刺激，在受训背景和生活经历的作用下产生各不相同的理解，进而影响我们的行为。因此，每个人都会无意识地将自己置于现实的中心，就像地球在宇宙中其实并无任何特殊地位，只不过它对于我们来说很重要。同样的道理也适用于人类自身。虽然我们依托眼、耳、口、鼻、舌和身体等拥有了较强的感知能力，但在更广阔的时空中，每天会发生许多事情，而且有些是非常重大的事情，然而因为与我们不直接相关或无重大相关，所以我们对此毫不知情或置之不理，越早抛弃偏见，越能尽早理解真正的现实。

从求异的逆向思维看，虽然物因为与人的交叉才被人关注，但离开人的关注，它作为物质实体依然存在，本身固有的价值也从未逝去。我们应当看到物及其本身的物质性，即，物由于被填充了具备结构的材料，所以形成特定的构造或边界，并在动态的环境中发生变化。① 如一件漆器首饰盒，它不只是作为首饰盒的漆器，还同时表现为具备纹理和质感的木质材料的存在形态。若我们将眼光从漆器首饰盒转向木材本身，那么作为首饰盒的木材只是其生命历程中的一个片段，木材的生命是可以被延长的。在被制作成漆器首饰盒之前和磨损破坏之后，它可能已经历过或者将继续经历其他曲折离奇的生命历程，但颇为遗憾的是，人对漆器首饰盒的感知通常只局限在其生命历程中与人交叉重叠的部分。

其次再看局限二，"将物置于与观看者共时的背景之中，而忽视物历时语境下的完整生命史"。通常会存在两种情况：其一，受限于"博物馆效应"，使物只停留在博物馆学情境中，而无法再现物在社会生活中

---

① Tim Ingold, "Materials against materiality", *Archaeological Dialogues*, 2007, 14(1); Tim Ingold, *The Life of Lines*, Routledge, 2015.

的每一阶段及其多重情境。博物馆物如同原生环境中遗落下的文明碎片，尽管基于这种物证可能帮助还原真实的历史和文明的演进历程，以生动再现其时空坐标下的广阔图景，但不得不承认可能存在两方面问题。一方面仅仅从审美意义上展示博物馆物，使得博物馆物所负载的内在意义被隐性地浪费。如在卢浮宫二楼中间的大厅有一幅家喻户晓的艺术珍品《蒙娜丽莎》，尽管漫步展厅时，你可以欣赏到蒙娜丽莎的迷人微笑，也可能发现蒙娜丽莎的目光会跟随你而左右移动，但你未必能够弄清楚达·芬奇绘画所采用的透视画法，也不会知晓这幅作品曾在多家皇家宫殿辗转，最后才落户于此。另一方面虽然博物馆作为一种传播媒介有助于物载信息的公共化，但一个展览也仅是一个展览而已，只能塑造并提供了一种阐释与观看方式，会受制于展览的传播目的、内容结构和规模大小等的限制。因此，展览更多时候提供的只是吸引观众注意并激发兴趣的入门导读。实物在完整的生命历程中所拥有层次丰富的信息构成，需要突破博物馆的物理空间及其被赋予的光环，使普罗大众轻松可及，易于接收并获得理解。

博物馆物和实物的生命历程究竟存在怎样的关系？同时实物的生命历程又存在哪些重大转变？事实上，彼得·冯·门施就曾经在他的博士论文《走向博物馆学的方法论》（*Towards a Methodology of Museology*）中围绕上述问题做过深入思考。他独辟蹊径地提出了实物存在"三重情境"，依次为使用中（in use）的初级情境（primary context）、不使用（out of use）的考古学情境（archaeological context）和保存中（preserved）的博物馆学情境（museological context）。同时在三种情境的基础上，门施还探讨了实物生命史中的四次转化。正是在这四次转化中，实物走完了较为完整的生命历程。以下，笔者摘录了其中的一些颇具创建性的观点：

初级情境，是指物品具有使用价值和经济价值的情境，也称原始情境、功能情境、系统情境。该情境代表一个持续的文化系统，实物在其中可被定义为商品进行交换；博物馆学情境，是指经过选择后物品获得记录价值的情境，该情境中的博物馆被定义为一个象征性和交流性行为的综合系统及其创造物，是比作为机构的博物馆更广泛的概念；考古学情境,是指文化材料的非行为状态,可被理解为被废弃物品的一种临时或永久存放形式。

PP 转化(primary context to primary context transforms)代表停留在初级情境中的重新使用,意味着实物的社会生活的延长。具体可分为:回收、二次使用和横向循环。根据生存价值区分出暂时性物品和耐用物品。PA 转化(primary context to archaeological context transforms)是指故意从正在进行的文化系统中移除实物并丢弃,通常这是功能退化的结果,涉及实物的社会死亡(去商品化)。AM 转化(archaeological context to museum context transforms)即考古发掘,该物品可能被恢复并重新引入文化系统(再商品化)。PM 转化(primary context to museum context transforms)是指博物馆保存实物属于一种文化选择,存在供求关系。这种转化不只是由初级情境中的使用者发起,也会由在博物馆学情境中工作专家发起,是他们积极收集和选择带来的结果。大多数现有的研究都将 PM 转化作为博物馆学情境中文物积累最为重要的过程。[1]

可见,门施独辟蹊径地提出了实物存在的"三重情境",依次为使用中(in use)的初级情境(primary context)、不使用(out of use)的考古学情境(archaeological context)和保存中(preserved)的博物馆学情境(museological context)。与此同时,在三种情境的基础上探讨了实物生命史中的四次转化。正是在这四次转化中实物走完了较为完整的生命历程,我们可将其描绘成商品化—去商品化—再商品化的过程。但显然,并非所有实物都将经受生命历程中的四次蜕变,有些会在其中的某处转化中画上终止符,但四次转化构成了一个持续的文化系统,实物将在这个系统中前后相承地完成质的改变。门施将其抽象为商品化—去商品化—再商品化的过程。这种思考能够帮助我们跳脱出博物馆物的视野,批判地看待物的博物化的局限,通过立足于物,大尺度地回溯其颇具阶段特色的"一生",进而惊喜地发现日常实物学习的无垠空间。

---

[1] Peter van Mensch, *Towards a Methodology of Museology*, University of Zagreb, Faculty of Philosophy, 1992, pp. 48-52.

其二,日常物品在认知层面具备同频共振的历时性特点,所谓日用而不知。以糖为例,糖是一种平淡无奇的日用食品,但国学大师季羡林在古稀之年却不惜花费17年时间,于87岁时完成了两巨册的《糖史》,全书共计87万字。故事要从1935年讲起,当时还在德国哥廷根大学留学的季先生意外地发现了一个有趣的现象,欧洲原来并没有糖,但印度却有。直到20世纪80年代初,也就是40多年后,他又在一次的偶然机会中获得了一份敦煌残卷,发现残卷上载有印度的熬糖术,由此他的"糖史"研究之路得以开启。于是,这位老人在耄耋之年,每日风雨无阻赶赴图书馆,眼花心颤地搜索各种书籍,最终完成了鸿章钜字——《糖史》。糖虽然是我们日常生活中微不足道的东西,但是我们却可从它的历时性变化中看到其漂洋过海的变迁史,更展现出千百来年国与国之间文化的交流与互惠。我们可能对每个时代的宏大叙事了然于胸,但对吃穿住行所涉及的常物却知之甚少,始终隔着一层迷雾,不得其门而入。雷颐在《"日常生活的历史"最重要》一文中指出:"历史研究中日常生活的状况和细节其实最重要。"[1]但长期以来,我们在处理历时性问题时,更热衷于帝王将相的家谱和传记,而对普通人的衣食住行漫不经心,因此难以较好地从物质文化史、社会史和生活史中来认识世界与自己。"先秦时期有上衣下裳、上下衣相连两种主流服饰。无论男女都蓄发,因为受到'身体发肤受之父母'的中原文化影响,为束住发髻,贵族使用冠,而隐士和庶人则选择头巾。据考证,周代人重视肉类检疫,饺子可能在东汉已出现,茶泡水的流行始于元代。从殷商到周朝,多数人住的是茅草屋,而唐代茅草屋却成为农人和布衣的标配,统治阶层往往居住于亭台榭阙。古代人出行时,交通工具主要是牛车和马车。"[2]从上述围绕衣食住行的描绘中,我们可领略自然世界和人类社会的生生不息,从中探寻自身与过往世界的继承和发展关系。"我"是谁?从哪里来?到哪里去?此为一个永恒且难以参破的哲学命题。从某种

---

[1] 雷颐:《正史所不屑的"吃穿住行",在生活史和社会史中为何如此重要?》,https://k.sina.com.cn/article_1644114654_61ff32de020014nrs.html(2020年11月21日),最后浏览日期:2021年9月13日。
[2] 王力主编,马汉麟等执笔,刘乐园修订:《中国古代文化常识(第4版)》,北京联合出版公司2015年版。

程度上说，只有弄明白"我"从哪里来，才能更好地明白"我"是谁。与此同时，从古至今，四季、生命轮回似乎从未改变：人们日出而作、日落而息、生儿育女、婚丧嫁娶，而生活中的诸多常物则被代代相传或不断制作，事实上，后来人继承的不仅是这些物品，更是记忆和智慧。倘若我们以物质世界的历时性东西为镜，它们的生命史并非财富，而对其生命史的了解与反思才是真正的财富。

## 第二节　误区与突破：人类的实物学习与大脑的潜能开发

在本书第二部分第四节"受众认知的底层机制"的第一点"对大脑的求索：自然杰作中的智慧密码"中，笔者已对大脑基本的功能结构及其星罗棋布的信息处理网络做过概述，但是未曾涉及大脑的脑区及其蕴藏的巨大潜能。脑科学时代的到来，为我们探索大脑这块神秘之地奠定了坚实基础和无限可能。美国早在1989年就提出全国性的脑科学计划，并把20世纪最后10年命名为"脑的10年"[①]，世界各国也纷纷涉足其中，试图揭开大脑与人工智能的奥妙。如日本于1996年继1986年的"人类前沿科学计划"后制定了20年的脑科学计划纲要——"脑科学时代"，大力倡导神经科学的研究[②]。欧洲在20世纪80年代后期也提出了发展神经科学的计划——"脑计划"[③]。在我国，脑功能研究同样被纳入了重大基础科学研究计划——"攀登计划"[④]。毫无疑问，脑科学研究在21世纪将成为全球范围内的重要前沿领域和科技竞争的制高点。当本书从认识论和方法论层面实现了对实物学习的转向、内涵及其模式的探究后，希望在行文的最后重返至实物与人类学习这一议题，进一步叩问和省思在脑科学时代，人类依托实物的学习对重塑大脑和延伸

---

① 罗晓曙主编：《人工智能技术及应用》，西安电子科技大学出版社2020年版，第179页。
② 周光召主编：《现代科学技术基础　上》，群众出版社1999年版，第190页。
③ 钟义信等编著：《智能科学技术导论》，北京邮电大学出版社2006年版，第198页。
④ 同上。

自身究竟会产生什么样的内驱力。为此,笔者将从三个方面逐一展开:首先,围绕大脑左右半球的分工以及人们趋之若鹜的"右脑开发"问题展开讨论,以明确认知并澄清误区,此为把握大脑潜能的前提;其次,认识大脑作为统一整体所蕴含的巨大潜能;最后,探索人类如何依托实物学习来帮助实现大脑的潜能开发。

首先,针对大脑左右半球的分工以及人们趋之若鹜的"右脑开发"问题展开讨论,以明确认知并澄清误区,此为把握大脑潜能的前提。大脑,包括左右两个半球,还可进一步区分成不同脑区——"枕叶、顶叶、颞叶和额叶",而脑组织则主要由神经细胞(神经元)和胶质细胞构成,其中神经细胞被视为脑的基本功能单位。① 令人兴味盎然的是,不仅我们的思维之所——大脑被分成左半球和右半球,事实上我们的身体从头至脚有一条天然的对称线,所以还将人体分成了左右眼、左右手和左右腿。最早针对大脑左半球优势提出洞见的研究者是法国医生马克·达克斯(Mark Dax),而在左右半球脑研究方面功勋卓著的无疑是美国神经心理学家罗杰·沃尔科特·斯佩里(Roger Wolcott Sperry)②,他因为提出左右半脑的功能专门化而获得诺贝尔医学奖,该项研究的发现至今影响深远。1913年,在美国康涅狄格州的首府哈特福特(Hartford),一位男婴呱呱坠地,被取名为罗杰·沃尔科特·斯佩里。斯佩里的父亲在他童年时便早早辞世。尽管如此母亲依然为家里营造出了一种良好的学术氛围,在这样的环境中,斯佩里茁壮成长,性格内敛含蓄,热爱各项运动,但不热衷于成为众人瞩目的焦点。因此,长期以来他只是专注于自己的科学研究及观点表达,屡屡在权威期刊上发

---

① 经济合作与发展组织编:《理解脑:新的学习科学的诞生》,教育科学出版社2010年版,第17页。
② 国内有关罗杰·沃尔科特·斯佩里脑研究的成果可参见王延光:《斯佩里对裂脑人的研究及其贡献》,《中华医史杂志》1998年第1期;李蔚、祖晶:《大脑两半球功能的传统观念与斯佩里观点》,《中国教育学刊》1999年第1期;张尧官:《脑研究之"明星"——罗杰·斯佩里》,《医学与哲学》1982年第10期;王延光:《斯佩里:脑-意识相互作用理论形成发展过程》,《自然辩证法通讯》1996年第3期;张尧官,方能御:《1981年诺贝尔生理学、医学奖获得者罗杰·渥尔考特·斯佩里》,《世界科学》1982年第1期;杨鑫辉主编:《什么是真正的心理学:50位当代心理学家思想选粹》,福建教育出版社2012年版,第651—656页;《诺贝尔奖讲演全集》编译委员会编译:《诺贝尔奖讲演全集:生理学或医学(第4卷)》,福建人民出版社2003年版,第231—249页;[美]迈克尔·C. 杰拉尔德、格洛丽亚·E. 杰拉尔德:《生物学之书》,傅临春译,重庆大学出版社2017年版,第205页。

表文章,并且文章中的观点总颇为亮眼、极富创见。在斯佩里的研究成果中,最为大家熟谙的莫过于左右脑分工理论。在斯佩里看来,倘若把大脑视为整体,诸多问题都无从解答,而如果转换视角,将左右半球独立出来,那么一切问题都将迎刃而解。他认为:"左半球主要负责有关逻辑、记忆、时间、判断、分析和推理等,尤其是在语言方面具备独特功能。左脑的思维方式具有连续性与分析性,所以左脑被称为'意识脑'或'语言脑'。右半脑则主要负责空间形象记忆、直觉、情感、身体协调、视知觉、美术、音乐节奏、想象、灵感和顿悟等,思维方式具有无序性、跳跃性、直觉性等,它储存着人类进化过程中遗传因子的全部信息,因此被看作是创造力的源泉。"①而左右半球是经由胼胝体连接沟通的,胼胝体实际由2.5亿束神经纤维构成,由此形成一个完整的统一体。尽管在某些活动中大脑会呈现一侧化的趋势,但多数活动是依赖左右脑共同参与的。②

令人称奇道绝的是,近年来有关右脑开发的理论和实践趋热。有研究者指出,对于大脑中的140亿个神经细胞,多数人只运用了3%~4%,其余的97%都存储在右脑的潜意识中③,也有认为自然的成人只开发了其中的3%~10%④。因此,有的人将右脑比喻成潜在的宝库或沉睡的巨人。这些观点的理论依据主要源自上文提及的左右脑分工理论,成为其坚若磐石的理论外衣,但上述提法主要还应"归功于"后来的一系列著作,如日本品川嘉的《儿童右脑智力开发》、美国托马斯·布莱克斯利(Thomas R. Blakeslee)的《右脑与创造》和日本藤井康男的《怎样使你更聪明——人应当怎样使用自己的右脑和左脑》等。著名教育家刘道玉曾言辞恳切地指出:"在学科奥赛上,中国是金牌'常客';但在

---

① 杨鑫辉主编:《什么是真正的心理学:50位当代心理学家思想选粹》,福建教育出版社2012年版,第651—656、660页;[德]克里斯蒂娜·索尔、迪尔克·康纳茨《这样学习效率高:让你提高记忆力》,谢芳兰译,四川人民出版社2017年版,第10—12页;豆麦麦主编:《生理学或医学奖 1967—1992》,陕西科学技术出版社2017年版,第59—60页。
② 经济合作与发展组织编:《理解脑:新的学习科学的诞生》,教育科学出版社2010年版,第37页。
③ 豆麦麦主编:《生理学或医学奖 1967—1992》,陕西科学技术出版社2017年版,第59页。
④ 余强基、卢志英、刘金明主编:《如何开发人脑的智慧潜能:右脑智力开发的系列研究》,天津社会科学院出版社1994年版,第37页。

另一项需要创新力的重大赛事——国际科学与工程大赛上,中国却始终难以突破。"①可见当前中国孩童的创造力问题极为凸显,这些问题的出现出其不意地为右脑开发的倡导和普及提供了得天独厚的土壤,一时间对忽视右脑开发的批判甚嚣尘上。但从现有研究来看,有关大脑左右半脑分工和"右脑开发"的主张在时隔多年后已反映出某些局限。如斯佩里在获诺贝尔奖时的演讲中曾经指出:"关于认识模式的左-右两分法只是一种较为放肆无羁的观念。在正常状态下,两半球看来紧密地结合,如同一个单位进行工作,而不是一个开动着另一个闲置着。所有这些问题中还有许多尚待解决。甚至关于不同的左右认识模型的这个主要观念仍在挑战之中。"②布莱克斯利在《右脑与创造》一书中也曾经表示:"人类的最高成就,就是共同使用了人脑两个半球的完备的能力。"③

毋庸讳言,有关大脑两半球功能专门化的创新探索,促使我们更为深入地关注大脑的内部世界,试图解密人类思维的高级功能。虽然我们对左右脑的功能定位需要保持谨慎的态度和立场,但有一项结论可以达成一定共识,即神经细胞具备可塑性,因为它们拥有形形色色的功能,包括形象记忆、直觉、情感、身体协调、视知觉、美术、音乐节奏、想象、灵感和顿悟等,这些功能对大脑潜能的开发至关重要。我们可将其概括为"形象思维"。李泽厚认为:"把形象思维当作一个严格的科学术语,也许并不妥帖,因为不存在与逻辑思维平行或独立的形象思维,人类的思维都是逻辑思维,但却已约定俗成为大家惯用了的名词。"④尽管如此,他仍然表示心理学多种证据证明:存在形象思维。同时,巴浦洛夫根据第一、第二信号系统的特点差异,也将人的高级思维活动分为艺术型、中间型和分析型三种。其中,针对艺术型的人,第一信号系统的活动居于中心位置,这部分人的思维中会存在具体形象,所以比较擅长

---

① 谢利苹:《创造力与创造性人格》,中国商务出版社2015年版,第15页。
② Roger Sperry、张尧官、方能御:《分离大脑半球的一些结果》,《世界科学》1982年第9期。
③ [美]托马斯·R.布莱克斯利:《右脑与创造》,傅世侠、夏佩玉译,北京大学出版社1992年版,第60页。
④ 李泽厚:《形象思维再续谈》,《文学评论》1980年第3期。

想象。① 正如前文所述，麦卡锡同样发现了人在学习环境中感知、处理信息的不同偏好，确定了四种类型的学习者，分别是想象型学习者、分析型学习者、常识型学习者和体验型学习者，想象型学习者的出现通常受到他们的基因、经历、当前环境和机会的影响。② 从本质上看，我们的认知经历了由现象到本质、由感性到理性的发展过程，同时伴随对美的感知或情感态度的塑造，所以在人的思维过程中必然依赖对感性形象的想象和活动，最后实现个性化和本质化的统一。而实物学习具备形象直观、互动参与、连接情感等特点，所以恰恰与形象思维的融入和开发高度契合。

其次，认识大脑作为统一整体所蕴含的巨大潜能。"人的左脑和右脑的功能差异是相对的，左脑和右脑是以各种不同的信息处理水平相互联系、协同活动的。不管什么科目，既与左脑有关，也与右脑有关。只用左脑或右脑就能学习的科目是没有的。"③那么作为一个完整的统一体，大脑究竟是如何工作的？在我们清醒的时候，每天接受各种感觉信息的输入，由神经细胞完成信息的传递，而神经细胞之间传递的接合点被叫作突触，神经细胞会整合来自突触的所有信息后加以输出。其中，突触通常采取两种手段连接大脑，拥有刺激和抑制两类属性。第一种连接手段是过剩性产出，尔后选择性消失。这是大脑的基本运作机制，往往出现在人类生命的早期。绝大多数兴奋性突触位于神经细胞的树突上，由两部分构成：传出信息的是上一级神经细胞的轴突末端，而接受信息的则是下一个神经细胞树突上的"树突棘"，这是类似荆棘般的凸出结构。④ 研究显示，人类在出生后，树突棘大量增加，促使神经细胞形成庞大的突触联结，但由青春期步入成年后，树突棘数量将逐步递减，已构成的联结会被"修剪"，神经网络的联结由此日趋精准。第二

---

① 李泽厚：《试论形象思维》，《文学评论》1959年第2期。
② Beverly Serrell, *Exhibit Labels: An Interpretive Approach*, Second Edition, Rowman and Littlefield, 2015, pp. 327-330.
③ 郭可教：《如何正确认识左脑和右脑的功能问题——介绍日本神经心理学家八田武志的有关研究》，《心理学动态》1988年第4期。
④ 中国科学院神经科学研究所编：《大脑的奥秘》，上海科学技术出版社2017年版，第14页。

种连接手段是增添新突触。不同于第一种手段,这种增添新突触的方法将会伴随人们的整个生命历程,并且在每个人的中老年时期更显重要。研究显示,新的突触之所以被创造,与人类的学习活动紧密相关,这一添加和修正突触的过程终生都将持续进行。所以本质上说,个人接触信息的质量与习得信息的数量真正决定了我们大脑的终生结构。

最后,探索人类如何依托实物学习来帮助实现大脑的潜能开发。我们应明确人类多数活动都由左右脑合作参与,且形象思维存在并作用深远,同时人的一生中可通过学习添加新突触。因此我们初步可获得以下结论:实物学习将有助于大脑潜能的开发。

潜能开发的第一步是回到广阔繁复的生活世界,实物能让我们感知具备三度空间且五光十色的物质实体,并对感知的信息进行加工处理,捕捉并获悉具备深刻社会意义或者激发关联该意义的信息。需要注意的是,这种学习并非为了形象而形象,而是要从信息中获取意义和思想。据此,我们需要追随实物的生命历程:从初级的使用情境,进入被废弃的考古学情境,再到作为传播媒介的博物馆学情境,最后又重返至日常生活。显然,再次回到日常生活中的实物已与初级情境中的物品截然不同,其已从使用对象升级为学习对象。所以我们不能只是重视其物质外壳,更需要揭示物品所负载的文化及价值,从实物表层的本体信息转向其深层的生命史和思想史。实物将重新被赋予了社会生命。正如前文所述,门施将该过程形容为再商品化。事实上,该观点也可从美国印度裔人类学家阿尔君·阿帕杜莱的主张中按图索骥,他将商品看作物在整个社会生命中的某一个阶段,一个拥有丰富经历的物必然经过商品化、去商品化,乃至不断循环往复的历程。[①] 阿帕杜莱坚定地指出:"现代西方的常识是建立在哲学、法学和自然科学的多种历史传统之上的,它具有一种强烈的倾向,就是强调词与物的对立……当代最强有力的趋势就是将物的世界视为一个无活力的、沉寂的世界,只有通过人及其语言才能使它们呈现出生机,然而在历史上的很多社会中,物并没有与人及其语言相分离,这种对物的看法即使在西方资本主

---

① Arjun Appadurai (ed.), *The Social Life of Things: Commodities in Cultural Perspective*, Cambridge University Press, 1988.

义社会中也没有彻底消失，最著名的莫过于马克思关于商品拜物教的讨论。"①可见，追溯物的社会生命史，是我们进行实物学习的真正文化动因，同时也为我们提供了实物故事化和社会化的新颖视角。除了具备社会意义的实物，还存在另一类再现科学原理、科学现象等过程化现象②的设施设备，可以促使人们通过一手经验认识到非物质世界，窥探科学世界的迷人奥秘。因此，早在20世纪20年代，我国著名教育家陶行知就提出"做中学"③，70年代物理教育家朱正元也主张"物理，物理，要以物论理，以物说理"④。但如何巧妙地使用好身边的实物，帮助大脑开发并有效学习值得深入探究。

潜能开发的第二步是最大程度地发挥实物学习的优势，即形象真实、易于感知、便于互动、连接情感、短时获益。该优势已在第一部分第四章有所论及。然而，拥有得天独厚的优势并不意味着就能淋漓尽致地将其发挥。如果"形象不能感性具体地生长发展，结果像一个影子或符号贴在纸上活不起来……同时，若只追求个性化，即没有本质化的个性化，那常常必然是形象思维的混乱……"⑤为了最大限度地达成实物学习效果的最大化，我们可从两方面加以探讨：第一选择适合学习的实物媒介，第二讨论实物学习可选用的方法。

第一，选择适合学习的实物媒介。在实物选择上，并非"捡到篮子便是菜"，而需要根据学习对象与学习目标有所甄别。可遵循以下三点原则：一是选择的实物应当与不同年龄段相适配。尤其是儿童受众，他们是拥有好奇心的主动学习者。以少年天才卡尔·威特（Karl Witte）的童年经历为例，他是19世纪在德国轰动一时的一名神童，9岁和10岁分别考入莱比锡大学和哥廷根大学，14岁和16岁先后获得哲学博士学位和法学博士学位，而他的传奇人生和惊人成就与他的父亲老

---

① Arjun Appadurai (ed.), *The Social Life of Things: Commodities in Cultural Perspective*, Cambridge University Press, 1988, p.4.
② 严建强：《现象类展品为主体的展览：背景、特点与方法——以科学中心与非物质文化遗产博物馆为例》，《自然科学博物馆研究》2020年第5期。
③ 刘炳昇：《刘炳昇物理课程与实验教学研究文集》，南京师范大学出版社2016年版，第153页。
④ 同上。
⑤ 李泽厚：《试论形象思维》，《文学评论》1959年第2期。

卡尔·威特的教育密不可分。一位出生后被认为先天不足的婴儿被老卡尔·威特呕心沥血地培养成一位万众瞩目的"天才"。1818年，老卡尔·威特将儿子14岁以前的教育经历写成了一本书《卡尔·威特的教育》，其可能是世界上有关早教的最早文献之一，目前大概只能在哈佛大学图书馆才能找到美国的唯一珍本①，阅读过原著的人很少，只有一些残章断片散见于受其启发的其他教育著作中，如《早期教育和天才》《俗物与天才》等。老卡尔·威特教育有方，尤其擅长将自然界的实物当作孩子学习的媒介。譬如他与儿子在山间一同散步时，会随手抓起一只蚱蜢，与孩子全神贯注地一起研究，讨论蚱蜢的身体构造、生活习性和繁衍生殖等。在老卡尔·威特眼里，一草一物、一花一木都可成为儿童最生动的学习素材。尽管孩子热衷于探索一切未知的东西，但我们需要知道儿童的身心发展具备显著的阶段性特征。以蒙台梭利教育理论为例，其内容颇为复杂，教育思想也非一两句话能说明②，但其中最大的特色之一是倡导"儿童自由发展"观念，提出儿童发展的七大敏感期③，并将其分为初级（3—6岁儿童）和高级（7—11岁）两个教育阶段。早期阶段适合感官、体育、知识教育和实际生活的练习，其中感官教育是蒙台梭利教育理论中最重要也是最具亮点的部分，因此我们可选择满足儿童感官需求的各类实物，以适合他们的阶段性成长路径和敏感期需求。同时值得注意的是，面向学龄儿童选择实物，还应考虑实物与学校课程的关联性。

二是选择的实物应让学习者获得熟悉感。受众拥有的新想法、概念及其意义通常是建立在现有知识和期望的基础上，而这也是"建构主义教育学"所聚焦的问题，因此我们应当优先选择学习者熟悉的实物，使之与受众的先有储备建立连接。人类被看作是受目标指引、积极找寻信息的行动者，他们通常携带着既有的知识、信仰与经历进入学习环

---

① 优才教育研究院主编：《教师必读与必知的101本书》，电子科技大学出版社2013年版，第40页。
② 蒋径三：《西洋教育思想史（下册）》，商务印书馆1934年版，第500—505页；牛晓耘主编：《蒙特梭利教育理论与实践》，河南大学出版社2016年，第23—141页。
③ 七大敏感期是指：0—4.5岁，感官的敏感期；0—6岁，语言的敏感期；4—4.5岁，数字的敏感期；0—4岁，秩序的敏感期；1—4.5岁，动作的敏感期；2.5—6岁以上，社交的敏感期。引自牛晓耘主编：《蒙特梭利教育理论与实践》，河南大学出版社2016年，第31页。

境中,这些将极大地影响着他们对环境的反应以及理解、解释环境的方式。① 如果实物没有与他们先有的储备发生关联,那么观众可能会觉得"和我有什么关系""那又怎样"。因此,我们需要寻找受众普遍关心的东西,而这些东西往往涉及受众最为熟悉的话题,如家庭、健康、工作、幸福和梦想等,高度个性化的熟悉信息将有助于拉近物品与受众的心理距离,以便更好地捕获受众的"选择性注意"。

三是选择的实物应当在视觉美感的传达,或文化和科学意义的彰显上具备代表性。当实物被注入文化意义时,本身会与某种理念或思想发生联系,帮助受众在审美、认知或情感上获得提升。首先,拥有视觉美感的实物一般会在两种情况下被选择。一是旨在培养并提升受众的审美能力时,往往会选择审美品质高的实物,因为其目标是为受众提供欣赏"视觉盛宴"的机会。只要受众在目睹实物时感到赏心悦目并度过了美好的时光,那么他们的审美需求便获得满足,实物学习的预期目标也就达成了。二是在传达文化或科学意义的时候,同等条件下会选择比较美观的物品。

其次,选择在彰显文化与科学意义上具备典型意义的实物,这些物品本身具备"值得的"信息,或被再造时具备"值得的"信息。一是对本身具备"值得的"信息的物品而言,很多时候他们扮演的是记忆载体的功能,属于某一段记忆的实证材料,需要通过严格的科学考证,挖掘物质内在的深层信息,再现有关人、事的各种细节,使得已逝现象得以重构和再现,以帮助受众超越物质外壳真正"看懂"实物。二是对被再造时具备"值得的"信息的物品而言,尽管这些物品中包含了用以传达文化意义的辅助展品,但此处重点关注的是帮助揭示科学意义的设施设备,这类实物从被制作之初就带有明确的学习动机。它们不仅可以鼓励受众通过一手经验体会并理解重要的科学现象及经典原理,还可以鼓励受众探索最新的研究成果甚至孵化前沿科技。诸如在美国旧金山的探索宫里有一个"三维形状"(3-D Shapes)的展项,其为一个鼓励观

---

① [美]约翰·D. 布兰思福特:《人是如何学习的:大脑、心理、经验及学校(扩展版)》,程可拉、孙亚玲、王旭卿译,华东师范大学出版社2012年版,第9页。

众动手拼装的互动展项。在该展项中策划者为观众提供了200多种颜色各异和形状不同的多边形,每一多边形的边长或相同或是互成倍数。观众可通过多边形边缘处的尼龙粘扣将它们连接起来,以拼装成形形色色的三维立体造型。为了促使观众在互动时拥有一定的"支架",策划者同时为该展项配套设计出8张任务卡,每张卡分别给出了不同的挑战任务,如仅通过五边形和六边形的材料制作完成一个足球,但不提供详细的操作步骤,其目的在于鼓励观众自我调整并积极试错。该展项及其相关的设施设备既趣味盎然,又能让参与者在搭建过程中赢得成就感,成功的欢乐将产生一种巨大的情绪力量。同时,借助多边形可以创造出无数形状,让观众在动手体验的同时感受到数学几何蕴藏的规律及其简洁美,在潜移默化中开发和培养受众的空间智能。

第二讨论实物学习可选用的方法。作为学习对象的实物,其首要作用是表征创造它的人或自然。以人工制品为例,可用以再现从简单的到复杂的、遥远的时空以及主流的意识等。正如伊恩·霍德所主张的:所有物质都被赋予了物质意义,包括使用意义、象征意义和历史意义[1],这一点在前文中已有所论述。莎伦·谢弗则更加深入地挖掘了实物背后的八大意义,分别是:

1. 每一件物品背后都有一个故事;
2. 物品的含义会因为读者的视角不同而有所变化;
3. 物品具有物理属性(材质、颜色、形状、大小、纹理、尺寸和设计);
4. 物品具有实际功用;
5. 物品会把我们和某些人、某些事、某些地方联系在一起;
6. 物品具有象征意义;
7. 物品强化了某些记忆;
8. 物品是抽象概念的具体表现形式,人们可以借助它们来理解抽象概念。[2]

---

[1] Susan M. Pearce, "Collecting as medium and message", in Eilean Hooper-Greenhill (ed.), *Museum*, *Media*, *Message*, Routledge, 1995.
[2] [美]莎伦·E.谢弗:《让孩子爱上博物馆》,于雯、刘鑫译,译林出版社2018年版,第98页。

不难发现,此八大意义基本可以被纳入伊恩·霍德的三重意义之中,只不过莎伦·谢弗论述得更为详尽和全面。毋庸置疑,对价值意义的明确将有助于我们选用方法时有的放矢,因为选用标准就在于能否将实物的这些价值意义有效释放。据此,笔者认为至少可采用六种方法:感官体验(尤其视觉观察)、探究、游戏、讲故事、跨学科和分众化学习。

1. 感官体验(尤其视觉观察)

人类通过视觉、触觉、听觉、味觉、嗅觉这五种不同的方式来感知世界,它们也是实物学习所依赖的主要途径,尤其是视觉观察。认知与神经科学研究表明,所有的认知都来自环境,更确切地说,是与环境互动的结果①。在实物学习中,人们被鼓励借助看、听、操作等方式与物件互动,因此这类学习往往具备情境性、亲历性和交互性特征,可让人们获得感官刺激、深度参与和意义建构。认知心理学领域的多感官信息加工机制与实物学习最紧密相关。人的认知通常拥有感官整合和感官渗透的双重特点,这也是人在观看物的同时想触摸它们的原因,因为人是积极的学习者②。对象一旦在头脑中受到多种刺激而被彻底编码时,将更容易被回忆③。1953年,科林·谢里(Colin Cherry)针对"鸡尾酒会"问题展开研究,认为人的听觉系统能从复杂的混合声音中有效地选择并跟踪某一说话人的声音(即鸡尾酒会效应"cocktail party effect")④,桑拜(W. H. Sumby)、伊尔文·波拉克(Irwin Pollack)围绕该效应从心理物理学角度,指出视觉输入等同于15~20分贝的听觉输入。⑤ 又如1976年,以发现者哈里·麦格克(Harry McGurk)和约翰·麦克唐纳(John MacDonald)命名的麦格克效应(McGurk effect),为我们描绘了一种令人吃惊的错觉,当你看到发出声音的口型与真实声音不一致时,会产生"听到"介于两者之间的声音的错觉,由此证明,即便听觉形

---

① [法]安德烈·焦尔当:《学习的本质》,杭零译,华东师范大学出版社2015年版,第8页。
② Anna J. Goss, *Managing Education Collections: The Care/Use Balance in Natural History Museums*, University of Washington, 2015, p. 23.
③ Richard E. Mayer, Multimedia Learning, Cambridge University Press, 2001.
④ 史忠植编著:《认知科学》,中国科学技术大学出版社2008年版,第177页。
⑤ 中国科学院神经科学研究所:《大脑的奥秘》,上海科学技术出版社2017年版,第82页。

象是言语知觉的主要信息来源,视觉信息依然能对我们听到的信息产生重大影响。① 多感官信息加工的现象,在日常生活中同样屡见不鲜,譬如下雨天如果我们先看到闪电尔后听到雷声,往往会感到雷声震耳欲聋,但如果未看到闪电或紧闭双眼,就会感到雷声似乎有所减弱。所以多感觉信号的输入有助于推动多种感官信息的加工,促使我们更加精准而又快速地做出反应,以提高学习的综合效应,该效应被称为"多感官整合"。研究表明,通过采取包括触感在内的通感策略能促成多感官整合,进而增强学习。

　　实物,因其在材质、颜色、形状等方面拥有参差多态的物理属性,所以成为多感官整合的重要且理想的对象。以 17 世纪的妇女肖像画为例,倘若我们鼓励人们除了采用视觉欣赏之外,还可以亲手触摸一下与作品相关的各类布料,如摸一摸其充满褶皱而又硬挺的蕾丝衣领,就可能有助于人们想象衣服加身的感觉,那么学习的效果也将显著不同。② 又如芬兰建筑博物馆(Museum of Finnish Architecture)推出的"面具背后"(Behind the Mask)展中,为了再现非洲马里邦贾加拉峡谷中多贡人的生活实况,地面被铺上了十厘米厚的沙子,这种脚下滑动的不真实触感能够引发我们的学习热情和探索欲望。③ 同样是针对艺术作品,如果将触觉体验再拓展成身体体验,学习体验将会变得奥秘无穷,效果也会更加不同凡响。基于此,雪莱·克鲁格·韦斯伯格(Shelley Kruger Weisberg)提出了"博物馆运动技术"(Museum Movement Techniques)策略。认为运动智能可在实物学习中发挥催化剂作用,鼓励人们通过肢体语言生动地阐释并理解艺术作品。以美国国家美术馆(National Gallery of Art)为例,2010 年该馆邀请观众应用"博物馆运动技术"探索毕加索的《悲剧》(*Tragedy*)和《杂技演员之家》(*The Family of Saltimbanques*),指示参与者分三步完成:首先采取"镜像技术"邀请参

---

　　① [美]E. Bruce Goldstein, James R. Brockmole:《感觉与知觉》,张明译,中国轻工业出版社 2018 年版,第 333 页。
　　② [美]莎伦·E. 谢弗:《让孩子爱上博物馆》,于雯、刘鑫译,译林出版社 2018 年版,第 109 页。
　　③ [美]妮娜·莱文特、阿尔瓦罗·帕斯夸尔-利昂主编:《多感知博物馆:触摸声音嗅味空间与记忆的跨学科视野》,王思怡、陈蒙琪译,浙江大学出版社 2020 年版,第 199 页。

与者模拟画中角色的姿势并思考相关问题;接下来使用"活化技巧"激活画中的人物,引发关于"你是如何位移以及为什么移动"的讨论;最后鼓励参与者与朋友或家人合作,"重现画作的整体构图,并反思设想出的姿势和手势是否帮助你理解到有关画作的新的东西"。① 正如杜威所言:如若要感知,感知者必须创造属于自己的体验。②

视觉观察,是每个人与生俱来的能力,始于出生后开眼看世界的那一刻。海伦·凯勒在《假如给我三天光明》中指出:"诸位的眼睛,可以欣赏你们喜爱的任何一部戏。而我不知道,到底会有多少人在观看一幕戏、一场电影或任何一个场面时,意识到让你们可以享受色彩、美景与动感的视觉是个奇迹,并对此抱有感激之情呢?"③尽管上文我们已提及,人类主要依赖五种感觉系统获取信息,但是其中视觉系统所获信息占据最大比重。对于感觉系统健全之人,视觉信息的摄入至少占所有感觉信息的70%。④ 正是由于视觉系统的特殊性和重要性,有关该领域的研究成果完整而深入。正如晚清印刷的《上海的建筑——博物馆》插图中所显示的,在我国早期博物馆的展品被置于玻璃柜中,参观者通常穿着讲究、仪容端庄,他们主要的博物馆体验是仔细有序地参观展品。⑤

人类之所以能看见实物,是因为物品反射的光聚焦到了视网膜,期间首先发生的是一场奇妙的光电转换;尔后视网膜神经节细胞投射到外膝体的各层,使外膝体成为信息中转站;最后由视皮层发挥中央处理器的功能。有人曾形象地将这一过程比作日常的写信与寄信:当我们在写信时,写信的人把自己的思想变成了文字,这就是信息,信纸是信息的载体,该步骤犹如视网膜中所发生的神奇的光电转换过程;随后信件被投递至信箱,好像视觉信息从视网膜被传送至外膝体;最终邮局会

---

① Shelley K. Weisberg, "Moving museum experiences", *Journal of Museum Education*, 2011, 36(2).
② [美]弗里兰:《西方艺术新论》,黄继谦译,译林出版社 2013 年版,第 122 页。
③ 马钟元主编,邵泽娜副主编:《每天读点英文经典散文全集》,中国宇航出版社 2012 年版,第 215 页。
④ 中国科学院神经科学研究所:《大脑的奥秘》,上海科学技术出版社 2017 年版,第 24 页。
⑤ S. Wang, "A Bodies-On Museum: The transformation of museum embodiment through virtual technology", *Curator: The Museum Journal*, 66(1).

按照信件上书写的地址对信件进行分门别类地处理,这一步骤类似视皮层所承担的职能。① 可见,视觉观察并非单纯地摄入,还需要中转和处理,并且在信息获取中视觉占据优势地位。每个人都会本能地观察日常之物,但我们仍可借助一定的方法或技巧,干预视觉形象的输入、中转和处理,使得学习者能选择性地看,并由"看了"变成"看见"。同时,仅使用观察并不足够,还需要结合使用整理、分类、排序、绘图、分析等多种方法,帮助学习者在观察的基础上最终形成自我认知。加拿大摄影家弗里曼·帕特森(Freeman Patterson)曾提出他有关观察的鞭辟入里之见:"观察,就其最确切、最广泛的意义来说,是运用你的知觉、智慧和情感,使你的整个身心与被观察题材交流融合,意味着抛开实物的'标签'去探索、去发现你周围的奇妙世界。"② 借由对实物的观察,我们可积累视觉形象及其记忆,依靠它们对表象进行加工,以增强学习者的视觉观察力,训练他们的视觉感,提高其视觉想象力,从而获得视觉意象。2023年,广东省博物馆推出了"一眼千万年——世界琥珀艺术展",700件琥珀原矿得以集体亮相,为观众打造出一场视觉盛宴。其中不得不提的是一面"虫珀标本墙",来自全球各地、保存完整的虫珀标本被分门别类地置于其中(见图113)。这种庞大数量的仓储式展示极易"捕捉"观众注意。据说世界上只有千分之五的琥珀是虫珀,其为树脂在离开树木的刹那与一些昆虫的"不期而遇"。当观众驻足观察动作轻盈蹁跹的蝴蝶、停止蠕动的虫子等形体各异的生物遗存时,不仅刺激了他们的视觉,亦提升其观察力,更难能可贵的是,这些虫珀标本能促使观察者畅想联翩:在数万年前的那个被凝固的瞬间究竟发生了什么? 同时其为白垩纪—第三纪时包括恐龙在内的物种大灭绝留下珍贵的线索,以帮助我们揭开生物类群的起源及演进的神秘面纱。

2. 探究

探究是一个既流行又复杂的词汇。近年来全国各级各类学校皆在号召运用该方法,相关文章也汗牛充栋,那么究竟什么是探究法,研究者往往各抒己见。此实者不足为怪,因为探究法本身就较为复杂,既强

---

① 中国科学院神经科学研究所:《大脑的奥秘》,上海科学技术出版社2017年版,第24页。
② 连维建:《图像·Image 视觉思维》,天津人民美术出版社2016年版,第41页。

图 113　广东省博物馆"一眼千万年——世界琥珀艺术展"中"虫珀标本墙"

\* 图片引自陈晓楠：《围绕琥珀延续"魔法"》，《羊城晚报》2023 年 3 月 3 日第 A15 版。

调每个人的高度参与，又不存在唯一的预设的答案。当我们意欲对此方法进行溯源时发现：在中国古籍中早有伏羲对天地系统的"探赜索隐，钩深致远"①，以及《天问》中屈原对天地人之拷问，这些古代先贤对未知世界充满好奇、质疑并展开探究。与探究对应的英文词汇是"inquiry"，"in"表示"在……之中"，而"quaerere"则意指"质询、寻找"。因此，inquiry 指的是借助过程中的提问来寻求真理，以获取信息和知识。② 从古希腊哲学家的教育思想中，我们不难发现探究法的"浮光掠影"，苏格拉底就热衷于借助质疑和辩论，不断让青年人得出自己的结论，他将该方法称为"精神助产师"。其中，最为典型的案例莫过于苏格拉底和青年苏戴莫斯（Euthydamus）有关"正义"的论辩。③ 美国课程论专家施瓦布（J. J. Schwab）在《探究式科学教学》（Teaching of Science as Inquiry）一书中指出柏拉图是探究法的最早使用者，因为他主张使用

---

① 申笑梅、王凯旋主编：《诸子百家名言名典》，沈阳出版社 2004 年版，第 669 页。
② ［美］莎伦·E. 谢弗：《让孩子爱上博物馆》，于雯、刘鑫译，译林出版社 2018 年版，第 103 页。
③ ［古希腊］色诺芬：《回忆苏格拉底》，吴永泉译，商务印书馆 1986 年版，第 140 页。

独立且清醒的思想,对前人的知识进行补充、颠覆和完善。① 然而事实上,"探究发现"这一说法直至 1853 年才出现,由教育家第斯多惠(Diesterweg)提出。② 此后最具代表性的学者无疑是杜威,他强调"做中学","做"即"探究",主体在具体情境通过搜寻、研究、调查、检验,不断求真。③ 20 世纪六七十年代,有关探索式学习的研究在欧美日韩等国风靡一时。在我国,探究法的运用最初是为了适应 20 世纪 70 年代自然科学教学所需。20 世纪 80 年代,这种方法被引用至各国基础教育的课程改革中。90 年代,上海市在素质教育中脱颖而出,部分课程板块倡导的就是探究式学习。

实际上在 20 世纪前,多数教育者并未真正认识到探究法的重要性,而是倾向于向学习者直接灌输"正确答案"。而探究法的优势在于,学习者从一开始就要积极参与到过程之中,强烈的学习动力鼓励他们以自我为中心,灵活地发展出创造性思维,师生之间由于密切关联而保持合作,非恶性竞争。但采取该方法的劣势在于对作为催化剂的教师提出了更高的要求,同时探究的过程通常是缓慢且低效的。无论如何,由于探究法更为趋近教育的本质,所以与倡导自由选择的实物学习极为契合。实物,往往拥有丰富多样的表层与深层信息,通过多感官的身体交互、信息的多渠道输入能引发受众的注意和兴趣,从而帮助学习者创建与物相连接的真实体验,这正是其他学习媒介所无法取代的。研究显示,保持学习者注意力的一种创造性方法是使其与物品进行有形互动。④ 同时,探究法借助开放式提问,能引导受众不断地深入至学习对象的本质。

在实物学习中运用探究法,可采取五大步骤:第一,创建问题情境,以激发学习者的兴趣;第二,让学习者"陷入"该情境,萌生问题意识;第三,学习者运用多种途径尝试解决问题;第四,使用引导手段让学习逐

---

① 倪胜利:《对"探究法"的探究》,《西北师大学报(社会科学版)》2011 年第 48 卷第 1 期。
② 时俊卿、沈兴文主编:《新时代教与学策略》,语文出版社 2020 年版,第 274 页。
③ 同上。
④ Rebecca Gavin, "A study of interactives in Virginia museums", *Journal of Museum Education*, 2011, 36(2).

步深入,并对解决问题的途径予以论证;第五,进一步展开检查和验证。以美国费城东州教养所博物馆(Eastern State Peniteniary Museum)为例,该馆是美国19世纪最大的监狱,后因为停用而变成博物馆。在它的"今日的监狱:大规模监禁时代的问题"(Prisons Today: Questions in the Age of Mass Icracertation)展览中,馆方出其不意地用提问的方式拉开序幕"你有没有犯过法?",大部分观众自然会选择没有,但事实上70%的美国人都曾有超速等类似"犯法"的时刻,为何这些人就没有遭遇牢狱之灾? 于是,不少参观者想继续参观以一窥究竟,由此引发了他们对于监禁、犯罪和审判等问题的持续思考。[①] 再以纽约科学馆(New York Hall of Science)的原创常设展"查理和几维鸟的进化历险记(Charle & Kiwi's Evolutionary Adventure)"为例,该展借助了一位正在撰写"几维鸟报告"的小男孩——查理的眼睛,讲述了恐龙和鸟类的进化故事,向观众讲述了进化的基本原理。整个展览由10个展项构成,前三个展项首先打造问题情境:展项1"看看生命是如何随时间改变的?"聚焦鸟类进化过程,引入进化生物学的五个重要概念——变异、遗传、选择、时间和适应;展项2"哪个是鸟? 哪个是恐龙?"通过鸟类和肉身恐龙骨骼相似来阐释两者之间的亲缘关系;展项3"为什么几维鸟看起来是这样的? 或者进化史是如何展开的?"讲述部分恐龙进化成鸟的原理。其次,从展项4—8通过引进各种互动手段促使受众的学习向深层次发展:展项4"匹配骨头的线索",从叉形骨、脚趾、髋部三块特殊的骨头进一步出具"鸟类是由恐龙进化而来"的科学依据;展项5"雀类拼图"、展项6"遇见鹦鹉"、展项7"从恐龙到鸟类"电脑游戏、展项8"自然选择"互动展项,分别为人们解释变异、遗传、选择、时间和适应等关键概念,进一步揭示从恐龙到鸟类这一进化过程的复杂性。最后,再次检验有关该问题的发现及其结论:展项9"摩阿鸟骨挖掘"让受众参与科学发掘,通过对科学研究方法的亲身体验,进一步增强受众对发现与结论的信服力;展项10"查理的世界小插曲"再现几维鸟和始祖鸟的化石复制品,使受众轻松可及,人们可再次感受两者的相似性,通过探究式学

---

① [美]金姆·赖斯:《在博物馆中讲故事:博物馆叙事的新方向》,王思怡译,《东南文化》2020年第5期。

习和全过程参与,促使人们真正增进对"鸟类进化"的理解。

在笔者看来,探究法最为卓尔不群之处在于鼓励学习者处于思考中并将该过程呈现出来。而思考往往蕴含特定的视角,能够催生出思想的多角碰撞。学习主体可采取自我发现的视角,如用"我看到""我想到""我想知道";解决问题的视角,如用"我处理""我回答""我探索";过程经历的视角,如用"开始""发展""结束"等。

3. 游戏

一位祖母、一位母亲和一个孙子在讨论周日上午的安排。祖母说:"我今天上午的工作是外出买菜和买调味品。"母亲应声:"我得把昨天大家换下的衣服都洗干净。""那你准备做什么?"祖母问5岁大的孙子义力。他不假思索地回答:"我的工作就是玩。"众所周知,儿童并非一个"理性者",也并非一个"生产者",而是一个"游戏者",游戏是他们认识自己、他人和世界的重要手段。这种观念的最早倡导者是幼儿教育之父弗里德里希·威廉·奥古斯特·福禄贝尔(Friedrich Wilhelm August Fröbel),他提出,"游戏是人类在儿童阶段最纯粹、最具精神愉悦性的活动,同时也是深藏于生命深处与所有事情之中的典型特征"。① 在福禄贝尔之后,众多教育家和哲学家都认识到游戏对儿童教育的价值。蒙台梭利曾明确地指出"游戏是儿童的工作"。② 陈鹤琴甚至认为"游戏是幼儿的生命"。③ 游戏是儿童学习最天然的方式,儿童在游戏中能自由发挥想象力,以满足他们的认知和社交需要,并促进其精细动作和大肌肉的运动。

但是,游戏并非仅仅指向儿童,其源自一种生物的天性,精神分析学派、认知学派、社会文化历史学派都提出过游戏理论。游戏研究的先驱荷兰哲学家约翰·胡伊青加(John Huizinga)曾指出,人在本质上是一个"游戏者",游戏是"生活的一个最基本范畴",人的生活、人类的文

---

① [德]福禄贝尔:《人的教育》,孙祖复译,人民教育出版社2001年版,第38页。
② [美]露丝·威尔逊:《幼儿园户外探索与游戏活动40例》,邹海瑞、廖宁燕等译,中国轻工业出版社2019年版,第30页。
③ 北京市教育科学研究所:《陈鹤琴教育文集》,北京出版社1983年版,第743页。

明是"在游戏中并作为游戏而产生和发展起来的"。① 在我国,将"游"和"戏"作为一个词连用,始见于《韩非子》:"或曰:管仲之所谓言室满室,言堂满堂者,非特谓游戏饮食之言也,必谓大物也。"②《乐府诗集》中也有"黄牛细犊车,游戏出孟津"③的表述。"游戏"在此是指玩耍、嬉戏或娱乐。及至汉代,"游戏"一词得以引申,被用于文学创作中,如唐代王维曾使用该词来形容创作之乐"手亲笔砚之余,有时游戏三昧,岁月遥永,颇探幽微"。④ 由此可见,我国的"游戏"概念主要包括两种意涵:一为玩耍、嬉戏或娱乐的活动形式;二为对于游戏趣味和意境的体味,进而上升至对人的本质及其人生意义的体味。⑤ 通常情况下,游戏分为正式的、非正式的,临场的、计划的,独自玩的、集体玩的。常见的游戏有模仿、角色扮演等,在游戏的过程中人们使用想象力、制定游戏规则、产生象征意义、探索各种想法和合作解决问题。随着游戏在学习方面的价值被发现,"基于游戏的学习"(game-based learning)一词在教育学领域得以创建,2011 年全球学习者开发大会又提出了"游戏化学习"(gamification of learning)这一术语。

实物,在游戏中可以发挥道具作用,而游戏的设计难点在于创意,所以对于依托实物的游戏而言,实物本身成为了重要的创意之源。其可以是来自实物表层的本体元素,也可以是来自实物深层的内在元素。2015 年,国际新媒体联盟组织(New Media Consortium)的地平线报告预言游戏化将成为博物馆未来发展趋势之一。但需要注意的是,通过游戏方式开展实物学习时,儿童较易发挥想象力进入游戏情境,而成人只有抛开思维局限和被规训的羁绊,才可能步入游戏的情境之中。如面对出自美国波普艺术风格的代表之一——伟恩·弟伯(Wayne Thiebaud)之手的画作《蛋糕》(Cake)——时,儿童可以扮演顾客、面点

---

① [荷]胡伊青加:《人:游戏者——对文化中游戏因素的研究》,成穷译,贵州人民出版社 1998 年版,第 393 页。
② 兰保民、钱瑜编选:《法者之言:〈韩非子〉选读》,复旦大学出版社 2013 年版,第 58 页。
③ 汪榕培选译:《英译乐府诗精华》,上海外语教育出版社 2008 年版,第 142 页。
④ 卢辅圣主编:《中国书画全书(第 1 册)》,上海书画出版社 1993 年版,第 176 页。
⑤ 吴航:《游戏与教育——兼论教育的游戏性》,华中师范大学博士学位论文,2001 年,第 23 页。

师,玩烘焙类游戏,但成人除了配合儿童完成角色扮演外,难以像儿童那样主动地参与游戏中。与儿童不同,成人游戏的目的主要是逃避现实,而儿童更多时候是在探索现实。因此,在成人的游戏中往往需要真实而非想象的自我参与,所以会具备更强的竞争性和群体性,而无法像儿童那样过多地依赖虚构与假想。以美国首都华盛顿的国际间谍博物馆(International Spy Museum)为例,当观众步入博物馆时,他们将会得到一枚专属的间谍徽章,借助该徽章与展品展项互动以执行"卧底任务",一旦完成便可获得相应积分及信息。在整个参观过程中,观众可凭借各自的兴趣和能力参与到这场互动游戏中,直至展览结束,他们可根据任务完成情况,换取不同的技能徽章。

4. 讲故事

关于叙事的讨论似乎存在着一对不可调和的矛盾。一方面,长期以来,叙事一直难登社会科学研究的"大雅之堂",因为相较于20世纪三四十年代如日中天的定量研究,叙事通常提供的是模糊的、不准确的、任意的"软数据"①。另一方面,自20世纪60年代起,叙事研究迎来学术的春天,部分学者乐观地认为,千差万别的故事实际存在趋同而稳定的结构及要素,在无意识中把作为研究对象的叙事视为解剖桌上冰冷的尸体,而叙事本身其实是充满温度的。如何在两者之间找到可能的研究空间,在感受讲故事力量的同时,又避免对如何讲语焉不详,以实现必然性和或然性的辩证的统一,是值得我们深入思考并持续探究的。

叙事,是逻辑之外的另一种重要的认知方式。由于"人类行为的叙事本性",所以人类天生就是故事的讲述者,讲故事被广泛地运用至各行各业。从史前时代的口述到现代的数字化,人类讲故事的媒介在不断推陈出新,但一个好的故事始终犹如魔法,让人深陷其中并感同身受。②尽管如此,在很长一段时间里,叙事研究在社会科学领域并不合

---

① 刘子曦:《故事与讲故事:叙事社会学何以可能——兼谈如何讲述中国故事》,《社会学研究》2018年第2期。
② [美]金姆·赖斯:《在博物馆中讲故事:博物馆叙事的新方向》,王思怡译,《东南文化》2020年第5期。

法存在。直到 20 世纪 60 年代，叙事转向（narrative turn）继承语言学转向（linguistic turn）对这一趋势进行了扭转，并采用语言学转向中的建构主义视角，认为事实是符号和语言的建构物，经验世界也是语言的社会产物而非外生的客观存在。① 由于文学和历史是最为擅长叙事的学科，所以叙事转向最先在这两大学科领域发生。在文学领域，结构主义、语言学分析方法把文学批评的重点转到文本内部，关注"意义生产的语词结构"；在历史学领域，海登·怀特（Hayden White）主张历史哲学应当注重作品的呈现，即历史叙事的文本，出现叙事主义的历史哲学②。至 20 世纪 80 年代，叙事开始从单纯的材料变成社会理论和方法创新的生发点。③

故事一般离不开"讲"，本来主要是通过人的语音来进行传播的，但随着读图、读物时代的出现，讲故事开始与口述脱钩，"讲"也不只诉诸于口舌。神话、传说、小说等文学作品的叙事载体主要是文字、语言，而戏剧、电影、电视剧等作品的叙事载体则多为视觉形象④，与它们不同的是，博物馆的叙事主要载体是"物"，其特点是"基于物的叙事"。物，虽然拥有形制、材质、纹饰等独特的物理信息，但真正的价值在于其内蕴的历史和文化信息。因此，无论是昂贵珍宝还是平凡常物；不管是泛地域的还是在地化的，物都可被视为对某人、某事、某现象真实存在过的见证，并日益展现出"英雄不问出处"的趋势。为此，我们需要将物载信息进行多层次解读，以便构筑起中肯特色的故事，使物由单纯的审美对象变身为潜在的教育媒介。如何将叙事对象从冰冷且无思想之"物"转变为"物背后的人和事"，并保证叙事的传播效果，需要首先明确叙事内容，尤其是叙事要素，以实现对物载信息的有效组织和传达。

针对"叙事要素"问题最具代表性的观点出自安迪·古德曼（Andy

---

① Spiegel, M. Gabrielle, *Practicing History: New Directions in Historical Writing after the Linguistic Turn*, Routledge, 2005; P. L. Berge & Thomas Luckmann, *The Social Construction of Reality*, Anchor, 1967.

② 刘子曦:《故事与讲故事:叙事社会学何以可能——兼谈如何讲述中国故事》,《社会学研究》2018 年第 2 期。

③ 同上。

④ 引自朱幼文 2023 年 6 月 14 日在中国自然科学博物馆学会年会的报告《展览叙事与传播的有效性》。

Goodman),他是作家、演讲家和公共沟通领域的咨询专家。安迪·古德曼主张讲故事包含十大要素(也被称为十大铁律)[①]:一是与人有关;二是主角必须有目标;三是有明确的时间和地点;四是让角色自己说话;五是给听众带来惊奇;六是故事需要适合它的听众;七是能激发情感;八是并非告知而是展现;九是至少有一个真相大白的时刻;十是故事富有意义。最后一点颇为重要,就是受众能明白该故事到底是在讲什么。除安迪·古德曼外,先后有一批学者基于不同的受训背景,在不同学科也展开过讨论和争鸣。在文学领域,以童庆炳[②]、胡家才[③]为代表的学者分别指出,叙事要素囊括"叙事者、人物、事件、情节、环境、时间"或"叙事主体、叙事客体和叙事文体"。而在博物馆领域,专著《当代博物馆展览的叙事转向》中也有一节涉及展览要素,书中里蒙-凯南认为构成叙事的最低要素包括双重的时间性和叙述主题。其中,双重的时间性是指故事必然存在两个时间,即故事发生的时间和叙述故事当下的时间。[④] 刘婉真基于里蒙-凯南的观点,指出叙事要素还应包括从始至终的过程、主角行动的一致性、因果关系造成的状态改变和接受方的存在等。[⑤] 基于此,笔者在主要借鉴安迪·古德曼的真知灼见,并部分地参考其他学者观点的基础上,主张基于实物的叙事可考虑五大要素:其一,叙事者,我们提倡让角色自己说话;其二,叙事基件,涵盖时间、地点和人物;其三,困境,二选一的困境是最具戏剧冲突的;其四,目标和行动,目标足够强、行动足够艰巨将易于将观众带入情绪氛围;其五,情感和立意,通过建立相似性与相关性激发受众的情感共鸣。

我们首先来看将实物叙事的五大要素发挥得淋漓尽致的"失恋博物馆"(Museum of Broken Relationships),该馆坐落在美国洛杉矶好莱坞大道上,在开馆之初共有 104 件展品,这些物品全系由匿名者捐赠。该馆让我们耳目一新,认识到即使普通物品,也可以承载或悲不自胜、

---

[①] Andy Goodman, *Storytelling as Best Practice*, 8th ed., Goodman Center, 2015, pp. 16-17.
[②] 童庆炳:《文学理论新编》,北京师范大学出版社 2010 年版,第 184—190 页。
[③] 胡家才:《新编美学概论》,东方出版社 1999 年版,第 377—378 页。
[④] 张婉真:《当代博物馆展览的叙事转向》,台北艺术大学博士学位论文,2014 年,第 99 页。
[⑤] 同上。

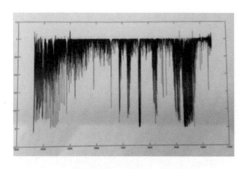

图 114　美国洛杉矶的失恋博物馆中"一颗星的光谱"(Spectrum of A Star) 展品(笔者摄)

或妙趣横生、或怀揣希望的故事。以"一颗星的光谱"(Spectrum of A Star)为例,这是一件纸质版的实物展品,同时也是一件赠送女友的生日礼物,由中国天文学家捐赠。在他的女友26岁之际,天文学家送给女友的是距离地球26光年的星星的光谱,意味着当女友出生时,这颗星星的光就出发了。所以每次当他看到猎户星座时,心中就会不自觉地涌现这段美好的回忆(见图114)。在这段故事中,叙述者显然是天文学家;时间、地点和人物清晰可辨;困境是分道扬镳;目标是希望能携手,并且煞费苦心地采取行动,即为女友准备26岁的生日礼物;这种全力以赴地追求,结果却一败涂地,这样的失落和创伤易于引发失恋者的情感共鸣。再来看一个将实物叙事中的第三个要素"困境要素"卓有成效地予以表达的案例——美国第三任总统托马斯·杰斐逊在弗吉尼亚的家蒙蒂塞洛(Monticello)①。其展览尝试讲述了一段颇具冲突性的隐秘历史。杰斐逊是《独立宣言》(The Declaration of Independence)的起草者,在美国可谓家喻户晓、威望极高,但即便是此等荣誉与光环加身的一届政要,也不乏一段难以启齿的绯闻,传言杰斐逊与家中黑奴萨莉·海明威(Sally Hemings)有染,是萨莉所生七子的亲生父亲。通过对萨莉资料的大量搜集和口述史的深入研究,尤其是2000年杰斐逊与萨莉后代的DNA检测,证明杰斐逊果真是这位女性黑奴孩子的父亲。博物馆人员因为未发现萨莉相貌的肖像及相关材料,所以最终选用了剪影和当时服饰,对萨莉做了艺术化处理,并再现了这段匪夷所思的故事,在激烈的矛盾冲突中,物件故事赋予并还原了杰斐逊有血有肉的真实形象。

---

①　[美]金姆·赖斯:《在博物馆中讲故事:博物馆叙事的新方向》,王思怡译,《东南文化》2020年第5期。

5. 跨学科和分众化学习

人类学习的目的是求知和求真，但分科教育下的知识体系犹如"知识的马赛克"，尽管这有助于特定领域的专业化，但也导致知识分割、思维受阻，为我们呈现出"虚构的现实"，而这亟待兼容并蓄。跨学科学习就是要试图克服这种传统思维、打破学科壁垒，以确立问题导向的整体学习观。知识本身并无意义，是因为与人发生关联才有了意义，所以除了关注知识体系本身，更需要从人的角度去关注知识与人之间的交互。分众学习的出现，有助于实现知识与人的兴趣及需求相匹配，并对不同的人群进行选择性引导，使之达成纵深学习。

首先讨论的是跨学科学习。实物不同于语言和文字，后者主要采用常规符号，这些信息都属于显性信息。"由于符号形式具有实现间接参照、转换和组合的附带手段，所以经验转换或符号形式，开辟了有可能运用智慧的领域，这些领域的重要性超过了最有效的意象形成系统。"① 只要接受过阅读或识字教育，在理解语言或文字上一般不会陷入困局。但实物与之大相径庭，通常情况下，实物拥有显性的表层信息，这些信息往往以立体形式出现，因此具备了物化表现的可能，呈现出感性直观的特点。但与此同时，实物是人类或自然活动的产物，需经过加工、生产和制作，因而被注入了大量的内隐信息，所以蕴藏着独一无二的信息财富。譬如一件陶器，可从材料学、社会学、民俗学、人类学和工艺学等不同学科视角，挖掘出类型各异的信息。离开了集体记忆，人类的现实生存就如同刀刃上无限小的一点，在这个不断游移、稍纵即逝的瞬间，人类既无法认识自己，也无从理解他与环境的联结，所以失去了清醒从事现实行动的可能性。② 实物是过往世界遗落下来的记忆碎片，有助于将无限狭窄的现实与广袤无垠的已逝岁月相结合，提供我们了解自己与他人，并采取现实行动的坚实基础，促使我们在过去的基础上更好地创造未来。所以依托实物的学习不能仅止步于物理或功能层面的学习，因为这些信息多附着在实物的表层，更需要关注社会及精神层

---

① ［美］戴维·保罗·奥苏贝尔：《意义学习新论——获得与保持知识的认知观》，毛伟译，浙江教育出版社2018年版，第93页。
② 严建强：《关于社会记忆与人类文明的断想》，《浙江档案》1999年第3期。

面的信息，其往往涉猎人文社会、自然科学等各个领域，所以需要依赖跨界破圈才能得以完成。但跨界破圈并非目的，交融重构才是根本。

因此跨学科学习可借助两个思路展开：第一，立足某一件实物或有关实物的某一主题，将不同学科结合起来。以博物馆收藏的发声物品——乐器为例。自18世纪后期起，博物馆开始系统征集乐器，主要征集的是早期和非欧洲的乐器，此时乐器的装饰特征是优于其功能特征的。直至两次世界大战期间，乐器的功能特征才得以发现，但就是否保持乐器功能一直存在争议。随着20世纪60年代国际博物馆乐器与音乐收藏委员会（International Committee for Museums and Collections of Instruments and Music）的成立，"乐器是为声音而制造"的观点获得共识并逐步得到倡导，制作用以表演的音乐物品复制品受到鼓励。到了21世纪，一个更为重大的转变是乐器从简单的功能性乐器变成了具备象征性的文化物品，其不仅代表一个时代的音乐风格和制造技术，而且对个人和社会身份构建产生了重大意义，可见乐器所携的光环还可以来自非物质的文化内涵。无论如何，对非音乐专业出身的广大受众而言，理解乐器需要专业人士采用跨学科方法加以实现，从物理学、音乐学的材料、制作、声音产生、功能发挥的解释，到历史学、社会学等意义和地位的探讨，这些均是任何单一学科难以有效胜任的。第二，以某一学科为切入点，借助一件或一类实物来提升其他学科的学习能力。台湾博物馆的"昆虫与植物的爱恋变奏曲"展览便是其中的典型案例，它通过人类学和民俗学的视角对生物学专业知识予以科普，在"最佳拍档"单元的"大彗星兰"展项中（见图115），原本想揭示的是昆虫与植物之间的共生关系。因为大彗星兰的花距将近30厘米长，只有一种具有足够长口器的天蛾才能吸得到里面的花蜜，所以大彗星兰成为这种天蛾的专属美食。与此同时，天蛾也理所应当地承担起为大彗星兰花授粉的责任。那么如何才能有效地呈现天蛾与大彗星兰"最佳拍档"的亲密关系并使之为受众理解，策展人并未选择传统的视角——对生物学共生关系直接展开科普，而是从人类学、民俗学的视角引入了"婚姻"关系，并借助"婚纱照摄影本"的形式予以表达。尽管观众可能对生物学共生关系较为陌生，但对"婚姻"及"婚纱照摄影本"话题却了如指掌，存在先验知识或后天经验,所以轻而易举地理解了天蛾与大彗星兰之间亲密而特殊的"共生关系"。可见,该展项从人类学、民俗学入手,有助于受众更好地洞悉生物之间这种互相识别和选择以及适应的共生原则及共生效应,从而促使人们在认知上轻松愉悦地达成感性、知性和理性的统一。

图115　台湾博物馆"昆虫与植物的爱恋变奏曲"展,"最佳拍档"单元中的"大彗星兰"展项(高子涵摄)

再来论述分众化学习。当前针对分众化学习的概念,尚未有成熟规范的界定。"分众"概念可追溯至市场营销学的"目标细分"(target segmentation)和传播学中的"分众"(demassification)。市场营销视域下的"市场细分"(market segmentation)又称"分众营销",于1965年由美国市场学家温德尔·史密斯(Wendell R. Smith)率先提出。此后因菲利普·科特勒(Philip Kotler)的接力探索而广为人知。[①] 差不多同一时期,在传播学领域也出现"分众"一词[②],意指将关注点从普通公众转向某一特定群体。该词的创造者是美国未来学家阿尔文·托夫勒(Alvin Toffler),在其1970年出版的《未来的冲击》(*Future Shock*)[③]一书中已初步提出。从上述定义来看,笔者认为分众概念具备三大特点:分众的对象具备复杂性和一定体量,是拥有社会多样性的人群,否则分

---

[①] [美]菲利普·科特勒、加里·阿姆斯特朗:《市场营销》,俞利军译,华夏出版社2003年版,第39页。

[②] 郭庆光:《传播学教程》,中国人民大学出版社2011年版。

[③] Alvin Toffler, *Future Shock*, Random House, 1970, pp. 221-222.

众将无意义或意义式微；分众的标准必须边界明确，不存在模棱两可的情况；每一个被分众后的群体拥有至少一个共性特征。同时，分众的标准五花八门，标准不同、结果各异，包括年龄、收入、性别、居住、身份、动机、需求等，往往根据具体需要而定。如果按照年龄划分，儿童群体首先应被区别对待，因为该群体存在鲜明的阶段性特征。同时老年受众也拥有特殊的生理和心理需求。生理上，其身体机能逐渐下降，体力不支且恢复缓慢，对声光电敏感度高；心理上，具备回忆、怀念等认知与情感需求，社会生活的电子化也使他们因跟进乏力而出现低落和抑郁等情绪，所以同样需要从分众组群中区分开来并专门予以规划。

沃斯堡科学与历史博物馆（Fort Worth Museum Science and History）附属幼儿园在儿童的分众化学习上颇有建树。该幼儿园明确将学前儿童分为3岁、4岁和5—6岁三个年龄段，分别开展教学。如针对3岁孩子，围绕他们熟悉的动物，就动物看起来像什么、吃什么、喜欢什么家，以及不同类型动物的比较等来组织教学。针对4岁孩子，要求学会找出具有共同特征的动物，探讨它们被归于一类的原因。同时在周二、三下午推出课后课程"逗留和游戏（Stay and Play）"，即儿童可在室内、室外游戏，参加创意活动或参观博物馆。针对5岁孩子推出的课程有栖息地的概念和生物的相互依赖性。其中，"博物馆学校探索者（Museum School Explorers）"是深入研究栖息地主题和环境概念的半天课程。

再来看美国纽约现代艺术博物馆（Museum of Modern Art）针对老年观众中的特殊人群——阿尔茨海默症（Alzheimer's disease）患者开展的"遇见我自己"（Meet Me at MOMA）公共教育项目。阿尔茨海默症是一种持续性的神经功能障碍，是失智症（Dementia）中最常见的一种病理类型，通常发病于60岁以上的老年人，因此被俗称为"老年痴呆"。预计到2050年，全世界将有1.35亿人患上某一形式的痴呆类疾病。[①]"遇见我自己"项目始于2006年，该馆针对阿尔茨海默症及其护理人员，推出了每月一次的互动参观，患者会被安排浏览与主题相关的

---

[①] ［美］格雷格·奥布莱恩：《一个阿尔茨海默病人的回忆录》，王晓波译，中国轻工业出版社2018年版，第2页。

4—5幅艺术作品,鼓励在每幅作品前停留15—20分钟,在浏览期间通过提问和讨论来帮助患者观察、描述、解释不同画作以及彼此的关系。2007—2014年,该项目竞相受到美国和国际上其他场馆的效仿,2008年纽约大学还对其进行初步评估,结果显示该项目能有效缓解患者及其看护的情绪并改善两者关系。①

无论如何,老年人因知识较为陈旧、文化心理相对固化、学习方式比较单一,处在文化的弱势地位。而我国老龄化的程度正在持续加深,趋势不可逆转,据统计2022年我国60岁以上人口已达2.8亿,预计2035年,将突破4亿,进入重度老龄化阶段。② 实物,除了易于被人的感官所感知,通常具备历史物质性。拉德利(A. Radley)指出:"记忆是发生在实物和文字的世界里,其中各种人工制品,无论对文化而言,还是对个人来说,都扮演了记忆的主角。"③所以,实物除了可为怀揣继续学习愿望的老年人提供轻松可及的支架外,还能帮助作为历史亲历者的老人们,依托实物重返历史语境,与他们今天的社会生活发生关联,在复杂多变、充满不确定性的生活秩序中找到存在感和安定感,从而为其心灵寻找安身立命之所和精神的慰藉。研究显示,老年人仍然能发挥较高的智力水平,通过参与社会可持续创造新的脑细胞,而脑部退化并非年龄增长的必然现象。④

---

① 宋娴:《实习于纽约现代艺术博物馆教育部》,http://www.hongbowang.net/e/wap/show.php? classid=146&id=8604&style=0&bclassid=0&cid=146&cpage=0(2018年1月15日),最后浏览日期:2023年6月28日。
② 潘洁:《认识、适应、引领我国人口发展新常态》,新华社2023年5月23日。
③ A. Radley, "Artefacts, memory and a sense of the past", in D. Middleton and D. Edwards (eds), *Collective Remembering*, Sabe, 1990, pp. 57-58.
④ G. D. Cohen, "Research on creativity and aging: The positive impact of the arts on Health and illness", *Generations*, 2006, Vol. 30, No. 1.

# ◀ 第十一章 ▶
# 博物馆学——一门探究实物学习的独特科学

　　博物馆学是否属于一门科学？如果是，它的内容和方法究竟是什么？又与其他学科存在怎样的区别？诸如此类的问题，从国际博物馆协会博物馆学委员会（International Committee for Museology，ICOFOM）成立之初便开始被广泛讨论。时至今日，"是"与"否"两种声音依然彼此交织、难分伯仲，而其中的观点碰撞也并是非单层次的。本章首先在前一章内容的基础上，思忖人类的实物学习可能遭遇的双重困境："语言的囚牢"和"学科的廓清"。不难发现，前一章已经从实物学习的对象和潜能开发两个角度，就实物学习的资源及其作用进行了审思明辨，基本破解了"语言的囚牢"之困境。因此，本章第二节和第三节的核心内容将围绕如何破解第二重困境——"学科的廓清"殚精毕思。第二节会在回顾全球博物馆专业化发展历程的基础上，归纳出不同国家和地区博物馆专业化所呈现的三种情况：开展博物馆研究、建设博物馆学和倡导新博物馆学。而笔者较为认同第二种情况但又与其不完全一致，主张从受众视角而非博物馆视角出发，将博物馆学置于人类文化图景之中，认为博物馆学是一门探究实物学习的独特科学。为此，笔者构建博物馆信息传播的四阶段模型，将实物学习台前幕后所涉及的要素和流程，以特定的结构和序列构成一个彼此关联的整体，从而搭建起一套博物馆学的共同体成员所拥有的范式，为学科专业化和本体化发展提供新的理论资源与思维动力。新范式的搭建将克服博物馆领域仅依靠直觉思维和归纳主义带来的片面性和非逻辑，希望形成一套被广泛认可的规范和惯例,以帮助我们重新思考符号学习可能的"自负"所造成的局限,进而探求人类学习的本质及其拓展路径。作为一种独特的学习媒介,博物馆无疑将为重塑人类学习的智慧提供全新的思维框架,促使我们在思想上破冰及在行动上突围,以推动尚处于蛰伏期的博物馆学渐入佳境,尔后在学术舞台大放异彩。

# 第一节 实物学习的双重困境:"语言的囚牢"与"学科的廓清"

有关"实物与人类学习"本质上存在双重困境:"语言的囚牢"和"学科的廓清"。所谓"语言的囚牢",很多时候是针对语言问题就20世纪70年代风靡欧美理论界的结构主义思潮展开的批判,但此处要讨论的问题是现实世界中存在的实物。面对"语言的囚牢",即便我们深陷其中,可能也毫不自知。其实,语言不过是一套符号指代系统,不能因有了语言就对其所表征的世界置之不理,因为该世界实际上先于语言而存在。尽管如此,在日常学习中,我们依然主要依靠语言而非实物,会将学习体验转化为符号形式,并通过这种形式建立对话关系。然而,需要反思的是,对语言的过分强调可能会给人类的学习设定限度,使我们长期习惯于"重文轻物",一定程度上导致回天乏术的物盲和美盲。因此,在本部分的前两章,笔者基于本体论追溯了人类"痴迷"实物的内在根源,并指出通过实物学习能促使大脑潜能的开发,但须注意实物并非只存在于与人类交叉和共时的部分,而拥有完整生命史,这一点又会把实物学习推至另一重囚牢之中。

## 一、第一重困境:"语言的囚牢"

由于"语言的困境"间接导致了第二重困境的产生,而第二重困境又是本章所指向的关键内容,所以笔者认为需要首先对前两章中有关第一重困境的观点进行纲举目张式的回顾并给予反思。在笔者看来,符号学习至少存在两点不足:其一,语言是一种抽象表达,反映的只是客观事物抽象化的共性,所以巴浦洛夫将语言归为第二信号,即反映实物刺激信号的信号。① 事实上,任何存在物的知识都是通过其名称、描述和形象显现出来的,但并非实物本身。② 可见,语言不仅与思想不是一回事,与思想所表达的客观事物也并非一回事。我们不妨借用明代杨慎《艺林·伐山》卷七中的一则笑谈予以佐证:"伯乐《相马经》有'隆颡蛈目,蹄如累麹'之语。其子执《马经》以求马。出见大蟾蜍,谓其父曰:'得一马,略与相同,但蹄不如累麹尔!'"③这段话讲述的是伯乐之子相马的故事。伯乐的儿子在熟读父亲的《相马经》后,拿着书去找千里马,根据书中描绘千里马的特征是额头隆起,眼睛既圆又亮,蹄子够大,结果他找到的却是一只癞蛤蟆。可见,如果缺乏对实物的感知,而给出的信号又只揭示了实物的局部特征,哪怕该特征反映的是实物抽象化的共性特征,也可能导致认知的隔阂。其二,语言表达无法取代真实的一手经验。《庄子·天道》中曾论及齐桓公堂上读书,而工匠轮扁在堂下做木轮的故事。在轮扁看来,齐桓公读的圣人之书不过是古人的糟粕,因为他认为自己制作车轮的手艺并不能单纯依靠语言传授给他儿子,儿子只有通过长期劳作才有可能习得,所以,无法用语言传承给后人的技巧在书中并不可能出现,它们已消失殆尽,而今我们能读到的只是糟粕。尽管此观点的成立需要预设条件,否则将有失偏颇,但也深刻地揭示出直接经验在学习中的作用不可取代,所以本书中的实物还包括旨在重现过程化现象的设施设备,并认为实物学习可通过交互的经验来弥补认知的断裂。可见,多重镜像的围困造成了我们自我指认的艰难,使得我们遭遇难以介入生活语境的尴尬与迷惘。鉴于此,为了弥补语言学习的上述缺陷,我们亟须将实物学习置于学习的生态系统之中,再思实物与人类学习问题,并尝试从本体论上予以破解。所谓不破不立,只有对传统的符号学习进行批判和反思,才能找到实物学习存在

---

① 杜克丁:《学习的智慧》,国防工业出版社 2013 年版,第 105 页。
② [美]凯瑟琳·摩根:《从前苏格拉底到柏拉图的神话和哲学》,李琴、董佳译,陕西师范大学出版社 2019 年版,第 157 页。
③ 《国学典藏》丛书编委会编著:《文字上的中国:寓言》,中国铁道出版社 2018 年版,第 328 页。

的必要性及独特价值。主要通过"人'痴迷'思维的内在根源"和"再思实物与人类学习"两节内容展开。第一节先从表层因素入手,提出人类经验式收藏和博物馆公共化的原因。尔后尝试探索背后的深层因素,通过伊扎德、罗素和米哈里·契克森米哈赖的卓见,指出大脑系统中唤起的"兴趣"使人类对实物及其相关活动充满心理倾向,甚至会升格至"物我两忘"的殉道境界。在第二节"再思实物与人类学习"中,行文伊始便检讨了人类对物的关照及理解,只看到了被置于主-客体关系语境下的实物,同时将实物抛入与被观看者的共时背景中,但实物本身拥有跌宕起伏的社会生命史。此后讨论大脑作为统一整体所蕴含的潜能,并指出通过实物学习中形象思维的培养,有助于为大脑添加新的突触,此行为可持续地发生在人的一生中。为此,我们需要选择适用于学习的实物媒介,同时采取与实物学习相辅相成的方法:感官体验(尤其视觉观察)、探究、游戏、讲故事、跨学科学习、分众化学习。

## 二、第二重困境:"学科的廓清"

通过对第一重困境的提炼和破解,我们明确了实物学习在补缺符号学习,激发深层兴趣,进而持续重塑大脑方面发挥着至关重要的作用。然而符号学习作为一种传统的学习行为早已让我们"安其所习",但正因为如此,也会导致我们"毁所不见"。换言之,尽管人类基于实物的学习由来已久并始终存在,但它并非是一种常态的学习行为,需要被强化和完善才能自成一格,然而该类型的学习行为却能为冲破当代学习障碍,积蓄革新的力量,最终可能会散发出耀眼的光芒。当前,与符号学习直接相关的学科,门类较为俱全,包括文学、语言学、历史学、教育学等,事实上几乎所有学科都主要依赖符号展开学习;而与实物学习直接相关的学科,门类却捉襟见肘,除了博物馆学、考古学、文物学之外几乎乏善可陈。但实物并非语言或文字锁定的材料,所以两种学习行为大相径庭,事实上与符号学习一样,实物学习同样可介入诸多学科,更为重要的是它能融入人类的日常生活,成为一种值得广为推崇的新的学习方式。虽然与实物学习相关的学科可能涉及博物馆学、考古学、文物学,但其中博物馆学是唯一一门因物的收藏、研究、阐释和传播而产生的学科,它提供的是一种基于实物的真实体验,所以在构建物人关系、促成有效学习方面,理应发挥独特且根本的作用。尽管如此,问题的关键在于博物馆学究竟能否担此重任。即便当前博物馆已开始有突显生活化的趋势,类博物馆的现象也比比皆是,同时,依托实物进行粗放学习的价值正在被发现,但如何促使博物馆学的学科发展由自发到自觉,进而实现由"潜学科"到"显学科"的突破,却一直是元博物馆学悬而未决的问题。

值得庆幸的是,博物馆学所开创的独特视域使笔者能拨开重重迷雾,从混沌的现象中找寻该学科对人类的全面发展和进步可能拥有的潜在价值,"实物与人类学习"问题由此崛地而起。随着笔者围绕该问题,从立论之基、认识论、方法论和本体论四方面对实物学习的"转向与考辨、要素与构成、模式与构建、范式与探索"展开研究,笔者开始从困惑迷茫的边缘慢慢挣脱,并逐步豁然开朗、自我解答,感受到如沐春风般的馥郁新生。正如曹兵武所言博物馆是小众的大众传播媒介,而博物馆学也是一门新兴的边缘学科。自诞生之日起,它就在身份认证的道路上苦苦追寻,这种追寻若要从根本上予以解决就必须尝试回答:博物馆学这门学科的价值为何?

本书从现实世界中符号学习的困境和实物学习的崛起而来,为此我们需要探索和完善人类基于实物的这种学习行为,传统的物质文化研究旨在复原物质客体及主体所赋予其的旧有意义,但却忽略了物作为学习媒介在当下语境中的活化利用。而博物馆学从根本上而言,就是探讨观众基于实物学习的科学,收藏与利用"物"乃是其本质特征,所以必将在物的活化利用中产生突破性的意义。但上述观点的生成并非轻而易举,似乎是在作用与反作用的过程中经过破除障碍、由迷到悟,实现了认知的螺旋上升,最终,推演出初步结论:博物馆学是一门探究实物学习的独特科学。

## 第二节 博物馆专业化发展与
## 第二重困境的破解

可以说,19世纪前是博物馆学的史前史,而19世纪是博物馆专业化的分水岭。博物馆领域步入专业化之路大致始于19世纪末到20世纪初。面对全球范围内,博物馆专业化趋势的浩浩荡荡,世界各地提出三种应对之策。①

一是主张开展博物馆研究(Museum Study),以盎格鲁-撒克逊国家为代表,其均以英语作为第一语言,包括英国、美国、加拿大等。这些国家认为不存在博物馆学,围绕博物馆开展的研究仅属于一个研究领域。这种提法可追溯至1966年的英国莱斯特大学,其在创建博物馆院系时,担任系主任的雷德蒙·辛格尔顿(Raymond Singleton)就选用了"博物馆研究"一词。之所以采取该提法,原因可能有二:首先区别于以兹宾内克·斯坦斯基为代表的布尔诺大学学派所倡导的博物馆学,因为该系希望为博物馆的职业化和专业化做出贡献,但并不热衷于理论化的博物馆学;其次在英国当时的学术生态下,莱斯特大学等非主流高校渴望找到自身优势,发展新的学科领域。因为相较于牛津、剑桥等大学,莱斯特大学并非英国教育体系中的核心,然而随着婴儿潮的出现需要更多的学校,这些非主流高校只有发现优势所在,才能找到安身立命的空间。20世纪60年代末,由于"文化研究"的兴起,某些主题领域的研究开始受到热捧,而这些又通常为牛津、剑桥等核心高校所不屑。但是无论如何,我们必须承认,为我们打开一方开眼看西方的窗口,主要应归功于这些国家的研究成果,其中大量著作是由与莱斯特大学合作的劳特利奇(Routledge)出版社出版的,它们通常用英文书写。而其余两种情况,除了少量的英文著作外,多数研究成果采用的是我们不太熟悉的外文,所以它们犹如被黑色灯罩笼罩着的灯,即便文献的内容和思

---

① 参考弗朗索瓦的授课。

想十分璀璨夺目，外面的人对其不得而知。

二是建设博物馆学，以部分欧洲和东方国家、地区为代表，包括捷克、荷兰、波兰和中国等，认为博物馆学是一门特定学科，需要为其创建专门的术语和研究方法，以斯坦斯基为代表的布尔诺大学学派在其中发挥了举足轻重的作用。在倡导建设博物馆学方面，兹宾内克·斯坦斯基的扛鼎之位当仁不让，他曾担任国际博物馆协会博物馆学委员会的副主席，还负责过联合国教科文组织内部的国际博物馆学暑期学校，撰写的论著及其蕴含的思想至今为人津津乐道。早在1964年，捷克斯洛伐克的布尔诺市就创建了一所高校附属的博物馆学校。1971年，斯坦斯基在国际博物馆协会上发表演讲，在探讨应对博物馆危机的举措时，他提出发展博物馆学科的想法。1980年，他进一步明确指出博物馆学是一门独立的科学学科。斯坦斯基认为博物馆学与人类学、社会学、教育学等学科一样占据重要地位，并不隶属于其他任何学科，而它的研究对象是"人类与其现实的特殊关系"①。这种关系被称为"博物馆性"，该内容在第三部分《方法论：博物馆学对日常实物学习模式的启发与构建》中已进行过详述。我们知道，"博物馆性"是一定时空背景下的主观价值判断，博物馆根据自身特性来挑选"物"，所以只有在对人与现实的关系认知与评价中，"博物馆性"才能被建构起来。② 所以，我们不但要研究博物馆性，因为它是遴选"博物馆物"的依据，还要探讨左右博物馆性的影响因素。为此，曾任国际博物馆协会副主席的马丁·谢里（Martin Schaerer）指出博物馆学研究的核心是人-社会-遗产三者的关系。无论如何，斯坦斯基以其独具匠心的视角对博物馆学做出了较为本质的界定，认为博物馆学的基本结构包括历史博物馆（historical museology）、当代博物馆学（contemporary museology）、理论博物馆学（theoretical museology）、博物馆术（museography）和专门博物馆学（specialized museology），因此博物馆学是处理现实的博物馆化的科学领域。③ 同时，他还创造性地提出"元

---

① ［法］安德烈·德瓦雷、方斯瓦·梅黑斯等编：《博物馆学关键概念》，张婉真译，Armand Colin 2010年版，第42页。

② Zbyněk Z. Stránsk, "Museology as a science", *Museologia*, 1980, 11(15).

③ Jan Dolák, *Museology and Its Theory*, trans. Stuart Roberts, Technical Museum, 2022, pp. 35-39.

博物馆学"(metamuseology)。1960年,加拿大评论家诺斯罗普·弗莱(Northrop Frye)使用了"元历史"(metahistory)一词。① 1973年,美国人海登·怀特(Hayden White)出版《元历史》(*Metahistory*),然而该书探讨的并非历史科学的本质,而是历史学家的"文学流派"。"元博物馆学"亦称反身性博物馆学(reflexive museology),是关于博物馆学的认识论,即对如何建立博物馆学的哲学思考。无论如何,斯坦斯基的思想及观点影响了后来有关科学博物馆学的所有话语体系,此后曾经担任博物馆学委员会主席的门施,以及该委员会的诸多成员都成为科学博物馆学坚定的拥趸者。

三是倡导新博物馆学。新博物馆学更是在应对博物馆生存危机的背景下被提出的,从法国波及英国等众多国家,代表人物包括乔治-亨利·里维埃尔(Georges-Henri Rivière)和雨果·戴瓦兰(Hugues de Varine)等。新博物馆学强调博物馆的社会角色及价值重置,提出博物馆的核心并非实物,也非研究,而是人。据此,乔治·布朗·古德和约翰·科顿·达纳都可被视作新博物馆学的先驱。1972年圣地亚哥圆桌会议(Round Table of Santiago)在智利召开,此时的智利正处在政变前夕的社会转型期,雨果·戴瓦兰为联合国教科文组织将在智利举办这场博物馆研讨会而忙碌不已,他召集了博物馆、乡村建议、城市规划等各大领域的有识之士,这种不同学科视域的多角碰撞,带来的结果是博物馆意识到它不仅是保存文化遗产之所,还能为地方发展做出积极贡献。圣地亚哥圆桌会议也促成了后来被写入博物馆定义的"为服务社会及其发展"的制度化表述。② 到了20世纪80年代早期,法国理论学家相继围绕新博物馆学展开讨论,在80年代逐步掀起轩然大波,自1984年起,这场讨论开始被推广至国际范围。1984年,第一届生态博物馆和新博物馆学国际工作坊(First International Workshop for Ecomuseum and New Museology)在加拿大的魁北克市(Quebec City)举办,该工作坊由新博物馆学的倡导者组织,会议上又诞生了一份宣

---

① Jan Dolák, *Museology and Its Theory*, trans. Stuart Roberts, Technical Museum, 2022, p.40.
② 尹凯:《新博物馆学:基于阐释与反思的解读》,《博物院》2021年第4期。

言——《魁北克宣言》(Declaration of Quebec)，此宣言成为国际新博物馆学运动开端的标志。在新博物馆学的发展历程中，无独有偶，面世了一系列各地发表的宣言，先有《智利圣地亚哥宣言》，此后还有墨西哥和西班牙等各国各地发表的宣言。1985年，随着里斯本会议的召开，新博物馆学国际运动组织（International Movement for New Museology）创建，这一组织隶属于国际博物馆协会，至此，新博物馆学得以正名。

英文世界中的"新博物馆学"出现在1989年，是年皮特·弗格（Peter Vergo）主编了一本论文集——《新博物馆学》(The New Museology)。与法国强调社会参与不同，英国的新博物馆学更强调以一种批判的姿态，对博物馆传统的社会和政治角色发起挑战。两大模式的新博物馆学一定程度上造成普及该理论的混乱，前者更注重内部生发，而后者则转变成为社会问题的批判工具。无论如何，新博物馆学站在了传统的藏品至上的博物馆的对立面，热衷于构想和探索博物馆的新形态，如生态博物馆、邻里博物馆、社区博物馆、科学中心等，促使不可移动物和非物质遗产等与人的社会记忆相关的载体，受到了前所未有的尊重。尽管如此，由于新博物馆以高校为主阵地，倾向于通过对实践由内而外的批评为其找到理论依据，所以客观上造成了与博物馆实践的疏离，多少带有理想主义和隔靴搔痒的意味。加之其过分强调"为什么"，而轻视"是什么"和"做什么"的认识论偏颇，以及成为容纳各种革新观点的"箩筐"，所以一定程度上只能代表一种取向，而不能称为真正的理论，这点与后现代主义思潮如出一辙。

与此同时，我们还需要厘清新博物馆与批评博物馆学的关系。20世纪80年代，人文社会学科领域出现了一种"批判转向"，博物馆作为一种文化现象也成为批评研究的一大领域，代表学者有莎伦·麦夏兰（Sharon MacDonald）、凯莉·梅萨吉（Kylie Message）和安德里亚·维特科姆（Andrea Witcomb），他们以新博物馆学为基础，对博物馆在殖民主义、知识-权力关系、意识形态霸权、他者、表征政治和精英文化等方面的作用进行口诛笔伐[①]，成为批评博物馆研究的坚定拥护者。其中

---

[①] K. Message, A. Witcomb, "Museum theory: An expandedfield", in A. Witcomb, K. Message, *The International Handbooks of Museum Studies: Theory*, Wiley-Blackwell, 2015, pp. xxxv – lxiii.

新博物馆学呼吁的是：博物馆应当审视自身的社会角色，强调关注社会议题。因此在20世纪八九十年代的大学，由于法国和英国新博物馆学、批评博物馆学理论的出现，博物馆学课程设置发生了较大改变。有学者认为新博物馆学和批判博物馆学不过是同一理念下的一体两面：前者强调新的理念和实践方式，后者主张对既有实践予以批判。值得注意的是，批评博物馆学始终受到其他学科的加持，在这类研究中博物馆主体通常会被忽视，成为其他学科表达学术观点的材料而已。大致在21世纪前20年，博物馆学开始有意识地避免理论与实践的疏离，由此推动了批评博物馆学向后批评博物馆学发展，后者主张从博物馆的实践和特性出发，致力于修正和拓展此前的观点，物质性-情感转向、新女性主义与酷儿理论、原住民视角与本体论、福柯理论的批判与拓展、布尔迪厄理论的修正及其他社会理论的引入构成了后批判博物馆学理论的主要内容。①

从上述三种情况可获悉，尽管世界各国博物馆在专业化发展的历程中政治、经济和文化背景各不相同，但其转变背后实际上都存在一股隐形的内驱力和外驱力，即自20世纪六七十年代起，外部前殖民地国家的独立运动、种族平等运动和学生运动风起云涌，尔后社会阶层分化、不公平现象出现，跨文化交流和全球化带来影响；内部对传统展陈和教育方式的批判及新事物的兴起冲击博物馆世界，加之穷则思变的现实无奈，博物馆出现了严重的身份危机。这种潜在的紧张关系使博物馆不得不经历转型的阵痛，开始将服务公众作为核心的价值追求。以经济学的诞生为例，亚当·斯密（Adam Smith）在撰写其标志性成果《国民财富的性质和原因的研究》（*An Inquiry into the Nature and Causes of the Wealth of Nations*，简称《国富论》）时正值工业革命的前夜，当时重商主义流行一时，残存的封建主义成为英国产业发展的巨大障碍，亚当·斯密前瞻性地提出反对政府干预经济，主张在一定经济体制和制度条件下，将稀缺资源在可供选择的用途中进行有效配置和利

---

① 汪彬：《重新想象博物馆研究——超越实用主义与批评理论》，吉林大学硕士学位论文，2023年，第Ⅱ页。

用①，经济学由此问世。可见，学科的发展受历史推动和技术影响，并在过程中不断融合分化。而本书有关博物馆学是一门探究实物学习的科学的论断，也并非从天而降的无本之木，它是受当前学习需求和时代需求的驱动，以及物质文化研究②和学习科学③的勃兴而浮出水面的，并且随着研究推进日渐清晰。与此同时，我们还可以发现目前博物馆专业化虽然业已形成三足鼎立之势，但实际上，三条专业化之路都经历了孕育、萌芽和壮大的历程，它们的蔚然成势均非一日之功。

在博物馆专业化的三种情况中，笔者较为认同第二种，但也与其倡导的观点不尽相同。认同的部分是博物馆学属于一门可与其他学科并置的独立学科，也赞成"博物馆性""博物馆化"及其互动关系直指博物馆产生及发展的根源，但对把博物馆学定义为一门检视人与其实现的特殊关系的学问④，稍有微词。20 世纪 60 年代到 90 年代的捷克学派，认为博物馆只是一种见证"人类与现实的特殊关系"的方法。⑤ 如果略作分析就会发现，这种观点的提出是基于一种内向型的博物馆视角，其关心的仍然是博物馆自身的发展及规律，希望其在社会化过程中，能适时调整以实现与社会的良性互动。但时至今日我们更需要关注的是博物馆物利用的公共化及其程度，即将博物馆看作媒介以最大限度地服务社会公众，所以此时的我们需要持有的是外向型的社会视角，这是一种超越博物馆机构将其资源化的宏观视角，需要考虑的收藏和利用实物的一门学科究竟能够为社会贡献些什么？由此，我们喜出望外地发现，这门学科本质上探讨的是实物与人类学习的问题，能有效帮助人类从传统学习的困境中解脱出来。当我们尝试将博物馆抛入时代大潮时，发现其收藏和展示的博物馆物与其他媒介不同，能为人类的审美欣赏、文明传承和知识传播提供易于感知的物质实体，其是一种难能可贵

---

① 徐世江、彭仁贤主编：《西方经济学》，武汉理工大学出版社 2014 年版，第 2 页。
② 韩启群：《物质文化研究——当代西方文化研究的"物质转向"》，《江苏社会科学》2015 年第 3 期。
③ 叶瑞祥主编：《简明学习科学全书》，团结出版社 2017 年版，第 364 页。
④ [法]安德烈·德瓦雷、方斯瓦·梅黑斯编：《博物馆学关键概念》，张婉真译，Armand Colin 2010 年版，第 42 页。
⑤ 同上书，第 38 页。

却被隐性浪费的"学习"资源,种种迹象已给予强有力的证明。我们能否成为时代语境下忠于机构的底层逻辑又超越机构外在束缚的思想瞭望者?基于此,本书选择了博物馆学的经典论著,梳理并总结实物学习的根本要义和当代价值,尝试引入和借鉴博物馆学并综合相关理论视角,深入探究博物馆基于实物学习的重要理论和方法,在实物研究、受众研究和阐释研究的基础上尝试构建起"物人对话"的实物学习模式,使之常态化地与符号学习模式良性共存。由此不难推断,如何才能依托实物实现有效学习方为博物馆学这门学科的真正旨归。

## 第三节 博物馆学范式构建:基于实物传播信息的四阶段模型

任何一门学科只有具备共同的范式才能成为科学,否则仅是前科学。① 既然本书主张博物馆是与社会学、人类学等其他学科并立的独立学科,那么亟须为该学科相关人士提供可供参考的基本理念和规范做法,可见,构建一套博物馆学的共有范式不容推诿,同时也刻不容缓。鉴于此,首先需要回答的问题是何为范式,以明确它在此处被引入和应用的适恰性。

### 一、讨论:范式的定义、特点及其引入

托马斯·库恩,1922年7月出生于美国俄亥俄州(State of Ohio)辛辛那提市(Cincinnati)的一个家底殷实的实业家家庭。他的父亲是水利工程师,后来改行做了投资顾问,母亲是职业编辑。库恩一生比较简单,17岁进入哈佛求学,专业为物理学,先后在哈佛大学、加州伯克利、普林斯顿大学、麻省理工学院任教。他终其一生就是一名学者和教授,1996年,73岁的库恩在麻省剑桥家中辞世。20世纪初物理学革命

---

① 张宝琪主编:《简明哲学词典》,山东大学出版社1988年版,第419页。

在物理理论上引起变革，这让年轻的库恩兴奋不已，并最终成长为一名出类拔萃的科学哲学家。他的著作和思想对其他领域产生了并仍在产生潜移默化的影响。1962 年，库恩因出版《科学革命的结构（The Structure of Scientific Revolutions）》一书名声大噪（2012 年已出版第四版）。在这本被誉为"现代思想史里程碑"的书中，库恩创造性地引入"范式"（paradigm）一词，从而使得该词的运用从科学哲学领域辐射至其他众多学科领域，意义极为深远。① 面对这一颇具"旧词新用"色彩与意味的术语，笔者将从概念廓清和特点归纳两方面予以论述。

（一）范式的概念及其被引入的适恰性

需要说明的是，库恩尽管在《科学革命的结构》一书中引入了"范式"概念，但其定义含混不清，用法也充满歧义，亟待清源正本。为此，四年后（1966 年），英国剑桥大学语言研究中心（Cambridge Language Research Unit）的女哲学家玛格丽特·马斯特曼（Margaret Masterman）还专门撰写了《范式的本质》一文，统计出《科学革命的结构》一书中，范式的不同用法多达 21 种。② 库恩为了对玛格丽特·马斯特曼的质疑与问难做出回应，于 1974 年再次撰文《对范式的再思考》，提出"范式"的用法不只 21 种，而是 22 种，并在此基础上将"范式"的诸多用法归为两类：一类是为一个科学群体共有的全部约定；另一类则是把其中重要的约定抽出来，成为前者的一个子集。③ 接着，他又解释称范式一词无论是在实际上还是在逻辑上，都接近"科学共同体"这个词。一种范式是，也仅仅是一个科学共同体成员所共有的东西。反过来说，也正由于他们掌握了共有的范式，才组成了这个科学共同体。综上，从范式的概念界定中至少可提炼两点共识：一是科学共同体的形成要求科学家在共同的研究领域，为追求同一目标遵守共同的信念和规范；二是共同的信念和规范既可指全部约定，也可指其中的重要约定。本书

---

① 方在庆：《科技发展与文化背景》，湖北教育出版社 1999 年版，第 91 页。
② ［英］玛格丽特·马斯特曼：《范式的本质》，周寄中译，载［英］伊雷姆·拉卡托斯、艾兰·马斯格雷夫编：《批评与知识的增长》，华夏出版社 1987 年版，第 77 页。
③ Thomas S. Kuhn, "Second thought on paradigms", in Frederick Suppe (ed.), The Structure of Scientific Theories, University of Illinois Press, 1977, pp. 459-482, 500-517.

提出的"基于实物传播信息的四阶段模型"属于后者,为博物馆学科群体内的重要约定,目的是提供该科学共同体使用,使本学科可依据这套范式开展专业活动。

(二)范式的特点及其被构建的适恰性

在笔者看来,库恩对范式的讨论最为精妙之处在于,他以独特的动态眼光深层次地揭示了范式的底层逻辑及其演进问题。他强调"范式是一个成熟的科学共同体在某段时间内所认可的研究方法、问题领域和解题标准的源头活水,因此接受新范式,常常需要重新定义相应的科学"。① 换言之,范式一旦确定,并非一成不变,新老范式之间会不断转换。当旧有范式不足以应对新问题、新挑战时,需要依靠发散式与批判性思维,打破业已过时的旧范式,推行新范式取代旧范式的科学革命。即便如此,在相当一段时间内我们还需要采取收敛式和稳定性思维,以保证某一时期内范式的绝对优势及霸主地位。所以很长一段时间内常规科学可能会让人沉醉其中,同时,不少研究者终其一生所做的,也不过是常规科学的扫尾工作,即为该范式所提出的疑问一一攻关,因此,自然界犹如"被塞进了范式的盒子"②。可见,正是因为一种范式通过革命向另一范式过渡,才促使科学日渐发展并走向成熟,这种思考方式能有效跳出传统的逻辑主义,将科学由认识论范畴拓展至社会历史范畴。③ 综上,尽管新旧范式转换充满了不确定性,但我们依然能从不确定性中找到一定时期的确定性,同时由于一套范式最终之所以胜出,是因为实践者团体认为某些问题的重要性无以复加,而该范式却能比其竞争对手更成功地对此加以解决,所以我们依然乐意接受和拥抱这种不确定,因为这是一种为了纠偏以接近真理的不确定性。基于此,本书希望围绕实物与人类学习问题,通过抽丝剥茧、逐层深入的方式,构建起"基于实物传播信息的四阶段模型",以作为当前博物馆学的基本范

---

① [美]托马斯·库恩:《科学革命的结构(第四版)》,金吾伦、胡新和译,北京大学出版社2012年版,第88页。
② 刘钢:《〈科学革命的结构〉导读》,四川教育出版社2002年版,第35页。
③ 黄楠森、杨寿堪主编:《新编哲学大辞典》,山西教育出版社1993年版,第653页。

式,从而使博物馆学研究有的放矢,以避免离题万里或陷入模棱两可的争论之中。其中,有关博物馆性与博物馆化的讨论也可被纳入该范式之中,因为实物由于博物馆性变成了博物馆物,此时的博物馆物成为受众的学习对象。

## 二、构建:基于实物传播信息的四阶段模型

自公共博物馆时代以来,在三百余年的光阴流转中,不论博物馆风景如何嬗变,有道风景却始终可见,即"一代代观众一次次步入博物馆",那么吸引他们纷至沓来的原因为何?是"怀旧和好奇"[①]吗?那么他们"怀旧和好奇"的对象又是什么?主要是博物馆的展览,更准确的表达是展览中呈现的物或现象,主要是物。虽然从表征主义认识论来看,博物馆往往借助展教等阐释活动进行传播,但如果从内在关系认识论来看,博物馆归根到底传播的是一种物化信息,即依托"博物馆物"重构的信息。

人类被看作是在目标指引下积极搜索信息的行动者,学习,从最一般的意义上说就是人们用已知道和相信的信息,去建构新知识和对新知识的理解。[②] 参观博物馆,说到底属于一种非正式学习。"非正式学习"(informal learning)理论始于20世纪40年代,由联合国教科文组织提出,70年代开始引起学者们的广泛讨论。学界经常引用维多利亚·马席克(Victoria Marsick)和凯伦·沃特金斯(Karen Watkins)对该概念做出的界定:"非正式学习可能发生在机构中,但通常不是发生在教室的,也不是高度结构化的,学习的主要控制权掌握在学习者手中。非正式学习可以由组织有意鼓励而展开,也可以在环境对学习并不是非常有利的情况下展开。"[③]博物馆是非正式学习的重要场所,因而具备学

---

[①] 2020年广东省博物馆协会线上培训班中,陈建明在题为"博物馆社会使命与功能在馆舍建设中的体现——以湖南省把握我国改扩建工程为例"的授课中提及。

[②] [美]约翰·D. 布兰思福特:《人是如何学习的:大脑、心理、经验及学校(扩展版)》,程可拉、孙亚玲、王旭卿译,华东师范大学出版社2012年版,第9页。

[③] V. J. Marsick, Karen Watkins, *Informal and Incidental Learning in the Workplace*, Routledge and Kegan Paul, 1990, p. 7.

习动机的自主性、学习方式的多样性和学习时空的随意性特点。

博物馆拥有依托实物重构的信息,而此类信息因具备真实、唯一等特点引发观众的好奇和怀旧,进而吸引他们愿意漫步其中,但信息大爆炸时代的两大困局却不容回避:一是铺天盖地的各种信息让人莫名恐慌;二是学习时间的不连续性、不固定性。因此,如何在时间稀缺和信息泛滥的情况下,用有限且碎片的时间高效获取有价值的信息变得至关重要。所以,博物馆如何利用实物载体传播有用和有意义的信息迫在眉睫。综上,笔者认为探讨博物馆的实物学习问题,对于博物馆而言,实质上即是研究如何依托其物载信息进行有效传播的问题,而这类深藏于物质中的独特信息需要被选择、解读、转化,最终得以重构。这一过程是借由实物载体,通过一定的信息通道,将信息从信源跨越时空,传送到信息接受体的过程。[①] 本部分将该过程划分为四个阶段逐一加以探究,它们分别是:收藏者将普通物转化为博物馆物,研究者将博物馆物的信息转化为符号信息,阐释者将博物馆物的符号化信息转化为物化信息,学习者将博物馆物的物化信息转化为媒介信息。笔者将尝试把研究过程中有关博物馆领域具备启发性的新事实和拓展性的新思考都纳入该四阶段模型中,使其不仅能与源远根深的传统现象与理论相匹配,还能与脱颖而出的新现象与新理论相适应。每一阶段的书写主要采取"是什么""怎么做"的内在理路。

(一) 收藏者:将普通物转化为博物馆物

在第十章第一节"从普通物到作为学习媒介的物:'博物馆化'过程及启示"中,我们已指出从普通物到作为学习媒介的物,此为实现实物学习的第一步,并就此进行了详尽论述。事实上,将普通物转化为博物馆物也是博物馆实物信息传播的第一步,该过程与物从普通物到学习物的发展历程如出一辙,两者均体现了实物自身由"初级情境"向"学习情境/博物馆学情境"的身份转变,其背后隐匿的是经由价值判断而确定的选择依据,即"博物馆性"。只不过前者不受博物馆时空范围的局

---

① 宋余庆、罗永刚编:《信息科学导论》,东南大学出版社2001年版,第33—34页。

限,已深入社会生活的各个角落。该步骤在整个博物馆信息传播系统中发挥前提作用。

针对这一步骤,笔者将重点围绕"是什么"的问题展开,因为物从普通物变成博物馆物是促使学习行为发生的原动力,路径依赖理论告诉我们,后续步骤的成功推进得益于该步骤的正确开启。正如前文所言,物从普通物到博物馆物的完整历程既受博物馆性的影响,也是博物馆化的结果,并伴随着实物属性的根本转变。为此,针对"是什么"的问题,以下将从普通物、当下博物馆性和博物馆物三方面展开论述,以期为收藏者围绕藏品的规划与入藏,廓清认识并理顺思路。

首先从普通物来看,作为信源的实物,是信息物化的产物,而物化的过程既有主动,也有被动。通常文化遗存、当代物品,以及装置、设备和媒体都属于主动物化,而自然遗存则属于被动物化。前者的物化主体通常是人,而后者则为自然界。其中,主动物化的两类物又存在着差异,文化遗存和当代物品往往并非专为展示而创造,但装置、设备和媒体则是专为展示而创造的。可见,除主动物化的装置、设备和媒介之外,其他主动物化之物和全部被动物化之物其实都并非为展示而专门创造,因此都需要经由博物馆性而选择。而主动物化的装置、设备和媒介则不然,通常是在博物馆性影响下,明确博物馆使命及展览传播目的,尔后在传播目的的指引下完成制作。

其次从当下博物馆性来看,此处笔者已无意再重复博物馆性与博物馆化之间的互动关系,只是想强调自 20 世纪以来,以藏品为导向的传统博物馆正在遭到冲击,仅仅重视馆藏中的物已无法适应时代发展和社会需求。早在 20 世纪 20 年代,达纳就已发表有关博物馆的一些洞见:所有公共机构(包括博物馆)既然使用纳税人的钱,就必须对社会有所回馈,而且这些回馈必须在相当程度上是正面、确认、可以看见、能够测量的。博物馆的价值主要反映在其社会用途上,而与其建筑或维护费用、藏品正规与否或拍卖价格等并无直接关联。博物馆既然是公共机构,就必须对其支付者有所交代,并明确地陈述其存在价值。[①] 尽

---

① [美]史蒂芬·威尔:《博物馆重要的事》,张誉腾译,台北五观艺术管理有限公司 2015 年版,第 55 页。

管达纳的这段话高瞻远瞩、见解卓特,但直至他过世70年后,才日渐在美国博物馆界付诸实施,并被视为当下我们对博物馆性的完美诠释。殊不知,博物馆性已不再局限于审美或经济价值,而更倾向于反哺社会的学习价值,包括愉悦视觉、再现记忆、揭示原理、启蒙思想、改变行为等。博物馆应致力于将实物所载宝贵信息最大程度地共享,以促使"人更好地利用物"这一灵魂思想的实现。

最后从博物馆物来看,正是由于博物馆性产生新变化,博物馆物的内涵和外延才持续得以拓展。从收藏与展示具备较高艺术、历史价值的珍贵实物,变成收藏与展示拥有记忆价值的普通常物,并且从物质遗存辐射至非物质遗存。只要是在社会文化记忆的保存中占据一席之地的物品,或能够重现经典、前沿科学原理和现象的设施设备,甚至是数字展品都被纳入了博物馆物的大家族中,以便在特定空间内为受众重构一个相对孤立的"元现实"(meta-reality)①。正如1889年作为史密森尼博物院第一任助理秘书长的乔治·布朗·古德在布鲁克林博物馆发表演讲时讲到的,"期许博物馆不再是摆放可有可无饰品的坟墓,而是一个培育活跃思想的孕育所"②(此话前文曾数次提及过)。可见,博物馆的物,既包括拥有真实三维空间和虚拟三维空间的实物、数字展品,也包括科技类、非遗类等博物馆中再现过程化现象的设施设备。其中具备教育性的数字展品是对物化信息的数字化转化和表达,同样承载再现文化记忆的功能,即让我们认识过往自然或社会中的某一人/事,了解过往自然或社会中的某一新信息,或澄清过往自然或社会中某种尚不明确的现象。③ 如今博物馆所处理的"博物馆物"已远不是"文物"概念所能包容的。越来越多的自然博物馆、科学博物馆、行业博物馆、当代美术馆等非文物类博物馆诞生。其中科学博物馆和非遗博物馆等因不占有实物曾一度使人困惑,它们与传统博物馆存在很大区别,许多

---

① 元现实是指重构的现实,斯坦斯基将其称为元世界(metaworld),引自 Jan Dolák, *Museology and Its Theory*, Technical Museum, 2022, pp. 113-118。
② [美]史蒂芬·威尔:《博物馆重要的事》,张誉腾译,台北五观艺术管理有限公司2015年版,第93页;[美]爱德华·P. 亚历山大:《博物馆大师:他们的博物馆和他们的影响》,陈双双译,译林出版社2020年版,第252页。
③ 严建强:《博物馆与记忆》,载严建强:《缪斯之声:博物馆展览理论探索》,浙江大学出版社2020年版,第5页。

科技展品并非不可替代甚至能批量生产,但其主要目的在于对自然科学知识和最新成果的现成利用。因为用文字记录并共享的书面知识易于割裂"知识"与"真实世界"的有机联系,同时知识的推陈出新不断促使其颠覆性变化,所以亟须借助设施设备提供观众一手经验,使其在探索中不断试错和创新,以洞悉科学原理、塑造科学思维并滋养科学精神。而非遗博物馆中的非物质文化也不同于物质文化,其虽然没有传统文化遗产的物质外壳,但积淀下深厚的文化内涵。严建强曾做过一个比喻,如果说物质文化遗产包含"进行时"的过去完成时,那么非物质文化遗产便是一个保留至今的"现在进行时"[①]。综上,博物馆通过博物馆物,帮助人们更好地理解和发现世界,其存在目的是服务社会公众,而终极目标是改善公众的生活品质,否则其将失去公共资源配置的精神根基和逻辑前提。

在明确普通物、当下博物馆性和博物馆物"是什么"后,再来论及"怎么做"并非难事。"是什么"之所以重要,在于它奠定了整个信息传播链条的价值基础,"博物馆物"最终将被整合至信息传播的框架内,并成为其中要角,这会从根本上影响博物馆未来将要形塑之样貌。在弄清"是什么"后,"怎么做"就是一个理性实践化的过程,表面上看这份责任主要落在收藏者身上,但实际上却是落在管理者的规划之中。管理者需要意识到,如今的博物馆不再是"为了收藏而收藏",而是"为了公众而收藏"。但遗憾的是,当前我国"因文物而收藏"的旧传统和"因公众而收藏利用"的新需求仍存在尖锐矛盾。这种矛盾直接导致观众与博物馆物之间的亲密关系被人为分割,博物馆只在意物的呈现或物的相关信息的输出,而不在意观众是否从博物馆物中有所习得或习得多少。所以"补缺"藏品规划体系是博物馆信息传播的重中之重,因为它将有助于缝合博物馆业务碎片使之成为信息传播的统一整体,是在寻求信息有效传播的整体方案中对整体论方法加以成功运用的幕后军师。然而不容置辩的是,作为认识对象的存在,从来呈现的只是能被感官感知并加以描绘的事物,而非是需要人去发现和解释的非现成存在。

---

① 严建强:《非物质文化遗产与博物馆展览》,载严建强:《缪斯之声:博物馆展览理论探索》,浙江大学出版社 2020 年版,第 75 页。

藏品规划体系是博物馆整体规划体系的构成部分,后者不仅要立足馆藏资源,还要基于公众需求,如使命、各类规划等。使命是文化机构对其存在或相关性的客观、简短和鼓舞人心的评估,简言之,即人们为何要关心这座馆①。因此,使命是一种价值构建,属于规划体系中最为根本的规划,包括藏品规划在内的各类规划应在使命框架的指导下进行。藏品规划是一项动态化的操作,需要周而复始地开展并通过现状评估及时加以调整。目前,我国除了部分博物馆在藏品规划等方面锋芒初现,如广东省博物馆在 2013 年推出包括藏品征集与管理等三项中长期专项规划外,多数馆乏善可陈。曾任美国博物馆联盟认证委员会主席的马丁·沙利文(Martin Sullivan)指出:制定藏品规划是成为博物馆界一个重要的"最佳做法",最近几年认证委员会暂缓审议中,1/4 机构的问题都是出自藏品保管和管理。② 所以在各类规划中,应充分重视藏品规划,以保证科学收藏。时任美国博物馆联盟博物馆发展与卓越部主任的伊丽莎白·梅里特(Elizabeth E. Merritt)为此提出藏品规划的内容构成,颇具借鉴价值③,它包括八个部分:导言、背景、知识框架(藏品愿景)、对现有藏品的分析、建设理想收藏、实施展览、评估、对藏品规划的评议(见表 2)。在上述八大构成中,"对藏品规划的分析"中的"差距分析"最易于造成理解障碍,这一术语可简单表述为将现有藏品和藏品愿景进行比较所产生的差距④,毋庸赘述,"差距分析"有助于我们圈定重点收藏的范围,以及为除藏和获藏指明方向。主张制定藏品规划,并非要冠冕堂皇地给博物馆增添负担,而意在面对资源始终有限的情况,保证资源合理运用以提高综合效应,因此它创造的是一种有张有弛应对未来的希望。当然,制定藏品规划的过程中可预见的障碍不在少数,至少包括:缺乏背景(使命、愿景、战略规划);缺乏制定规划所需的各类资源(时间、人员、资金和空间);博物馆在藏品内容、意义和历史方面的知识匮乏;员工在关键的主题领域存在专业知识

---

① Gail Lord, *The Manual of Museum Management*, AltaMira Press, 2009, pp. 2-3.
② 美国博物馆协会主编:《美国博物馆协会藏品规划与保护指南》,湖南省博物馆译,北京外文出版社 2014 年版,第 5 页。
③ 同上书,第 24—25 页。
④ 同上书,第 21 页。

的盲点或空白;员工对规划从理念上不支持,由于害怕失去自主权而产生抵触情绪;领导层面对规划欠缺足够的投入;机构文化、人员规模和各个部门之间存在隔阂;对制度规划是否有效始终心存质疑,若以往曾经失败过,则表现更为突出。① 无论如何,一份雄心勃勃的藏品规划有助于博物馆打开视阈与思路,进而殚精竭虑地付诸实施,而通过创造并勾勒出各种可能性,博物馆最终有可能实现理想收藏而非随波逐流。

表 2 博物馆藏品规划的内容构成

| 序号 | 导言 | 背景 | 知识框架(藏品愿景) | 对现有藏品的分析 | 建设理想收藏 | 实施展览 | 评估 | 对藏品规划的评议 |
|---|---|---|---|---|---|---|---|---|
| 1 | 藏品规划的目的 | 博物馆的使命或使命宣言 | / | 描述/规模 | 获藏和除藏的重点 | 行动步骤 | / | / |
| 2 | 藏品规划的阅读对象 | 博物馆的愿景 | / | 历史 | 获藏和除藏的策略 | 时间表 | / | / |
| 3 | 权威性:藏品规划的制定过程、参与者、撰写人 | 现行战略规划重点概述 | / | 长处与不足:差距分析 | 获藏和除藏的标准 | 职责分配 | / | / |
| 4 | / | 藏品规划与博物馆其他政策和规划文件的关系 | / | 与其他机构及其藏品的联系 | / | / | / | / |

\* 表格信息引自美国博物馆协会主编:《美国博物馆协会藏品规划与保护指南》,湖南省博物馆译,北京外文出版社 2014 年版,第 24—25 页。

---

① 美国博物馆协会主编:《美国博物馆协会藏品规划与保护指南》,湖南省博物馆译,北京外文出版社 2014 年版,第 58 页。

## (二) 研究者：将博物馆物的信息转为符号化信息

与文献通过语言、思想与人沟通不同，物并非语言锁定的材料，但人们在认识世界时存在着符号化诉求。所以，需要研究者们针对物展开研究，解读其内蕴的物化信息，并最终以文字、语言等符号加以表达，笔者把这一过程称为"将博物馆物的信息转化为符号化信息"，该工作主要由研究者承担。此为博物馆依托实物传播信息的第二步，该步骤在整个信息传播系统中将发挥基础作用。相较于第一步，"将物的信息转化为符号信息"，即"围绕物展开研究"相对浅显易懂，所以针对"是什么"不再做过多论述，以下将重点探讨"怎么做"。

1. 藏品研究的目标：提升博物馆信息传播中的观众获益

在我们未进行物化信息的符号化之前，藏品只是没有被人类智慧照亮的物质堆积，也无法为展览和教育活动提供科学依据。[①] 博物馆只有通过物化信息的符号化，才能将信息与信息载体分离，为沟通物人对话打下坚实的基础，然而这样做呈现的成果通常学术性较强，只适用于少数专业人士。因此在开展实物研究前，首先应明确该项研究的目标为何。当下博物馆存在的目的已今非昔比，其主要职责不再是藏品及研究而是公众获益。所以，面对博物馆新使命和观众新需求，我们不能再"用旧瓶装新酒"，而需要拥有新的格局和新的视野，不能只一味看到藏品研究的成果，而无视其服务和优化的对象。为此我们需要将"基于阐释提升信息传播中观众获益"的目标引入，因为目标决定行动，行动决定结果。观众获益的本质是藏品研究成果的转化和表达，该过程之所以难以有效推进，根本问题在于研究阐释的匮乏，深入的阐释研究提供了物被活化利用的可能。

2. 藏品研究的内容及其重点：目标导向下的重新调试

其次，为达成这一目标，我们需要对研究所囊括的内容及其重点做出调整。将藏品视为一个开放的动态生命体，关注藏品的社会生命历程，不仅重视研究深度，更要重视成果转化和表达的方向。笔者主张在

---

[①] Maarten Franssen, Peter Kroes, et al. (ed.), *Artefact Kinds: Ontology and the Human-Made World*, Springer, 2014, p. 204.

博物馆实物信息有效传播的目标指引下,主要开展以下三方面研究。

(1) 开展实物本体信息研究

实物本体信息研究是指围绕实物对象开展的研究,包括命名、断代、分类、保护等。① 时至今日,除了审美意义上的博物馆外,各个类型的博物馆若只是在展览中呈现展品名称、年代、材质、制作者等信息,那么将难以达成展品被看懂、文化意义被理解的当代夙愿。然而,尽管博物馆信息传播已不能再局限于此类信息的研究,但亦不可产生非黑即白的逻辑谬误,单纯地认定这类研究毫无存在价值。许多藏品由于缺乏充分的本体研究,甚至会导致不知该如何利用。所以,该工作是博物馆业务的组成部分,是研究开枝展叶的基石,若此项工作出现错误,可能会导致后续研究大厦的轰然垮塌。事实上,研究藏品的命名、断代、分类、保护绝非易事。20 世纪 80 年代中晚期至 20、21 世纪之交,分类问题成为藏品研究中毫无争议的重点,此处仅以该问题为例加以说明。藏品的分类问题,至少需在四方面耗费精力②:一是明确对象范围,除了文物和标本,模型、复制品有时也须一并考虑在内;二是研究复合材料的分类标准,如针对由扇面和扇骨构成的扇子,因技术和偏好不同,侧重点会有所差异;三是掌握藏品的功能流变。如菜刀本是一种生活用具,但是在特定的历史-社会情境下,菜刀即从生活用具转型为武器,所以需要在全面调研下,借助统计学原理予以处理;四是技术的演进导致同物不同质,如形式都为花瓶,但材质可使用陶瓷、金属、玻璃、塑料、象牙和玉石等。可见,我们始终需要一批埋首器物、扎根故纸的学者开展此类基础研究。

(2) 开展实物载体信息研究③

该类研究与下面将要论述的第三类研究——当代关联研究都属于为阐释提供服务的研究,而第一类研究——本体信息研究,则主要是为

---

① Maarten Franssen, Peter Kroes, et al. (ed.), *Artefact Kinds: Ontology and the Human-Made World*, Springer, 2014, pp. 205-206.

② 马承源主编:《上海博物馆文物保护科学论文集》,上海科学技术文献出版社 1996 年版,第 548—549 页。

③ 参考浙江大学藏品利用提升报告课题组:《藏品利用提升研究报告 2017 年》,第 17—18 页。

满足识别之需。载体信息研究是指借助物品来认识自然、人类社会,使之成为一种史料或媒介,但有时与第一类研究(本体信息研究)之间的界限,并不特别清晰。① 在本体信息研究的层面,博物馆与其他的科研机构都没有区别,是为了弄清藏品包含的信息,评估其价值,而载体信息研究的层面则是博物馆区别于其他机构的方面,是为了藏品转化的研究,是科普的基础。可以这样理解,本体层面的研究是为了研究人员自己看懂,而载体层面的研究则是为了让观众看懂。缺乏载体信息的研究可能会让藏品的展示止步于最为基础的展柜展示,难以充分传递藏品的全部内涵。陈淳指出,如果只是专注于各种器物的描述、分类和断代,以建构所谓的区系文化类型,对生物学和社会学上的人则毫不关心或有心无力,用这种范式建立的历史是一种器物发展史而非人的历史,更无法转化为编年史和社会发展史。② 可见,此类研究不但符合博物馆科学研究的性质,还能满足博物馆社会教育的需求,涉及展览、教育活动、媒体宣传、文创衍生等诸多方面。如湖南省博物馆"根·魂——中华文明物语展"中,22家博物馆对各自展出的共计30件(套)藏品进行了深层次的信息解读,从而实现了依托物化信息勾勒中华文明历程的宏大目标。以其中的"曾侯乙鉴缶"为例,展览不仅传达了器物本身的纹饰、造型、功能等信息,还揭示出冰酒、温酒方式的改进,反映出古人追求极致的匠人精神。

诚然,通过文献的爬梳我们获悉,当前在博物馆学视野下,国外更为关注藏品的载体信息研究而非仅关注本体信息研究,以弗朗兹·博厄斯、苏珊·皮尔斯③、兹宾内克·斯坦斯基、彼得·冯·门施、蒂莫西·阿姆布罗斯为代表的学者都主张采取藏品的人类学解读(1985年)④、符

---

① Maarten Franssen, Peter Kroes, et al. (ed.), *Artefact Kinds: Ontology and the Human-Made World*, Springer, 2014, pp.205-206.
② 陈淳:《从考古学理论方法进展谈古史重建》,《历史研究》2018年第6期。
③ Susan M. Pearce (ed.), *Interpreting Objects and Collection*, Routledge, 1994.
④ Ira Jacknis, "Franz Boas and exhibits: On the limitations of the museum method of anthropology", in George W. Stocking, Jr. (ed.), *Object and Other: Essays on Museums and Material Culture*, University of Wisconsin Press, 1985.

号学分析(1994年)①、价值挖掘(1980年)②和信息分层(1992年、2016年)③。在众多国外研究中,较为全面且具备可操作性的参考指南当推《意义2.0:藏品重要性评估指南》(*Significance 2.0: A Guide to Assessing the Significance of Collections*),以及揭示实物多层次信息的两大物质文化研究模型,以下稍做论述。

①《意义2.0:藏品重要性评估指南》及其启示

2009年,澳大利亚藏品委员会(Collections Council of Australia)为全国的收藏机构拟定了一份《意义2.0:藏品重要性评估指南》(以下简称《意义2.0》)④。它由《意义1.0》发展而来,可为藏品的内涵研究和价值评估提供指导框架和流程建议。感谢毛若寒将此指南引介至国内,并就其内容展开较为深入的剖析⑤,笔者将围绕《意义2.0》中最具建设性的两方面——"藏品意义的价值"和"研究步骤",略陈管见。

从藏品意义的价值来看,该指南并未将价值标准简单地一刀切,而是根据主次关系将其区分为主要标准(primary criteria)和相对标准(comparative criteria)两类。前者指向的是能够突显藏品价值意义的核心标准,分别从历史价值、艺术价值、科学价值和研究潜力、社会价值或精神价值四个角度展开;而后者则囊括来源、稀有度或代表度、保存状况或完整度、阐释潜力。可见,《意义2.0》对于藏品价值的理解并非低层次的分类或定级评估,而是将藏品的价值标准渗透至藏品研究的过程之中,这样便于明确可供研究的范围,并让我们在研究中有所侧重,以实现信息的更优提取和藏品的更佳利用。

从研究步骤来看,该指南为整个研究过程构建出一个标准化框架,并认为该框架几乎适用于所有类型的藏品,具体的步骤实施如下。

---

① Zbyněk Z. Stránsk, "Museology as a science", *Museologia*, 1980, 11(15).
② Peter van Mensch, *Towards a Methodology of Museology*, University of Zagreb, Faculty of Philosophy, 1992.
③ [英]蒂莫西·阿姆布罗斯、克里斯平·佩恩:《博物馆基础》,郭卉译,译林出版社2016年版,第187—188页。
④ R. Russell, Kylie Winkworth, *Significance 2.0: A Guide to Assessing the Significance of Collections*, Collections Council of Australia, 2009.
⑤ 毛若寒:《试论博物馆物的语境化阐释:内涵、目标与策略》,《东南文化》2021年第1期。

表 3 《意义 2.0:藏品重要性评估指南》中藏品的基础研究步骤

| 序号 | 具体步骤及其内容 |
| --- | --- |
| 1 | 梳理现有的藏品档案信息 |
| 2 | 调查藏品来源与流传信息,包括制作日期、制作者以及使用和转手历程 |
| 3 | 咨询捐赠者、曾经的拥有者等了解该物品的人,以了解它的使用方式、来源、历史以及相关的物品和地点 |
| 4 | 探索藏品的语境/环境,利用各类资料研究它最初的功能,以及与其关联的技术、文化、历史背景等 |
| 5 | 分析和描述藏品材料、外观与结构,记录使用痕迹与保存状况 |
| 6 | 比较相似的物品 |
| 7 | 分析与藏品有关的地点和物品,研究地点、人物与物品之间的关系 |
| 8 | 参考价值标准,对藏品意义进行评估 |
| 9 | 撰写意义陈述,总结藏品内涵并论述其重要性 |

\* 表格信息引自 R. Russell, Kylie Winkworth, *Significance 2.0: A Guide to Assessing the Significance of Collections*, Collections Council of Australia, 2009。

整体而言该步骤翔实完整,可操作性较强,重点关注藏品的来源、语境、关联和流转四类信息,并且信息获取渠道也比较多样,包括文献爬梳、实物观察、口头咨询和比较研究等。其中,第 1、2、3 点都与信息的来源相关;语境信息在第 2、3、4、6、7 点都有所涉及;关联信息集中在第 6、7、8 点;而流转信息则出现于第 2 点。值得一提的是,语境信息是四类信息的灵魂信息,它是实现信息的可视化再现之先决条件。将物品在原地按原先存放的状态布置,可极大程度地保持物品和环境的共存关系,恢复物品的时间、空间和文化坐标。这类信息可帮助构建鼓励观众走入的情景,该情景既可是人工制品被使用的原生环境,也可是物质遗存被发现时的时空背景,还可是档案被记录书写的特定场景等,通过穿越返回至物化记忆载体所诞生的初始情景,发现与物相关联的人及其世界。毫无疑问,这些信息有助于对藏品意义进行价值判断并促成观众理解。与此同时,这还是一份拥有生命力的可持续指南,其要求客观全面地记录并定期予以检查、调整,该《指南》还注重鼓励研究人员对多方声音和相异观点的搜集,如收藏者、社区成员等,使物品不断增添随时间累积而形成的非历史感信息。

② 埃利奥特等的物质文化研究模型及其启示

相较于《意义2.0》，物质文化研究模型更为简易，操作也更显方便。20世纪七八十年代，两个广为应用的模式先后问世：弗莱明（Mclung Fleming）模型[①]和普朗（Prown）模型[②]。90年代，罗伯特·埃利奥特（Robert S. Elliot）等人在这些模型的基础上开发出物质文化研究模型。[③] 此模型的最大特点是：能够生动地展现由浅入深、由外及内的研究进程，以下将逐一论述。首先是研究顺序的由浅入深。该过程通过三大步骤完成，分别是观察、比较和补充，其依次记录的是可见信息（observative data）、对比信息（comparative data）和补充信息（supplementary data）。即记录下实物表层肉眼可视的信息，进而找寻与实物相似的物品加以比较，最后再借助文献、口述资料等予以补充。换言之，研究者必须摒弃先入之见，忠于对象本身，穷原竟委地弄清作为对象的实物，尔后再借助跨学科的外界证据进行拾遗补缺。其次是信息获取的由外及内。为了全面地纳入阐释所需的多层次信息，埃利奥特等的物质文化模型按特定的排列顺序，通过五组小的问题引导研究进程。由于弗莱明模型中物的历史、材料、构造、设计和功能五大属性存在信息交叉，所以埃利奥特等的物质文化模型将五个属性调整为材料、构造、功能、历史和价值。可见，"设计"被并入"构造"属性，同时，为了增强阐释能力，增添了"价值"属性，仍然贯彻由浅到深的研究顺序，将更易于观察到的信息置于前面。此模型将五个属性放在横轴，以保证其主体地位，并强调要从观察、比较到补充的研究环节对五大属性展开全面考察。同时围绕每一属性的信息，都备有一组对应三个研究环节的问题提供研究者参考。每组问题依照由浅入深的顺序，鼓励研究者借鉴该顺序，探索物品背后蕴藏的文化意涵。以"构造"属性为例，

---

[①] E. McClung Fleming, "Artifact study: A proposed model", *Winterthur Portfolio*, 1974, 9.

[②] Jules David Prown, "Mind in matter: An introduction to material culture theory and method", *Winterthur Portfolio*, 1982, 17(1).

[③] R. Elliot, et al., "Towards a material history methodology", in Susan M. Pearce (ed.), *Interpreting Objects and Collection*, Routledge, 1994, pp. 109-115. 以上诸多内容都参考该模型。

问题被首先拆分为提醒研究者关注的物的外形、制造技术、装饰和铭文,以及使用或修复的痕迹,接着问能否找到结构或设计类似的其他物品,最后问此等构造和技术能否反映特定的时代特征和它的精巧程度。① 由此可见,问题所发挥的作用是因物而异的,但无疑有助于研究者全面探索物品承载的信息。至此,研究步骤及其属性可通过纵横两大视角构建起一张清晰可见的表格(见表4)。

表 4 埃利奥特等的物质文化研究模型中的问题类型(Question Categories)

| 分析步骤<br>(Analysis procedure) | 物质<br>(Material) | 结构<br>(Construction) | 功能<br>(Function) | 出处<br>(Provenance) | 价值<br>(Value) |
| --- | --- | --- | --- | --- | --- |
| 步骤一(Step 1)<br>可观察日期(observable date);检查单件人工制品(examination of the single artefact) | / | / | / | / | / |
| 步骤二(Step 2)<br>数据对比(comparative data);与相似人工制品对比(comparisons made with similar artefacts) | / | / | / | / | |
| 步骤三(Step 3)<br>补充数据(supplementary data);其他信息来源介绍(other sources of information introduced) | / | / | / | / | / |
| 步骤四(Step 4) | 结论(Conclusions) | | | | |

\* 表格信息来自 R. Elliot, et al., "Towards a material history methodology", in Susan M. Pearce (ed.), *Interpreting Objects and Collection*, Routledge, 1994, pp. 109-115。

③ 苏珊·皮尔斯的物质文化模型及其启示

该模型与上一模型存在共性:均不同程度地借鉴了弗莱明模型,但同时还存在两点不同:大量借鉴考古学观点,对可供探讨的属性进行修

---

① 乔止月:《阐释导向下的文物藏品研究》,复旦大学学年论文,2022年,第19页。

正并加以分析;苏珊·皮尔斯的物质文化模型由英国学者提出,属于欧陆系统,而上述模型则由美国学者创造,属于北美系统。不难发现,在此前的弗莱明模型中提出了五大属性,并结合补充信息对这些属性进行了四组操作:身份识别、评估、文化信息和阐释(见图116)。① 其中,身份识别是后续所有操作的基础,而阐释则属于最高层面。

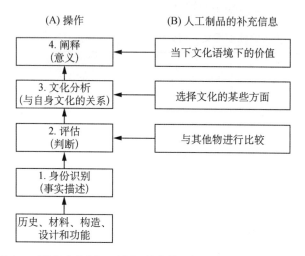

**图116　研究实物(人工制品)的弗莱明模型(1974年)**（赵娜译）

\* 图片引自 E. McClung Fleming, "Artifact study: A proposed model", *Winterthur Portfolio*, 1974, p. 9。

显而易见,苏珊·皮尔斯创建的模型对弗莱明模型中略显冗余的关系进行了修正与拓展,属性由"历史、材料、构造、设计和功能"五类变成"材料、历史、环境和意义"四类,补充信息被取消并被部分地纳入四类属性,每类属性清晰地对应操作,由此构成了一个彼此关联的整体设计(见图117)。为何要将五大属性要调整为四大属性,皮尔斯解释道:物的构造和设计关系过于密切,难以分开考虑,所以将它们视为材料本身的不同面向;而物的功能与其使用方式有关,因此将其视为历史的一部分更佳;物的空间关系作为属性被忽略,但在文化分析过程中需要考虑环境,所以增加环境属性;物的意义属性被涵盖在功能属性中,意义

---

① Susan M. Pearce, "Thinking about things", in Susan M. Pearce (ed.), *Interpreting Objects and Collection*, Routledge, 1994, p. 127.

可能属于"意想不到的功能",但作为思想层面的意义是超越功能的,所以需要将该属性单独提取出来。根据皮尔斯模型所绘制的图表,左边列出的是四大属性及其分支,右边则是围绕相应属性展开的研究与分析。虽然从该图表中可发现所有工作都从实物的物理描述起步,但其并未显著呈现出由内而外的研究趋势。

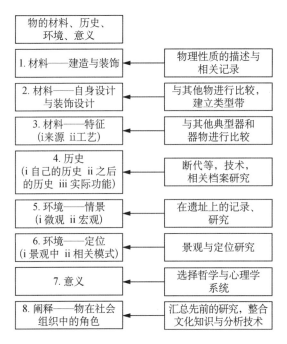

图117　研究实物(人工制品)的皮尔斯模型(1986年)(赵娜译)

\* 图片引自Susan M. Pearce, "Thinking about things", in Susan M. Pearce (ed.), *Interpreting Objects and Collection*, Routledge, 1994, p.130。

④ 受指南或模型的启示而构建的实物载体信息研究框架

无论是《意义2.0》还是物质文化模型,事实上都聚焦于两方面内容:研究内涵与操作步骤。首先是对两项内容彼此关系的处理。《意义2.0》主要建立在藏品价值评估的基础上,将研究内涵和操作步骤合二为一,换言之,在研究步骤中指明具体的研究内容。而两大物质文化模型则将研究内涵和操作步骤清晰地分开,分别加以归纳和论述。其次,研究内涵大同小异,且基本都将本体信息囊括其中。《意义2.0》围绕的是来源、语境、关联和流转四类信息;埃利奥特等的物质文化模型针对的是材料、构造、功能、历史和价值五大属性;而皮尔斯模型则围绕材料、历史、环境和意义四大属性。通常情况下,"来源"信息会与"材料""构造"等信息休戚相关,而"语境"信息会与"功能""环境""意义"等信息密不可分,"关联"和"流转"则会与"历史"等信息紧密关联。这些信息不仅包含了表层信息和内在信息,还涵盖了共时信息和历时信息。最后,研究步骤的适用性和详略不一。显然,埃利奥特等的物质文化模型和皮尔斯的物质文化模型都有所局限,前者的观察、补充和比较略显简单,而后者更适用于考古出土文物。相较于两者,《意义 2.0》更为详尽,但是其部分内容和顺序有交叉或颠倒之嫌。为此,笔者将借鉴上述指南或模型,尝试围绕"实物载体信息研究"构建囊括价值评估、研究内涵和操作步骤的初步框架。

第一,价值评估。笔者认为,价值评估可参考《意义 2.0》中的主要标准和相对标准,前者涉及各个层面的核心价值,后者则用较为弹性的标准对其附加价值加以判断。第二,研究内涵。为了正视实物载体信息的复杂性并强调此类信息的重要性,笔者人为地将实物的本体信息与载体信息相区分,但实际上实物是综合信息的复合载体、各类信息浑然一体。同时,前文也未针对本体信息如何获取做过详尽的讨论,而是重在廓清本体信息的基础地位,其意在这里一并进行阐述。笔者在本书第六章第二节"实物作为媒介的信息及其分层"中曾经明确指出实物的多层次信息,即"本体信息,物的质料、形式和功能信息;衍生信息,制作物的动力和目的信息;流转信息,新的动力和目的信息,以及由此产生的新本体信息"。其中,质料是构成事物最初的"基质",形式是事物特定的样式或原型,动力是事物变化或停止的来源,目的是做一件事的"缘故"。[①] 第三,操作步骤。针对本体信息,主要通过观察比较、查阅资料、调查来源等手段获取物在物理意义上的质料、外观与机构、使用痕迹等信息;针对衍生信息,采取查阅资料、关联对比、跨学科等手段探索物诞生的初始情景,研究与其关联的历史、文化和技术等背景以及个人

---

① 北京大学哲学系外国哲学史教研室编译:《西方哲学原著选读(上)》,商务印书馆 1981 年版,第 133 页。

或社会意义;针对流转信息,通过断代研究、技术分析、查阅资料等手段掌握物在流转过程中的信息叠加;最后,将先前的各类信息加以汇总和整合,使观众不仅能欣赏物的物质外壳,还能理解其中意蕴,以达成物化信息阐释的成功。

(3) 开展实物信息当代关联研究

长期以来,我们似乎始终对实物的"当代关联研究"漫不经心,认为只要彻彻底底地弄清楚实物的外在信息和内蕴信息便已足够。殊不知信息的成功获取有时并非在于传播者是否将自认为重要的信息有效地传递给了受众,也并非传播者呈现的信息完整与否,而在于它能多大程度与多少人发生关联,因为受众通常热衷于从繁杂信息中快速地查找自身感兴趣或所需信息。贝弗利·瑟雷尔曾在《展览标签:一种阐释手段》一书中指出,我们对坚持观众导向的博物馆展览可能会存在四种误解,其中第三种误解即与此项研究息息相关。这一误解指的是"将观众与他们的生活相关联并审查他们的态度、价值观和信仰极其困难,因为大多数观众(参观博物馆)是在有限的时间内,在有关该主题的知识背景中进行"。[①] 在贝弗利·瑟雷尔看来,这种误解亟待澄清,因为它反映的是博物馆对自身责任的推诿,事实上博物馆是可通过开展实物信息的当代关联研究积极地对该现状加以改变。

通常可采取三种方法:其一,探索与实物所携信息相关的热点问题。我们每个人都是应时而生的,不可避免地被"圈养"在特定的时空坐标中,用当代史书写着我们的集体记忆,而流行元素和潮流符号往往采用"戏谑"的方式,深刻地打造或击中我们与时代同频共振的烙印。通过再现特定时期的文化语境,可映射出特定人群的心理特征。因此,研究者在开展实物研究时,还需要借助网站、博客、微信公众号、抖音、快手、电影、电视、新闻头条和书籍等,去了解年龄不同、兴趣各异的多元受众,它们对实物相关信息的关注涉及哪些主题并持有怎样的观点。通过对这些流行文化及其信息源的梳理与分析,研究者可以了解观众对于该实物及其信息的兴趣、期待、需求、疑问甚至成见。其二,探索实

---

[①] Beverly Serrell, *Exhibit Labels: An Interpretive Approach*, Second Edition, Rowman and Littlefield, 2015, pp. 61-21.

物所携信息多渠道的科普方式。首选方式是强制性介入，一般适用于博物馆的馆内空间。通常要求我们以轻松易懂的方式在短时间内达成科普，导入式视频往往是不二之选。因为入馆的观众多数为初学者或外行，如何才能使他们以"速成"的方式填补认知差，让观众安静地坐下欣赏一部短片不失为一种明智之举。亚洲文明博物馆"唐代沉船展"（The Tang Shipwreck）中，策展团队在步入展厅必经的墙上设置了视频，以再现 12 世纪前水手们拓展贸易的情形，视频中还介绍了船只的制作过程、工艺、承载商品及其遇难原因，使观众快速弥补和扩充有关黑石号沉船的背景信息。第二种方式是广泛宣传，该方式多用于博物馆的馆外空间。博物馆在开展前可围绕实物及其展览引人入胜的内容、趣味盎然的形式进行宣传。以大英博物馆集合 100 件展品的全球巡展为例。该展在 2012 年正式推出前，馆方已于 2010 年与英国 BBC 合作推出了一套广播节目，当时即创下 1 100 万人的收听纪录。此后还出版了《大英博物馆世界简史》（A History of the World in 100 Objects）一书，并一度荣登畅销榜。这些预热手段客观上培养出潜在观众并提升了其认识基础。无论是视频还是音频，抑或纸媒，都离不开优质内容的开发，不管采用的宣传手段多么推陈出新，唯有吸引人且有意义的内容才能持续留住观众。其三，借助前置性评估预先掌握可能与观众发生关联的内容。这种方法并不适合所有藏品，仅适用于重量级藏品。运用前置性评估普查观众对这些藏品的知识水平、兴趣、需求和质疑，并将预先获知的评估结果纳入实物研究成果之中，此举将有助于提升未来展览中该实物阐释的相关性、参与度和体验感。

综上，我们主张从本体信息研究、载体信息研究、当代关联研究三方面开展实物研究，不难发现，实物这三方面研究的目标是"为观众阐释"。其中，本体信息研究是基础，载体信息研究才是目标，我们不仅要关注实物发展史，更应揭示人的发展史。而当代关联研究是桥梁，因为实物作为物证不仅生动述说过去，还深刻影响当下和未来。实物三方面的研究，贯穿了从入藏开始，到藏品在博物馆不同渠道利用的全过程。实物阐释的前提是充分的实物研究，不知如何利用实物的根本问题在于研究不佳，实物阐释的成功本质上是实物研究成果的有效转化。

长期以来,认识论的困境使我们对实物研究的目标定位过于狭隘和固化,导致内容策划时为观众阐释的信息极其匮乏,所谓"将军难打无兵之仗",正因如此,笔者对这一步骤着墨颇多。实物为人类社会保存着一种独特的信息,当我们在探索解锁人类社会的方法时,实物无疑可为此做出别样贡献。所以,我们既不能只重视研究的学术性而忽视科普性,也不能只重视实物的社会生命史而忽视其在当代社会的活化利用,我们需要突破博物馆传统的历史学、文物学、考古学等壁垒,开展物质文化研究,借助元学科(格外重要的学科)、多学科和跨学科合作,为透物见人、见精神和见社会找寻方法,经由多领域专家和各关联群体的无边界参与,提高文物综合研究及其阐释的能力,并始终保持研究的开放及批判状态。

### (三)阐释者:将博物馆物的符号化信息转化为物化信息

"将博物馆物的符号化信息转化为物化信息",这是博物馆依托实物传播信息的第三步,该步骤将在整个信息传播系统中发挥着关键作用。以"裁制衣服"作比,前两个阶段可谓获取衣料和制衣知识的准备阶段,而本阶段则是设计款式、量体裁衣的实施阶段,所以重要性不言而喻。博物馆在提供文化服务时,信息研究只是前提,信息传播才是使命。其与图书馆等机构不同,这些机构在服务公众时,无须依赖信息研究,只需要进行信息传播。博物馆信息研究如不深入,就难以产生高质量的信息传播,但仅仅依赖信息研究,也同样无法产生高质量的信息传播。在欧美语境下出现的"curator",通常指信息研究与信息传播并举的实践者。在我国,由于起步较晚,不少策展人更多承担的是信息研究的工作,而有些策展人正努力实现由"研究"向"研究和传播兼具"的身份过渡。鉴于此,我们需要将经由实物研究所获的符号化信息转化为可被视觉等感官感知的物化信息,这一过程通常包括三大环节:将各类符号化信息进行文本编码的内容策划环节;将内容策划转化为空间的实体设计环节;根据实体设计进行场外制作和现场布展的环节。我们把这一过程称为"将博物馆物的符号化信息转化为物化信息"。在回答完"是什么"之后,本部分将聚焦于讨论"怎么做",主要根据"是什么"指向的内容分三步展开。

1. 策展人：对符号化信息进行编码的内容策划

首先，关注展览媒介的特殊性及内容策划在展览创建中的地位。毫无疑问，展览是为数不多能与观众直接沟通的媒介，尽管其存在独一无二的优势，但同时携带与生俱来的三点局限。一是相较于其他媒介，参观博物馆格外消耗体力，虽然可通过阅读、聆听、操作和思考等多样化方式参与，但是需要拖着疲惫的双脚在展厅内行进，所以通常完整地体验展览会感到精疲力竭。二是所有这些努力的回报是隐性的，参观者既领不到薪水、也不会被授予文凭或提供与升学相关的奖励。三是观众的全部行为不受任何的约束，无论你是不求甚解地一扫而过，还是意犹未尽地逐一欣赏，博物馆都只能听之任之。"高付出、隐性回报、无约束"，医治这些"顽疾"的最佳手段无疑是：最大程度地激发观众兴趣或满足其需求，尤其是在内容上。"内容是博物馆存在的理由，博物馆通过收藏、研究和展览等，从内部和外部给内容以支持，并且对收藏、研究和展览等拥有知识产权，这些是博物馆最宝贵的财产。"①所以，一个展览哪怕因精心设计而拥有视觉美感并且采用了前沿技术，但如果内容索然无味，那么观众的体验效果也往往不尽如人意。

其次来看展览内容策划及其实施步骤。内容策划是指"在对博物馆藏品形象资料、学术资料和各种相关记忆载体，以及传播受众深入系统研究的基础上，策划展览内容为本的过程"。② 展览的成功很大程度上取决于内容文本的策划水准。有关其实施步骤的研究论著颇丰，笔者将从中采撷出最具代表性的四种观点并予以介绍，进而在述评的基础上提出一孔之见。《博物馆展览手册》一书主张展览文本的编写囊括六大步骤：研究计划的制定；藏品研究和选择（展品清单）；撰写展览文字；影像研究与采购；研究动手展品、模型和实景模型；研究视听和多媒体展品。③《博物馆策展：在创新体验的规划、开发与设计中的合作》

---

① ［美］波莉·麦肯纳-克雷斯：《博物馆策展》，周婧景译，浙江大学出版社2019年版，第69页。
② 陆建松：《博物馆展览策划：理念与实务》，复旦大学出版社2016年版，第76页。
③ Barry Lord, Maria Piacente, *Manual of Museum Exhibitions*, 2nd ed., Rowman and Littlefield Publishers, 2014, pp. 414-446.

(Creating Exhibition: Collaboration in the Planning, Development, and Design of Innovative Experiences)一书将内容开发归于方案设计阶段(schematic design phase),认为在该阶段模糊的想法、图像和预期结果开始被塑造成完整的体验。方案开发阶段主要涵盖的步骤为:完善使命、传播目的、长短期目标;基于物品和叙事、阐释规划、概念图/泡泡图等进行内容组织;试点测试和制作概念性原型;拟定观众踏查的初稿。① 此阶段涉及的问题包括展览的标题为何、传达什么声音、整体个性怎样、叙事基础如何、观众承担什么角色、关联的要素和线索为何、参观动线怎样、符合个性的图文方法有哪些、讲故事适合什么样模式、什么可促进观众深层参与、适合安装的设备等。②《缪斯之声:博物馆展览理论探索》书中提出展览策划共包括五个步骤:提炼中肯而有特色的主题;制定一级传播目的结构书;建立框架,选择故事线;寻找恰当的展品与表达手段;撰写生动准确、通俗易懂的说明文字。③《博物馆展览策划:理念与实务》一书将展览内容策划的步骤概括为:展览选题研究、实物展品研究、含化学术资料、确立展览传播目的、提炼展览的总主题、确定展览的基本内容、策划展览的基本结构、安排展览的结构层次、凝练展览的分主题、研究展览每部分或单元内容的重点和亮点、选择和安排展览的素材、研究展品组合和组团、编写展览的文字大纲、提示展览的表述方式、"说戏"(即与形式设计师对话)。④

通过对上述四种观点的分析不难获知,相较于国内的著作,国外学者的观点可能存在三点优势:其一,或多或少地将观众要素纳入,这一点尤其在《博物馆策展:在创新体验的规划、开发与设计中的合作》一书中更为显见。其二,将形式设计阶段的展品或展项纳入研究范畴,或者已经开始制作概念性原型。其三,《博物馆策展:在创新体验的规划、开发与设计中的合作》一书在内容策展中已体现出评估意识并被付诸实

---

① [美]波莉·麦肯纳-克雷斯:《博物馆策展》,周婧景译,浙江大学出版社2019年版,第276页。
② 同上书,第275—276页。
③ 严建强:《从展示评估出发:专家判断与观众判断的双重实现》,载严建强:《缪斯之声:博物馆展览理论探索》,浙江大学出版社2020年版,第203—208页。
④ 陆建松:《博物馆展览策划:理念与实务》,复旦大学出版社2016年版,第77页。

践。尽管国内学者的观点在以上三方面稍显逊色,但是在另一重要方面却也略胜一筹,即对于步骤的归纳更为严谨、系统和清晰。据此,笔者将汲取双方各自的优势,针对展览内容策划的步骤略陈管见。笔者认为其可被分为九步:第一,展览概念的开发;第二,明确展览主题;第三,围绕展览主题开展前置性评估;第四,制定总传播目的和各级传播目的;第五,构建展览内容框架(分主题的数量为4个或者更少,以有效匹配观众的接受能力,使之更易于理解和发人深省[1]);第六,选择典型展品;第七,研究并明确传播手段;第八,编写说明文字;第九,与形式设计师对话,形式设计师开始针对重点展品制作形成性原型。由于篇幅所限,本书将不对上述步骤做过多解释,只对其中稍显晦涩的环节略做说明。其一,面对观众要素的匮缺,九大步骤中补充了前置性评估,主要是围绕已拟定的主题,通过该方式的评估可帮助普查观众有关该主题的知识水平、兴趣、需求和问题,使得后续步骤中能将此评估结果纳入其中,以促成与观众之间的有效沟通。其二,在策展步骤中增加了传播手段的研究环节,鼓励开发原创性的传播手段,包括影像、动手展品、模型、多媒体展品等。由于这些手段是专为内容量身定做的,所以往往有助于恰当且深入地阐释物化信息。而内容策划阶段事实上是考虑内容如何有效表达的思想激荡期。其三,概念开发是国内策展中极易忽视的环节,但立意本是整个展览的灵魂,而我们通常愿意直奔主题,不愿后退半步来思考问题,某种程度上这是工具理性对价值理性的遮蔽或僭越所造成的结果。第四,策展团队需要为展览的内容策划和形式设计寻找共同的起点并使之达成共识。因为展览内容策划环节既是内容策划的起步阶段,也是形式设计的初始阶段。总之,在本阶段展览的使命、传播目的、长短期目标、目标观众均将被明确并得到形象化地绘制,通常该阶段会产生如下成果[2]:有关展览内容、观众、媒体和市场的背景研究;一份展览文本(初稿);由设计师或团队制作的全景图草图或

---

[1] Sam H. Ham, *Interpretation: Making A Difference on Purpose*, Fulcrum Publishing, 2013, pp.105-106.
[2] Polly McKenna-Cress, Janet Kamien, *Creating Exhibitions: Collaboration in the Planning, Development, and Design of Innovative Experiences*, John Wiley and Sons, Inc., 2013, p.272.

粗糙的效果图,以奠定展览的基调和氛围;制作概念图和泡泡图;初拟有关展览开幕、阶段划分的日程表(阶段划分只是大致区分)。之所以要在本阶段与设计师对话,是为了让设计师能准确理解内容策划的思考逻辑和内容构成,而此时,设计师围绕重点展品制作的形成性原型,能有助在形式设计阶段实施形成性评估,以有效检测展品的传播潜能及其使用效果。

最后是展览内容策划中的四种模式。如果说实施步骤只是在程序逻辑上告诉我们如何完成内容策划,那么展览模式则是从理念逻辑上探讨如何策划,而且这种思考通常更为深刻,也更本质。在本书第十章第二节,笔者曾将实物的阐释方式分为"审美"和"理解"两种,进而针对审美的阐释方式构建起审美型实物学习模式,同时,针对理解的阐释方式分别构建起情境型、过程型和仓储型三种实物学习模式。由于博物馆展览的内容策划主要依托实物及其所载信息,所以实物的阐释方式,某种程度上可以为展览内容的策划模式所借鉴,两者都需要考虑实物及其所载信息的类型差异及阐释需求。因此,笔者认为展览内容策划也同样可以区分为审美型、情境型、过程型和仓储型四种模式。由于前文已经就此四种模式有过详述,此处不再赘言。

2. 释展人:旨在提升展览内容与观众的有效沟通

我们应关注释展的特殊功用。博物馆说到底需要关注两方面问题:依托博物馆物的信息传播、观众基于信息传播的实际获益。在很长一段时间内,我们只是将前者视为博物馆工作的全部重心所在,而对后者却视而不见,不仅如此,依托博物馆物的信息传播还主要是以机构为本的信息传播。因此我们将阐释学这一旨在提升"信息传播中观众获益"的新议题引入博物馆领域。由于阐释的要义是鼓励人们在更好理解的基础上创建个人意义,所以其将成为影响我国博物馆由"藏品导向"向"公共服务导向"转型的核心议题。尽管阐释行为犹如人类的沟通一样古老[1],并且自 20 世纪 50 年代起便已肇兴于自然资源、娱乐和

---

[1] Marcella Wells, Barbara Butler, and Judith Koke, *Interpretive Planning for Museums: Integrating Visitor Perspectives in Decision Making*, Left Coast Press, 2013, p. 33.

公园、休闲研究、阐释服务和环境教育等多学科①,但对于博物馆界而言,它依然属于一个全新的议题,并将成为影响当代博物馆转型的核心议题。目前北美博物馆界的阐释和阐释规划(包括释展)在研究和实践方面已渐进趋热。② 这些都为讨论该议题奠定了前提并夯实基础。当前,博物馆最为紧要的工作已并非积累藏品,为其添光加彩,同时博物馆也不再只是一个提供展览、教育活动和其他体验的孤立实体③,而今的博物馆需要在公众需求驱动下,不断调整展藏品、展览及其经营管理,从而为观众创造差异化体验,以提升其生活品质和社会福祉。④ 正因如此,博物馆由"藏品导向"转向了"公共服务导向"。⑤ 被动参与这场转型的中国博物馆虽然自20世纪80年代起也开始革新理念,但仍未通过追根求源去省思转型背后的价值逻辑,以发现我国转型所面临的独特困境并改弦易辙,进而推动我国的运营调整和服务提升。事实上,阐释及其规划(含释展)在这场风云际会的当代转型中可发挥无可比拟的作用。参照山姆·哈姆《阐释:意在有所作为》(*Interpretation Making A Difference on Purpose*)和弗里曼·蒂尔登《阐释我们的遗产》书中的部分观点,笔者认为阐释及其规划(含释展)在博物馆领域至少存在三点作用:促进对信息的理解、增强差异化的体验、改善后续行为,以最终实现馆藏资源为观众所用。

其次关注何为释展及其实施方法。在英文世界中,释展一词由"interpretive planning"翻译而来,该译法主要源于沈辰的《众妙之门:六谈当代博物馆》一书,书中就释展问题专门展开了探究,并表示"interpretive planning 概念还没有在中国博物馆界讨论过,也没有相应的中文词汇……那么我们就翻译为'释展'吧"⑥。笔者认为该翻译极为

---

① Marcella Wells, Barbara Butler, and Judith Koke, *Interpretive Planning for Museums: Integrating Visitor Perspectives in Decision Making*, Left Coast Press, 2013, p. 34.
② Judy Koke, "Comprehensive interpretive plans: The next step in visitor centeredness and business success?", *Journal of Museum Education*, 2008, 33(3).
③ C. Trautmann, "Nice to necessary: The path to significance and support for science centers", *The Informal Learning Review*, 2011(111).
④ [美]史蒂芬·威尔:《博物馆重要的事》,张誉腾译,台北五观艺术管理有限公司2015年版,第89页。
⑤ 同上书,第88页。
⑥ 沈辰:《众妙之门:六谈当代博物馆》,文物出版社2019年版,第87页。

精妙,既鞭辟入里,又明白晓畅。然而,读者们不甚了解的是该译法事实上需要语境,即其主要适用于博物馆展览的语境。当"interpretive planning"被用在其他机构或者博物馆的其他项目时,我们可能需要将其翻译为"阐释规划",只有在博物馆展览项目中,"释展"才可被认为是最恰如其分的译法。所以,要回答"什么是释展",需要先弄清楚何为"阐释规划"。

阐释规划的相关讨论可追溯至 20 世纪六七十年代,伴随着美国境内的两大现象而生成。此两大现象为:公众开始重视环境并这方面获得认知提升、联邦立法授权公众参与土地使用的规划和决策。[①] 当时的典型代表是美国国家公园管理局,其阐释规划的辉煌期是 60 年代至 70 年代。[②] 1965 年,美国国家公园管理局首部《阐释规划手册》(Interpretive Planning Handbook)诞生。1988 年,强化阐释规划目标的《阐释的挑战》(The Interpretive Challenge)付梓。1996 年又出版了名为《阐释规划》(Interpretive Planning)的"阐释和游客服务指南"(guideline for interpretation and visitor services),提出针对公园的综合阐释规划(comprehensive interpretive plans),该规划包括长期阐释规划(long-range interpretive plan)、年度实施规划(annual implementation plan)和阐释数据库(interpretive database)。尽管美国国家公园管理局在阐释规划方面独领风骚,但数以百计的户外休闲和自然资源机构等后来者纷纷追随,相继仿效,制定阐释规划。由于博物馆与此类机构性质雷同,都旨在达成非正式环境中的学习,所以也开始跃跃欲试。2005 年,美国博物馆联盟在印第安纳波利斯组织了一场全国性的博物馆阐释规划座谈会。[③] 这场会议的目的是针对博物馆阐释规划的内容和实施展开讨论,但遗憾的是会议最终并未出台任何官方意义上的文件。随着丽莎·布罗许(Lisa Brochu)的《阐释规划:成功规划项目的 5-M 模型》(Interpretive Planning: The 5-M Model for

---

[①] Marcella Wells, Barbara Butler, and Judith Koke, Interpretive Planning for Museums: Integrating Visitor Perspectives in Decision Making, Left Coast Press, 2013, p. 33.

[②] Ibid.

[③] Ibid., p. 34.

Successful Planning Projects）和约翰·维佛卡（John Veverka）的《阐释总体规划》（Interpretive Master Planning）等专著的出版，博物馆领域的阐释规划大体仍在沿用这些环境教育、休闲研究、阐释服务等学科的阐释框架。

就博物馆领域的阐释规划来看，其发展历程中最为瞩目的事件无外乎 2008 年由《博物馆教育杂志》（Journal of Museum Education）策划的博物馆阐释规划专刊。该杂志在第 33 卷第 3 期推出了名为"机构的各种阐释规划"（Institution Wide Interpretive Planning）的专题，分别从综合阐释规划、阐释总体规划、转型与阐释、整合阐释规划、阐释规划的内容和评估及其资源等方面展开探究。与此同时，相关著作接连问世，并呈现两大特点：经历了由构成著作的部分内容到围绕该专题著书立说，由浮光掠影地提及到高度集中地讨论之发展历程。首先，相关著作在某些章节间接涉及这一主题。1994 年首版的《博物馆手册》（The Handbook for Museums）在第 10—12 章论述了一般阐释、特定对象的阐释和博物馆教育。[①] 2005 年问世的《引人入胜的博物馆：为访客的参与开发博物馆》（The Engaging Museum: Developing Museum for Visitor Involvement）一书在第四部分"参与的规划：利用阐释发展博物馆陈列及相关服务"（Planned to Engage: Using Interpretation to Develop Museum Displays and Associated Service）讨论了有效阐释在博物馆展示中的作用。[②] 2006 年诞生的《博物馆文本：交流框架》（Museum Text: Communication Frameworks）探究文本如何通过恰当的语言选择和复杂程度及观点表达，与观众进行有效沟通。2007 年出版的《原则上、实践中：博物馆是学习机构》（In Principle, In Practice: Museums as Learning Institution）的第二部分"让受众参与有意义的学习"（Engaging Audiences in Meaningful Learning）中包含

---

① Gary Edson, David Dean, The Handbook for Museums, Routledge, 1994.
② Graham Black, "Planned to engage: Using interpretation to develop museum displays and associated service", in Graham Black, The Engaging Museum: Developing Museums for Visitor Involvement, Routledge, 2005, p. 177.

了针对科学教育的阐释规划。① 同年,《创造伟大的访客体验:博物馆、公园、动物园、花园和图书馆指南》(*Creating Great Visitor Experience: A Guild for Museums, Parks, Zoos, Garden, and Libraries*)出版,该书启迪了博物馆人如何为观众开发出受欢迎且更具价值的体验。② 2021年新出的《阐释遗产:规划和实践指南》(*Interpreting Heritage: A Guide to Planning and Practice*)的第三章专门探讨了阐释规划。③ 其次,博物馆界开始出现研究阐释规划的专门出版物。2003年,苏格兰博物馆委员会推出《阐释性规划导论》(*Introduction to Interpretive*)、《有效性阐释规划的规划》(*Planning for Effective Interpretive Planning*)。2013年,马赛拉·韦尔斯(Marcella Wells)等人所撰的《博物馆的阐释性规划:在决策中融合观众的视角》(*Interpretive Planning for Museums: Integrating Visitor Perspectives in Decision Making*)一书付梓,主张对博物馆观众体验做出规划,同时将观众研究整合至阐释规划中。④

综上,阐释规划正悄然被引介至博物馆领域,并逐步在博物馆展览、教育、文本、服务等各项工作中掀起波澜,但依然未能蔚然成势。当前主流的研究和做法仍然是追随环境教育、休闲研究、阐释服务等领域,然而在这一追随过程中,部分具备前瞻意识、敢为人先的学者开始振臂高呼,主张博物馆应超越窠臼,因为时代所赋予博物馆的使命已经转变,博物馆不能只是关注内部业务,而须努力朝外看,体察社会需求,将观众视角融入决策之中,把博物馆的物最大限度地转变成公众共享成果并为其理解。而阐释与阐释规划则为博物馆这一转变"把薪助火",可提供其强有力的理论指导和方法支撑。那么究竟何为阐释规划?尽管其定义远不及阐释那么明确清晰,但笔者仍希望对其进行爬

---

① John H. Falk, Lynn D. Dierking, and Susan Foutz (eds.), *In Principle, in Practice: Museums as Learning Institutions*, AltaMira Press, 2007.
② Stephanie Weaver, *Creating Great Visitor Experiences: A Guide for Museums, Parks, Zoos, Gardens, and Libraries*, Left Coast Press, 2007.
③ Steve Slack, *Interpreting Heritage: A Guide to Planning and Practice*, Routledge, 2021.
④ Marcella Wells, Barbara Butler, and Judith Koke, *Interpretive Planning for Museums: Integrating Visitor Perspectives in Decision Making*, Left Coast Press, 2013, p.51.

梳并尝试厘清。为此,笔者从诸多定义中选取了三个较为权威的观点,判断依据为二:出处的专业性和领域的相关性。一是来自美国博物馆联盟组织的全国阐释规划座谈会,该会议将阐释规划界定为"一份书面文件,该文件概述了博物馆希望通过各种媒介(如展览、教育和出版物)传达的故事和信息。它可能包括该机构的阐释性理念、教育目标和目标受众"。① 二是出自哥丽莎·布罗许的《阐释规划:成功规划项目的5-M模型》一书,其认为阐释规划是指"将管理需求、资源,与游客的愿望和支付能力(时间、兴趣和/或金钱)结合起来考虑的决策过程,以确定向目标市场传达信息的最有效方式"。② 三是马赛拉·韦尔斯等在此前众多学者观点的基础上,提出博物馆的阐释规划是指"一个深思熟虑、系统化的过程,用于以书面的形式思考、决定和记录教育和阐释计划,目的是为观众、学习机构和社区提供有意义和有效的体验"。③ 可见,上述三种观点分别将阐释规划视为一份文件、一种方式或一个过程,但都旨在将受众与机构资源结合起来,使其传播的信息能对观众有效和有意义,事实上它们都是机构系统规划的结果。笔者在采撷上述观点要义的基础上,结合中国语境,提出博物馆的阐释规划是指"一份书面文件,它是博物馆基于使命的系统化决策结果,思考、决定和记录博物馆物如何与观众建立联系,以促使观众理解其传播的信息并构建个人意义"。尽管博物馆的阐释规划面向整个博物馆及其各项业务,但展览仍然是诸多业务中的大宗大本。因此,针对展览业务更须开展阐释规划,该工作可被简称为"释展"。沈辰认为,"释展"是指策展中对展览的主题思想做出深入浅出的诠释,其目的是让观众看懂展览。④ 所以在笔者看来,释展作为一份工作已不再单纯地停留在书面文件上,而成为一种

---

① Marcella Wells, Barbara Butler, and Judith Koke, *Interpretive Planning for Museums: Integrating Visitor Perspectives in Decision Making*, Left Coast Press, 2013, p. 37 (AAM National Interpretive Planning Colloquium, May 5, 2005, unpublished presentation).
② Marcella Wells, Barbara Butler, and Judith Koke, *Interpretive Planning for Museums: Integrating Visitor Perspectives in Decision Making*, Left Coast Press, 2013, p. 36.
③ Ibid., p. 37.
④ 沈辰:《众妙之门:六谈当代博物馆》,文物出版社2019年版,第87页。

指导行动的方法,该方法能促使展览与观众建立联系,以帮助他们理解展览并积极构建意义。

当我们回答完何为释展后,由谁承担这项工作以及如何释展的问题便浮出水面。释展的承担者通常被称为释展人(interpretive planner)。释展人并非某个领域的专家学者,而是能促使展览和观众有效沟通的解释者,他们会对晦涩难懂的内容进行翻译和解释。因为进入博物馆的物品已被概念化,尽管它们可用来代替部分事实,但物品的历史感已经消失,身处一个完全陌生的环境中,为了帮助观众理解并克服他们的陌生感,需要依赖将学术语言转换为科普语言并推动其可视化呈现的释展人。沈辰将博物馆里的释展工作分为两类①:第一类隶属于教育部门,这种类型最为普遍,释展人除了利用展厅的说明文字外,还要负责寻找更多能与大众进行沟通的方式,用以传递展览信息;第二类则隶属于创意设计组,其通常直接与策展团队合作,负责对说明文字、形式设计两方面进行阐释。无论是哪种类型的释展,释展人都有责任为化解策展人与观众之间的视域隔阂构筑桥梁。无论如何,在笔者看来,释展一定不是事后的小修小补,尽管目前释展的这两类做法依然带着一些救过补阙的痕迹。同时,对策展团队而言,需要注意的是,释展并非释展人的唯一职责,该项工作实际应当被融入策展团队所有成员的职责之中。据此,笔者提出理想情况下释展的两大步骤:第一步,制定释展规划并开展培训。首先释展规划的制定由释展者负责,参与者可包括博物馆管理者、展览的内容策划者和形式设计师、教育人员、观众服务人员等。其次,释展者需要围绕释展目的、原则等问题组织培训。为了促使观众身心参与展览,理解展览并构建意义,需要贯彻前文中第八章第五节所列举的八要素模型,包括整体性、主题性、组织性、立足物、相关性、舒适度、有趣味、评估性。第二步,释展人全程参与到展览的内容策划和形式设计中。一方面为策展人提供站在观众视角下的中肯建议,同时将内容中不易理解的内容进行转化(翻译和解释),或寻找更为适合观众的信息表达方式;另一方面还帮助形式设计师清晰掌握内容策划的要

---

① 沈辰:《众妙之门:六谈当代博物馆》,文物出版社 2019 年版,第 89 页。

旨,并通过视觉的、空间的要素为内容策划的有效贯彻提供帮助。

3. 设计师、制作和布展者:按照展览的文本逻辑完成实体的转化与呈现

首先关注实体转化与呈现的特殊性及其地位。正如华特·迪士尼所言:"你可以设计、创造并建立世界上最美妙的地方。"[1]可见借助实体的转化与呈现,博物馆可为观众打造出精美而有意义的身体与感官体验,这是整个策展中最有效用的部分。展览从二维的符号文本转化为三维的形象传播系统,主要是由设计师、制作和布展者完成的,他们是展览内容的感官阐释者和表达者。依托真实物品、独特体验和社交空间,设计师、制作和布展者为拥有不同身体状况、教育水准、兴趣爱好的观众设计和制作出令其耳目一新的立体化的传播媒介。然而,这种形式设计和物化呈现都必须有据可依,其空间逻辑也必须符合策展人的文本逻辑。陆建松认为,形式设计是展览内容设计的"物化",必须忠实于展览的主题和内容,是对展示主题和内容准确、完整、生动的表达。[2]

其次来看实体转化与呈现的实施步骤。毫无疑问,策展中的绝大多数费用都产生于设计、制作和布展环节,其中制作费用占比最高,通常超出一半,而设计费用则在18%～26%范围内波动。[3] 在继展览内容策划及围绕内容的释展完成后,设计便被提上工作日程,它是展览开发中最具活力与最富创意的步骤,如果说此前对观众的体验描述还主要停留在图片、藏品清单和文字阶段,那么从设计开始,观众的体验将通过平面图、立面图、剖面图、色彩设计、计算机模型和其他设计工具进行视觉效果的呈现。需要设计的对象包括展柜、底座、参观动线、图形、多媒体和照明等,将要经历由设计规划、概念设计、方案设计、施工图等发展历程。第二步是制作和布展,此时博物馆将会选择相应的制作公司和供应商进行合作,合作时需要提前确定保证金、工作内容及其分包

---

[1] Polly McKenna-Cress, Janet Kamien, *Creating Exhibitions: Collaboration in the Planning, Development, and Design of Innovative Experiences*, John Wiley and Sons, Inc., 2013, p. 131.

[2] 陆建松在题为"做好博物馆展览的十大支撑条件"的讲座中提及。

[3] Barry Lord, Maria Piacente, *Manual of Museum Exhibitions*, 2nd ed., Rowman and Littlefield Publishers, 2014, pp. 574-576. 制定展览预算指为展览策划过程中的不同步骤进行预算分配,制造费用占比最多,超过一半。设计费用在18%～26%范围波动,影响因素包括公司声誉等。

商等,并对该过程予以追踪。合作大致存在三种情况:一是机构内部拥有此类岗位,能够自力更生;二是通过招投标交由外部机构实施,机构根据招标文件的要求进行概念设计、深化设计和制作;三是采取"交钥匙"的管理办法,由中标公司全权负责展览的设计和制作。第一种情况在我国较为罕见,除了南京博物院等大型博物馆外,博物馆的组织结构中较少配备专门的设计团队,而在美国,相当数量的大中型博物馆都创设有设计部门并拥有专业的设计人员。第二、三种情况在我国更为常见,因此需要借助馆外机构及人才资源来缓解馆内的供给不足,但这两种做法皆易造成设计公司等部分市场主体,在逐利天性驱使下的模板化设计和流水化制作。

在开展设计、制作和布展时,需要注意三点。其一,尽管信息的物化呈现是一种客观呈现,但实际上却是策展人主观意识的间接表达,多少会影响公众对于某一主题或文化的认知甚至判断。[1] 因此,当物品去脉络化地进入博物馆,转化为某种有意义的展品时,策展人须尽量保持价值中立,将自我身份边缘化,其中,物化阐释需从内容文本转化而成,不可主观强加。同时,还须明确为谁传播信息、为何传播信息、保留哪些信息、保护哪些信息、如何传播信息等问题。当遇到有争议或言说困难的主题时,可考虑将博物馆打造成多元声音的发声平台,而不宜以他者的身份进行想象性建构,使得不同声音失去表达自我的话语权。以美国"被弄浊的水:石油泄露的概况"(*Darken Waters: Profile of an Oil Spill*)展为例,由于石油泄漏是一场巨大的灾难,涉及多方人群,包括渔民、石油工人、政府官员、环保主义者、阿拉斯加原住民等,所以此次展览选择了将不同人群的观点同时呈现,并尽可能让他们自己说话。博物馆作为价值无涉的保护伞,不应试图平衡各种声音,而应将各种声音纳入,从而促使不和谐的声音变得协调。由此,观众才能对展览成品产生全面中肯的认识,有助于启发他们思考并联合行动。[2]

---

[1] Sean Hides, "The genealogy of material culture and cultural identity", in Susan M. Pearce, *Experiencing Material Culture in the Western World*, Leicester University Press, 1997.

[2] Beverly Serrell, *Exhibit Labels: An Interpretive Approach*, Second Edition, Rowman and Littlefield, 2015, pp. 28-29.

其二，当展览在完成实体转化与呈现时，博物馆除了需要精选当代观众熟悉、感兴趣的材料和表达外，也可邀请观众主动参与体验。美国传播学家亨利·詹金斯（Henry Jenkins）提出了参与式文化，该文化后被移植到博物馆领域。妮娜·西蒙（Nina Simon）在她的《参与式博物馆》（*The Participatory Museum*）一书中，根据参与程度的不同，提出了贡献型、合作型、共同生产型、主人翁型四种模式。① 事实上，观众参与文化机构的讨论已持续一百余年②，参与式技巧的使用需要与博物馆的核心理念及其实际情况相结合，从而使其变得更为多元、相关和动态化。③ 但我们依然不能忽视这样一个事实，即高质量的博物馆阐释虽然没有显性地邀请观众参与，但观众在参观过程中，身心已不自觉地实现了主动参与。

其三，展览的实体转化与呈现，最终需要构建一个阐释系统，该系统的任务是促进物人对话，以帮助实现展览的传播目的。④ 因此，物化阐释及其可视化表达，不仅需要用以揭示物载信息，还需要符合观众的参观习惯和认知心理，并且需要应用恰当而多元的传播技术，所以成功的物化阐释及其表达是物、人和技术三位一体的结果，该阐释系统能使观众在无须其他解释手段的情况下实现理解。

### （四）学习者：将博物馆物的物化信息转化为媒介信息

博物馆物及其信息通过研究者和阐释者的解读、转化和重构，最终成为观众易于理解甚至启发思考的信息时，该信息是通过特定空间内的物化现象予以表达。这是一个通过精心设计后再造的"元现实"（或元世界），可为我们"真实地模拟"出一段已逝的难忘时光、一种无法亲临的自然体验。譬如再现 20 世纪六七十年代知青下乡的岁月；重返 20 世纪 90 年代狂热一时的下海经商潮；身着白色太空服模拟太空漫

---

① ［英］维特根斯坦：《维特根斯坦说逻辑与语言》，孔欣伟编译，华中科技大学出版社 2017 年版，第 213—303 页。
② 同上书，第 2 页。
③ 同上书，第 11 页。
④ 周婧景、严建强：《阐释系统：一种强化博物馆展览传播效应的新探索》，《东南文化》2016 年第 2 期。

步;跟随智能机器人潜入世界最深的马里亚纳海沟……我们既可以在一幅画作前忘乎所以,也可以亲见"9·11"事件遇难学生所携的护照和行李箱,还可以零距离触摸"史前暴君"霸王龙腿骨的化石。学习者在其间穿梭,通过欣赏、阅读、聆听和操作获得一种与课本学习殊异的真实体验。笔者把该过程称为"将博物馆物的物化信息转化为媒介信息"。在这一过程中博物馆传递的信息将为观众的五感所感知并接收,作为信息接收者的信宿——观众,成了信息传递的终点。这既是博物馆依托实物传播信息的第四步,也是最后一步,在整个传播系统中发挥桥梁作用。在弄明白"是什么"问题后,我们将集中探讨另一个问题——"怎么做"。

事实上,针对博物馆物载信息的传播历程,行文至第三步——"阐释者:将博物馆物的信息转化为符号化信息",本可鸣金收兵,因为前三步已较完整地再现了博物馆信息传播的全过程。但在笔者看来,这可能是一种局限于惯性思维的反应性回应,即"沿用我们颇感舒适、较为熟悉的范畴来看待世界"[①]。不少人认为博物馆只要做好信息的阐释和传播,观众便能在这一过程中获益,但是笔者对这种传统看法有所怀疑,因为信息传播应是一个博物馆与观众双向互动的过程,博物馆不仅要专注于如何将物及其信息进行有效阐释和传播,还有责任探索并引导观众利用博物馆,进而为他们打开利用博物馆的正确方式。这是一种活跃的、通过省思与内求不断重新选择的行动,正如米开朗琪罗所言:"把自己的手从大理石的束缚中解放出来。"[②]鉴于此,笔者为博物馆的传播系统增设了第四步骤,即基于学习者视域探讨学习者究竟该"怎么做",才能使自己的博物馆之旅获益更丰。

1. 观众眼中博物馆是怎样的存在?

在明确观众眼中的博物馆前,我们需要正视两大问题:博物馆的媒介属性以及博物馆观众的整体构成。问题一,有关博物馆的媒介属性,

---

① [美]彼得·圣吉(Peter Senge)等:《第五项修炼:终身学习者》,张成林译,中信出版社2018年版,第XXIV页。
② 杨志强:《艺想天开》,东方出版社2017年版,第364页。

笔者较为认可曹兵武对博物馆的中肯定位,即"小众的大众传播媒介"。尽管近年来"博物馆热"持续升温,疫情之下其热度也是不减反增——"线下关门、线上开会",但我们仍需清醒地认识到博物馆是对象和范围均受限的小众媒介,一直以来"冷落"和"不去"博物馆的大有人在。但同样令人激昂振奋的是,"博物馆虽然只不过是小众的大众传媒媒介,但却是颇具代表性的强大媒介,因为它们涉及的是带有身份认同和真理的真实材料"。①

问题二,博物馆观众的整体构成。自改革开放以来,中国博物馆无论是在建设规模还是建设数量上,都驶入了世界博物馆史上前所未有的快车道。从统计学意义上看,从 1905 年国人创建首家博物馆到新千年的 2 000 座,耗时整整 95 年,而从 2 000 座到 6 565 座,只用了仅二十多年。2010 年底,观众参观量约为 4.07 亿人次②,但 2018 年底已突破 10 亿,达到 11.26 亿人次③,即 8 年时间内,中国观众约增长到原来的 3 倍。回顾世界博物馆发展史,不难得见,欧美国家博物馆数量的激增早于中国五十年,但继高峰之后,欧美各国参观博物馆的人数普遍出现不同程度的下降,如何留住 70%的核心观众成为西方博物馆界的当务之急。美国国家艺术基金会(National Endowment for the Arts)曾在 2009 年末就全美的艺术参与状况发布过一份报告,指出"2008 年的调查结果令人不忍直视",过去二十年间,博物馆、画廊、剧场的观众明显减少。④ 英国文化、媒体和体育部⑤(Department for Culture, Media and Sport,简称 DCMS)公布的数据表明,英国主要博物馆和美术馆的参观量骤减,2015 年,由该部门支持的博物馆相较于 2014 年数量大幅

---

① 曹兵武:《博物馆与文化》,中华书局 2021 年版,第 79 页。
② 中华人民共和国文化和旅游部:《全国 2010 年文化发展基本情况》,http://zwgk.mct.gov.cn/ndzs/201507/P020170106613375128557.pdf(2011 年 7 月 17 日),最后浏览日期:2020 年 3 月 25 日。
③ 刘修兵、张玲:《"5·18 国际博物馆日"中国主会场活动举办》,《中国文化报》2019 年 5 月 21 日第 1 版。
④ [美]妮娜·西蒙:《参与式博物馆:迈入博物馆 2.0 时代》,喻翔译,浙江大学出版社 2018 年版,第 1 页。
⑤ 2017 年 7 月该机构中增设数字部门,更名为数字、文化、媒体和体育部(Department for Digital, Culture, Media and Sport),简称仍是 DCMS。

下降。① 欧盟国家也不例外,在2007—2013年间,参观博物馆和画廊的欧洲公民从41%减少至37%。② 我国博物馆参观人数急剧增长的背后是否也存在这样的隐忧?历史有时并非渐行渐远,而是能够为我们预示未来走向。

为此,我们首先应在掌握观众概貌的基础上熟悉我国的观众。笔者在2019年针对南京博物院、成都金沙遗址博物馆和钱学森图书馆的一项抽样调查研究中发现③,观众多数是非经常性观众(1~2次/年),从三馆的均值来看,这部分观众占比已超过75%;且他们主要是受过良好教育的高知群体,多为大学/大专以上学历(平均占比为72.3%)。但为何这部分观众却不愿重复来馆,即便有些馆时常会推出惹人瞩目的临时特展?研究同时显示:采取宣传等等主动服务的策略能在一定程度上改变常态化的观众结构,如钱学森图书馆因为在城郊使用这些策略,促使经常性观众中城郊占比明显高于市区。通过上述研究我们可初步得出如下结论:中国大陆地区博物馆观众大多为非经常性观众,且占比略高于欧美和中国台湾地区,欧美通常占比约为70%,而台湾地区美术馆则为55%④;中国大陆地区博物馆在改善经常性观众结构上是可以有所作为的。杰·朗德斯(Jay Rounds)在2004年发表的文章中曾指出,观众每次看展大致只能完成20%和40%,这是一种有效而明智的策略⑤,所以经常前往而非打卡式地到此一游,对于提升观众的体验效果极为必要。与此同时,我们还需要意识到全球范围内的核心观众正在悄然改变,新一代观众身上携带鲜明的时代印记:受过良好教育、精通媒体、具备文化多样性和包容性,也更加富有个性,他们曾去过

---

① Jonathan Jones:《怎么办,去博物馆的英国人越来越少》,华烨编译,https://www.jfdaily.com/news/detail?id=44200(2017年2月8日),最后浏览日期:2020年3月28日。

② European Commission, "Directorate-General for Education and Culture. 2013. Eurobarometer 399: Cultural Access and Participation", http://eceuropa.eu/public_opinion/archives/ebs/ebs_399_en.pdf (2016-03-08), accessed 2020-03-31.

③ 周婧景、林咏能、郑晶等:《略论博物馆的"经常性观众"——基于三家博物馆的实证研究》,《自然科学博物馆研究》2021年第1期。

④ 台北教育大学林咏能教授长期在中国台湾地区从事观众定量研究,数据主要来自他所在团队的调查。

⑤ Steven S. Yalowitz, Kerry Bronnenkant, "Timing and tracking: Unlocking visitor behavior", *Visitor Studies*, 2009, 12(1).

很多地方,也会对体验的质量、新颖度、多元化和特色提出更高的要求。①

其次,我们还要洞悉观众心中所勾勒出的博物馆模样。围绕该议题的研究在中国基本付之阙如,而国际研究自20世纪七八十年代以来,就开始热衷于探讨观众,尤其是家庭观众、学生观众对博物馆体验的感受和评价。以家庭和学生观众为例,经由文献回顾,我们可以得出几点有意义的发现:一是低龄儿童(0—6、7岁)乐意体验博物馆内的大型展品或其他大型物件②;儿童在博物馆的体验良好与否主要取决于他们所接触的展品能否关联自身的知识和理解,相较于能亲身体验、参与和感官感知的展览,儿童在易于与过去建立联系的展览中收效更大③。二是学生观众通常对于与课程有关的、个人高度参与的和反复参观的体验记忆最为深刻。④ 三是青少年(11、12—18岁)观众厌倦匆忙地穿过展厅,没有提供给他们自我发现的机会以及工作人员表现得居高临下。⑤ 综上,利用博物馆时,低龄观众喜好大型物件;学生观众重视课程关联度、可参与性和重复利用;青少年观众追求自我发现。三类观众皆关注亲身体验和互动参与,但建立展品相关性比前者更重要,可见分众群体之间存在个性和共性兼具的体验偏好。目前,我国对观众心中的博物馆模样及其体验需求、评估等相关研究乏善可陈,而这些是提供针对性强和友好服务的前提和基础。因为来馆观众十分复杂,他们不但拥有相异的背景、兴趣、需求和期待,而且学习方式多种多样,还深受空

---

① Auliana Poon, *Technology and Competitive Strategies*, Oxford University Press, 1993; Richard Sharpley, "Tourism and consumer culture in post-modern society", in M. Robinson, N. Evans, P. Callaghan (eds.), *Proceeding of the Tourism and Culture: Towards the 21st Century Conference*, Centre for Travel and Tourism/Business Education Publishers, 1996, pp. 203-215.

② Anna M. Kindler, Bernard Darras, "Young children and museums: The role of cultural context in early development of attitudes, beliefs, and behaviors", *Visual Arts Research*, 23(1).

③ Barbara Piscitelli, David Anderson, "Young children's perspective of museum setting and experiences", *Museum Management and Curatorship*, 1997, 23(1).

④ Inez S. Wolins, Nina Jensen and Robyn Ulzheimer, "Children's memories of museum field trips: A qualitative study" *Journal of Museum Education*, 1992, 17(2).

⑤ Kathryne Andrews, Caroli Asia, "Teenagers' attitudes about art museums", *Curator: The Museum Journal*, 1979, 22(3).

间环境下的认知规律与环境语境影响①,并且影响程度不尽相同,所以只有输出有用或有意义的信息,并且采取恰当的传播方式,以及提供相适宜的内容深广度和进入方式,才能促使观众真正理解,而观众只有真正理解了某样东西,才能深刻感觉它,由此将博物馆信息传播推至一个更高的阶段以真正饶益众生。

2. 博物馆为观众打造的信息阐释系统

观众前往博物馆多半是为了参观展览或参与教育活动,当然还可能是为了购买文创或在博物馆餐厅享用美食。随着"双减""研学旅行"等政策的驱动,博物馆还成了家庭观众富养孩子最为经济的选择。在观众打算步入这一教育机构前,我们有必要帮助他们梳理一下可供其使用的资源,即博物馆究竟为观众打造了怎样的信息阐释系统。首先,博物馆推出实名预约制。观众在参观前需要认识到目前部分参观量大的博物馆均需要提前预约,如故宫博物院、苏州博物馆。而 2020 年初不期而至的新冠肺炎疫情,又促使各馆纷纷采取实名预约制。其次,博物馆"核心"的信息资源是展览,通常包含基本陈列和临特展。展览虽然是博物馆发展的生命线和灵魂所在,但时至今日,这已远非全部。博物馆还会针对展览开发出精彩纷呈的教育活动,以拓宽和深化展览传播效应,从而提供更为完善且优质的博物馆产品。如果按照观众类型区分,教育活动可被划分为亲子教育活动、学生教育活动、教师教育活动、成人教育活动、残障人士教育活动等不同类型。一系列的研究发现可提供观众有的放矢地选择展教资源以启示和帮助。如研究显示最成功的儿童展教资源包括 29 项②:大运动、沙子和水、基于藏品的创意展览、角色扮演游戏、穿戴不同服饰、品尝、动物展项、存在隐秘空间、模仿成人的活动、计算机辅助、组装和拆卸、手工活动、容易理解和掌握的展项、滑稽有趣和违背常理的展项、原理简单易懂的展项、抓住孩子的好奇心(如史前恐龙或埃及木乃伊)、以孩子已有认知为基础设计的学习

---

① 周婧景、林咏能:《国际比较视野下中国博物馆观众研究的若干问题——基于文献分析与实证调研的三角互证》,《东南文化》2020 年第 1 期。

② [美]维克多·雷尼尔:《儿童博物馆的展项》,载美国儿童博物馆协会:《儿童博物馆建设运营之道》,中国儿童博物馆教育研究中心译,科学出版社 2019 年版,第 190—192 页。

体验、自主实验、由场馆人员有效引导参与的展项、吸引眼球的展项、为观众提供多种原则的展项等。不受儿童欢迎的展教则涵盖：信息多/互动少、过度依赖文字的展项，不知如何互动的展项，与孩子生活经历无关的展项，过于复杂的、等待时间过长的展项等。① 成人在陪同孩子使用这些展教资源时可参照诸此发现进行取舍。在明确博物馆可供使用的主要信息及其类型后，"如何获取它们的最新资讯"之问题浮出水面。其获取方式包括：博物馆官网、微信公众号、微博、大众点评、短视频、地铁海报、院内海报、商场海报、纸质宣传资料、亲友介绍等，其中微信、亲友介绍和官网可能是观众获知信息的主渠道。如2019年笔者在南京博物院开展的年度观众评估显示：三种渠道占比分别为48.6％、35.46％和35.23％。

3. 观众在博物馆中学习所需的教育理论支撑

博物馆教育理论是指用来理解、解释、预测博物馆教育的概念及其原理的理论体系，对博物馆教育的未来发展有可验证性的预测。相关研究涉及教育学、人类学、社会学、心理学和传播学等不同学科领域。

教育理论与博物馆教育理论之间存在密切关联并受该理论的深刻影响。教育理论通常依赖知识论（theory of knowledge-epistemology）、学习理论（theory of learning）和教学理论（theory of teaching）三部分支撑，代表性理论包括杰罗姆·布鲁纳的发现教学法（discovery learning）、本杰明·布卢姆（Benjamin S. Bloom）的掌握学习模式（theory of mastery learning）、罗伯特·米尔斯·加涅的指导教学模式（theory of instruction）、沃尔夫冈·克拉夫基（Wolfgang Klafki）的"范畴教育（养）"（Exemplarisches Lehren und Lernen）理论、尤里·巴班斯基（Yuri Babansky）的教学过程最优化理论（theory of optimization of teaching process）和霍华德·加德纳的多元智能理论（Theory of Multiple Intelligence）等。尽管教育理论论著丰裕，但鲜少有人试图把它们运用到博物馆的教育实践中。因为适用于学校的教育理论是在可控的中介环境中探索的，这与大多博物馆环境相对立，生搬硬套可能会

---

① ［美］维克多·雷尼尔：《儿童博物馆的展项》，载美国儿童博物馆协会：《儿童博物馆建设运营之道》，中国儿童博物馆教育研究中心译，科学出版社2019年版，第190—192页。

存在一定风险。面对这一困境,早期的思想家们做出了一些开创性工作,如约翰·杜威、本杰明·艾弗斯·吉尔曼(Benjamin Ives Gilman)、乔治·布朗·古德和约翰·科顿·达纳,他们初步探究了博物馆能服务于教育目的、民主目的,甚至精神目的的原因,这些思想家们主要是进行理论层面的讨论,对博物馆教育理论的构建具有启发意义。20世纪六七十年代,终身教育、非正式学习的兴起,经久不息地影响着博物馆的角色定位和发展方向。80年代之后,许多当代学者跻身博物馆教育领域的研究,开始系统性地构建相关理论,如乔治·海因、约翰·福尔克、琳恩·迪尔金、贝弗利·塞雷尔等。相较于大多数的学校启发性资料,这些著者的研究成果侧重于论述更为灵活的教学法。回顾博物馆教育理论史,或许可得出这样的结论:博物馆领域不仅需要针对性地吸纳,也需要主动地创造,从而构建起博物馆自身的教育理论。

(1) 19世纪至20世纪60年代

杜威曾在19世纪末20世纪初发表过大量著作,这些著作因对教育理论的贡献卓著而享有盛誉并影响久远。作为20世纪的哲学家、教育家、心理学家、社会批评家和评论者,杜威不仅是一位声名远播的学者,更是一位勇于实践的社会改革者。但殊不知,他也是一位失败的教师,上课枯燥、刻板,会让学生感到索然无味。1859年,杜威出生在美国佛蒙特州(Vermont)柏林顿市(Burlington)的一个美丽村庄里,家中经营食品杂货店,少时性格腼腆,不愿与人打交道,喜好读书却不爱去学校上课。1896年,他任职于芝加哥大学,与妻子共创赫赫有名的"实验学校"(即"杜威学校"),锐意进取地采取一套全新的教育方法,并总结经验出版论著。1899年《学校与社会》一书问世,被译成12种文字,由此他成为著名的教育家。1916年杜威在教育哲学领域的不朽著作《民主主义与教育》出版。然而,实验学校不久在芝加哥大学因受阻而停办,1年后杜威前往哥伦比亚大学任教,事业开始蒸蒸日上,并达到全盛。由于坚信自己的教育哲学适用于现代社会,所以杜威从1919—1931年还前往世界各地讲学,足迹遍及日本、土耳其、墨西哥、前苏联和中国等。1952年乍暖还寒的北美天气使年迈的杜威染上肺炎,于93岁在纽约病逝。总结杜威一生的学术成就可能受到三方面来源的影响:

首先是传统哲学,他从黑格尔哲学演绎出和谐情感,从柏拉图哲学获得钻研的精神,以及受孔德启发将科学、哲学和社会三位一体;其次是与他出生那年一同问世的《物种起源》,书中积极进化的"生长"理念成为他思想的核心;最后是他思想成长的土壤——美国文化。19 世纪末的美国志得意满,倡导从抽象晦涩的领域走出,确立实用主义认识论。①

值得注意的是,杜威在实用主义哲学、机能主义心理学和经验自然主义教育学等理论方面的建树不仅深刻影响了世界各地的教育思想及实践,还推动博物馆教育理论迎来第一次发展高潮,促使博物馆教育向实用化、多元化和注重个体需要的方向发展。

杜威的博物馆教育思想主要体现于三方面(见图 118)②:首先,博物馆教育之核心是"经验"与"教育"的关系。"经验"是连续、动态的整体,是"经验—行动—思维—认知—行动—经验"循环往复的过程。"教育是在经验中、由于经验和为着经验的一种发展过程。"其次,博物馆教育的实质是"行动"与"思维"的循环。受到实用主义认识论的影响,杜威强调有机体与环境的"贯通作用"。在博物馆教育情境中,"动手"(hands-on)与"上心"(minds-on)这一交互性的学习方式,更好地实现了博物馆的教育功能。再次,博物馆学习的心理机制是经验的"连续性"与"交互性"。基于机能主义心理学芝加哥学派对"反射弧"概念的理解,杜威认为博物馆学习是循序渐进并持续推进的过程。参观者受到先前知识的影响,在适应环境的过程中与环境交互。交互是博物馆学习所具有的独特属性。具有连续性和交互性的经验方能起到教育作用。杜威的思想与实践启发了博物馆领域内的诸多专业人士,其中有达纳、弗兰克·弗里德曼·奥本海默等人。

早期博物馆教育领域最具影响力的思想,除杜威的思想之外,还包括吉尔曼、古德和达纳等人的真知灼见及其"新博物馆"之争。

古德作为史密森尼博物院首任助理秘书长,他的研究涉及博物馆专业的诸多方面,为全球博物馆发展带来潜移默化但又极其深刻的影

---

① 周海霞编:《教育名人博览》,吉林出版集团有限责任公司 2014 年版,第 51—52 页。
② 郑旭东、李洁:《经验、教育与博物馆:走近杜威的博物馆教育思想》,《现代远程教育研究》2019 年第 1 期。

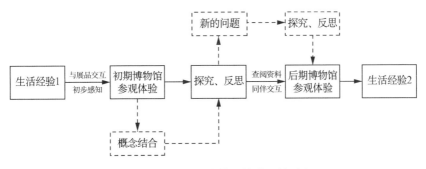

**图 118　杜威理论中博物馆学习的过程**

\* 图表引自郑旭东、李洁:《经验、教育与博物馆:走近杜威的博物馆教育思想》,《现代远程教育研究》2019 年第 1 期。

响,前文已有涉猎。他可谓是提倡博物馆教育精神的第一人,观点至今仍闪烁着思想的光芒。① 其一,教育是博物馆的目的。"期许博物馆不再是摆放可有可无饰品的坟墓,而是一个培育活跃思想的孕育所。"②古德认为博物馆和图书馆一样,都建立在监督学习和扩展知识的基础上。而博物馆的独特性在于人们可以自由地选择各自的参观路径,并且在物品之间自主地建立联系。物品是文化世界的重要组成,不仅仅是说物品在社会文化中构成了一个符号系统,而且更要强调,物品的符号意义本身就是由来自的正当性理由所支撑的。③ 所以博物馆提供的基于实物的真实体验成为观众深度了解世界的工具。其二,博物馆是启蒙大众的主要机构。启蒙对应的英文单词是"enlightenment",其中"lighten"即为光照,"en"是赋予,所以"enlightenment"的字面意思就是赋予光明。博物馆不仅要赋予专业人员和学校师生以理性的光明,更要赋予所有人,以满足"普通人"的精神需求,成为终身教育的理想平台。其三,博物馆教育人员要将"通过研究增长知识"和"通过教育传播知识"两类工作并重。

---

① 史蒂芬妮·诺比、萧凯茵:《从物品的墓地到思想的摇篮——从古德到数字化时代史密森博物院的教育理念与实践》,《中国博物馆》2015 年第 1 期。
② [美]史蒂芬·威尔:《博物馆重要的事》,张誉腾译,台北五观艺术管理有限公司 2015 年版,第 93 页。[美]爱德华·P. 亚历山大:《博物馆大师:他们的博物馆和他们的影响》,陈双双译,译林出版社 2020 年版,第 252 页。
③ 徐贲:《通往尊严的公共生活》,中央编译出版社 2016 年版,第 372 页。

但此时吉尔曼站在了古德的对立面,作为古德观点的坚定反对者,他不认为古德所倡导的"教育性博物馆"适用于所有类型的博物馆,他主张"艺术性博物馆"是以审美和欣赏为目的的机构①,具有实用意味的教育处于次要地位。有四种方法可使艺术博物馆发挥教育功能②:第一,艺术欣赏本身就是一种教育影响。第二,艺术品有着促进历史学习的功能,是研究历史的事实真相和推理依据。第三,艺术品可发挥提高技能的作用,仔细观看和模仿能提高美学表现力。第四,艺术博物馆自身的目标是充当往昔和遥远国度艺术的宝库,发挥特殊的教育功能。简言之,吉尔曼认为观众可以与艺术品直接交流,不需要过多的标签阐释,"以美学为主要宗旨,而不是说教。艺术品是在艺术家的想象力中诞生,在观看者的感官中重生"。③ 同时,吉尔曼认为艺术博物馆需要为观众提供阐释员,以帮助观众欣赏藏品之美。基于此,他于1906年任命了一名讲解员。④

然而,达纳的观点却与吉尔曼大相径庭,他将艺术博物馆也纳入了大众教育的范畴之中。因为在达纳眼中,理想的博物馆是"有用的博物馆"。他将绝大多数博物馆,特别是艺术博物馆,轻蔑地称为"凝视博物馆"。达纳认为在这类馆中古董被安置在一排排展柜中,如同木乃伊一般缄默,它们好像一排排矗立着的电线杆,几乎毫无教育意义。由此,他直言不讳地阐述道:

在众多艺术博物馆里,观众凝视雕塑或图形艺术品,仅仅是凝视,难以得到任何其他收获;如果想让凝视者以及所有社区民众得到更多有价值的收获,就需要采用新的博物馆方法,而这些方法正逐渐流行起来。⑤

因此,在达纳领导下的纽瓦克博物馆矢志不渝地加入到新博物馆运动的行列,该馆的首要功能毫无疑问是教育或阐释。达纳甚至喜欢

---

① [美]休·吉诺韦斯、玛丽·安妮·安德烈编:《博物馆起源:早期博物馆史和博物馆理念读本》,路旦俊译,译林出版社2014年版,第134页。
② 同上书,第137—138页。
③ 同上书,第15页。
④ 同上书,第49页。
⑤ John Cotton Dana, *Museum of Service*, Survey Graphic, 1929, pp. 583-584.

将纽瓦克博物馆称作"可视化教育研究所"而非"博物馆"。如今,若我们想要系统地了解达纳的博物馆思想,其最佳材料便是由他撰写的四本读物,被统称为"不断变化发展的博物馆理念:新博物馆系列"①,它们均由达纳兄弟运营的榆树出版社(Elmtree Press)出版,当时每本只印刷了三百册。其中,《新博物馆》(*The New Museum*)②和《博物馆的黄昏,以及如何解决其昏暗问题的建议》(*The Gloom of Museum; With Suggestion for Removing It*)③两本于 1917 年出版。次年,《任命一位讲者》(*Installation of a Speaker*)④一书问世(1918 年);2 年后《一座新博物馆的规划:让一座城市受益和值得进行维护的一类博物馆》(*A Plan for a New Museum: The Kind of Museum It Will Profit A City to Maintain*)⑤付梓(1920 年)。作为美国新博物馆学的先驱,达纳曾经为另一位先驱古德先生主张的全新观点击节称赏,并提出了 11 条"新运动的一般性理论"⑥。同时,我们还可从达纳的"社区性"实践中提炼三大理念⑦:首先,博物馆应当体现区域性。因为其藏品主要源自社区,陈列展览应以所在社区为主题,主要观众应当是整个社区的民众,而不仅仅是受过良好教育的人、特权阶层和精英人士。博物馆建筑也应与社区的整体风格相协调,以最大化地发挥博物馆教育功能。其次,博物馆应当具备现代性。博物馆存在的前提是"工艺美术"理论,收藏和展示不应以稀世美物为导向,而应侧重于博物馆能否得到有效利用。"用"是博物馆实现社区化的灵魂,包括藏品出借、场地租借和举办文化活动等。博物馆信息阐释要兼顾"通俗化和娱乐性",合理运用高科技

---

① John Cotton Dana, *The New Museum: Selected Writings*, Newark Museum Association, 1999;[美]爱德华·P. 亚历山大:《博物馆大师:他们的博物馆和他们的影响》,陈双双译,译林出版社 2020 年版,第 333 页。
② John Cotton Dana, *The New Museum*, Elmtree Woodstock, Vermont, 1917.
③ John Cotton Dana, *The Gloom of Museum; With Suggestion for Removing It*, Elmtree Woodstock, Vermont, 1917.
④ John Cotton Dana, *Installation of a Speaker*, Elmtree Woodstock,Vermont, 1918.
⑤ John Cotton Dana, *A Plan for New Museum: The Kind of Museum It Will Profit A City to Maintain*, Elmtree Woodstock,Vermont, 1920.
⑥ [美]休·吉诺韦斯、玛丽·安妮·安德烈编:《博物馆起源:早期博物馆史和博物馆理念读本》,路旦俊译,译林出版社 2014 年版,第 143—145 页。
⑦ 李鑫叶、刘扬:《谈博物馆教育的社区化——以美国尼瓦克博物馆为例》,《内蒙古师范大学学报(教育科学版)》2017 年第 7 期。

手段,使得社区公民能兴味盎然。建筑以功能为主导,增设餐厅、咖啡馆、博物馆商店、公共图书馆、视听室、演讲厅等公共服务设施。博物馆的功能不仅局限于收藏、展示、教育、研究,而且应向文化休闲、游览观光等综合性、多功能方向发展。再次,博物馆应当保持公共性。博物馆为公众配备专门的讲解员,而公众在博物馆的实时讲解也应得到鼓励。博物馆应拥有总馆与分馆,广泛招募志愿者和会员,让更多的人能参与至博物馆业务中。

这些思想家们关于博物馆教育的理念与实践犹如星星之火,不仅推动了博物馆教育的早期实践,也有力地支撑了后来的学术探讨,乃至当代博物馆教育的理论建构。托马斯·芒罗(Thomas Munro)和阿尔弗雷德·汉密尔顿·巴尔(Alfred Hamilton Barr)的博物馆教育理念基本延续并发展了吉尔曼和达纳的教育思想,而当代博物馆教育中最重要的理论成果都不同程度地折射出这些思想家们的影子。

同时,发轫于19世纪末至20世纪初欧美国家的教育改革运动,吸引博物馆学者开始了解社会教育理论,对博物馆教育理论的发展也发挥了重要的奠基作用。19、20世纪之交,西欧的一些国家和美国均产生了诸多倡导民主、平等,注重学生个性熏陶和能力培养的教育思潮,由此掀起了一场声势浩大的教育改革运动。这场运动在欧洲被称为"新教育运动"(New Education Movement),在美国则被称为"进步教育运动"(Progressive Education Movement)。

此外,国外对"社会教育"领域的研究起步较早,且理论体系也相对完备。1835年,德国教育家阿道夫·狄斯特威格(Adolf Diesterweg)[①]首次提出"社会教育"[②]一词,西方学者开始关注社会教育,进而发展出一系列重要理论。大致经历了生活助理理论、批判理论、适应理论、青年工作理论、成人教育理论、终身教育理论、激进主义理论以及社会主义社会教育理论的发展历程。这些推陈出新的理论在动态化的发展中

---

① 阿道夫·第斯多惠(1790—1866年)在大学从事过自然科学和数学研究,担任过家庭教师,高中、大学教师,教导主任和教育局视导员等职务。主要著作有《教育年鉴》(*Jahrbuch der Bildung*,1851年)、《德国教师陶冶的引路者》(*Wegweiser zur Bildung deutscher Lehrer*,1835年)、《文明的生活问题》(*Lebensfragen der Zivilisation*,1836年)等。

② 詹栋梁:《现代社会教育思潮》,台北五南图书出版有限公司1981年版,第3页。

呈现出鲜明的阶段性特征,据此可将其分为三个阶段,它们分别强调:以社会帮助为主、以社会教化为主、以社会需求为主。① 其中,法兰克福学派提出的社会教育属于批判理论,强调社会教育是突出知识教育和沟通的特质。他们认为凡是学校教育以外的教育,皆是社会教育的范围,因此强调社会教育是一种社会事业,一种具备学校性质的指导活动。②

(2) 20世纪60年代初至70年代末

终身教育(lifelong education)是社会教育理论体系中的"重要一员",肇兴于20世纪20年代,但流行却是在60年代。1965年,法国成人教育家保罗·朗格朗在联合国教科文组织国际成人教育促进委员会第三次会议中,以"终身教育"为题做了精彩汇报,其标志着终身教育开始走向世界。③

首先,终身教育的概念包括两大维度:从纵向维度上看,终身教育是人一生各阶段当中所受各种教育的总和;横向维度上看,终身教育是人所受各类型教育的统一,包括正规学习(Formal Learning)、非正规学习(Non-Formal Learning)和非正式学习(Informal Learning),其最终目的是"维持和改善个人社会生活的质量"。其次,终身教育的学科体系建设同样可从两大维度窥其一二:从纵向维度上看,生命化教育是重点,学前教育是起点,学校教育是基础,而继续教育或成人教育(包括老年教育)则是主力军;从横向维度上看,学习型组织建设(社区、公司、城市、农村、单位等)是关键,社区教育是主阵地,而远程教育则是最佳途径和重要手段。再次,终身教育的基本原则是"连续性—整体性(一体化)",从纵向维度寻求教育的连续性和一贯性,从横向维度寻求教育的统合性。最后,终身教育主张教育的民主化,强调教育的普及性。无论如何,在20世纪六七十年代,终身教育理念曾影响美国博物馆的整体发展方向,促使博物馆提供多元化服务,注重个体以及少数、弱势群体等群体所需。

"非正式学习"理论始于20世纪40年代,由联合国教科文组织提出,70年代开始引起学者们的热议共鸣。一般认为,非正式学习具有如

---

① 龚超:《国外社会教育理论研究综述》,《中国青年研究》2008年第2期。
② 同上。
③ 林良章:《终身教育学:理论与实践》,中国轻工业出版社2019年版,第17、21、54页。

下特点:其一,学习动机具备自发性。非正式学习由学习者自我发起、自我负责、不依赖他人的学习,学习者是学习的主导和主体。其二,学习时空具备随意性。非正式学习没有固定的教师、场所、学习内容、学习时间,可以随时随地发生,取决于学习者的需求度和学习机会的可能性。其三,学习方式具备多样性。既可以通过个人独立完成,也可以是在社会交往中发生,学习的生成与外界刺激有关。其四,学习内容具备情境性。非正式学习的发生伴随着一定的情境展开,此类情境通常能满足学习者的兴趣或契合其需求。其五,学习效果具备自评性。非正式学习效果以自身的满意度为评价依据,不采用他人或社会性的评价标准。①

(3) 20 世纪 80 年代以来

20 世纪 80 年代至今,伴随着终身教育理论的普及与学习研究的兴起,以及多元文化、后现代主义等多种思潮交锋,传统博物馆教育理念和模式开始改变,出现了由"教"到"学"的哲学转向。其源头可追溯至 20 世纪 60 年代受心理学家杰罗姆·布鲁纳的结构主义课程和教育改革运动的影响,正规教育领域出现了由"教"到"学"的范式转变。这股热潮与杜威时代倡导的以儿童与学习者为中心的思想是一致的,因此在 20 世纪 80 年代,两者一并推动了博物馆教育理念变革。同时,由于教育领域的课程与教学改革运动主要指向的是科学课程,所以在博物馆领域有关学习的研究最初也主要以科学类博物馆为研究范围。这一背景下,因为美国博物馆的教育同行积极探索"最佳做法"并热衷于分享,所以在 20 世纪七八十年代促使该国博物馆教育率先走向专业化。②"学习与体验"成为这一时期美国博物馆界的热议话题,并逐步在全球范围内产生辐射效应。相关成果包括 1969 年、1984 年、1992 年美国博物馆协会相继颁布的三份里程碑式的出版物:《美国的博物馆:贝尔蒙特报告》(America's Museums: The Belmont Report)③《新世纪的博物

---

① 王妍莉、杨改学、王娟等:《基于内容分析法的非正式学习国内研究综述》,《远程教育杂志》2011 年第 4 期。
② 海伦·香农、伍彬:《美国博物馆教育的历史与现状》,《博物院》2018 年第 4 期。
③ American Association of Museums, *America's Museums: The Belmont Report*, American Association of Museums, 1969.

馆》(Museums for a New Century)①《卓越与平等：博物馆教育与公共维度》②，其为如何履行公共教育的使命指明方向。在英国，至20世纪90年代初，多数主要的国立、省立和独立博物馆均设置了教育部门，将教育定位成当今博物馆的核心角色。③ 1997年，英国博物馆与美术馆委员会发布《公众财富：学习时代的博物馆》(A Common Wealth: Museums in the Learning Age)。2007年国际博协在修订博物馆定义时，将教育调整为首要功能。总体而言，20世纪60年代至80年代美国的博物馆教育主要聚焦的是观众经验上的"学"，以及立足参观经验的意义建构。④ 如弗兰克·奥本海默所建立的探索宫开创出博物馆学习的新时代，其不再主张传递多少科学知识，而是鼓励观众通过操作和参与获得自身独一无二的体验。20世纪80年代以后，国际上的博物馆教育模式正式受到这一美国模式的深刻影响。因此，研究者愈发关注观众的学习过程、结果以及如何提升学习体验，而不再只追求将博物馆认为重要的海量知识一味输出。博物馆学习理论的研究由此不断得以夯实，而维果斯基的社会文化历史观则为相关研究提供基础框架。据此，一批重量级的论著相继问世，如《博物馆学习手册》(The Manual of Museum Learning)、《学在博物馆》(Learning in the Museum)、《从博物馆中学习》(Learning from Museums)和《实物课程和早期学习》(Object Lessons and Early Learning)等。

在这一背景下，一方面博物馆教育受到心理学、传播学、社会学等传统学科的影响，同时从人类自身本质探索教育现实问题的新兴交叉领域——学习科学，也将博物馆作为非正式学习环境的重要对象深入研究博物馆中的学习行为，由此发展出以建构主义为代表的教育理论。

其中最具代表性的学者无疑是乔治·海因，他综合杜威、皮亚杰、

---

① American Association of Museums, Museums for a New Century, American Association of Museums, 1984.
② American Association of Museums, Excellence and Equity: Education and the Public Dimension of Museums, American Association of Museums, 1992.
③ 张曦：《英国博物馆教育的初步研究》，吉林大学硕士学位论文，2008年，第15页。
④ Elliott Kai-Kee, "Professional organizations and the professionalizing of practice", Journal of Museum Education, 2012(2).

维果斯基等众多教育理论成果,基于建构主义学习理论视角,以知识理论和学习理论为象限(见图119),创造性地提出博物馆教育理论(包含教育方法),并将其分成四类:说教/解说式教育(didactic, expository education)、刺激反应式教育(stimulus response education)、探索式教育(discovery learning,也有译作发现式教育)和建构主义式教育(constructivism learning)。①

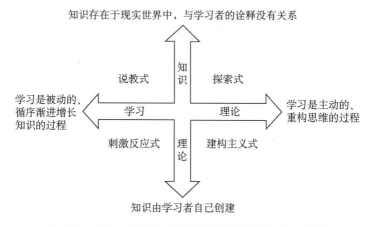

图 119　乔治·海因为博物馆提出的教育理论及其类型

首先,说教/解说式教育是一种传统的线性教育模式,在该模式中教育者依照学科的结构组织课程,再采取由易到难的逻辑顺序将知识传授给学生。② 其次,刺激反应式教育源于行为主义学习理论,认为学习过程是刺激与反应的联结,主张通过强化和模仿来形成和改变行为,以学习者或受教育者被动接受为主,强调的是反复训练。③ 爱德华·李·桑代克(Edward Lee Thorndike)的试误-联结说、伯尔赫斯·弗雷德里克·斯金纳(Burrhus Frederic Skinner)的强化-联结说和阿尔伯特·班杜拉(Albert Bandura)的观察-联结说都行为主义研究中举足轻

---

① [美]乔治·E. 海因:《学在博物馆》,李中、隋荷译,北京燕山出版社2010年版,第29—46页。
② 刘巍:《一位建构主义者眼中的博物馆教育——评George E. Hein的〈学在博物馆〉》,《科普研究》2011年第4期。
③ 王婷:《将建构主义理论应用于博物馆教育活动的研究——基于广东省博物馆教育活动实践的思考》,《客家文博》2018年第1期。

重的经典理论。再次,探索式教育认为概念、知识都客观存在于学习者之外,学习者通过亲身与材料互动,获得正确的认识并概括出世界的本来面貌①,如杜威"动手做"学习理论、布鲁纳发现式教学法。最后,建构主义式教育认为知识的获取不是通过教育者传授,而是学习者在一定的情境,即社会文化背景下,利用必要的学习资料,在已有经验的基础上,通过意义建构的方式获得②,如大卫·科尔布的体验式学习理论、福尔克的自由选择学习理论和加德纳的多元智能理论。海因的理论至今仍被奉为圭臬,成为博物馆工作者开展教育活动不可或缺的理论依据和"工作手册"。

另一方面,随着观众体验研究的深入,博物馆观众的多样化学习成为可能。1992年,福尔克和迪尔金较早地提出了关注博物馆学习体验行为的"互动体验模型"(Interactive Experience Model)③,该模型受到维果斯基学派社会建构主义理论进路的启发,吸收了"情境"(context)这一概念,首次提出了影响学习体验效果的三大情境:个人情境(personal context)、社交情境(social context)和物理情境(physical context)。他们认为三大情境的互动创造出观众新的博物馆体验,促使其学习行为的发生。8年后,当不少博物馆同侪还在对该模型顶礼膜拜时,两位学者在扎实推进观众研究基础上突然对自己的模型进行了"毫不留情"地否定。福尔克和迪尔金认为互动体验模型只不过描绘了博物馆学习研究的宏大图景,但在解释博物馆的学习行为时,欠缺可供观察和检测的因素变量。因此,他们又以学习发生的过程为视角,归纳出八大影响因素。至此,构建出由三大情境、八个因素组成的博物馆"情境学习模型"(Contextual Learning Model),主张将个体的认知、情感、动机与体验过程相融合,把博物馆学习纳入个人生命史之中。2005年,博物馆"情境学习模型"的八大因素又被拓展为十二个因素,该模型得以进一步完善(见图120、表5)。

---

① 刘巍:《一位建构主义者眼中的博物馆教育——评George E. Hein 的〈学在博物馆〉》,《科普研究》2011年第4期。
② 同上。
③ Johm. Falk, Lynn D. Dierking, *The Museum Experience*, Whalesback Books, 1992, pp. 1-7.

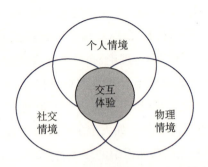

图 120　约翰·福尔克和琳恩·迪尔金提出的
博物馆"互动体验模型"

表5　约翰·福尔克和琳恩·迪尔金提出的博物馆"情境学习模型"

| 因素构成 | 个人情境 | 社交情境 | 物理情境 |
| --- | --- | --- | --- |
| 2000 年① | 动机和期望<br>先前知识、兴趣和信仰<br>选择和控制 | 组内社会交互<br>组外社会交互 | 先行组织者和方位<br>设计后续强化和场馆外体验 |
| 2005 年② | 参观动机和期望<br>先前知识<br>先前经验<br>兴趣<br>选择和控制 | 群体内的社会交往<br>群体内与群体外的交往 | 先行组织者<br>对物理空间的导引<br>建筑和大尺度的空间<br>展品和学习活动的设计<br>后续的强化和博物馆外的经验 |

首先，个人情境是个体心理、社会、行为特征的集合，受到参观动机和期望、先前知识、经验、兴趣、选择和把控等因素的影响。其次，社交情境是指参观者的社会互动行为，根据社交人员的不同，可分为群体内的社会交往、群体内与群体外的社会交往。最后，物理情境包括先行组织者、对物理空间的导引、建筑和大尺度的空间、展品和学习活动的设计、后续的强化和博物馆外的经验。

可见，聚焦于观众学习与体验的博物馆教育理论相较于传统理论，

---

① John H. Falk, Lynn D. Dierking, *Learning from Museums: Visitor Experiences and the Making of Meaning*, AltaMira Press, 2000, p.137.

② John H. Falk, Martin Storksdieck, "Using the contextual model of learning to understand visitor learning from a science center exhibition", *Science Education*, 2005, 89(5), p.747.

更重视观众与要素的交互并倡导多样化的场景学习。史蒂芬妮·莫泽(Stephanie Moser)据此提出了作为"知识网络"的博物馆体系①;张恩静(Eun Jung Chang)也将"互动体验模型""情境学习模型"作为探讨博物馆体验及其学习性质的参考方法。② "参与式""探究式""互动式""沉浸式""对话与交流式""自我导向式""自主式"等学习模式逐渐被学者们系统地论述,这些模式均代表着以观众个体为主导、主动体验的博物馆教育范式。③ 除了上述两方面之外,博物馆教育范围的开放性、教育项目的学科交叉性等皆成为这一时期的重要特征。如贝弗利·塞雷尔提出博物馆教育"由内及外"(Inside Out)的学习模式。④ 又如 STEM、STEAM 教育理念被引入博物馆教育的话语体系中,分别指"科学(Science)、技术(Technology)、工程(Engineering)、数学(Mathematics)"和"科学、技术、工程、艺术(Art)和数学"共同构成的跨学科教育。⑤ 再如蒙台梭利⑥、瑞吉欧⑦、高宽(High Scope)⑧等诸多学者的教育新理念被引介至博物馆儿童教育领域,促成极富特色的博物馆儿童教育理论之构建。

有关这一时期仍存在的问题及其发展趋势,可以归纳如下。首先,20 世纪 80 年代,作为生态学分支学科的教育生态学在欧美国家诞生,博物馆等非正式教育机构应积极思考其定位并探索与教育生态系统的关系。其次,博物馆研究应立足博物馆教育的特殊性,重视物与现象的阐释研究,并将结果应用至博物馆教育;面对各类型的多代观众,继续

---

① Stephanie Moser, "The devil is in the detail: Museum displays and the creation of knowledge", *Museum Anthropology*, 2010, 33(1).
② Eun Jung Chang, "Interactive experiences and contextual learning in museums", in *Studies in Art Education*, 2006, 47(2).
③ 尹凯:《博物馆教育的反思——诞生、发展、演变及前景》,《中国博物馆》2015 年第 2 期。
④ Anna Johnson, *The Museum Educator's Manual: Educators Share Successful Techniques*, Rowman and Littlefield Publishers, Inc., 2009.
⑤ 大卫·安德森、季娇:《从 STEM 教育到 STEAM 教育——大卫·安德森与季娇关于博物馆教育的对话》,《华东师范大学学报(教育科学版)》2017 年第 4 期。
⑥ 吴芳:《蒙特梭利教育理念与博物馆儿童教育形式探讨》,载江苏省博物馆学会编:《区域博物馆的文化传承与创新——江苏省博物馆学会 2013 学术年会论文集》,文物出版社 2013 年版,第 193—197 页。
⑦ 周婧景:《儿童观众与博物馆学习:以瑞吉欧教育理论为视角》,《中国博物馆》2016 年第 2 期。
⑧ 王安冉:《浅谈儿童美术欣赏教育中存在的问题与对策——基于高宽课程视觉艺术鉴赏的思考》,《内蒙古教育》2018 年第 14 期。

开展针对性强的分众化教育,以及面对儿童的分龄化教育。最后,从反理论(atheoretical)向理论关联(theory-linked)过渡,重视博物馆教育理论中关于知识论、学习理论和教育方法的深入探讨,在开展应用理论研究的同时注重基础理论研究;不能只停留在缺乏理论支撑的教育实操讨论或仅以现象问题作为科学目标的理论探讨,而需要探究博物馆教育经验中的本质及其内在关系,以构建起博物馆教育的科学理论体系。人是一种极为复杂的动物,我们创建出多种多样的理论来描摹或揣度自己的行为,但有时,反而会让我们的思维更加混乱,尽管如此,那些用来描摹或揣度人类行为的模式终究具有一定意义,因为它们为教育行业的工作组织打造了一个理性的平台。①

4. 观众在不同类型博物馆的差异化学习策略

早期的公共博物馆主要诞生于欧洲,大都是以当时现有的藏品作为基础创建而成,而馆舍多半是由一些为其他目的建造的建筑改造而来。在这些馆中藏品的直接价值被极大高估,积累稀世美物并予以展示成为馆方的最高诉求,其通常采取泛地域的收藏模式,只热衷于思考如何成为公共珍宝"恢宏"的公共之家。迄今为止,由于体量庞大,展品的类型丰富、品相精美,这类馆仍是民众最喜欢且影响力最大的博物馆类型。然而自 20 世纪中后期起,由于博物馆从"内向型地关注展品扩充、保护和研究",发展到"强调外向型的提供公众教育"②,所以其服务重心发生重大改变,由此带来收藏的动机和认识论及展览方式全面地拓展与更新,促使博物馆类型不断增加,家族成员日渐多样,呈现根深叶茂之态势。为了向当地居民和外地观众系统、深入和完整地再现在地的历史和文化,地方博物馆出现;主题性收藏催生了专题性博物馆;世界博览会的遗珍促成工业与科学主题博物馆问世;不可移动的物进入人类的收藏视域后,露天、生态、自然遗迹等依托不可移动遗产的博物馆应运而生;随着非物质文化遗产纳入收藏序列,一批展示"人间活

---

① [美]乔治·E. 海因:《学在博物馆》,李中、隋荷译,北京燕山出版社 2010 年版,第 17 页。
② [美]史蒂芬·康恩:《博物馆是否还需要实物?》,傅翼译,《中国博物馆》2013 年第 2 期。

瑰宝"的非物质文化博物馆横空出世。由此可见,现今博物馆的类型已包罗万象,其展示手段也在不断推陈出新。形形色色的观众在面对这一以视觉传播为主的教育资源时,利用方式和学习策略尽管具有相似性,但也存在显见的个殊性。观众研究的相关成果显示,目前博物馆的多数观众为一次性观众,所以以下的学习策略主要针对的是首次进入博物馆的新手或入门者。因为经常性观众时常出入博物馆,对博物馆资源较为熟稔,鼓励他们自主参观通常更能保持其吸引力和持续力,也可将博物馆媒介的包容性和开放性展露无遗。下文我们将围绕三种主要类型的博物馆展开论述。一是(自然)历史博物馆。这类馆一般收藏和展示的是历史文物或科学标本,特点为展品令人目不暇接,易于"信息过剩"。观众首先应在入馆前做好充分准备,预先掌握展览内容及其结构,到馆后可据此探索某个最感兴趣的主题或展厅,不主张一次性看完。其次可重点观看具象化程度较高的三维模型、情景再现,这些能帮助一次性观众降低学习难度并创造学习机会,因为这类信息和表达能促使他们获得丰富和逼真的心理表征。再者在有限的参观时间内,观众可观看较为感兴趣或熟悉的历史文献、图像和展品,不仅可观察、接触和思考,还可借助相应的阐释信息来加深理解、获得知识。二是艺术博物馆(美术馆)。这类馆通常收藏和展示的是价值连城的艺术品或物件,往往安静、沉寂,说明文字较少,这些均意味着不具备艺术史知识和鉴赏能力的观众是不被欢迎的。首先"艺术品收藏并非标本收藏,而是标本的对立面——孤本——的收藏。更精确地说,我们展示具体事物的主要目的是因为其本身是具体而非抽象的"。[1] 所以每位观众容易自然地被这种具体的图像语言所吸引,因此可倡导他们进行自主和开放的解释。观众可被鼓励使用先前的知识与经验,为艺术品解释提供富有想象力的新视角、新见解,从而感受到艺术品的审美价值。其次,建议采用三模式策略:体验(邀请观众用身体动作去触摸或操作等,通过与艺术品互动获得有关该作品的真实体验);讲述(预约参加导览活动,讲解员会引导观众欣赏,帮助他们感受艺术之美并与之亲近,进而产生

---

[1] [美]休·吉诺韦斯、玛丽·安妮·安德烈编:《博物馆起源:早期博物馆史和博物馆理念读本》,路旦俊译,译林出版社2014年版,第132页。

积极的艺术体验);审美(与同行者分享他们的想法或在内心审视自己的所思所感,促使学习效果更深刻,也更持久)。再者参加这类馆的公教活动,参与艺术品的创作,如部分艺术馆会鼓励观众在空白空间(白盒子)内随意涂鸦。三是科学博物馆(科技馆、科学中心)。这类馆馆藏或展示的多为科学现象或科学原理,而这些直接经验在日常生活中通常难以获取。首先馆方应重视为首次观众提供互动指导,因为不同程度的指导将产生迥异的学习效果。馆内可专门设置助推者(facilitator),这类工作人员将采取提问、示范等方式,帮助观众与展品展项积极互动。其次提供阐释性信息,如针对特定展项组织展演,对其中的物理原理及其因果关系生动地进行演绎,以激发人们产生出更多好奇心和更具体的探索行为,否则理解不足将会导致沮丧感和挫败感。再者观众可优先使用混合型展项,如在"模拟太空漫步"展项中,观众可先阅读说明文字以了解太空漫步的相关知识及原理,接着可通过3D模拟参与太空之旅,由此创建出一种较为逼真的学习体验,这种兼具真实性、高科技与娱乐性的混合体验有助于观众产生体验式认知,学习表现及效果往往颇佳。博物馆是满足人们怀旧和好奇情绪的地方,在这里观众可无拘无束地自由选择,博物馆会给予我们无限的包容、等待和鼓励。展品是真实而直观的,形式是自主而开放的,内容是丰富而愉悦的。既没有考试等外在压力,也没有工资等显性回报,所以我们无须使用"工具理性"去追求一次性获取多么庞大的知识,而是可贯彻"价值理性",放弃规训、寻找自我,努力让自己变成一个有趣的人。有时学习就跟树一样,越是向往高处的阳光,它的根就越要伸向地底。[①]

(五) 小结

通过上述四个阶段的归纳和论述,我们认识到物从诞生之初,到经博物馆化,加以利用的信息编码过程——"将普通物转化为博物馆物、将博物馆物的信息转化为符号化信息、将博物馆物的符号化信息转化

---

① 朱永新:《人生没有最高峰:朱永新人生感悟》,商务印书馆2017年版,第58页。

为物化信息、将博物馆物的物化信息转化为媒介信息",这一过程中收藏者、研究者、阐释者和学习者各自发挥着前提、基础、关键与桥梁作用。至此,博物馆学基于实物传播信息的范式基本构建完成。事实上,博物馆的不少实物及其所载信息并非为观看而生,当它们从私人空间步入公共领域,已经不再是单纯之物,而是处在交流系统中的物,所以物和人的关系需得以重构,且由于博物馆性的变迁,每一时代的重构存在差异,正是这样的重构使得物不断从自身的遥远世界走向当代的人的世界,最初的信源通过全方位编码,成为时下观众能理解甚至获得"启蒙"的信息共享体。可见,"以实物为媒介"信息传播与"以受众为中心"的自我建构实际上是事物的一体两面。但我们始终需要明白,实物与物载信息才是博物馆之所以诞生、存在及其使命之缘起。正如黎巴嫩文坛骄子卡里·纪伯伦(Kahil Gibran)的忠告:"不能因为走得太远,而忘记为何出发!"

# 第十二章

## 回望百余年的博物馆学:探索与超越

博物馆是博物馆学的关照对象,也是博物馆学自我审视、反思和塑造的载体,其构筑的画面和景深很大程度上影响着博物馆学研究的深度和广度。既然如此,那让我们一起重新回到博物馆史书写的起点,尝试回答一个问题:人类缘何需要博物馆?海伦·凯勒在《假如给我三天光明》一书中写道:

在拥有光明的第二天,我将匆匆一瞥这个世界的过往与未来。我想看看人类进步的盛景,不同时代的千变万化。这么多内容如何压缩到一天时间呢?当然是通过博物馆。我以前经常参观纽约自然历史博物馆,用双手触摸那里的展品,但我期待能亲眼看见地球和那里居民的浓缩历史……我不知道这篇文章的多少读者看过这个激动人心的博物馆里所展示的这些生物的全貌,当然,很多人可能没有这样的机会,但是我敢保证,很多人即便有机会也没有好好利用。真的,那是一个值得你用眼去观察的地方……我的下一站是大都会艺术博物馆……我真的极不情愿离开大都会,那里蕴藏着发现美的钥匙——这种美被如此忽视,而眼睛能看见的人不需要到大都会博物馆来找寻美的钥匙,同样,它也安然等在小一些的博物馆里……但是,在我想象中有限的光明时间里,我自然会选择一个可以用最短时间解锁最多宝藏的地方。①

海伦·凯勒用朴素的生活实感,就博物馆功能给出了情境化的理解,在笔者看来,这便是对博物馆终极意义的最好解答。在回望博物馆

---

① [美]海伦·凯勒:《假如给我三天光明》,王珊、陈珩译,上海译文出版社2019年版,第160—163页。

学百年发展史之前,我们需要首先就"何为博物馆"进行再理解和再解释,以便重新出发。同时,还需要对这样一个传统命题发出诘问:博物馆学所肩负的全部使命与价值意义,仅仅就是围绕博物馆机构及其功能开展研究吗?如果不是,又该如何打破这一由直觉和经验所导致的错觉,在更大的整体范围内探寻更为深层的见解,以实现具有颠覆意义的认知超越,从而为博物馆学打开一扇通往新世界的大门,同时亦成为创造未来过程中的一部分?

## 第一节 重新出发:对博物馆定义的再理解

"博物馆"一词译自英文的"museum",如果对西方语言中该词进行溯源,可以发现其几乎大部分都源自希腊语"mouseion",英语、法语、德语、西班牙语,甚至俄语都无一例外。而希腊语"mouseion"是指"缪斯女神居住的地方"。缪斯女神是姐妹女神,负责吸引并启发文学、科学和艺术之职责,故被认为是诗人、音乐家、历史学家、舞蹈家、天文学家和其他群体的知识来源。[1] 公元前3世纪左右,托勒密·索特(Ptolemy Soter)创建了亚历山大博物院(Mouseion,也称亚历山大博学园),首次将学习与实物相结合,但该机构更像是一所大学,而非博物馆,同时它亦不是现代意义上的公共机构,因为仅是部分地向学识渊博的教授和学生开放。15世纪,"museum"一词问世,指的是意大利佛罗伦萨美第奇家族的藏品,以胡珀-格林希尔、弗朗西斯·泰勒(Francis H. Taylor)等为代表的学者认为该家族所缔造的美第奇宫(Medici Palace)是欧洲的第一座博物馆。[2] 而在乔治·桑迪斯(George Sandys)的一本游记中首次出现英文"museum"一词,指的是亚历山大博物院的遗址——"托勒密二世(Philadelphus)创建的博物馆""那个著名的图书馆

---

[1] Kiersten F. Latham, John E. Simmons, *Foundation of Museum*, Libraries Unlimited, 2014, p.15.

[2] Eilean Hooper-Greenhill, *Museums and the Shaping of Knowledge*, Routledge, 1992; ICOM. n.d., "Museum Definition", http://icom.museum/the-vision/museum-definition, 23.

（亚历山大图书馆）"。自 17 世纪开始，术语"museum"被用来专指收藏和展示物品的机构。直到博物馆国际组织诞生之后，制定被广泛认可的博物馆定义才逐步得以付诸实施。① 由于博物馆不仅类型纷呈、功能多样，而且文化各异，并始终处在"社会之中"，所以为其制定一个标准定义难上加难，即便如此，国际博协等组织或研究者依然相继投身其中，试图为博物馆拟定一个明确内涵。尤其是国际博协，其在博物馆定义方面功勋卓著。该组织先后于 1946 年、1951 年、1961 年、1974 年、1989 年、1995 年、2001 年和 2007 年对博物馆定义进行过八次修订，并通过了《国际博物馆协会章程》（ICOM Statutes）。有学者认为，1974 年、2007 年和 2019 年的定义分别代表着国际博物馆界对博物馆认识的三次重要转变。事实上 2007 年的国际博协维也纳大会的基本框架，仍是在 1974 年国际博协哥本哈根大会的基础上发展而成。2019 年，国际博物馆东京大会意欲对博物馆进行重新定义，但最终因为存在重大分歧而被迫流产，学者们认为这一新定义主要借鉴的是 2015 年《关于保护和加强博物馆与收藏及其多样性和社会作用的建议书》。毋庸置疑，新定义的失败引发了博物馆学史上一种无所适从的焦虑，沿用多年的老定义被认为已经过时，但新定义却又不幸遭到搁置，似乎当我们在凝视与反思博物馆时，其轮廓变得越来越模糊不清。然而值得额手相庆的是，2022 年 8 月 24 日在国际博协布拉格大会特别全体大会上，针对同年 5 月第 91 次咨询委员会公布的两项定义提案，提案 B 胜出，新定义终于一锤定音。尽管如此，此次投票的过程是史无前例的，其涉及了来自全球 126 个国家委员会的数百名博物馆专业人士，并且历时将近 18 个月。同时显而易见，这次定义的思考方式与以往全然不同，它打破了与之前几版定义在逻辑上的连续性，新定义的制定者似乎已不再感兴趣于博物馆的突出特征或本质属性的种差和邻近种属等，而是将焦点转至博物馆的价值或使命陈述，希望就社区对话、民主、可持续发展等社会问题给予热烈回应。就该定义，我们暂不做学术评价，但基本可意识到现代博物馆的愿景已发生改变：希望立足公众的需求、

---

① Kiersten F. Latham, John E. Simmons, *Foundation of Museum*, Libraries Unlimited, 2014, pp. 15-19.

兴趣,将深藏藏品中的社会记忆与现在发生关联,在特定空间内以易于理解的显性方式呈现,所以藏品已不再只是被动观察的对象,而成为了能与观众沟通的学习媒介。现将目前的主要定义整理如下(见表6)。其中,美国博物馆联盟并未对博物馆做出官方定义,但认为考古遗址公园、动物园、植物园等机构皆为博物馆。同时,美国博物馆联盟之下的认证委员会曾于20世纪70年代提出过一个沿用较久的博物馆定义,2013年,认证委员会又通过认证标准列表对博物馆概念进行进一步廓清,明确指出其必须包括[1]:

- 是合法组建的非营利机构或非营利组织或政府实体的一部分;
- 本质上具有教育属性;
- 有正式声明和批准的任务;
- 使用和阐释展品和/或作为定期为公众提供经过规划的展教的公共展示场所;
- 对展品和/或物有正式和适当的记录、保管和使用程序;
- 主要在物理设施/场所执行上述功能;
- 已向公众开放至少两年;
- 每年向公众开放至少1 000小时;
- 收藏有约80%的永久藏品;
- 至少有一名具有博物馆知识和经验的带薪专业人员;
- 设立全职理事,并授权其进行日常运营;
- 有足够的财政资源来维持其有效运作。

基于上述表中和文内所列出的全部定义不难发现,它们既有相似之处,也不乏显见的差异。因为博物馆事实上是一类高度复杂的机构,它的复杂性在于兼具"变与不变",一方面博物馆处在"社会中",会不自觉地对社会趋势及文化范式做出动态回应,作为一种文化现象博物馆早已今非昔比,不仅类型、主题、展示方法变得异彩纷呈,而且国与国之间的差异远比想象要大;另一方面它在社会化的过程中又拥有稳定不变的要素。所以说,此次新定义遭遇"难产",既合理也合情。即便如

---

[1] Kiersten F. Latham, John E. Simmons, *Foundation of Museum*, Libraries Unlimited, 2014, p.18.

此,我们仍可从诸多定义中,至少找到三点共性:第一公共性,博物馆所做的都是为了符合民众利益,且"公众"的重要性与日俱增,存在于博物馆的所有业务之中;第二物证性,物是博物馆存在的根基,也是业务实施的依据,包括有形、无形或两者兼而有之;其三教育(或学习)性,其作为首要目的,地位正逐步提升,并且博物馆愈发强调该业务的专业性。

表6 国际范围内各重要组织对博物馆定义的界定

| 机构名称 | 国际博物馆协会(2007) | 国际博物馆协会(2022) | 美国博物馆联盟认证委员会(1970s) | 英国博物馆协会(2013) | 加拿大博物馆协会(2013) | 美国博物馆与图书馆服务署(ILMS,1976) |
|---|---|---|---|---|---|---|
| 定义 | 博物馆是一个为社会及其发展服务的、向公众开放的非营利性常设机构,为教育、研究、欣赏的目的征集、保护、研究、传播并展出人类及人类环境的物质及非物质遗产 | 博物馆是为社会服务的非营利性常设机构,它研究、收藏、保护、阐释和展示物质与非物质遗产。向公众开放,具有可及性和包容性,博物馆促进多样性和可持续性。博物馆以符合道德且专业的方式进行运营和交流,并在社 | 博物馆是一个有组织的永久性非营利机构,本质上为了教育或审美的目的,具备专业人员,拥有或使用有形物品,维护它们并定期向公众展出① | 博物馆使人们能够通过探索藏品,以获得灵感、学习和享受。它们是收集、保护和提供人工制品和标本的机构,它们为社会保管这些物品和标本 | 博物馆是为公众利益而创建的机构。它们吸引观众、加深其理解,促进享受和分享真实的文化和自然遗产。博物馆收藏、保存、研究、阐释和展示社会和自然的有形和无形证据。作为教育机构,博物馆为批判性探究和 | 以教育或审美为主要目的,由专业人员永久拥有或使用有形物品,维护并定期向公众展出它们的公共或私营的非营利性政府部门或机构(1976年博物馆服务法案) |

---

① Alexander, Edward Porter, and Mary Alexander, *Museums in Motion: An Introduction to the History and Functions of Museums* (2nd ed), Lanham, MD: Altamira Press, 2008.

(续 表)

| 机构名称 | 国际博物馆协会(2007) | 国际博物馆协会(2022) | 美国博物馆联盟认证委员会(1970s) | 英国博物馆协会(2013) | 加拿大博物馆协会(2013) | 美国博物馆与图书馆服务署(ILMS,1976) |
|---|---|---|---|---|---|---|
| 定义 | | 会各界的参与下,为教育、欣赏、深思和知识共享提供多种体验 | | | 调查提供了实体的论坛 | |

\* 表格信息整理自 Kiersten F. Latham, John E. Simmons, *Foundation of Museum*, Libraries Unlimited, 2014, pp. 16-18。

  同时,从国际博协新定义、美国博物馆联盟认证委员会的认证标准列表、加拿大博物馆协会等定义中,我们还可发现"阐释""理解"等术语被反复提及,笔者认为对此仅有回顾和描述是不够的,还应尝试寻找导致其产生的因果逻辑的源头。本书在第六、八章中曾经针对阐释的目标、类型,理论与方法等做过系统论证。由于当前的博物馆正处在"藏品中心"向"观众立本"转型的过渡时期,而"阐释"的要义是鼓励人们在更好理解的基础上创建个人意义,所以其成为推动转型的关键议题。我们知道,观众是带着各自的入门故事走进博物馆的,他们把这些故事置于认知加工的背景之中,构成博物馆环境下建构主义学习的哲学基础。无论是展览还是教育活动,无论是三维实体还是数字展品,观众都会与它们构建起熟悉或不熟悉的关系,而这些关系反过来也塑造了我们的总体理解。① 阐释这议题的出现,让我们意识到并确信了这种关系的重要性和复杂性,同时也必须看到我们对关系的重建能力,即将不熟悉的东西变成熟悉的东西的能力正在增强,也更为紧迫。而"事物只有在重视它的社会才能作为对象存在"。② 强调阐释议题能帮助博物馆基于物来促成观众与历史、权威和偏见的公平对话,使他们跨越历史的差距、文化的

---

① Cheryl Meszaros. "Un/Familiar", *Journal of Museum Education*, 2008, 33(3).
② Bill Brown, "Thing theory", in Bill Brown (ed.), *Things*, University of Chicago Press, 2004, pp. 4-5.

差距、人与人的差距,"让被认为独自存在视域发生融合"①。

亚当·戈普尼克(Adam Gopnik)在一篇发人深省的文章《正念博物馆》(The Mindful② Museum,或译作心灵博物馆)中,把博物馆抛入历史进程中加以考察,凝练出了五种独具匠心而又相当有趣的博物馆模型③,可能有助于我们深入洞悉博物馆文化的动态本质。

1. 作为陵墓的博物馆(Museum as Mausoleum)——在这个地方,你可以看到古老的东西,发现自己是一个唯美主义者或学者;最重要的是,这是一个与过去有关的地方;它对个人来说是一种无声的体验。

2. 作为机器的博物馆(Museum as Machine)——不是机械的,而是有成效的;在那里你会被改造,去学习(关于现在);你逐渐被改变,变得见多识广,有学识;它是一个安静而有意义的教学场所。

3. 作为隐喻的博物馆(Museum as Metaphor)——奢华、浮夸、浪漫;不再在意观众,而是为人们提供一个社交的中心场所。

4. 博物馆作为购物中心(Museum as Mall)——专门用于娱乐;拥挤、过度商品化;藏品变成了一种商品。

5. 正念博物馆(Museum as Mindful)——博物馆意识到自己;显然主要是与它所包含的物相关;物是根本的体验对象;鼓励对话,但不强制传输信息。

无论你是否同意戈普尼克的模式划分,但从这种划分中我们可发现随着时间的演进,博物馆因博物馆性的"价值流动",为适应不同的社会环境而产生了功能变迁和对博物馆理解的异化。其中,笔者最为提倡的是正念博物馆。然而具有讽刺意味的是,虽然戈普尼克是第一个将 Mindful 概念引入博物馆领域之人,但他主要聚焦在艺术博物馆,而对物品的过分专注恰恰是实现正念的最大障碍。为此,罗伯特·迪兹

---

① 章启群:《意义的本体论 哲学解释学的缘起与要义》,商务印书馆2018年,第112页。
② 西方流行的 Mindfulness 最早在我国台湾地区被译成正念、内观、静观等,其中正念的译法最为人认可和推崇。随着 Mindfulness 相关研究的大量出现,此概念被美国主流社会接受并逐步在各行各业得到应用。尤其是在心理学和医学方面的贡献值得关注。但也有学者批评西方的 Mindfulness 与传统正念并不相符,反而把佛教的修炼方法商业化,使之沦为平庸的商业产品,被调侃为采用的是麦当劳式的传播,因此将 Mindfulness 戏称为 Mc Mindfulness。
③ Gopnik, Adam, "The mindful museum", *Museum News*, 2007, 86(6).

(Robert Janes)在《策展人：博物馆期刊》(*Curator: The Museum Journal*)专门发文进行补偏救弊，并强调"正念的博物馆首先应有思想，主要是关于它所包含的物品"①。

无独有偶，彼得·冯·门施也曾将博物馆置于历史洪流之中，认为博物馆在发展过程中生成了两种不同的方法论选择：物品导向（object-oriented）和社区导向（community-oriented）。前者的方法论思想拥有悠久传统，携带金石学痕迹，通常存在这样一个基本假设：对物的保护至关重要，任何干预都必须以"坚定不移地尊重文化财产的美学、历史和物理完整性"为原则②。同时倡导藏品研究和管理，与物相关的特定学科受到重视，认为只要具备主题学科的受训背景和专业知识便足以胜任博物馆工作。这些哲学原则为博物馆工作开创了实际框架。"社区导向"的方法论思想则是在19、20世纪之交初见端倪，至20世纪中期社会学家对如何展示文化、展示什么、展示谁的东西和消费博物馆的意义开始感兴趣，并在国内外社会学会议上展开辩论。③该方法论与博物馆学的哲学批判方法相关联，其选择以社会学为视角，而社会学的要义是关注人与人的联系模式。因此，"社区导向"方法论将博物馆视作一种工具，认为其能使民众"理解和控制经济、社会和文化变革"④。为我们津津乐道的英、法"新博物馆学"便是这种方法论的积极拥趸者，如魁北克宣言所声称：新博物馆学主要关注社区发展。

在笔者看来，虽然"社区导向"的方法论一度甚嚣尘上，但至20、21世纪之交，"物品导向"的方法又开始重整旗鼓，并因势利导地派生出新的分支——物品思想导向。因此尽管博物馆学在方法论上存在物品导向和社区导向之别，但笔者认为当下物品导向中还可区分出纯物品导向和物品思想导向两种。并且物品思想导向的方法论意义深远，因为

---

① Robert R. Janes,"The mindful museum", *Curator: The Museum Journal*, 2010, 53(3).

② Peter van Mensch, *Towards a Methodology of Museology*, PhD thesis, University of Zagreb, 1992, p. 6.

③ Gordon Fyfe, "Sociology and the social aspects of museums", in Sharon Macdonald, *A Companion to Museum Studies*, Blackwell Publishing Ltd, 2006, pp. 33-49.

④ M. Evrard, "Le Creusot-Montceau-les-Mines: the Life of an Ecomuseum Assessment of Seven Years", *Museum*, 1980, 32(4).

"我们之所以有博物馆,不是由于博物馆里的物,而是由于这些物传达的概念或想法"①,它们展现出物作为事实见证者的信息价值,这一点又与博物馆信息论殊途同归。正如《博物馆展览理论与实践》(*Museum Exhibition: Theory and Practice*)一书所述:博物馆作为人类社会的文化记忆库始现,近来已经发展成为更多形态,但主要媒介仍是有形物品,而藏品的根本价值是其中包含的信息及其对全球社会的意义②。为此需将藏品所蕴含的思想提炼出来,尤其是具有当代价值和人类意义的思想提炼和展示出来,以推动博物馆超越机械化分工,找到可能被遗忘已久的灵魂。

综上,本书聚焦研究问题,主要借鉴上述定义和博物馆动态发展,并适当参考基尔斯登·莱瑟姆(Kiersten F. Latham)、苏珊娜·基恩(Suzanne Keene)③等的观点,尝试提出博物馆定义的学术表达,即"为了公众能自由选择地学习和休闲,保存、研究和阐释宇宙万物及其环境的见证物及其所载信息并使之公共化,以实现社会可持续发展的非营利性常设机构"。其中,揭示见证物的事实信息(尤其是思想)通常极为困难,因为物品犹如一团需要理清的纠缠在一块的各种关系的综合体,得要一根线、一根线地解开这团乱麻,直到它释放出有关信息④。即便如此,这些信息也不过是博物馆履行传播职责的信源,而博物馆工作更应强调的是物载信息的利用问题,即如何有效公共化的问题。

## 第二节 博物馆学:在回望中超越、在探索中前行

行文至此,即为终章,但笔者的思绪依然繁杂,在意欲搁笔之前,还

---

① Peter van Mensch, *Towards a Methodology of Museology*, PhD thesis, University of Zagreb, 1992, p. 92.
② David Dean, *Museum Exhibition: Theory and Practice*, Routledge, 1994, p. 1.
③ Suzanne Keene, *Managing Conservation in Museums*, 2nd ed., Butterworth-Heinemann, 2002.
④ [美]Russel B. Nye:《人文科学和博物馆:定义和联系》,梁晓艳译,《中国博物馆》2000 年第 3 期。

想与诸位一起来静观冥思三个颇具意味的问题。这些问题的答案并非理所当然,同时是"有待生成"的,需要你保持思想上的好奇心和自由,它们分别是:溯流穷源——实物学习的核心价值;"反躬自问——"博物馆机构"的局限与超越;化茧成蝶——"博物馆学"的突破与前行。

## 一、溯流穷源——实物学习的核心价值

### (一) 实物作为媒介的维度

早在19世纪的最后25年,被称为现代美国博物馆之父的古德,通过振振有词的演讲和著作,及其对史密森尼博物院标新立异的改进,广泛传播了他深信不疑的一大观点"博物馆是向普通受众提供教育的强大工具"①。这位富有哲学头脑和非凡记忆力、为人谦逊而又光明磊落的实践型科学家曾指出:实物是科学研究的基础,它们具有历史价值,所以值得珍藏和保存。它们的功用很多,如永久性记录和见证全球人类的思想、文化或工业发展历程……不仅可记录过去的成就……还为未来的研究提供最为重要的材料②。

亘古至今,物质既是文明产生的前提,也是对象。而物质文化作为人类物质环境的一部分,是人类根据文化规定的计划刻意塑造的③。与别的人文科学研究机构不同,博物馆是保藏那些以特殊方式帮助我们更透彻地理解自己的物的机构④。而博物馆形态与功能的独特,很大程度上得益于它们拥有着唯一的要素即实物。实物,是文化世界与自然世界的交汇点,也是人类与自然界彼此影响的联结点,它们的存在意味着有一名制作者和一名使用者,或一个出售者和一个购买者,还可能涉

---

① [美]爱德华·P. 亚历山大:《博物馆大师:他们的博物馆和他们的影响》,陈双双译,译林出版社2020年版,第262页。
② 同上书,第244—245页。
③ James Deetz, *In Small Things Forgotten: An Archaeology of Early American Life*, Doubleday Natural History Press, 1977, p. 7.
④ [美]Russel B. Nye:《人文科学和博物馆:定义和联系》,梁晓艳译,《中国博物馆》2000年第3期。

及其他诸多的人,甚至是整个社会都可能浓缩其中。① 在人类没有赋予实物以意义前,实物可能并不存在任何意义,当实物被赋予意义时,它们便成为人类生活的一部分,我们会去寻找它们、使用它们、喜欢它们、憎恨它们、保留它们或丢弃它们,以较为人性的方式与它们交互或做出反应。

而本书中,"实物"是指"见证事实的物品",其中相当一部分被注入了文化意义。正如沃伊切赫·格卢津斯基(Wojciech Gluziński)所言:作为媒介的物品,并非具体的物品,它们不能被理解为个体,因为其代表了该类物品的一组特征,是一个抽象概念。犹如认识论中的知识主体。它们是有意图的物品,为了在物质基础上为人类自己创造内在的物品。② 可见,作为学习媒介的"实物"需要依赖一定的哲学思辨,其与日常用语中的"实物"存在特有的鸿沟,还会随着文化价值的拓展而延伸。譬如由于弗朗兹·博厄斯、保罗·里维(Paul Rivet)等一批人类学家的倡导,认为"从时间和空间上来说,人类是不可分割的一个整体"③,因此,与人类过去、现在的体质特征及其历史和生活方式有关的物品得以博物馆化,成了新的学习对象。

(二) 实物学习作为方法的维度

很多时候,我们愿意按照被初始化或格式化的思维定式与认知方式生存,只会认可亲身经历的或所知的、以现实的方式呈现出来的他人经历,通常很难跳出自己的经验世界。甚至对多数人来说,合理想象出的可能世界也是无法接受的。因此我们通常会被围困于两大"囚牢"之中而不自知,更遑论在思想或行动上进行突围,即语言的囚牢和精神的囚牢。针对语言的囚牢,这不是说语言不好,而恰恰是因为语言很好,很管用,对人类的进步功不可没,所以特别要警惕对它的夸大和滥用。

---

① [美]Russel B. Nye:《人文科学和博物馆:定义和联系》,梁晓艳译,《中国博物馆》2000 年第 3 期。
② Jan Dolák, *Museology and Its Theory*, translation: Stuart Roberts, Technical Museum, 2022, pp. 42-43.
③ [美]爱德华·P. 亚历山大、玛丽·亚历山大:《博物馆变迁:博物馆历史与功能读本》,陈双双译,陈建明主编,译林出版社 2014 年版,第 82 页。

人类的不成熟状态在于不敢公开大胆地对现存事物进行质疑,而如果妄想用语言来承担人类学习的全部重任则是人类的另一种不成熟,实际上人类真正成熟是在勇敢应用符号学习的同时,直面符号学习永远无法摆脱的局限,勇敢地与不确定和探索性共存。在笔者看来,语言的囚牢至少体现在两方面:其一,语言将能指与所指分离,造成两者之间有时并非一致,可能存在裂缝与距离,言不尽意、词不达意、言外之意均属于这种情况;第二,语言系统相对稳定,但现实世界却愈发复杂,有时我们需要言说的对象已超越能表征的语言系统。针对精神的囚牢,福柯在《规训与惩罚》一书中曾犀利地指出,尽管肉体被奴役的时代已不再,但现代社会仍有三大机构会造成精神上的规训,其中之一便是学校。美国的批判教育思想家伊万·伊利奇也曾掀起"贬抑学校教育"运动:目前的学校教育真的是最好的吗?今天的学校教育是天经地义的吗?人类的学习就需要一直主要依赖学校吗?

面对这些局限和困境,无论是专业人员,还是普通民众,许多人都仍未认识到物品已经成为并将继续成为人类获取人文与科学知识的一种新的媒介,进而生成一种新的方法。因为长期以来,我们的教育体制主要采取的媒介是语言和图像,而文化也主要依赖语言和图像,反映在各种出版物、图片、录音、电视和电影等。人们既没有接受过非语言、非视觉证据的学习,也没有准备去解释和使用它们。在《大众文化的崇拜偶像》一文中曾鞭辟入里地指出,"鉴于对文献资料的依赖,历史学家们一直未能写出一部信史……,文献无法成为对先民研究的民主的、突出的、实在的基础。人工制品却能成为这样的基础"[①]。一件物品能被欣赏、触摸、闻嗅,甚至还可用来品尝,促使人们得到使用其他方式无法获取的信息。这些直接的、不被干扰且可被感觉到的体验,是文字、图像和语言无法给予的体验。斯·狄龙·瑞普利曾用文字优雅地描绘道:在触及真实物品的那一个瞬间,我们再现并思考着过去。[②] 倘若我们有机会步

---

① [美]Russel B. Nye:《人文科学和博物馆:定义和联系》,梁晓艳译,《中国博物馆》2000年第3期。
② [美]拉赛·毕·奈:《博物馆藏品的特点及研究》,宋向光编译,《博物馆研究》1995年第4期。

入故宫的库房,欣赏并且戴手套轻轻触摸古老而精美的钟表时,或许你才能真正感受到清廷的皇家风范,并思忖它们可能是如何被使用的。

战国末年,儒家经典《荀子·儒效》曾语重心长地指出"不闻不若闻之,闻之不若见之,见之不若知之,知之不若行之。学至于行之而止矣"。① 帕特森等将其译为:"我听见了就忘记了,我看见了就记住了,我做了就理解了。"(I hear and I forget. I see and I remeber. I do and I understand.)②约两千年后,这句话又与美国实用心理学派的开路先锋杜威的另一句至理名言交相辉映,"只有亲身体验后受到的教育才是真正的教育"。③ 不无遗憾的是,现行的教育体制使我们每个人都掌握了聆听课程、阅读出版物或观看图像的方法,但是很少有人,甚至是人文学科的学者都不能读懂物品。更让人忧虑的是,当我们在"读"一件物品时还会受到"资料定向"的影响,更喜欢将其信息文字化,阅读它的说明标签,虽然这样的方法有用且高效,但藏品中蕴藏的生动信息却在文字化的过程中丢失了。而对象若未被体验过而仅用文字描绘,通常会缺少发现者路径,也难以在头脑中因受多种刺激而被关注,然后通过参与实现总结和升华,原本妙趣横生的学习可能会变得索然无味。综上,相较于缺乏鲜活体验和高表征的符号学习,在场感和体验感强的实物学习或许至少具备五方面独特的价值:物的历史感有助于培养怀旧情感;物的本真感有助于塑造求真之心;物的崇高感有助于构建向善之心;物的艺术感有助于优化爱美之心;物的参与感有助于孵化探索之心。④

## 二、反躬自问——"博物馆机构"的局限与超越

阿尔文·托夫勒在《第三次浪潮》中曾有过一段精彩论述:"在原始

---

① [战国]荀况原著,郭玉贤选释:《荀子选译(汉英对照)》,吴思远译,关瑞琳、尹红、杨阳绘,广西师范大学出版社 2017 年版,第 38 页。
② Cecil Holden Patterson (ed.), *Readings in Rehabilitation Counseling*, Ardent Media, 1960, p.66.需要说明的是,部分文献认为其出自蒙台梭利《儿童的秘密》一书,但笔者经查阅未发现此句,所以认为这可能是以讹传讹的结果。
③ [美]乔治·E.海因:《学在博物馆》,李中、隋荷译,北京燕山出版社 2010 年版,第 3 页。
④ 苏东海:《博物馆的沉思:苏东海论文选(卷三)》,文物出版社 2010 年版,第 147—154 页。

社会,人类被迫把他们储存的共有记忆和个人记忆放在同一个地方——个人的头脑中。部落的长者、圣人以及其他人,以历史、神话、口头传说、传奇等形式,把记忆保存下来,并且用语言、歌咏、颂歌等形式传给他们的子孙。……第二次浪潮文明冲破记忆的障碍。它传播了群体文化,保存了系统的记录,建造了上千座图书馆和博物馆,发明了档案柜。一句话,它把社会记忆扩展到人们大脑之外,找到了新的储存方法,这样就冲破了原来的局限。"①可见,图书馆、档案馆和博物馆的出现,使人类自此拥有了制度化的记忆保存机构。② 试想一下倘若没有它们,人类即便拥有历史,历史也会随着作为载体的人的消逝而失去记忆。但随着托夫勒笔下所勾勒的第三次浪潮——信息社会汹涌而至,在彻底的剧变与重组中,社会的主流人群已经变成"知产阶级"(cognitariat),此时财富工具则主要来自"知识的储备",他警告人类:我们已不只是过渡而且在转型,如果说第二次浪潮中社会强调的是生活、态度、思想等的一致性,那么第三次浪潮恰好相反,它带来的是一个非群体化社会,呈现出三大特点:多样化、个人化和小型化。③

  在这一背景下,博物馆在展现其知识储备优势的同时,也因受到第三次浪潮中"多样化、小型化、个体化"等特点影响,逐步暴露出该机构在空间和门槛上的局限性。在现代博物馆的前身——珍奇柜时代,人们更多追求的是好奇和意外的惊喜,被收藏之物的"新、奇、特"而吸引;到了公共博物馆时代,"分门别类和专门化收藏"成为其标配,历史、自然、科技、艺术、军事等各类博物馆纷纷将藏品精心汇总、有序排列,希望反映"包罗万象的宇宙景观"以求揭示真理;而今随着由"藏品导向"向"公共服务导向"转型,博物馆逐步走下"神坛",并走向公共化和世俗化。在这一过程中,由于受到内部发展和外部压力的影响,实物的保存和展示经历了由"私人空间"到"封闭的公共空间"(博物馆),再到"开放的公共空间"的发展历程,虽然在某个阶段博物

---

① [美]阿尔文·托夫勒:《第三次浪潮:未来三部曲》,黄明坚译,中信出版社2018年版,第237—239页。
② 严建强:《博物馆的理论与实践》,浙江教育出版社1998年版。
③ 温世仁:《面对托夫勒:未来学家眼中的未来新世界》,生活·读书·新知三联书店2001年版,第45页。

馆表现出一定的稳定性,但为了更好地适应"博物馆性",机构的边界一直处在变动之中,博物馆的看门人对公众的控制越来越少,最终机构的价值溢出,"类博物馆"相继诞生于公共空间,融入民众在地日常,参与变得轻松可及。

时至今日,当我们从功能上重新来审视博物馆时,发现博物馆的功能已呈现多元形貌,不再是展览一夫当关,而出现了教育活动、文创、数字化等众多新功能,并且有部分功能已转移到馆外,这种拓展和交互促使博物馆的功能泛化,边界日渐模糊[①]。博物馆的机构身份遭遇前所未有的危机,所谓否极泰来,其由此也获得深嵌社会生活的力量,出现诸多新的存在模式。那么,博物馆的边界会无限制地膨胀下去吗,博物馆机构的未来形态究竟会变成怎样?一系列问题接踵而至,却悬而未决。在笔者看来,未来作为学习媒介的实物将会"终而复始",再度重新入驻"私人空间",同时伴随"封闭的公共空间"与"开放的公共空间"两种空间并存的现象。只不过,此时作为传播信息的物化载体,已不再局限于博物馆中的那套形象化的视觉传播体系——展览,还包含我们日常生活中经由阐释,为受众提供学习服务的实物媒介。也许我们会提出这样的质疑,实物由"私人空间"再度返回"私人空间"是否意味着历史的倒退?答案自然是否定的,这一华丽转身虽然让人颇感费解,但笔者认为它实际上代表着一种阶段性的历史提升,呈现出螺旋上升之态势,因为此时实物已经不再只是流淌在历史中的天下奇珍,而已经变身为具有教育价值的学习媒介。

如何来理解?借用莫尼克·雷诺(Monique Renault)的门槛研究或许可以为你解答一二。莫尼克·雷诺认为"门槛是指凝结两个世界之间具有张力的东西",席琳·沙尔(Céline Schall)进一步指出,"门槛是指两个不同空间之间的物理空间,从一个场所过渡到另一个场所为主要功能的间隙。思考门槛,就是思考其跨越,门槛在跨越中得到更新,跨越一个门槛必然意味着跨越者的身份改变,或至少是对其进入的

---

① 刘迪:《论博物馆功能泛化趋势与未来博物馆机构边界》,中国博物馆协会博物馆学专业委员会:《中国博物馆协会博物馆学专业委员会 2014 年"未来的博物馆"学术研讨会论文集》,中国书店 2014 年版,第 16 页。

新场所的适应或调整"①。在前科学时代,收藏者收藏的唯一标准是个人兴趣,他们不对实物进行明确分类,此时的门槛是收藏者个人的身份与财富。17—20世纪,公共博物馆时代来临,个人收藏转变为集体收藏,博物馆成为知识的权威。此时,实物与日常世界相区隔,进入博物馆空间,通过"博物馆化"进入了一个例外的空间,但无论如何,该空间更多是属于有教养的阶级。这道颇具仪式感的门槛,虽然在不断降低自身的神圣化,但是博物馆人也似乎时刻在担心过度开放会令博物馆平庸化。20世纪中后期,博物馆开始努力打造一个信息交流系统,博物馆的封闭空间由此被打破,出现内外之间的过渡空间,甚至日常生活中也诞生了无分割的类博物馆空间,街道的社区文化活动中心,图书馆、医院的走廊,餐厅的周边,酒店的大堂,商场、机场、地铁的公共空间等,此时这些实物已经没有了真正意义上的门槛。综上,它经历了从简单的无媒介功能的入口,到一个边缘空间的构成,再到清晰的媒介功能。显然,博物馆机构的空间、藏品与人财的有限性和人为形塑的精英化、仪式化门槛,已无法承载该媒介所外溢的巨大潜能,实物作为学习媒介在当时代的潜能,不言而喻地被低估了。

## 三、化茧成蝶——"博物馆学科"的突破与前行

通过躬身自问博物馆机构背后可能隐藏的局限,我们倡导应在自我批判中实现超越,这种超越并不代表博物馆将失去其最核心的意义,而沦为一些功能碎片的集合,相反博物馆在面临极度扩张后反而应当省思机构功能的内核,这是无法由外部替代的功能所构成的边界。这种边界只有通过博物馆业务的专业化才能得以构筑。同时这种危机的生成,也并不代表博物馆学的学科地位会遭到撼动甚至颠覆,反而可能意味着一种阵痛后的新生。

首先,我们来探讨博物馆学科身份的问题,其与博物馆专业身份的

---

① Céline Schall, "De l'espace public au musée. Le seuil comme espace de médiation", *Culture and Musées*, 2015(25).

问题密不可分。因为只有当从业者获得了各行各业对其专业的认可时,它才拥有走向学科化的基础和可能。正如威尔所言:

"在一个开放的社会中,专业化能够赋予从业者一些崇高的威望,而在其他地方,只有通过财富积累或出身贵族才能获得这种威望"①。

尽管如此,欧洲、东方国家和北美地区对博物馆专业化与学科化的关注存在鲜明的差异。欧洲和东方国家争论的焦点主要在博物馆学是否应当被视为一门学术学科,而美国博物馆的从业者则热衷于探讨专业层面的问题,期待通过自主权和权威性的获取来奠定他们的专业地位。但无论欧洲、东方国家,还是北美,都曾经历了博物馆的两次革命,诸此革命使得专业化和学科化一日千里,而专业化和学科化反过来也为两次革命助力加码。第二次世界大战后,阿尔伯特·帕尔(Albert E. Parr)首次发问:"有博物馆这个专业吗?"②早在 1917 年,美国博物馆协会(现改名为博物馆联盟)就成立了博物馆研究委员会,明确认为博物馆工作应被视作一种专业。1925 年,该协会通过了《博物馆工作人员伦理规范》,由此将第一次博物馆革命推至高潮。随着 20 世纪六七十年代第二次博物馆革命的到来,博物馆工作是一种专业的想法得到广泛传播。在 1965 年、1968 年国际博协大会上,"博物馆专业"一词被使用,用以专指承担主题专家的策展人。1978 年,美国博物馆协会的一套新规范问世,出现了"专业"和"专业人士"的表述。几乎在同一时期,1977 年国际博物馆协会博物馆学委员会创立,其宗旨是传播博物馆学,使之成为高校研究的科学学科。上述变化引发了一系列错综复杂的问题:博物馆的专业标准何在,该怎样推动其实施?由专业化所带来的,过于复杂精细的专门化该如何应对?博物馆工作人员不愿认同博物馆学科地位所造成的恶性循环该怎样破解?

其次,正是由于国家及区域关注点的差异,造成了他们对博物馆学话语体系中核心问题关注的差异。环顾四宇,世界各国和各地探讨的

---

① S. Weil, "A meditation on small and large museums", *Museum Studies Journal*, 1988,3(2).
② A. E. Parr, "Is there a museum profession?", *Curator: The Museum Journal*, 1960,3(2).

核心问题大致聚焦在三个层面。不过,还有学者将批判研究领域作为第四层面的核心问题,但笔者选择将其略去,因为批判研究领域较少深入探讨博物馆的主要问题,其醉翁之意也并非在解决这些问题,很多时候只是别的学科想借用博物馆现象为其"作嫁衣裳"。现将三个层面归纳如下:

1. 博物馆学领域内的主题学科研究;
2. 博物馆机构内针对业务的理论框架;
3. 博物馆学作为一门学科对一般知识的贡献。

众所周知,博物馆业务的专业化几乎都是从立足主题学科的藏品研究起步。有趣的是,博物馆从业者更乐于成长为一名主题学科专家,也更热衷于在其所属的主题学科期刊上发文,而非博物馆学期刊。为了有效避免实践与理论的疏离,他们会长期专注于特定的主题学科领域,因为在他们头脑中主题学科的专业积累足够支撑起博物馆工作。1984年,泽勒(Zeller)曾围绕美国艺术博物馆职业状况开展过一项研究,结果显示艺术博物馆的教育者主要是将自己视为艺术史专家(主题专家),而非博物馆教育者[1]。尽管这种认识论传统由来已久,但是直至今日在博物馆界仍有相当数量的信奉者和追随者。

在博物馆理论研究上造诣颇深的学者门施,曾发表过一段阐幽探赜的言论:"决定博物馆学是否是一门真正的学术学科的基本标准之一是该学科能否满足社会需求及其程度。"由此,他将博物馆理论研究区分为两个层面:博物馆机构内针对业务的理论框架;博物馆学作为一门学科对一般知识的贡献。该观点最早由德国学者提出,前者对应的是作为专业身份的"museography"(博物馆实务,中国台湾地区译作博物馆志),而后者对应的则是作为学科身份的"museology"(博物馆学)。"博物馆实务"是北美的博物馆工作者所潜心贯注的,而其意欲得到认可,就必须保证博物馆从业者能从其中受益;"博物馆学"则是高校研究者的诉求,为东欧博物馆研究者所津津乐道,如果"博物馆学"想要被承认为一门学科,就必须证实该学科对于人类普遍知识能做出贡献。相

---

[1] T. Zeller, "Art museum educators: Art historians, curators or educators? A question of professional identity", *Curator*, 1984, 27(2).

较而言,"博物馆实务"出现得更早,因为它是从业者的现实旨归,无论如何,两者都能够使倡导者的奋斗拥有合理的理由和积极的回报。目前除了门施,主张将博物馆学和博物馆实务两个部分合二为一的学者大有人在。如琳恩·迪瑟(J. Lynne Teater)将博物馆研究看作是囊括理论和实践的跨学科领域[1]。不同于琳恩·迪瑟在提倡两者合并时,暗含了理论与实践二分的玄机,苏珊娜·麦克劳德(Suzanne Macleod)则提出了实践共同体的概念,其主张理论和实践超越边界实现一体化[2]。

那么,我们究竟该如何回应博物馆学话语体系中三个层面的核心问题呢?笔者以为:第一个层面的问题显然已随着历史变迁,与主流观点渐行渐远,其当初受到热捧是与17、18世纪科学精神的诞生和启蒙运动的兴起一脉相承的。即,主张博物馆用"科学化"和理性的方式组织展品,致力于收集和展示某个知识门类以便对世界做出理性解释。因此,笔者认为当前博物馆学应当重视的是两个层面的核心问题:

1. 通过博物馆业务的专业化,提升博物馆人的专业素养;

2. 超越博物馆机构,将实物媒介化(知识载体化),使之成为与符号并置的学习对象,以提升人类素养、实现自我完善。

显而易见,前者是绝大多数博物馆实践者和一部分研究者极力推崇的重点内容,甚至相当一些博物馆人会将其视为博物馆学科唯一的核心内容。但在笔者看来,这种认识论对于学科建设而言极其危险,即便博物馆学是一门应用型学科,业务层面的研究也相当重要,能为学科建设奠基扎根,但这极有可能会导致博物馆学沦为只是强调"术"的经验性研究。正如爱德华·塔波尔斯基(Edward Taborsky)所述,"博物馆不只是其功能的集合,所以博物馆所做的事情并不一定成为博物馆存在的原因。"[3]苏东海也曾直言不讳地指出当前博物馆学界的困境,

---

[1] J. L. Teater, "Museum studies: Reflecting on reflective practice", *Museum Management and Curatorship*, 1991,10(4).

[2] S. Macleod, "Making museum studies: Training, education, research and practice", *Museum Management and Curatorship*, 2001,19(1).

[3] E. Taborsky, "The sociostructural role of the museum", *The International Journal of Museum Management and Curatorship*, 1982, 1(4).

"头痛医头、脚痛医脚地研究现实问题"。① 笔者认为,博物馆学真正的"道"在于实物如何经由媒介化实现公共利用。当我们正为博物馆功能不断膨胀是否会导致其失去核心意义而深感困惑,以及苦苦寻找该机构扩张后的功能内核时,如果意识到了博物馆学的这一核心问题,便可坚定地给出回答:这种改变不但不会动摇博物馆学的学科依据,相反,正是博物馆功能边界的突破和泛化,推动了我们冲出重重迷雾,深入思考何为博物馆学? 实际上博物馆学研究的对象并不是机构本身,所以机构边界的拓展与否不会影响博物馆学存在的根基,因为博物馆学真正关注的核心问题是物载信息的利用问题。可见,危机会让我们失去一切,但有时候也会为我们创造出绝处逢生的转机,促使我们寻找并领会博物馆学的学科价值及其内核,即博物馆学确实是一门能对一般知识作出贡献的学科,其贡献在于如何帮助人类实现物载信息的公共利用。

最后,我们还需就博物馆专业化过程三种应对策略之一——科学博物馆学,这一最为趋近博物学科属性的策略——发起挑战。在"博物馆专业化发展与第二重困境的破解"一节中我们曾提出科学博物馆学存在缺陷——它主张的是内向视角,在本书的最后部分我们将围绕它的内容要义,提出更为彻底的思想"反叛"。毋庸置疑,捷克的博物馆学家斯坦斯基是现代博物馆学之父,即便是不认同他观点的学者也会承认这样的结论。他的重大贡献在于将关键概念博物馆物、博物馆性、博物馆化引入博物馆学,并将博物馆学系统的划分为五大层次:历时性(历史博物馆学)、共时性(当代博物馆学)、重要的理论(理论博物馆学)、如何应用(博物馆实务)、专业化(专门博物馆学)。至于何为博物馆学,斯坦斯基将其解释为处理人与现实之间特定关系的科学,简而言之博物馆学是处理现实的博物馆化的科学领域。显然这一判断已经超越机构的事务主义,并且充分承认了价值的"流动性"。但在笔者看来,这种判断除了体现出内向视角之下机构导向的局限外,还表现出对本

---

① 苏东海:《国际博物馆理论研究的分化与整合——博物馆研究的两条思想路线札记》,《东南文化》2009 年第 6 期。

体的重视和对方法的轻视。通过博物馆性的显现，人和现实之间的特定关系的确得以揭示，但其并未强调如何显现博物馆性，也就是说斯坦斯基的博物馆学更重视的是主体本身，即实物（知识载体）如何媒介化，而未将焦点置于实物媒介如何公共化。如果想要关注实物媒介主体，揭示其表层和内在信息以表征人与现实的关系，那么博物馆学完全可将其让渡给与之匹配的其他学科，如考古学、文物学、生物学、人类学等。而博物馆学的使命和任务，在笔者看来恰恰是物化载体的公共化，或知识公共化，其对应的重点应是方法而非本体。这一点和哲学学科极为相似，哲学强调的不是本体，哲学对应的本体较难界定，囊括大千世界，哲学强调的是理念和方法。所以，笔者尝试大胆地提出：博物馆学是一门探讨如何依托实物进行信息重构以实现有效学习的科学。据此，本书抽象出"作为客体的实物、作为中介的阐释、作为主体的受众"要素，围绕这些要素关系及其构成，深入探索如何实现由博物馆物到信息共享体的转变，以帮助观众达成一种智能休闲。因此，博物馆学的最大价值在于指导人类如何基于实物进行学习。而学习的概念在本学科内不会受到"污染"，因为其追求的便是恢复人类"寓教于乐"的初始模样。复杂性造就了我们人类，只要还未被证伪，我们就可以认为人类是宇宙中最为复杂的生物，我们总是希望不惜代价找到临时生存的意义，在一个有限空间里"最好"地生活，而对学习的自发渴望能帮助我们处理由于模糊、流动、不稳定、不确定和异质性所带来的不适感。学习既是对个体所有的一种丰富，也是对社会存在的一种丰富，掌握、巩固、颠覆、进步，其通过种种方式使我们的社会变得更具人性，而对于不同人来说，学习本该是一种热情、乐趣、激动、喜悦、冒险、愿望、承认，以及其中的不同组合。①

　　古往今来，人类间接学习的媒介通常有两种：借助能被识别的符号，以及能被感知的实物。史蒂芬·康恩将 19 世纪末美国建立博物馆的思想理念称为"基于物品的认识论"，他认为实物与文字一样，是智识

---

① ［法］安德烈·焦尔当：《学习的本质》，杭零译，华东师范大学出版社 2015 年版，第 56、175、177 页。

和价值的源泉。① 而实物学习相较于符号学习的独特之处主要包括两点:信息的真实性和物质性。真实性一方面是指物载信息的真实,因为其所携带的信息在原载体上,既不能复制也不能伪造。它不同于书籍和报刊上的信息,后者在知识产权允许的范围内是可以被多次复制和使用的,且能附着在多种载体上。另一方面是指物作为媒介的真实,即当物被从现实情境中抽离出来,纳入博物馆收藏序列时,除了保留原先的全部物的属性外,还被赋予了一种新的属性——成为学习的媒介。借助这种真实的媒介,受众能超越时空,透物见人、见精神,甚至见到一个社会,因为这件东西就处在那个社会,具有记录现实的价值。物质性是指物是具备三维空间的物质实体,观众可通过全方位的观察、互动和体验,获得感官刺激、情感联结,甚至心境上的改变。虚拟现实(VR)和增强现实(AR)等新技术的仿真体验无法取代现场目睹越王勾践剑、素纱襌衣等真实物品的震撼与触动。由此可见,实物这一媒介及其所载信息较为特殊,具备真实性和物质性的双重属性。

因此20世纪七八十年代,长期遭遇忽视的物的研究在多个学科强势回归,实物媒介也在裂变式的媒介环境中脱颖而出。不同于传统的符号学习,实物学习既是直观的又是感性的、既是跨学科的又是可参与的,既能展示物件又能将现象还原,通常会让受众获得感官刺激、认知提升或"触物生情、睹物思人"的情感体验,最终建构出个性化的意义。② 试想当你漫步在美国优胜美地河谷(Yosemite Valley),目睹经由冰河切割与岁月洗涤形成的瑰丽奇观时,一片巨型的红杉映入你的眼帘,你发现不仅巨木参天,而且树洞还能通过汽车,正当你被眼前盛景所震慑时,一旁的说明牌写道:"巨杉树龄超过千余年,经历过多次'浴火重生'。"这一切要素整合在一起,便成为有关冰河地貌和植物巨杉的一本活教材,它们在你眼前从容不迫地展开,使你虽身处生活世界的现场,却能感受到人之外物的生命史更为亘古绵长。可见,基于真实物件的

---

① [美国]史蒂芬·康恩:《博物馆与美国的智识生活,1876—1926》,王宇田译,上海三联书店2012年版,第2页。
② 周婧景:《博物馆现象的内在逻辑及其研究价值初探——从〈博物馆策展〉一书谈起》,《博物馆管理》2020年第2期。

真实体验能提供学习者多种感官参与的机会,那么可用的信息量将会大幅增加,由此提高与其他有意义信息关联的能力,创造出信息整合及渗透的机会,以有效增强体验者的理解能力。而如果只是让学习者如同机器一般,机械式地使用符号并反复记忆,又缺乏相应的认知框架和学习情境,那么学习者不仅不会学到东西,还有可能感到灰心丧气、与知识的获取背道而驰。

尽管如此,当我们回溯有关物的研究时,却发现多数研究更多是在消费社会等欧美语境下,从马克思主义、新马克思主义、法兰克福学派、语言结构主义、符号学和文化消费研究等不同视角下去探讨物自身、物之间、物与人的关系。如让·鲍德里亚曾针对物提出四阶段的历史模型:效应逻辑——物具有满足功能性需求的能力;市场逻辑——物具有衡量价值的能力;礼物逻辑——物相对于主体的价值;地位逻辑——物相较于他物的象征性价值。① 可见,以往物质文化研究多旨在复原物质客体及主体所赋予其的旧有意义,却忽略了物在当下语境中的活化利用问题。博物馆说到底是人类依托实物进行学习的最典型的媒介,也是为数不多的能与观众直接沟通的媒介,所以深入探究博物馆学——这一"以实物为媒介的学习科学",以构建与符号并行的人类日常学习新模式,将成为物活化利用研究上的一项重要突破。

期待未来人类并非只有步入博物馆才能依托实物学习,也可在机场、商场、餐厅、学校和家庭等任一空间,利用碎片化时间一瞥实物,并在感兴趣者前逗留,获得有别于符号的具体认知和情感体验。实物学习在形式上的门槛被拆除,博物馆空间与日常空间的断裂得以弥合,实物离开了赋予它们光环的场所而进入寻常人家,以充分发挥其形象直观、真实可信、易于感知、便于互动、短时学习和连接情感等优势。这一过程并不是我们在点亮实物,而恰恰是实物在点亮我们。"人类之所以高贵,就在于其求知欲"(Realized then that search for knowledge is the

---

① [澳]伊恩·伍德沃德:《理解物质文化》,张进、张同德译,甘肃教育出版社2018年版,第89—90页。

most human of all our desires. )①,但遗憾的是,目前我们多数人并不知道如何阅读物,而现有的教育体制是从家庭学习开始的,这种体制强调的是通过文字和标志等符号进行交流,导致我们甚至早在童年时期就很快地丧失了直接与物质世界进行交流的能力②。学习阅读物和理解物的人文教育新形式正亟待开启!麦克卢汉提醒我们:"控制变化不是要和变化同步前进,而是要走在变化的前面,预见赋予人转移和控制力量的能力。"③同时我们也需要清醒地意识到"所有伟大的行为和伟大的思想都有一个微不足道的发端"④。

---

① Leonard Mlodinow, *The Upright Thinkers: The Human Journey from Living in Trees to Understanding the Cosmos*, Random House Audio, 2015.
② [美]Russel B. Nye:《人文科学和博物馆:定义和联系》,梁晓艳译,《中国博物馆》2000年第3期。
③ [加]马歇尔·麦克卢汉:《理解媒介:论人的延伸(55周年增订本)》,何道宽译,译林出版社2019年版,第20页。
④ [法]阿尔贝·加缪:《西西弗神话》,江佳佳译,海峡文艺出版社2020年版,第13页。

图书在版编目(CIP)数据

实物、人类学习与博物馆学/周婧景著. —上海：复旦大学出版社，2023.12
(博物馆研究书系／陆建松主编)
ISBN 978-7-309-16985-0

Ⅰ.①实… Ⅱ.①周… Ⅲ.①博物馆学-研究 Ⅳ.①G260

中国国家版本馆 CIP 数据核字(2023)第 170324 号

**实物、人类学习与博物馆学**
周婧景 著
责任编辑/杨 骐

复旦大学出版社有限公司出版发行
上海市国权路 579 号 邮编：200433
网址：fupnet@fudanpress.com http://www.fudanpress.com
门市零售：86-21-65102580 团体订购：86-21-65104505
出版部电话：86-21-65642845
上海四维数字图文有限公司

开本 787 毫米×960 毫米 1/16 印张 31 字数 446 千字
2023 年 12 月第 1 版
2023 年 12 月第 1 版第 1 次印刷

ISBN 978-7-309-16985-0/G·2525
定价：168.00 元

如有印装质量问题，请向复旦大学出版社有限公司出版部调换。
版权所有 侵权必究